JN212781

Gregor Žvelc and Maša Žvelc

Integrative Psychotherapy
A Mindfulness- and Compassion-Oriented Approach

マインドフルネス・コンパッション指向

統合的心理療法

グレゴール・ジュヴェルツ
マシャ・ジュヴェルツ　著

前田泰宏／小山秀之／東 斉彰　訳

北大路書房

Integrative Psychotherapy
A Mindfulness- and Compassion-Oriented Approach
by Gregor Žvelc and Maša Žvelc

日本語版への序文

　このたび，『*Integrative Psychotherapy: A Mindfulness- and Compassion-Oriented Approach*』の日本語版が出版されることになりました。この本は，マインドフルネスとコンパッションに関心を持つすべての心理療法家に向けて書かれています。マインドフルネスとコンパッションは，西洋の心理学ではまだ比較的新しいものですが，何世紀にもわたってさまざまな叡智の伝統の一部となっており，例えば，日本の主要なスピリチュアルな立場のひとつである仏教では不可欠な要素となっています。

　Iwakabe と Enns（2012）は，日本の心理学者の 70% 以上が折衷的・統合的な心理療法を実践しているが，心理療法統合に関連する一貫した理論的背景を持たないことが多いと指摘しています。このような観点から，本書『マインドフルネス・コンパッション指向　統合的心理療法』は，統合的心理療法へのアプローチに一貫した理論的観点を提供しているため，日本の実践者にとって興味深いものとなるでしょう。この本は，異なる心理療法の伝統を統合しているため，ヒューマニスティック心理療法家，精神力動的心理療法家，そして行動的心理療法家と共鳴します。この本は，a）関係性の重要性，b）マインドフルネスとコンパッションの重要性，という 2 つの主要な原則に基づいています。

　この 15 年間で，マインドフルネスとコンパッションは，西洋の心理学や心理療法の主要なトピックとなっています。数多くの科学的研究により，マインドフルネスとセルフ・コンパッションがメンタルヘルスに役立つことが示されています。認知行動療法の分野では，特にマインドフルネスとコンパッションを重視しており，8 週間の長期にわたる広範囲な瞑想の実践を含む「マインドフルネス認知療法」のような新しいアプローチが開発されています。では，この本は，マインドフルネスを取り入れた既存の第 3 世代の認知行動的アプローチとどう違うのか，と読者は思うかもしれません。私たちのアプローチであるマインドフルネス・コンパッション指向統合的心理療法（MCIP）では，マインドフルネスとコンパッションを関係性の観点の中で実践します。MCIP では，瞑想エクササイズを使うこともありますが，これは MCIP における作業の主要な方法ではありません。MCIP の目標は，治療関係の中にマインドフルネスとコンパッションを取り入れ，癒しの空間をつくることです。セラピストは，マ

インドフルでコンパッションに満ちたプレゼンスとして，クライエントが自分の内なる世界を，気づきとセルフ・コンパッションをもって受け入れることができるように誘います。このように，マインドフルネスとコンパッションは，治療関係の中心に据えられるのであって，困難な心理的問題に対処するためのテクニックとしてのみ使用されるのではありません。

MCIPでは，クライエントとセラピストの自律神経系の微妙な相互関係〈interconnection〉である間主観的生理学〈intersubjective physiology〉に特に注意を払っています。人間は相互に繋がっていて，さまざまな形で影響し合っています。その中でも特に軽視されがちなのが，生理学的同調性〈physiological synchrony〉の研究で研究されている生理的な相互関係です。MCIPセラピストの目標は，呼吸の変化，心臓の鼓動，胸の緊張などの身体の信号に気づくことで，これらの影響に気づけるようになることです。次のステップでは，マインドフルネスとセルフ・コンパッションを用いて自己調整し，心理学的同調性〈psychological synchronisation〉によってクライエントを調整することに役立ちます。

また，MCIPは，他のマインドフルネスをベースとしたアプローチとは目標の点でも異なります。それらのアプローチでは，マインドフルネスやセルフ・コンパッションは通常，対処や情動制御のために用いられます。それは私たちのアプローチにおいて間違いなく重要なことですが，MCIPでは，マインドフルネスとセルフ・コンパッションの助けを借りて，トラウマ記憶や非機能的スキーマを処理し，統合することも目的としています。この本では，マインドフルネスとセルフ・コンパッションが，記憶の再固定化〈memory reconsolidation〉を通じて，いかに深い心理的変化をもたらすかを紹介しています。処理に用いられる主な2つの方法として，マインドフル・プロセシング法とセルフ・コンパッション・プロセシング法を説明しています。

日本文化についての知識に基づいて，この本は日本人の枠組みにスムーズに馴染むのではないかと考えています。Iwakabe（2008）は，「沈黙，非言語的な相互作用，孤独な内省によって変化が起こると仮定される，喋らない治療〈non-talking cure〉」（p. 118）を日本の土着の〈indigenous〉心理療法家は大切にしていると書いています。私たちの心理療法へのアプローチもまた，クライエントが自分の内なる経験にマインドフルな気づきとセルフ・コンパッションをもたらす創造的な沈黙の重要性を大切にしています。例えば，マインドフル・プロセ

シングという方法は，関係瞑想〈relational meditation〉のようなもので，構造化された長い沈黙の時間を含み，クライエントが瞬間瞬間の自分の内なる経験をマインドフルに観察するスペースが与えられます。これは，調律された治療関係の文脈の中で行われます。MCIPでは，対人関係の繋がりと調律の重要性にも重点を置いています。これは，クライエントとセラピストを，相互に影響し合うシステムとして捉える関係的アプローチです。これらの原則は，非言語的に伝達され，「人と人との間の相互愛着や他者中心性，安心感，温かさ」(Iwakabe & Enns, 2012, p. 208) を含む日本の「甘え」の概念と関連しているかもしれません。

　心理療法統合は終わりのないプロセスであるため，日本の心理療法家が本書のアイデアを自分の臨床実践や参照枠に統合・適用してくれることを願っています。また，この本が既存の心理療法の日本語文献に価値あるものとして追加されることで，多くの心理療法家とそのクライエントに役立つことを願っています。

Domo arigato gozaimasu!

グレゴール・ジュヴェルツ＆マシャ・ジュヴェルツ

2021 年 8 月 28 日　リュブリャナ，スロベニア

文献

Iwakabe, S. (2008). Psychotherapy Integration in Japan. *Journal of Psychotherapy Integration*, *18* (1), 103–125. https://doi.org/10.1037/1053-0479.18.1.103

Iwakabe, S., & Enns, C. Z. (2012). Counseling and Psychotherapy in Japan: Integrating Japanese Traditions and Contemporary Values. In R. Moodley, U. P. Gielen, & R. Wu (Eds.), *Handbook of Counseling and Psychotherapy in an International Context* (pp. 204–214). Routledge.

推薦者の言葉

本書は，心理療法の理論，実践，研究に対する統合的アプローチの発展を力説するものです。本書は，これまでにない理論的な導き方によって，読者がさまざまな治療法の伝統や学派に触れることを可能にします。本書は，自己と意識に関するものを含む広大なアイデアをカバーし，関係性の視点に基づく，統合的心理療法のマインドフルネス・コンパッション指向のアプローチの方法と介入について説明しています。本書は，臨床実践における統合的で，マインドフルで，コンパッションに満ちたアプローチの発展に大きく寄与します。

——————— **レスリー・S・グリーンバーグ**：ヨーク大学（トロント）心理学部
名誉研究教授

グレゴール・ジュヴェルツとマシャ・ジュヴェルツは，マインドフルネスとコンパッションを変化の重要なメタプロセスとして捉え，「関係性を重視する統合的心理療法」を基礎とした包括的な治療アプローチを構築しました。本書は，すべての心理療法家やカウンセラーにとって有益な情報を，優れた文章でわかりやすく解説しています。著者は，感情的苦痛の神経生物学，内的調整，子どもの発達の概念，関係スキーマ，意識の段階，マインドフルネスとコンパッションの意味および意義などのトピックスを論じています。

——————— **リチャード・G・アースキン博士**：統合的心理療法研究所

変化のプロセスは，現代のエビデンスに基づく心理療法の中心的な焦点です。この豊かで興味深い本の中で，著者たちは，あなたの好みに関係なく，敬意と魅力に満ちた方法で，ヴィジョンと利用可能なモデルの深さを示しています。

——————— **スティーブン・C・ヘイズ**：ネバダ大学リノ校心理学教授，アクセプタンス&コミットメント・セラピー創始者

　左脳の分析的な叡智と右脳の直観的な叡智を駆使して，グレゴールとマシャ・ジュヴェルツ夫妻は，深くヒューマニスティックで，ハートフルで，優しい，愛情のこもった傑作を共同でつくり出しました。理論と実践をシームレスに織り交ぜた本書は，マインドフルな気づき，コンパッション，アクセプタンス，共有された意識的プレゼンス，協働調整など，関係性を重視する治療法の癒しの力を強調しています。彼らのホリスティックなアプローチは，刺激的であると同時に，記憶の再固定化という神経生物学的概念を新たに蘇らせたものです。この概念は，脳の配線を変え，自己，他者，そして世界に関する心のスキーマを更新する機会を生み出します。本当に珠玉の一冊です!!

　———————　**マーサ・スターク医学博士**：ハーバード・メディカル・スクール教授，精神分析研究センター共同設立者／共同ディレクター／教授。『*Relentless Hope: The Refusal to Grieve*』を含む，精神分析の理論と実践に関する 8 冊の著書があり，受賞歴もある。

　『マインドフルネス・コンパッション指向　統合的心理療法』は，私がこれまで見てきた中で最も治療的に優れたマインドフルネスとコンパッションの活用法を明らかにしています。なぜなら，それは，人の既存の制限されたパターンへの気づきを高めることを超えて，脳に関する経験的に裏付けられた記憶の再固定化によるトランスフォーメーショナル・チェンジのプロセスに関与するからです。この方法論は，診断横断的であり，かつ理論横断的であるので，深い経験的なプロセスとクライエント独自の意味の世界を，積極的に，敬意をもって養い育てることができる，幅広い統合的な枠組みとなっています。

　———————　**ブルース・エッカー**：LMFT，コヒーレンス心理学研究所共同ディレクター，コヒーレンス・セラピーの共同創始者であり，『*Unlocking the Emotional Brain: Eliminating Symptoms at Their Roots Using Memory Reconsolidation*（感情脳を解き放つ：記憶の再固定化を使って，症状を根本から解消する）』の共著者。

グレゴール・ジュヴェルツとマシャ・ジュヴェルツは，マインドフルでコンパッションに満ちた統合的心理療法の理論と実践について，思慮深く，緻密な説明を行っています。治療的な対話を描いた豊富な説明が，統合的心理療法の「科学」と「芸術」を鮮やかに表現しています。繊細で，受容的で，マインドフルでコンパッションに満ちた治療関係が，クライエントが自分自身をより深く探索し，忘れられていた部分を統合するのを助けることを強調しています。本書は，心理療法的統合の首尾一貫した包括的かつ穏やかなモデルを求める学生にとっては理想的な教科書であると同時に，経験豊富なセラピストにとっては，現代の理論や研究に対する知識豊富で学術的な言及が価値あるものとなるでしょう。

——————— **リンダ・フィンレイ博士**：個人開業の統合的心理療法家（英国）

MCIPを紹介する本書は，理論，アイデア，研究知見，引用などの宝庫であり，著者らが非常にわかりやすく，美しく説明し，議論しています。また，MCIPの実践を説明するために，変化の5ステップ・プロセスや「観察する自己」のダイヤモンドモデルなど，シンプルで意味のあるモデルが用意されています。この本では，マインドフルでコンパッションに満ちた実践と態度を，修復的関係指向モデルの中に真に統合した心理療法へのアプローチが紹介されています。それは活気に満ちていて，直接的で，感動的です。それは学識と愛の結婚です！

——————— **シャーロット・シルズ教授**：アシュリッジ・ビジネススクール，メタノイア研究所（英国）

本書は，心理療法の治癒プロセスを理解するための枠組みを提示しています。統合的心理療法では，パーソナリティの機能と治療の本質的な原理（4つの意識状態モデル）が確かに統合されています。また，治療関係の重要性と，臨床家がいかにセラピーにおいて重要な存在であるか，そして変化のプロセスの基本について見事に説明しています。このことは，経験豊富な臨床家だけでなく，心理療法を学び始めた学生にとっても大変重要な情報です。本書は，非常に経験豊富な2人の臨床家によって，明確かつ簡潔に書かれています。

——————— **ロジャー・M・ソロモン博士**：EMDR研究所シニア・ファカルティ

『マインドフルネス・コンパッション指向　統合的心理療法』

　『マインドフルネス・コンパッション指向　統合的心理療法』は，関係心理療法にマインドフルネスとコンパッションの実践と研究を統合したものであり，マインドフルネス・コンパッション指向統合的心理療法（MCIP）を提示した画期的な書物である。

　本書は，ホリスティックで，人間の経験の主要な次元と関連する，エビデンスに基づいた変化のプロセスを基盤としたアプローチについて解明している。このアプローチは，マインドフルネスとコンパッションを変化のメタプロセスとして捉え，調律された治療関係の中で用いることで，変容と成長をもたらす強力な治療モデルをつくり上げる。著者らは，間主観的生理学や，クライエントとセラピストの自律神経系の相互の繋がりに関するエキサイティングな視点を提供している。

　本書は，創造的な応用研究から構成されており，異なる心理療法の伝統を持つ心理療法家／カウンセラーや，上級／大学院レベルの経験を持つ学生にも国際的にアピールすることができる。

謝　辞

　この本の執筆にあたって，ご協力をいただいた多くの方々に心より感謝申し上げます。まず，同僚でありシリーズ編集者でもあるKeith Tudor氏にとても感謝しています。あなたは，卓越したサポートと継続的なインスピレーションを与えてくれました。執筆の過程で，私たちは「支えられている」と感じました。

　また，私たちにインスピレーションを与えてくれ，本書のアイデアの発展に貢献してくれた先生や同僚の方々にも感謝しています。

　20年以上前に私たちを統合的心理療法に導いてくださり，そして長年にわたって継続的なサポートとインスピレーションを与えてくださった師，Richard G. Erskine氏に感謝します。

　私たちの師であり同僚であるKen Evans氏に感謝します。悲しいことに彼はもう私たちと一緒にいませんが，彼の精神は私たちのワークショップと統合的心理療法のトレーニングの中で，私たちと共に生きています。

　私たちは長年にわたり，ワークショップやトレーニング，ディスカッションを通じて，多くの人々から影響を受け，私たちの考え方や臨床実践を変容させてきました。Steven Hayes, Roger Solomon, Ray Little, Leslie Greenberg, Diana Fosha, Joanna Hewitt Evans, Igor Krnetić, Mario Salvador, Eluned Gold, Biljana van Rijn, Bob Cooke, Anthony Jannetti, Branko Franzl, Daniel Siegel, Bruce Eckerなどの方々です。それぞれの影響がこの本には反映されています。

　私たちの統合的な心理療法とカウンセリングのための研究所，リュブリャナのトレーナーの皆様には，継続的なサポートとアイデアの交換に心から感謝申し上げます。

　また，国際統合的心理療法協会〈International Integrative Psychotherapy Association〉（IIPA）と欧州統合的心理療法協会〈European Association for Integrative Psychotherapy〉（EAIP）の同僚にも感謝したいと思います。この2つのプロフェッショナルな組織は，私たちの「プロフェッショナルな」ホームとなっています。

　友人であり，同僚であり，マインドフルネスの師でもあるMelita Košak氏には，継続的なサポートとマインドフルネス・エクササイズの開発に助力をいただきました。あなたとの議論や意見交換は，MCIPの開発に大いに貢献しました。私たちの研究所で一緒に過ごした数年間，私たちを信頼してくださったこ

とに感謝します。

　私たちの研究所でマインドフルネスの質的研究を開始し，マインドフルネスに関する私たちのアイデアや考え方を発展させてくれたAnja Erjavec氏に感謝します。また，心理療法におけるマインドフルネスの統合について継続的に議論してくれた同僚でマインドフルネスの師であるMateja Škorc氏にも感謝しています。

　私たちのアイデアに挑戦し，継続的に専門的な交流を行ってくれた研修生やスーパーヴァイジーの皆さん，また，私たちを信じて本を応援してくれた皆さんに感謝します。私たちは共に成長し，共に学びます。

　本書の冒頭を丁寧に読んでいただき，有益なコメントをいただいたJure Bon, Mihael Černetič, Matej Černigoj, Tomáš Řiháček各氏に感謝します。また，Urban Kordeš氏には，マインドフルネスに関連した私たちの初期の理論について議論していただき，私たちのアイデアを形づくり，定着させていただきました。

　図のデザインに協力してくれたLeticia Slapnik Yebuah氏に感謝します。私（Gregor）は，グノーシス的な非二元のスピリチュアルな道と，マインドフルネスや慈悲の重要性を紹介してくれたTau MalachiとElder Gideon両氏に感謝します。

　友人のRobert Rileyに感謝します。彼は英語に対する情熱を持っており，私たちの言葉がうまく伝わるようにしてくれました。

　お互いのサポート，終わりのない議論，文章についてのコメント，特にどちらかが動揺していたときの終わりのない忍耐に感謝しています。

　両親のサポートと愛にも感謝しています。

　そして，最後になりましたが，この本の執筆中に私たちを支え，好奇心を持ち，励ましてくれた息子のLanとAmadejに，私たちはこの上ない誇りと感謝の念を抱いています。あなたたちを愛しています。

グレゴール・ジュヴェルツ＆マシャ・ジュヴェルツ

序　論

　　私の住む町の通りに，あらゆる宗教やスピリチュアルな伝統を持つ人々が集まってくる夢を見た。彼らは一緒になって祈り，物思いをし，瞑想に耽っていた。

　この夢は，2015 年に開催された欧州統合的心理療法会議で，統合的心理療法の未来についての円卓会議を担当する予定の 1 週間ほど前に，私（マシャ）に訪れた。この夢を見る前，私は何を話そうか迷っていた。その夢は統合的心理療法の基本的な価値を私に教えてくれた。それは，一体感，繋がり，オープンネス，そして互いを尊重するという態度である。夢の中で，私たちは皆，違いはあっても，心の中では同じで，同じような苦難に直面し，同じような希望を抱いていると感じた。**私はそこに居場所がある**と感じたのである。

　それは，人々のために互いに学び合い，叡智を出し合うという統合的心理療法のスピリッツだった。このスピリッツは，キャンドルの光にたとえることができる。1 本のキャンドルの炎が他の多くのキャンドルにも火を灯し，部屋をより明るくすることができる。そして，最初に火を灯したキャンドルの炎は消えることなく，他のキャンドルと一緒に光を放つ。そして，その光は他のキャンドルと一緒になって，より強く輝く。

　私たちは 1 年半かけてこの本を書き上げたが，この本と統合への探求の旅は 20 年以上前に始まった。その頃，私たちは駆け出しの心理学者で，精神分析的心理療法，交流分析，認知行動療法など，さまざまな心理療法学派の経験を積んでいた。私たちは，これらの知識をどのように組み合わせればいいのか悩んでいた。そして，1999 年，ウィーンで開催された世界心理療法会議のワークショップで，Richard G. Erskine から関係性を重視する統合的心理療法〈relationally focused integrate psychotherapy〉を紹介されたのである。異なるアプローチを大切にし，統合し，優しく，深く，敬意とコンパッションに満ちた心理療法アプローチに，私たちは魅了され，感動を覚えた。ワークショップでは，気づきとコンパッションを受け入れることが，変容と成長に繋がるということを目の当たりにした。関係性を重視する統合的心理療法は，内的・外的**接触**に焦点を当てる

という新しい視点を私たちに与え，それは後に，マインドフルネスやコンパッションへの大きなパラダイムシフトとして知られるようになった。このアプローチは，クライエントを変化させようとするのではなく，クライエントに起きている現象や防御メカニズムを受け入れ，大切にすることによって，クライエントが自分の世界に深く入り込み，長い間忘れていた自己の部分を統合する手助けをする。私たちの統合への旅が始まり，そして今日も続いている。

　私たちは過去 16 年間，関係性を重視する統合的心理療法のトレーニングを提供してきた。この間，私たちは以下のような，さまざまな心理療法アプローチのさらに専門的なトレーニングとワークショップを行ってきた。それは，発達的・統合的アプローチ〈developmental-integrative approach〉（Evans & Gilbert, 2005），アクセプタンス＆コミットメント・セラピー（ACT）（Hayes et al., 2012），エモーション・フォーカスト・セラピー（EFT）（Greenberg & Watson, 2006），EMDR（Shapiro, 2001），関係交流分析〈relational transactional analysis〉（Hargaden & Sills, 2002），および加速化体験力動療法〈accelerated experiential dynamic psychotherapy〉（AEDP）（Fosha, 2000b）である。私たちはまた，トラウマ・セラピー（Levine, 1997; Ogden et al., 2006; Rothschild, 2000），治療同盟の亀裂の解消モデル〈model of resolution of alliance ruptures〉（Safran & Muran, 2000），およびポリヴェーガル理論〈polyvagal theory〉（Porges, 2011）について書いた多くの著者らにも触発された。私たちは，個人レベルでは，マインドフルネスを長年実践していて，さまざまなスピリチュアルな伝統にも長年関心を持っている。

　こういった影響のすべてが，私たちと私たちの仕事を変容させ，マインドフルネス・コンパッション指向統合的心理療法〈mindfulness- and compassion-oriented integrative psychotherapy〉（MCIP）の発展へと導いた。この過程の中で，私たちは，関係性を重視する統合的心理療法を，マインドフルネスとコンパッションの実践，理論，研究と共に発展させ，統合させてきたのである。MCIP は特に，ACT と他の第 3 の波の行動的アプローチからの知識を統合している。マインドフルネス・コンパッション指向アプローチの出現は，認知行動的アプローチのパラダイムシフトを引き起こした。私たちは，これらのアイデアを他の心理療法の伝統に繋ぐ必要性は高まっていると考えている。MCIP はこの必要性を満たし，関係性を重視する統合的心理療法と，マインドフルネスやコンパッションとの統合を提供する。

　私たちのアプローチでは，マインドフルネスとコンパッションは，心理療法的関係性の中で強化される変化のメタプロセスとして捉えられていることを強調しておく。MCIPの主要な課題は，クライエントが自分の内的経験や自己の部分にマインドフルな気づきやコンパッションを持つように誘うことである。これは，より大きな心理的柔軟性の向上と非機能的スキーマの変容の両方を促進する。クライエントにいくつかのマインドフルネスのエクササイズを教えることもあるが，それは私たちのアプローチの主眼ではない。MCIPでは，マインドフルネスとコンパッションの質が治療関係の中心にある。

　この本は，統合的心理療法の理論と実践を前進させる知識の統合を提供している。この本は大きく3つのパートから構成されている。PART I：統合的心理療法入門，PART II：概念と理論，PART III：方法と介入，である。

　PART Iでは，マインドフルネス・コンパッション指向統合的心理療法（MCIP）を紹介している。第1章「マインドフルネス・コンパッション指向統合的心理療法の発展」では，心理療法統合と，関係性を重視する統合的心理療法を紹介している。加えて，MCIPの基本原則について説明している。

　第2章「統合的心理療法におけるエビデンスに基づく変化のプロセス」では，心理療法における変化のプロセスの科学的研究に基づくプロセス志向セラピーであるMCIPについて述べている。対人関係，認知，感情，生理，行動，スピリチュアル，システム的／文脈的次元といった，人間の経験のさまざまな次元と関連する，エビデンスに基づく**変化のプロセスの統合モデル**〈integrative model of processes of change〉を説明している。マインドフルネスとコンパッションは，このモデルでは，上記のすべてのプロセスを強化する変化のメタプロセスとして提示されている。変化の各プロセスと関連する心理療法の学術研究をレビューしている。このモデルは，セラピストがクライエントの瞬間瞬間の経験を追跡し，適切な変化のプロセスを促進するのに役立つ。Goldfried（1980）が示唆するように，変化のプロセスは理論と介入の間の抽象レベルにあるため，この章は，PART II（概念と理論）とPART III（方法と介入）の間の，本書の別のパートとして収録してもよかったかもしれない。しかし，この章は，本書の後続するすべての章における変化のプロセスを理解するための基礎となるため，本書の最初のパートの中に収録することとした。

　PART IIは，治療方法と介入の基礎となるMCIPの基礎理論と概念を記述し

ている。第3章「統合的心理療法におけるマインドフルネスとコンパッション」では，2つの主要な自己感，すなわち私たちの個人的なアイデンティティや自己ナラティヴと関連する**個人的自己感**〈personal sense of self〉と**観察する／超越自己**〈observing/transcendent self〉を区別している。私たちは，観察する／超越自己を**存在**〈being〉の経験として主観的に経験し，そしてマインドフルネス，コンパッション，相互の繋がり，スピリチュアリティの質の中に現れる気づきそのものとして記述している。私たちは，観察する自己と人間の経験の主要な次元との関係を説明する**観察する自己のダイヤモンドモデル**〈diamond model of the observing self〉を提示している。このモデルは，マインドフルな気づきとコンパッションの4つの中核プロセス，すなわち，今この瞬間の気づき，アクセプタンス，脱中心化された気づき〈decentred awareness〉，そしてコンパッションについて説明している。私たちはまた，**内的経験との関係のトライアングル**〈the triangle of relationship to internal experience〉モデルを紹介している。このモデルは，内的経験との3つの主要な関係，すなわち，経験と融合すること〈being merged with the experience〉，経験から離れること，経験に対する愛に満ちた証人〈a loving witness〉からなることを説明する。MCIPの本質的な目的は，クライエントがセラピーの間，観察する自己を活性化し，自分の経験の愛に満ちた証人になることである。

　第4章「関係心理療法としての統合的心理療法」では，関係心理療法としてのMCIPが，クライエントとセラピストを相互影響システムとして捉えていることを記述している。私たちは，対人機能の観点からクライエントを理解する上で手助けとなる対人関係の統合モデルを提示する。MCIPの目標のひとつは，クライエントが自律性，繋がり，相互性の質の中に見られる主体の関係性のための能力〈the capacity for subject relations〉を発達させることである。私たちは，クライエントとセラピストの双方が観察する自己と接触し，お互いに十分に存在するときに現れる，**意識的なプレゼンスの共有**〈shared conscious presence〉のモーメントを強調している。

　第5章「関係マインドと間主観的生理学」では，セラピストとクライエント間の間主観的生理学的領域の重要性を強調している。私たちは，セラピーセッション中のセラピストの生理学的状態の重要性を強調する。私たちは，Porgesのポリヴェーガル理論に基づき，自律神経系の3つの経路（腹側迷走神経，交感神経，背側迷走神経）と，それと関連する自律神経の状態の重要性を論じて

いる。また，対人関係生理学とその心理療法実践における重要性についての研究を概観している。私たちは，治療関係における生理学的同調性〈physiological synchrony〉のポジティブな側面とネガティブな側面や，セラピストの自己調整とクライエントの調整の重要性について論じている。私たちは，セラピスト自身とクライエントの生理学的状態の調整のために，セラピー中におけるセラピストのマインドフルな気づきを強調している。

第6章「関係スキーマと記憶の再固定化」では，MCIPの基本概念である関係スキーマが，クライエントの内なる関係世界を理解し，その世界が他者との関係に与える影響を理解するための概念であることを説明している。非機能的スキーマの変化が記憶の再固定化プロセスを通してどのように生起するのかについて論じ，マインドフルネスとコンパッションがこのプロセスにおいていかに重要であるかを記述している。この章には，Gregor Žvelcが著し，2009年の『*Transactional Analysis Journal*』誌に掲載された論文「Between self and others: Relational schemas as an integrating construct in psychotherapy（自己と他者の間：心理療法における統合的な構成概念としての関係スキーマ）」の資料が含まれている。この初期の資料は，現代の記憶の再固定化理論と，スキーマを扱うためのマインドフルネスとコンパッションの重要性に関する私たちの見解に照らして，再編集と改訂を行っている。

第7章「ありきたりの不幸を超えて：個人的自己から観察する自己へ」では，2つの主要な自己感，つまり個人的自己感と，観察する／超越自己の差異を論じている。個人的自己感は，絶えず自己を強化し，自己を維持している自己ナラティヴの表現である。すべての人間は自分の個人的自己感との同一化の結果である**ありきたりの不幸**〈ordinary unhappiness〉に苦しんでいると私たちは提唱している。個人的自己感と同一化しているがゆえに，根本的に人々は互いに分離していると感じ，自分たちのライフストーリーに従って無意識的に生き，自分に執着し，今この瞬間の喪失を経験している。私たちはまた，**自己ナラティヴ・システム**〈self-narrative-system〉を提示している。それは，クライエントの自己ナラティヴの観点からクライエントを理解するのに役立つ，診断と治療計画のツールである。このモデルでは，人はどのように内在化されたライフストーリーを生きているのか，また，人はどのように自分の人生の中で絶えずそれを強化しているのかを示している。観察する自己の活性化は，私たちが個人的自己感と

のマインドフルでコンパッションに満ちた関係を築き，ありきたりの不幸を克服する上で役立つということを提唱している。加えて，自己ナラティヴの変化が，逆説的にマインドフルな気づきとセルフ・コンパッションを通して生じるということも提唱している。

　第8章「マインドの多重性，意識状態，治療計画」では，4つの意識状態〈four states of consciousness〉（FSC）モデルを提示している。そのモデルは，4つの異なる意識の状態を記述している。それは，制限された意識，「大人」の意識状態，マインドフルな意識状態，そして非二元的な気づき，である。このモデルでは，クライエントの自己状態の観点からクライエントを理解し，クライエントのマインドフルな意識状態を活性化させることがクライエントの個人的自己感の変容にとっていかに重要であるかを理解する上で役立つ。また，この章の中で，治療計画にとって極めて重要なMCIPの主要な段階を提示している。

　PART Ⅲでは，MCIPの実践方法と介入法を提示している。第9章「関係マインドフルネスとコンパッションの方法」では，マインドフルネスとコンパッションがどのように関係的な探究や調律，関与によって高められるのかについて説明する，**関係マインドフルネスとコンパッションの鍵穴モデル**〈keyhole model of relational mindfulness and compassion〉を提示している。このモデルは，Richard Erskineの鍵穴モデルをマインドフルネスおよびコンパッションのプロセスと統合したものである。関係的方法が，今この瞬間，脱中心化された気づき，アクセプタンス，コンパッションのプロセスをどのように高めるのかを描き出すために，クライエントとセラピスト間の相互作用の例を提供している。

　関係的方法に加えて，マインドフルネスとコンパッションはいろいろなプラクティスやエクササイズによって強化される。第10章「マインドフルな気づきとセルフ・コンパッションから価値に基づき生きることへ」では，MCIPで使われているさまざまな体験的エクササイズを提示している。これらのエクササイズはクライエントが自らの内なる経験に対してマインドフルやコンパッションをもたらすのに役立つ。加えて，クライエントがスキーマや自己状態のメタ認知的な気づきを発達させ，価値や意味に従って生きることを促進するのを助ける方法や介入法についても提示している。介入法については，クライエントとセラピストの間の相互作用の例によって解説している。

　第11章「治療関係におけるセラピストのマインドフルなプレゼンスと生理

的調整」では，効果的な心理療法の作業のために，セラピーセッションの間の，セラピストのマインドフルな意識状態の重要性を強調している。私たちは「セラピスト・ファースト」というフレーズを導入しているが，それはセラピストが何よりもまず，マインドフルな注意を自分自身に向けるべきであるということを強調したいがためである。これにより，自己調整し，耐性の窓の内部で自らを保ち，現在にとどまることが可能となる。私たちは，セラピストが自分自身やクライエントの過覚醒または低覚醒を調整することができるさまざまな方法を提示している。この章の重要な部分は，心理療法セッションのヴィネットである。そこでは，これらマインドフルな気づきと生理的調整の方法が体系的に，ステップバイステップで実践的に示されている。

第12章「マインドフルネスの変容力：マインドフル・プロセシング」では，心かき乱される経験を処理するために使われる**マインドフル・プロセシング**〈mindful processing〉という方法を提示している。この方法では，つらい記憶や非機能的スキーマによって引き起こされた，つらいフィーリング，身体感覚，その他の経験に対してマインドフルな気づきが持てるように意図的にクライエントを誘い，経験に対するマインドフルな気づきと，セラピストとその経験を共有することを交互に繰り返すのである。私たちは，この方法の7つの段階を提示して，マインドフル・プロセシングがどのように記憶の再固定化を促進するのかを説明する。この章は，Gregor Žvelc が著し，2012年に『*International Journal of Integrative Psychotherapy*』に掲載された論文「Mindful processing in psychotherapy: Facilitating natural healing process within attuned therapeutic relationship（心理療法におけるマインドフル・プロセシング：治療関係を調律する中で自然な癒しのプロセスを促進すること）」からの資料を含んでいる。この章で，これらの最初のアイデアは，心かき乱される経験を処理するための包括的な7段階法へと改訂・展開されている。

第13章「セルフ・コンパッション：愛と癒しに満ちた内なる関係性への道」では，私たちはセルフ・コンパッションの助けを借りて，未解決のつらい問題を処理する方法を提示している。この方法は，記憶の再固定化と個人的自己感の統合へと導くセルフ・コンパッション・プロセシングの変容力を示している心理療法セッションの2つのヴィネットを通して説明される。最初のヴィネットは，内的批判状況に結びついたセルフ・コンパッション・プロセシングを示

している。2番目のヴィネットは，クライエントの過去の問題と見捨てられた〈abandoned〉「子ども」の自己状態にセルフ・コンパッションをもたらすことを示している。

　この本を執筆するにあたり，私たちは心を込めてジェンダーニュートラリティを採用しており，また三人称単数代名詞として単数形の「they」を使用している。その使用は最初，慣れないかもしれないが，Merriam-Webster辞書が2019年の今年の言葉として，単数形の「they」を選んでいるのは偶然の一致ではないと私たちは考えている。これは，私たちの社会の中で，オープンマインドでいることや誰も排除しないことへと向かう大きな動きを反映している。

　私たちのこの本が，すべての統合的心理療法家だけでなく，心理療法アプローチにマインドフルネスとコンパッションを統合することに関心を持ち，治療関係の重要性に価値を置く他のアプローチのセラピストにも役立つことを願っている。この本はまた，マインドフルネスとコンパッションの変容力に情熱を抱く読者にも興味を持ってもらえるだろう。

目　次

PART I　統合的心理療法入門

PART II　概念と理論

凡　例

- 書物，雑誌等のタイトルは『　』で示した。
- 原文中のイタリックで，強調を示すものは太字で示した。
- 原著の注には本文中で◆と番号を付し，各章の末尾に掲載した。訳注は脚注としている。

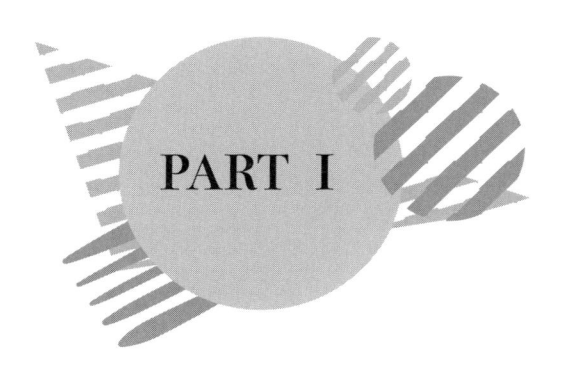

PART I

統合的心理療法入門

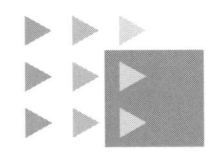

第 1 章

マインドフルネス・コンパッション指向統合的心理療法の発展

「統合的心理療法とはどんなものですか」と学生から尋ねられたら，古代インドの「群盲象を評す」の寓話をよく紹介する。この寓話では，何人かの盲人が象とはどんなものかを知りたがっていた。盲人たちは，象の一部だけを触って，それぞれに感想を述べた。鼻に触れた人には，象は蛇のようであり，象の脚に触れた人には，象とは木の幹のようであった。またしっぽに触れた人は，それをロープのようだと述べた。他の人は，それを壁，槍，扇のようだと表現した。そして，盲人たちは「象」の実在について口論を始めた。

心理療法の分野は，しばしば真実〈truth〉の本質を巡って言い争う盲人たちのようなものである。心理療法の歴史は，それぞれの心理療法が「自分が真実を所有している」，「自分は他より優れている」と主張し，対立してきた歴史でもある。行動論のセラピストは，精神分析のことを非科学的だと言って批判したが，反対に精神分析家は，行動療法のことを症状の緩和しかもたらさないと言って批判した。ヒューマニスティック学派は，あまりにも楽観的すぎると言われることが多かったし，ヒューマニスティック学派は，精神分析や行動療法はあまりにも決定論的だと考えた。

群盲のように，それぞれの心理療法アプローチは，人が経験する一部またはいくつかの側面だけを重要視することが多い。認知の次元に焦点を当てるアプローチもあれば，感情の次元に焦点を当てるアプローチもある。関係性を強調するアプローチもあれば，価値と意味を強調するアプローチもある。しかしながら，寓話が示唆しているように，これらの次元はすべて全体の一部であり，いずれもが重要な意味を持つのである。

「群盲象を評す」の寓話は，心理療法統合の説明によく使われる（Cooper, 2019; Walder, 1993）。心理療法統合のムーヴメントは，独立した心理療法アプローチの硬直した境界線と区分を克服し，異なる心理療法アプローチや学派間

の継続的な対話を始める試みとして現れた。心理療法のさまざまなアプローチは，自分自身の見解を擁護し証明するのではなく，より大きな現実と人間の精神〈psyche〉の全体を理解するために，互いに学び合うことができるのである。

▥ 心理療法の新しいパラダイムとしての心理療法統合

　心理療法統合のムーヴメントは，単一の心理療法アプローチの限界を克服する必要性の表れとして登場した。特定のアプローチによる心理療法のトレーニングを受けた心理療法家は，自分たちの元来のアプローチ以外のところにも目を向けるようになり，相互に学び始めたのである。Norcross と Alexander（2019）は，「統合は単一学派への不満と，学派の境界を越えて他の心理療法の実施方法から何かを学びたいという願望によって特徴づけられている」（p. 4）と述べている。1980 年以降，統合的心理療法はさまざまな大陸や国で大きく発展してきた（Gómez et al., 2019）。21 世紀に入り，統合的心理療法は「時代の精神」または「ツァイトガイスト〈zeitgeist〉」となっている（Castonguay et al., 2015）。Norcross と Alexander（2019）は「現代のアメリカの臨床家の約 4 分の 1 から 2 分の 1 は，ある特定の理論学派の所属を否認し，その代わりに**統合的**〈integrative〉または**折衷的**〈eclectic〉という呼び名を好む」（p. 13）とはっきり述べている。現在までに心理療法統合に関する書籍は 460 冊以上あり（Goldfried et al., 2019），心理療法に関する重要な教科書は，その理論的立場を統合的と定めていることが多い（Norcross & Alexander, 2019）。心理療法統合は，心理療法における新しいパラダイムと呼ぶにふさわしく，現場で受け入れられつつあるものである。

　心理療法統合には，理論統合〈theoretical integration〉，共通要因〈common factors〉，同化的統合〈assimilative integration〉，および技法折衷主義〈technical eclecticism〉というさまざまな道筋がある（Norcross & Alexander, 2019）。理論統合とは，2 つ以上の心理療法アプローチの理論や方法を結合〈synthesis〉し，新しい治療アプローチにすることである。共通要因アプローチは，さまざまな心理療法アプローチ全体に共通する成分や変化の原理に焦点を当て，「これらの共通性に基づき，より簡潔で効力のある治療を創造する」（Norcross & Alexander, 2019, p. 11）試みである。同化的統合とは，ある特定の心理療法アプローチに基礎を置きながら，他の心理療法アプローチの原則，見解，方法を選択的に統合することであ

る。技法折衷主義とは，包括的な理論的枠組みを持たずに，さまざまな治療的アプローチの技法を使用することであるが，研究によるエビデンスや臨床観察に基づいて，特定の問題や人に最も効果のある技法を選択することである。

　統合的パラダイムの主な特徴は，次のように要約できる。それは，(a) ダイアローグとオープンネス，(b) さまざまな「真実」もしくは「現実」の共存，(c) 人間の経験のさまざまな次元の重要性，(d) セラピーをクライエントの個人的特徴やニーズに合わせること〈tailoring〉の重要性，(e) 心理療法研究の重要性，である。

　(a) ダイアローグとオープンネス　統合的パラダイムは，さまざまな心理療法アプローチの探求や理論横断的な対話をオープンに探求する精神に基づいている。統合的心理療法家は，ある特定のアプローチを越えて，さまざまなアイデアや学びに対してオープンである。Fernández-Alvarez ら（2016）は，「実践において，心理療法統合は，概念的レベルだけでなく，臨床的・経験的レベルにおいても，継続的な和解，収束〈convergence〉，相補性を特徴づける」(p. 820) と述べている。

　(b) さまざまな「真実」もしくは「現実」の共存　統合的アプローチは，ひとつの絶対的な真実を発見することに焦点を当てるのではなく，多数の真実または現実の共存に焦点を当てている。これらの真実は，時に矛盾していることもある。統合的心理療法は，構成主義的な視点やポストモダンな視点を包含している。本書で提案している「真実」もまた，私たちの知識や人生経験に基づく多くの真実のうちのひとつである。

　(c) 人間の経験のさまざまな次元の重要性　心理療法統合は，単一の心理療法アプローチに対する幻滅（Norcross & Alexander, 2019）と，各心理療法には他のアプローチと統合することでより高められる専門領域があるという気づきによって動機づけられている。統合的心理療法家は，認知，感情，生理，行動，対人関係，社会文化，生態学，スピリチュアルなどのさまざまな次元に焦点を当てる。全体性〈wholeness〉が理想であるかもしれないが，私たちの意図はホリスティックであることであり，これらの次元のどれかを排除することではない。

　(d) セラピーをクライエントの個人的特徴やニーズに合わせることの重要性　この原則は，あらゆる状況の，あらゆるクライエントに対して，いつも最適な単一の心理療法アプローチというものはない，という認識に基づいている。その

ため，統合的心理療法家は，ある特定の心理療法学派や方法にクライエントを適応させようとするのではなく，柔軟にアプローチし，特定の文脈における個々のクライエントのニーズに焦点を当てる。

►► 心理療法研究と心理療法統合

　臨床科学では，ある特定の心理療法アプローチの実効性を示すために，医学モデルで推奨されている無作為化比較試験が優勢であった。これは，ある特定の障害に対する多くの心理療法パッケージやセラピーマニュアルの発展をもたらした。しかし，それは，ある特定のマニュアルに適合させるよりも柔軟性を必要とする臨床実践の現実を無視したものである。Fraser（2018）は，過去10年の間に生じた医学モデルに対するいくつかの課題を述べている。研究知見によると，治療プロトコルに忠実でなければよりよい治療アウトカムがもたらされないというわけではなく，より柔軟にアプローチするセラピストが最良のアウトカムをもたらすことができるのである（Wampold & Imel, 2015）。セラピストはまた，ある特定の障害に対するあらゆる新しいアプローチを学び続けることは難しいと感じていて，しばしばそのようなアプローチは自分たちの観点とは相容れないと感じている（Fraser, 2018）。

　心理療法アウトカムのメタ分析による研究もまた，古典的な医療モデルへの挑戦である（Fraser, 2018）。Wampold と Imel（2015）は，影響力のある重要な本，『*The Great Psychotherapy Debate*（偉大な心理療法論争）』の中で，「模範的な研究や方法論的に適切なメタ分析は，治療間の差異はゼロではないが，その差は小さいことを示す信頼性の高いエビデンスを見出した」（p. 156）と結論している。これは心理療法研究の中で，「ドードー鳥の評決〈Dodo Bird Verdict〉」としてよく知られており，不思議の国のアリスの物語の中で，ドードーが「みんな勝った，みんな賞をもらわなければ」と結論を出すことに由来する（Luborsky et al., 1975）。心理療法の研究者は，異なる心理療法アプローチ間のアウトカムには有意差がないという研究結果に基づいて，さまざまな心理療法アプローチのアウトカムに影響を与える共通要因や変化のプロセスの研究に焦点を当てている。共通要因は数多く存在するが，最も説明力が高いのは，関係の質と治療同盟である（Fraser, 2018）。治療同盟は，治療的な絆と，目標や治療課題についての合意からなる。Norcross と Lambert（2018）は，治療関係は**エビデンス**

に基づいており，「治療の種類によらず，アウトカムに実質的かつ一貫した貢献をしている」（p. 303）と述べている。

治療間の共通性を認める一方で，「異なる治療や異なるセラピストに起因する固有〈specific〉要因がある場合もある」（Norcross & Alexander, 2019, p. 8）。変化の共通要因と固有要因は双方とも，統合的な実践家にとって重要である。NorcrossとAlexander（2019）は，「私たちは，学派間の根底にある類似性と有用な差異を組み合わせることで統合する」（p. 8）と記している。このようにして，私たちは共通要因と固有のセラピーに関連する要因の両方を包含することができる。

近年，プロセスに基づくセラピーが登場してきている。それは，診断横断的な変化のプロセスに基づいている（Hofmann & Hayes, 2019）。セラピストは，固有のセラピーパッケージに従うのではなく，心理療法研究で有効であることがわかっている変化のプロセスを促進するのである。プロセスに基づくセラピーは，統合パラダイムのヴィジョンと一致している。プロセスに基づくセラピーでは，どのセラピーがより有効であるのかを証明する代わりに，さまざまな心理療法アプローチに見られる変化のプロセスを強調し，さまざまな臨床障害に用いることができる。第2章では，私たちの心理療法統合へのアプローチで使われている変化のプロセスモデルを提供する。

統合的心理療法とは何か

Fernández-Alvarezら（2016）と同様に，私たちは，**統合的心理療法**という用語と**心理療法統合**という用語とを区別することが重要であると考えている。統合的心理療法という用語は心理療法統合に基づくある特定のアプローチを指すのに対し，心理療法統合という用語は心理療法のより広い枠組みとパラダイムを指す。統合的アプローチには，例えば，加速化体験力動療法（Fosha, 2000b），統合的セラピー（Petzold, 2002），エモーション・フォーカスト・セラピー（Greenberg & Watson, 2006），循環的心理力動論（Wachtel, 2008; Wachtel & Gagnon, 2019），理論横断的アプローチ（Prochaska & Diclemente, 2019）などさまざまなものがある。

私たちの統合的心理療法へのアプローチは，Richard G. Erskineらが統合的心

理療法研究所で発展させた，関係性を重視する統合的心理療法〈relationally focused integrative psychotherapy〉に基づいている（Erskine, 2015, 2019a; Erskine & Moursund, 1988; Erskine et al., 1999; Moursund & Erskine, 2004）。このアプローチの基礎となるアイデアは，1972年にイリノイ大学で行われた一連のレクチャーで初めて発表された（Erskine, 2015）。関係性を重視する統合的心理療法は，理論統合の原則と心理療法の共通要因，例えば治療関係の重要性に基づいている。このアプローチでは，統合的心理療法という用語は，いくつかの意味を伝えている。それは，(a) パーソナリティの統合，(b) 心理療法アプローチの統合，(c) 心理療法家の内部の統合，である。

▶▶ パーソナリティの統合

　関係性を重視する統合的心理療法は，パーソナリティの分割された部分を統合し，「それら分割された部分を凝集自己〈cohesive self〉の一部にすること」（Erskine, 2015, p. 1）を目的としている。そのような統合は，柔軟性を促進し，人々が「あらかじめつくられた意見，立場，態度，または期待を保守することなく，オープンに，そしてフレッシュに，それぞれの瞬間に向き合うこと」（Erskine, 2015, p. 1）を可能にする。さらに関係性を重視する統合的心理療法は，人間の経験の主要な次元である，認知的・感情的・行動的・生理的な側面と「その人を取り巻くシステムの社会的な側面やトランスパーソナルな側面への気づき」の統合を促進する（International Integrative Psychotherapy Association, 2020）。

　図 1.1 は，**関係内自己システム**〈self-in-relationship system〉（Erskine & Trautmann, 1993/1997）のモデルを示す。このモデルは，関係システムの内部にある人間の機能の 4 つの主な次元（感情的・行動的・認知的・生理的次元）を示している（Erskine & Trautmann, 1993/1997）。このモデルは，Erskine（私信，May 5, 2020）自身が更新し図の中心に据えた，スピリチュアルな次元も含んでいる。

　認知的次元は思考，信念，および知覚を，行動的次元は観察された行動を，生理的次元は身体感覚や身体的プロセスを，関係的次元は他の人々やシステムとの関係性を指す。スピリチュアルな次元は人生の超越的・実存的な側面とより深い目的感覚を指す。これらの次元はすべて，各次元が互いに影響を与え合うシステムの視点から捉えられている。各次元は，「他の次元に対して相関効果」を持つ（Erskine, 2015, p. 3）。システムの視点に基づいて，統合的心理療法家は，

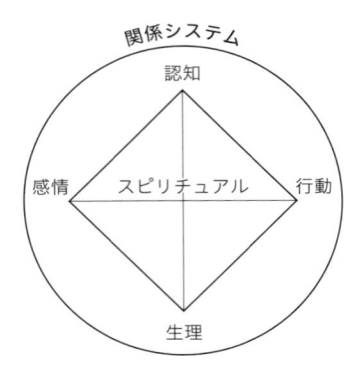

図 1.1　関係内自己システム (Erskine & Trautmann, 1997, p. 81)

「特定の行動，感情，信念，身振りなどが，全体としての人間組織に及ぼす機能」（Erskine, 2015, p. 4）を理解しようとする。クライエントは，これらの各次元と接触することにオープンであったり，クローズドであったりする。例えば，感情を回避し，認知的次元でのみ接触を受け入れるクライエントもいる。行動的次元でのみ接触を受け入れて，問題の原因を理解するのが難しく，さらに感情に恐怖を抱いているクライエントもいる。また，感情に圧倒されているクライエントもいる。統合的心理療法では，クライエントがどの次元で接触に対してオープンなのか，クローズドなのかを評価する（Erskine, 2015）。私たちは，接触することにクライエントがオープンな次元でまず関係を築いてから，接触することにクローズドな次元と接触するように誘う。このプロセスにおいて私たちは，調律された〈attuned〉[訳注] 心理療法的の関係性の中で，クライエントの現象学的・行動学的・関係的な機能レベルを対象とする主要な心理療法の伝統的な介入と方法を使用する。統合的心理療法の目標のひとつは，クライエントがすべての次元と十分に接触することである。

〔訳注〕　attunement の訳語に関して：本書では，attunement は「調律」，attuned は「調律された」という訳語を採用している。ただし，attuned to〜に関しては，そのまま「〜に調律する」と訳すと日本語として意味が通じにくくなるため，「〜に合わせる〈attuned to〉」という訳語で統一している。

►► 心理療法アプローチの統合

　関係性を重視する統合的心理療法は，さまざまな心理療法アプローチの諸側面の理論統合である。これは，さまざまな心理療法の伝統の中で強調されているパーソナリティ次元を示す関係内自己〈self-in-relationship〉のモデルの中で示されている（図1.1）。心理療法への認知的アプローチは，「Why?」という問いに焦点を当てている（Erskine & Moursund, 1988）。認知的アプローチでは，変化はクライエントが自分の問題や葛藤の理解を介して，つまり洞察によって生起することを前提としている。心理療法への行動的アプローチは，「What?」という問いに焦点を当てている（Erskine, 2015）。それは，どのように私たちの行動が形成され，維持されているのか，そして，非機能的な行動の変化にはどのような変化が必要なのかを説明している。目標は，新たな望ましい行動の強化である（Erskine & Moursund, 1988）。「心理療法への感情的アプローチは，『How?』という問い，つまり人はどのように感じるのかを扱っている」(Erskine, 2015, p. 3)。クライエントの現象学的な経験がその焦点となる。このアプローチの目標は，抑圧された感情に気づき，それを表現することで「感情を整理し〈emotional closure〉，より充実した感情体験を提供する」ことである（Erskine, 2015, p. 3）。第4の次元は生理的次元で，その焦点は身体と取り組むことである。第5の次元は関係的なもので，人と人との関係や，家族，学校，社会文化的環境など，より大きなシステムとの関係を参照する。統合的心理療法では，治療関係は主要な変化の要因のひとつであり，他のすべての次元の作業のための文脈を提供する。第6の次元は，スピリチュアルな次元であり，人生において意味や目的を見出すことに焦点を当てている。この次元は，いろいろなヒューマニスティック一実存的心理療法アプローチやトランスパーソナル心理療法の中で強調されている。

　Erskine（2015）は，「統合的心理療法は，精神力動，クライエント中心，行動主義，家族療法，ゲシュタルト療法，新ライヒ派〈neo-Reichian〉，対象関係論，精神分析的自己心理学，交流分析など，人間の機能に関する多くの見解を考慮に入れている」(p. 2)と述べている。これらのアプローチはそれぞれ，人間の本質について重要な洞察を提供し，「それぞれが選択的に他のものと統合されることで，それぞれが強化される」(Erskine, 2015, p. 2)。

　また，統合的心理療法は，神経科学，心理療法研究，発達心理学研究など，さまざまな分野の科学的な研究知見も統合している。特に重要なのは，乳幼児期から老年期までのノーマルな発達過程と，その健全な発達の中断に基づく自己防御〈self-protective〉メカニズムの発達を説明する理論である。対象関係論，愛着理論，自己心理学，エリクソンの発達理論は，対人接触の中断に対処する方法について，統合的心理療法家に情報を与える重要な知識源である。

▶▶ 心理療法家の内部の統合

　統合的心理療法家の究極の目的は，自身の特性や選好〈preference〉に応じて，理論や方法を自分なりに統合していくことである。それは，実践家が継続的な個人的発達，つまり内的統合と成長のためにコミットすることをも意味している。統合的心理療法では，心理療法家は，クライエントにいろいろな技法やホームワークを割り当てる分離した専門家〈detached professional〉というより，十分に存在して，関係性に関与する人である。統合的心理療法の中心的な前提は，癒しは関係性の中の接触〈contact-in-relationship〉を通して生起するというものである。その中で，クライエントはセラピストとの触れ合う〈contactful〉関係性を通して，内的接触を発達させ，パーソナリティの諸部分を統合する（Erskine et al., 1999）。この課題には，セラピストの個人的統合が極めて重要である。

　この統合の旅には限界も終わりもない。それはゴールではなくプロセスである。それは東に向かって歩くようなものである。そのような旅には決して終わりはない。そこにはさらなる統合への何かがある。それゆえ，統合的心理療法の目的は，別の固定的で閉鎖的なアプローチをつくることではなく，同化と調節の継続的なプロセスにオープンであることである。私たちの師Erskineは言っていた。「あなたは統合的心理療法家ではありません。あなたは統合的心理療法家になりつつあります。そして，それは決して終わることはありません」（Erskine, 私信，2000 年 6 月 10 日）。これは，新しい研究知見や新しい理論，そして日々クライエントからの学びにオープンであることを意味している。

　本書では，関係性を重視する統合的心理療法に基づく，私たち独自の統合について紹介する。

マインドフルネス・コンパッション指向統合的心理療法（MCIP）

　本書では，私たちが 12 年以上にわたり発展させてきたマインドフルネス・コンパッション指向統合的心理療法（MCIP）を紹介している。MCIP は，Erskine の関係性を重視する統合的心理療法にルーツがあり，その理論と方法を進展させることを目的としている。私たちのモデルは，「統合的心理療法を統合する」試みである。Erskine のアプローチとマインドフルネス・コンパッション指向のアプローチ，実践，研究のさらなる統合を提供している。MCIP は，関係性を重視する統合的心理療法にアクセプタンス＆コミットメント・セラピー（ACT）（Hayes et al., 1999, 2012）の知識と実践を統合しており，さまざまなマインドフルネス・コンパッション指向アプローチと理論（Desmond, 2016; Gilbert, 2010; Kabat-Zinn, 1990; Neff, 2003a; Segal et al., 2002; Siegel, 2007, 2018）にも影響を受けている。MCIP は，記憶の再固定化〈memory reconsolidation〉理論とその研究（Ecker, 2015, 2018; Ecker et al., 2012; Lane et al., 2015）や，Porges のポリヴェーガル理論（Porges, 2011, 2017）にも影響を受けている。さまざまなアイデアや概念をすべて一緒に束ねる基本的な原則は，治療関係の重要性である。MCIP では，マインドフルネスとコンパッションが心理療法の関係性の中心に持ち込まれている。私たちは，このアプローチを最終の目的地とは考えていない。さらに変容と統合がなされることを希望している。

►► MCIP の基本原則と特徴

　MCIP は，その理論と方法を支える，以下の 10 項目の基本原則に基づいている。

► 間主観性と共創への焦点化

　MCIP は，人間が相互に繋がり，影響を与え合うという基本原則に基づく関係心理療法である。クライエントと心理療法家は，相互に影響を与え合うシステムとして捉えられる。双方は，間主観的な場〈interersubjective field〉（Stolorow, 1994）を共創し，意識的レベルと無意識的レベルの両方で相互に影響を与え合う。この基本原則は，心理療法のあらゆるプロセスがクライエントとセラピス

トの双方によって共創されることを理解するために，極めて重要である。MCIP
では，生理学的な間主観性，つまりクライエントとセラピストの双方の自律神
経系の相互影響にも特別な注意を払う。

　また，間主観的アプローチは，「真実」の本質に関して重要な意味合いを持つ。
MCIPでは，セラピストの視点が，クライエントの視点よりもリアルであるこ
とはないし，その逆もまた然りである。真実は，クライエントとセラピストの
間で共創される。

▶ 現象学的・体験的アプローチ

　MCIPは，現象学的なアプローチである。セラピストはクライエントの現象
学に関心があり，クライエントと共に彼ら・彼女らの内なる世界を探索する。統
合的心理療法の基本原則は，あらゆる経験にはその独自の意味，論理，および
価値がある，ということである。セラピストは，クライエントの主観的な世界
を尊重し，純粋に関心を持ち，そしてそれと同じ関係を自分自身との間に築け
るようにクライエントを誘う。現象学的アプローチは，**括弧に入れること**
〈bracketing〉を含む。それは，クライエントについての考えや理論を括弧の中に
入れることを意味する（Finlay, 2016）。そのような態度により，クライエント
のリアルな声を聴き，耳を傾け，感知することができる。MCIPでは，セラピ
ストはクライエントの現象学にオープンでいるように努めつつ，同時に，彼ら・
彼女らの内なる世界と接触するように努めている。

　MCIPは，心理療法への体験的アプローチである。セラピストは，クライエ
ントが自分の経験に気づき，自分の思考，感情，感覚を，今ここで体験できる
ようにクライエントを援助する。このアプローチでは，クライエントが自分の
問題について話すだけでなく，「体験する」ように誘うという意味で，そしてク
ライエントの言葉を身体や感情的な経験に「根付かせる」ように導いていくと
いう意味で，セラピストは能動的である（Fosha, 2000b）。MCIPの目的は，ク
ライエントが自分の思考，フィーリング，感知することに十分に接触すること
である。

▶ ホリズムと人間の経験のあらゆる次元の重要性

　MCIPは，心理療法へのホリスティックなアプローチであり，人間の経験の

あらゆる次元（認知，感情，生理，行動，対人関係，およびスピリチュアルの次元）に重きを置く。これらすべての次元は，互いに影響を与え合う全体の一部である。セラピーの目的は，クライエントがこれらの次元のすべてに接触し，そのすべてを統合することである。

▶ 研究によって検証された変化のプロセスに基づく心理療法

MCIP は，心理療法研究によって確立された，実証的に検証された変化のプロセスに基づいている。これらの変化のプロセスは，人が経験する主要な次元と関連しており，心理療法の共通要因と固有要因の両方を包含する。MCIP はプロセスに基づく心理療法であり，セラピストは，クライエントの瞬間瞬間の経験を追跡し，適切な変化のプロセスを促進する。MCIP では，変化のメタプロセスとしてマインドフルネスとコンパッションのプロセスを特に重視している。そして，記憶の再固定化をトランスフォーメーショナル・チェンジの中核的なメカニズムとして強調している。

▶ 中核となる変化のプロセスとしてのマインドフルな気づきとセルフ・コンパッション

MCIP では，セラピストは調律された治療関係の中で，マインドフルな気づきとセルフ・コンパッションのプロセスを促進する。MCIP の中核となる変化のプロセスは，クライエントに，自分の内的経験にマインドフルな気づきとセルフ・コンパッションをもたらすように誘うことを必要とする。クライエントの思考，フィーリング，および感覚を変えることに焦点を合わせるのではなく，クライエントが自身のマインドの内容との関係のあり方を変えられるように援助する。Černetič（2005）は，マインドフルネスのプロセスを記述する際に，「人は，違うものになろうとするのをやめると，すぐに深いところで，徹底して違うものになる」（p. 78）と述べている。つまり，クライエントが自分自身を新たに受け入れ，コンパッションに満ちた関係を築いたとき，まさにその瞬間にクライエントは変化するのである。この原則は，ゲシュタルト療法（Beisser, 1971）の変化の逆説理論と一致している。マインドフルな気づきとセルフ・コンパッションをもって，私たちは深く異なる方法で自分自身と関わり，変容と変化を促進する。

▶ 関係性の重要性

MCIP は，愛着理論やその他の発達理論に基づき，生涯にわたる人間関係のニードの重要性を説いている。発達理論は，子どものパーソナリティや脳が，初期の子どもと親の関係性に基づいてどのように発達するのかという理解を提供してくれる。MCIP のセラピストは，発達に関する知識を用いて，関係性の視点からクライエントを理解する。そして，クライエントが，重要な他者との問題ある相互作用に基づいて，どのように防御パターンを発達させたかを理解する。

こういった理論と一致して，MCIP の治療関係は変化の基盤であり，また主要な癒し要因のひとつでもある。私たちは，セラピストのマインドフルなプレゼンス，調律，およびコンパッションに基づき，調律された安心感のある治療関係を発展させることに努めている。調律された治療関係はまた，クライエントの関係スキーマの変化と記憶の再固定化を促進する修正関係体験〈corrective relational experiences〉を提供する。

▶ セラピストのマインドフルなプレゼンスと調整されたセラピーの場の重要性

MCIP では，セラピストのマインドフルなプレゼンスと気づきの重要性を強調している。マインドフルな気づきは，セラピストが自身の生理的状態を把握し，必要に応じて調整することを可能にし，同時にクライエントをもマインドフルな気づきと調整に導くことができる。私たちが耐性の窓の内部で機能するときに，統合と成長が可能となる（Ogden et al., 2006; Siegel, 1999, 2012）。それゆえ，MCIP では，クライエントとセラピストの双方の調整の重要性を強調するのである。調整に対する責任は，セラピストから始まる。セラピストの自律神経の状態とクライエントの自律神経の状態が調整されるとき，そして両者のマインドが耐性の窓の内部にあるとき，心理療法プロセスは統合や癒し，そして成長へと繋がる。

▶ 自然治癒力と内なる叡智への信頼

MCIP は，それぞれの人の内には，生得的で，自然に備わった自己治癒力があるという前提に基づいており，それは有機体が持つ叡智というヒューマニスティックな原則と一致している。MCIP では，マインドフルネスとセルフ・コンパッションはこの自然治癒力を高め，変化はそのプロセスの中で，内部の経

験の気づきとアクセプタンスの結果として自然に生起するということを提唱している（G. Žvelc, 2012）。マインドフルな静寂〈stillness〉，気づき，アクセプタンスを通して，私たちのマインドは，日常生活や合理的な問題解決のリソースを超えたリソースを使える状態をつくり上げる。マインドフルな気づきとセルフ・コンパッションは，私たちの内なる叡智，愛，そして成長のための能力を目覚めさせるのである。

▶ ありきたりの不幸と人間の不完全性

　私たちの基本的な前提は，私たちは誰もが「ありきたりの不幸〈ordinary unhappiness〉」（Freud, 1895/2013）を経験していて，完全ではないということである。私たちは皆，幸福と悲しみ，愛と破壊，平和と不安，健康と病気の両方の瞬間を経験している。私たちの見解は，伝統的なメンタルヘルスのモデルの一部である健康な正常性〈healthy normality〉という前提を批判する Hayes ら（2012）の影響を受けている。彼らは，破壊的な正常性〈destructive normality〉という前提を提案しているが，それは人間の言語がメンタルヘルスに及ぼす否定的な影響と関連している。

　私たちは，ありきたりの不幸が系統発生条件や個体発生条件と自己ナラティヴ，つまり私たちの個人的自己感との同一化と関連するということを提唱している。ありきたりの不幸という前提は，系統発生的にも個体発生的にも，私たちの生活環境は有限であるという事実と関連する。人類は，地球上に誕生した最初の頃から，生存とリソースのために努力し，戦わねばならなかった。人間は欠乏〈scarcity〉または十分に持たないことへの恐怖感を持つ一方で，持っているものを失うことへの恐怖感も持っている。恐怖・悲しみ・攻撃性が，コンパッション・利他性〈altruism〉・愛・感謝と並んで人間の中に存在する。

　私たちの生活環境とは別に，ありきたりの不幸は，私たちの自己ナラティヴ，つまり個人的自己感との同一化と関連する。私たちは，自身の自己ナラティヴと同一化しているとき，常に自己比較や自分自身への不満に巻き込まれ，今ある自分よりもよくなろうと奮闘努力する。MCIP では，人間の苦しみ〈suffering〉は，ありきたりの不幸から逃れようとする試みや自己ナラティヴを改善しようとする試みと部分的に関連していると考えている。私たちはどうあるべきかについて高い理想を持っている。幸せで，ストレスがなく，平和で，不安がなく，

落ち込まず，攻撃的にならず，怒りもないなど。しかしながら，このような試みは，絶え間ない不満，他人との比較，自己批判，完璧であることへの不可能な期待を抱くことになる。もし自分自身や他者の限界，不完全さ，および共通の人間性を理解し，受け入れることを学ぶことができれば，人々の苦しみは少なくなるだろう。この真実を深く認識することで，私たち（または他の人々）は異なるべきだとか，よりよいものであるべきだといった内なる批判や変化することへのプレッシャーから解放されるのである。このようにして，私たちは皆，同じ船の中にいることに気づくだろう。つまり，私たちは有限であり，ありきたりの不幸と苦しみを経験しているのである。苦しみ（不安，ストレス，悲しみ，攻撃性，病気）は，私たちが生きている中で避けて通れないものである。私たちは，それと闘おうとしても，また自分自身にプレッシャーをかけても，この事実を変えることはできない。

　私たちのありきたりの不幸や苦しみは，不完全な人間であることを受け入れ，思いやり，自分を変えようとすることをやめ，内なる叡智が現れることを信じて身を委ねること〈surrender〉で軽減され，変容すると私たちは考えている。私たちの個人的自己感の背後には，もうひとつ別の自己感 —— **観察する自己**〈observing self〉がある。観察する自己は，**プレゼンス**，**存在**〈being〉，**マインドフルな気づき**，**コンパッション**，および**超越性**〈transcendence〉と関連がある。これは私たちの中に秘められた可能性で，私たちはしばしばそれに気づいていない。観察する自己の中心にいることで，私たちは純粋に個人的自己感の不完全性を受け入れ，内なる目的と意味に近づくことができる。愛に満ちたプレゼンスで「立ち止まる〈pausing〉」ことによって，内なるリソースと叡智が目覚め，私たちの最も深い価値に従ってマインドフルに行動できる可能性が高まる。

▶ スピリチュアリティの重要性および価値や目的に従って生きること

　MCIPでは，人間生活におけるスピリチュアリティの役割を大切にするだけでなく，意味や目的を探すことを大切にしている。MCIPのセラピストは，心理療法の過程でスピリチュアルなテーマが浮上した場合，それを受け入れ，意味や深い目的感覚を見出そうとする普遍的な努力の一部と見なす。MCIPの目的のひとつは，クライエントが人生の意味を探し，最も深い価値や目的に従って人生を生き始められるようにクライエントを誘うことである。

第 2 章

統合的心理療法における
エビデンスに基づく変化のプロセス

　マインドフルネス・コンパッション指向統合的心理療法（MCIP）は，心理療法研究で効果が認められ，望ましい治療成果に繋がる，エビデンスに基づく変化のプロセスに基づいている。この章では，エビデンスに基づく変化のプロセスの統合モデルを説明する。このモデルは，MCIP の臨床的介入および方略のためのプロセス診断，治療計画，および有用なマップを提供する。

▎▐▐ 心理療法における変化のプロセス

　変化のプロセスへの注目は，Goldfried（1980）の研究から生じた。彼は，さまざまな心理療法的アプローチが，理論と治療技法の間の抽象レベルにある変化の原理を共有しているだろうと提唱した。理論および治療技法のレベルでは，心理療法のそれぞれのオリエンテーションは異なるかもしれないが，変化の原理はオリエンテーション間で共通している。彼は，心理療法の種々のオリエンテーションに共通する変化の 5 つの主要な原理を提唱した。それは，修正感情体験，新しい理解を促進するセラピストからのフィードバック，心理療法の有効性への期待，治療同盟の確立，現実検討の促進である（Goldfried, 1980; Goldfried & Padawer, 1982）。Goldfried（1980）が特定の心理療法学派を強調するのではなく，共通の変化のプロセスに焦点を当てることを提唱したとき，この分野はまだパラダイムが大きく変化する時期ではなかった。臨床科学の分野は，特定の臨床疾患ごとに有効な治療法を見つけようとする医学モデルが主流であった。それとは対照的に，心理療法統合ムーヴメントと関係のある研究者は，いろいろな変化のプロセスを研究することがますます増えてきた（Crits-Christoph et al., 2013, Greenberg, 2008; McAleavey et al., 2019; Norcross & Lambert, 2018）。

　近年，変化のプロセスに注目が集まり，プロセスに基づくセラピーが登場してきた（Fraser, 2018; Hofmann & Hayes, 2018, 2019）。Hofmann と Hayes（2019）は，プロセスに基づく心理療法が，臨床障害を特定のプロトコルで治療することを前提とする医学的疾患モデルと比較して，臨床科学における新しいパラダイムを提示していると述べている。この新しいパラダイムは，特定の障害に対する特定の治療に焦点を当てるのではなく，実証的で診断横断的な変化のプロセスに焦点を当てる。治療プロセスとは，「望ましい治療目標の達成に繋がる根本的な変化のメカニズム」である（Hofmann & Hayes, 2019, p. 38）。Hofmann と Hayes（2019）は，プロセスに基づくセラピーの主要な問いは，「このクライエントが，このような状況で，この目標を達成するためには，どのような中核となる生物心理社会的プロセスを対象とすべきか，また，どのようにすれば最も効率的かつ効果的に変化させることができるのか」（p. 38）ということであると明確に述べている。

変化のプロセスの統合モデル

　MCIP は，プロセスに基づく心理療法である。MCIP のセラピストは，クライエントの瞬間瞬間の経験を追跡し，人間の経験のいろいろな次元と関連する変化のプロセスを促進する。図 2.1 に変化のプロセスの統合モデルを示す。このモデルでは，人間の経験の主要な次元——対人関係，認知，感情，生理，行動，スピリチュアル，およびシステム／文脈に関連する変化のプロセスを定めている。またこのモデルには，マインドフルネスとコンパッションが含まれているが，それらは変化のメタプロセスであり，主要な次元すべてと関連している。

　このモデルは，問題の領域のみならず，心理的健康とウェルビーイングを促進する変化のプロセスの両方についても説明する。MCIP では，個々のクライエントの特定の文脈に焦点が当てられる。ケースの概念化は，主な問題領域と奨励する必要のある変化の中心的なプロセスに基づいて行われる。私たちは，特定のクライエントの全体的なケースの概念化を行うだけでなく，クライエントの直接的な経験にも注意を払う。変化のプロセスという観点から，クライエントの瞬間瞬間の経験を追跡し，特定の瞬間に必要な変化のプロセスを促進させる。クライエントは，時期によって異なる介入を必要とすることがある（Cooper

マインドフルネスとコンパッション	
問題領域	**変化のメタプロセス**
過去と未来への没頭	今この瞬間の気づき
フュージョン／体験の融合	脱中心化された視点
体験の回避	アクセプタンス
自己批判, 他者批判	セルフ・コンパッションと コンパッション

人間の経験の諸次元	
問題領域	**変化のプロセス**
対人的次元	
不適応的な関係パターン, 愛着の問題, 同盟の亀裂	調律, 治療同盟の維持と 修復, 修正関係体験
認知的次元	
自己理解の欠如	洞察
メンタライゼーションの欠如	メンタライゼーション
感情的次元	
感情の気づきの欠如	感情の気づき
感情の回避	感情の受容
感情表出の欠如	感情の表出
感情調整不全	感情調整
生理的次元	
内受容感覚の問題	内受容感覚
生理的調整不全	生理的調整
行動的次元	
受動性と回避, 衝動性, スキルの欠如, 行動的非柔軟性	コミットされた活動
スピリチュアルな次元	
人生の目的や意味の欠如	人生の価値／意味との接触
観察する／超越自己との 接触の欠如	観察する／超越自己との接触
システム的／文脈的次元	
家族, 学校, 職場などの システムと関連する問題 社会文化的・政治的・生態学的 次元と関連する問題	外部システムと関連する変化

図 2.1　統合的心理療法における変化のプロセス

& McLeod, 2007），統合的心理療法家は変化のプロセスと関連した介入を柔軟に行う。

　このモデルにおける変化のプロセスは，心理療法の共通要因と固有要因の両方を包含する。心理療法の研究文献では多くの変化のプロセスが見出せるが，MCIP では重要だと思われる主要なプロセスのみを取り上げている。対人関係，認知，感情，および生理の次元に関連するプロセスは，統合的心理療法に関する Erskine（2015）の著作と一致している。さらに，私たちのアプローチに特有のプロセスもある。それは，マインドフルネスとコンパッションのプロセスおよびスピリチュアルな次元と関連するプロセスである。

　変化のプロセスの統合モデルは，統合的心理療法においてクライエントが経験した，有益であった側面に関する質的研究の影響を受けている（Modic & Žvelc, 2015; Modic, 2019）。Modic（2019）は，統合的心理療法を少なくとも1年間受けていた16人のクライエントにインタビューを行った。これをまとめた『*The Client Change Interview*』（Elliott et al., 2001）を参照し，彼女はクライエントの視点から，治療に役立つ要因や変化について研究したのである。彼女は，クライエントが経験した，有益であった治療要因と変化についてのモデルを開発した。彼女のモデルには，次のような治療プロセスが含まれている。それは，感情処理〈emotional processing〉，二重の気づき〈dual awareness〉，痛みを伴う内容との接触，自分自身に対するアクセプタンスとコンパッション，自分自身に対する洞察と理解，効果的な継続的活動パターンに対するクライエントの責任，および治療セッションの外で変化をもたらすことである（Modic, 2019）。

▶▶ 変化のメタプロセスとしてのマインドフルネスとコンパッション

　統合的心理療法への私たちのアプローチでは，マインドフルネスとコンパッションのプロセス，つまり，**今この瞬間の気づき，アクセプタンス，脱中心化された〈decentred〉視点，コンパッション**を優先させる。マインドフルな気づきとコンパッションは，人間の経験の各次元での変化を促進する。例えば，マインドフルな気づきは，感情処理（Sayers et al., 2015），感情調整（Farb et al., 2012; Hayes & Feldman, 2004; Teper et al., 2013; Vago & Silbersweig, 2012），内受容感覚〈interoception〉（Farb et al., 2015），行動の柔軟性と価値の明確化（Shapiro et al., 2006）を促進する。私たちは，マインドフルネスとコンパッションを変化

のメタプロセスとして理解している。それは，他のあらゆる変化のプロセスに影響を与える。

　マインドフルネスとコンパッションは，心理療法のポジティブなアウトカムと関連しており，メンタルヘルスに有益であることが多くの研究で明らかになっている。マインドフルネスに基づくセラピーのメタ分析によると，マインドフルネスは不安（Hofmann et al., 2010; Khoury et al., 2013），うつ病の症状（Goldberg et al., 2018; Hofmann et al., 2010; Khoury et al., 2013），うつ病の再発（Goldberg et al., 2019; Kuyken et al., 2016）に有効であることが示されている。また，マインドフルネスに基づく介入は，アルコール・薬物使用障害の患者にも有効であることが判明しており（Cavicchioli et al., 2018），知覚された渇望〈perceived craving〉，否定的感情〈negative affectivity〉，および心的外傷後症状に大きな効果があった。また，マインドフル瞑想は，慢性疼痛患者の痛み，抑うつ症状，生活の質の改善（Hilton et al., 2017），多発性硬化症患者の精神的ウェルビーイングの改善（Simpson et al., 2019）にも効果があることがわかっている。メンタルヘルスワーカーのためのマインドフルネスに基づく介入のメタ分析では，マインドフルネスの介入がウェルビーイングを改善し，苦痛〈distress〉を軽減することが示されている（Lomas et al., 2019; Spinelli et al., 2019）。今この瞬間の気づき，アクセプタンス，脱中心化された視点／脱フュージョン〈defusion〉もまた，アクセプタンス＆コミットメント・セラピー（ACT）において広範囲に研究されている（Hayes et al., 2012）。これらのプロセスは心理的柔軟性にとって重要であり，治療のポジティブなアウトカムと関連することが実証されている（Hayes et al., 2012）。

　コンパッションについても，研究がますます増えてきている。14 の研究のメタ分析では，セルフ・コンパッションが大きな効果サイズで精神病理学的症状の低下と関連していることが示されている（MacBeth & Gumley, 2012）。例えば，コンパッション志向セラピー（Gilbert, 2010）やマインドフル・セルフ・コンパッション（Germer & Neff, 2013; Neff & Germer, 2013）などのコンパッション指向アプローチでは，コンパッションは最も重要なプロセスである。Ferrari ら（2019）は，セルフ・コンパッション介入と心理社会的アウトカムを調査した27 の無作為化比較試験のメタ分析を行った。彼らはセルフ・コンパッションの介入が，摂食困難，反すう思考，自己批判，抑うつ，不安，ストレスなど，さ

まざまな臨床症状の改善を促すことを見出した。また，セルフ・コンパッションがウェルビーイングを促進すること（Ferrari et al., 2019; Zessin et al., 2015）や，セルフ・コンパッションの高さが恥〈shame〉の低さと関連していることも研究で示されている（Sedighimornani et al., 2019）。Modic（2019）は，マインドフルネスとセルフ・コンパッションが統合的心理療法における重要なプロセスとアウトカムであることを見出した。マインドフルネスとコンパッションのプロセスは第 3 章で詳しく説明する。

▶▶ 対人関係の次元

　対人関係の次元の問題は，愛着の問題と不適応的な関係パターンに関連している。この問題は，セラピー以外の人間関係や治療関係そのものの中に，転移のエナクトメントや治療同盟の亀裂として現れることがある。MCIP は，治療関係を変化の主要な手段〈vehicle〉と見なす関係心理療法の一形態である。治療関係が変化の主要な手段であることは，治療関係が心理療法のポジティブなアウトカムと常に関連していることを示す多数の心理療法研究（Elliot et al., 2011; Norcross, 2010; Norcross & Lambert, 2018）と一致している。

　私たちは治療関係と関連する 3 つのプロセスを強調している。それは，**調律〈attunement〉，治療同盟の維持と修復**〈maintaining and repairing the therapeutic alliance〉，および**修正関係体験**〈corrective relational experiences〉である。これらは，心理療法のポジティブなアウトカムと常に関連するエビデンスに基づくプロセスである。また，Modic と G. Žvelc（2015）の質的研究においても，統合的心理療法の極めて有用な側面であることがわかっている。

　これら 3 つのプロセスには幾分か重複があるが，私たちのアプローチでは重要な意義を持つので，ここでは別々に列挙する。第 1 のプロセスは**治療的調律**〈therapeutic attunement〉であり，クライエントの瞬間瞬間の経験にセラピストが合わせることを意味する。Erskine と Trautmann（1996）は，調律を「他者の運動感覚や感情を感知すること〈a kinesthetic and emotional sensing of the other〉」として記述しており，それは「互恵的感情〈reciprocal affect〉および／または共鳴反応」をもたらす（p. 320）。調律は，体験的セラピーで頻繁に用いられる共感の一形態として理解することができる（Elliot et al., 2011）。共感に関するメタ分析による研究では，共感がポジティブな治療アウトカムと関連することが示されて

いる（Elliot et al., 2018; Norcross, 2010; Norcross & Wampold, 2018）。

　調律は，**治療同盟を維持し修復する**プロセスと密接に関係している。治療同盟は，治療の目標に関するクライエントとセラピスト間の合意，セラピーの課題における協働，クライエントとセラピスト間のポジティブな感情的絆の存在を指す（Bordin, 1979）。治療的調律は同盟の絆の要素を促進し，治療同盟は一貫してポジティブな治療アウトカムと関連する心理療法の共通要因である（Crits-Christoph et al., 2013; Eubanks & Goldfried, 2019; Flückiger et al., 2018）。Flückiger ら（2018）は，30,000 人以上の患者を対象とした 295 件のメタ分析で，心理療法のポジティブなアウトカムには治療同盟の強固さ〈robustness〉が重要であることを確認している。統合的心理療法では，セラピストは一貫して治療同盟の質を追跡し（M. Žvelc, 2008），亀裂が起きているケースにおけるセラピストの目標は，亀裂の解消を促進することである（Safran & Muran, 2000）。研究では，セラピー全体を通して同盟関係をモニターし，亀裂が起きた際に介入することが重要であると示されている（Eubanks et al., 2018）。同盟の亀裂を認識し，修復することの重要性に関係した実証的な裏付けが増加している（Barber et al., 2013; Eubanks et al., 2018; Eubanks & Goldfried, 2019）。同盟の亀裂の修復に関する研究のメタ分析は，亀裂の解消がうまくいくことが，アウトカムの改善と中等度に関連することを示している（Eubanks et al., 2018）。

　修正関係体験は，治療関係と関連する第 3 の主要な変化のプロセスである。Alexander と French（1946/1980）は，治療関係が修正感情体験をもたらせることを観察した。そのような修正体験は「変化の中心であり，それは変化の原理の中で最も本質的なものである」（Eubanks & Goldfried, 2019, p. 95）。統合的心理療法では，治療関係は他の戦略や介入の前提条件としてのみならず，変化の中心となるプロセスとして捉えられている。セラピストは，統合的心理療法の関係的方法（探究，調律，関与）（Erskine et al., 1999）を通じて，新たな関係体験を提供する。それはクライエントが予期する古い関係性とは異なるものである。これは，クライエントがセラピストとの新たな経験に基づいて関係スキーマを再編成することを可能にする並置経験〈juxtaposition experience〉（Erskine et al., 1999）をつくる。

　修正関係体験は，次のように定義することができる。

　クライエントがセラピーの中で，セラピストとの関係を，思いがけない方法で理解したり，感情的に経験したりするようになり，それによって何らかの形で変容するような，明確なシフトを感じる特定の時である。(Knox et al., 2012, p. 191)

　MCIP のセラピストは，統合的心理療法の関係的方法に加えて，メタコミュニケーションと自己開示を用いることもある（Safran & Muran, 2000; M. Žvelc, 2008）。

　マインドフルな気づきとコンパッションは，良好な治療関係やそれと関連する変化のプロセスにとっても極めて重要である（Bruce et al., 2010; Horst et al., 2013）。セラピストのマインドフルなプレゼンスとコンパッションは，調律を促進し，治療関係を強化し，結果的に新たな関係体験を提供できるかもしれない。Geller と Greenberg（2012）は，マインドフルネスがどのように治療的プレゼンスを促進するかを述べている。Geller ら（2010）は，クライエントの治療的プレゼンスの経験が，セッション後のポジティブな変化の経験や良好な治療関係を持つことに関連していることを見出している。クライエントのマインドフルネスとコンパッション能力の発達は，対人関係にも有益であると考えられている。研究によると，マインドフルネスは関係性の満足度と関連し（Kappen et al., 2018; McGill et al., 2016），セルフ・コンパッションの高さは，よりポジティブな関係的行動，例えば，思いやりがあること〈caring〉や支持的であることと関連がある（Neff & Beretvas, 2013）。

▶▶ 認知の次元

　認知の次元の問題は，自己理解とメンタライゼーションの問題に関連している。Fonagy と Target（2006）は，メンタライゼーションを「精神活動，すなわち，意図的な精神状態（例えば，ニーズ，願望，フィーリング，信念，目標，目的，理由）の観点から人間の行動を知覚し，解釈すること」と定義している（p. 544）。この次元の問題は，人間の通常の経験からメンタライゼーションの病理学に至る連続体上に見出すことができる。私たちの経験の多くは無意識的なものであるため，誰もが自分自身を理解できないでいるといえるが，その連続体のさらに先には，自己と他者を理解する能力に深刻な欠陥を持つ人がいるかもしれない。このような欠陥は，例えば，内的状態の主観的な性質を理解で

きないことや，行動化，心身症の問題，アレキシサイミア，および人間関係の問題の中に見ることができるかもしれない。

　認知の次元における主な変化のプロセスは，**洞察やメンタライゼーション**〈insight and mentalisation〉と関連している。統合的心理療法におけるクライエントは，セラピー中の重要なプロセスであると同時に重要な治療結果でもあるとして，自分自身への理解を深めたと報告している（Modic, 2019）。

　洞察は，伝統的に精神力動的アプローチにおける変化の最も重要なメカニズムとして強調されている（Barber et al., 2013; Messer, 2013）。しかし，ほとんどのセラピーは，何らかの形で自己理解を促進する（Castonguay & Hill, 2007）。洞察とは，新たな理解の突然のひらめき（アハ！体験〈Aha! Experience〉），または「そのような理解を達成することができる傾向」（Gibbons et al., 2007, p. 144）の両方を指す。心理療法中の洞察力の変化が，心理療法のポジティブなアウトカムと関連していることが研究で示されている（Barber et al., 2013; Crits-Christoph et al., 2013; Høglend & Hagtvet, 2019）。メンタライゼーションは変化のプロセスであり，近年ますます研究が進んでいる。メンタライゼーション能力の向上は，境界性パーソナリティ障害の患者の症状の経時的な減少と強く関連している（De Meulemeester et al., 2018）。

　統合的心理療法において，洞察力とメンタライゼーションを高めるための主な方法は，探究という方法である。それはクライエントの主観的な経験を丁寧に探索することである（Erskine et al., 1999）。探究は，クライエントが自分の経験に影響を与える関係スキーマや自己状態を理解するのに役立つ。私たちはまた，解釈や直面化といった精神力動的セラピーに典型的な介入を用いることもある。これらの介入は，関係的なスタンスの中で使用され，客観的な事実としてではなく，主観的な考えとしてクライエントに与えられるため，拒否されることもありうる。また，主観的な経験への洞察を促進するような心理的プロセスの説明や比喩を使うこともある。

　マインドフルな気づきは，洞察力やメンタライゼーションの認知プロセスを高めると私たちは考えている。さまざまな防衛メカニズムは，定義上，恐怖経験の回避と非受容〈non-acceptance〉に関連している。マインドフルな気づきでは，防衛メカニズムの緩和を促進し，新たな洞察に繋がる可能性のある内的経験に対する新たなスタンスを推進する。メンタライゼーションもまた，マイン

ドフルネスによって高められるプロセスであり，どちらも私たちの内的な精神状態の気づきとも関連があるため，マインドフルネスとはいくつかの特徴を共有している。主な違いは，メンタライゼーションは自己と他者の精神状態の理解に関係し，今この瞬間にのみ焦点を当てるのではなく，自分の過去と未来のリフレクションにも焦点を当てることである（Choi-Kain & Gunderson, 2008）。Wallin（2007）は，マインドフルな気づきが，メンタライゼーションの本質的な側面，すなわち「精神状態はあくまでも精神状態であるにすぎず，客観的ではなく主観的であり，固定的ではなく流動的であり，自分が何かではなく自分が持つ何かである，という認識」（p. 165）を促進することができると説明している。私たちの考えでは，脱中心化された視点のプロセスは，マインドフルネスの最も重要なプロセスであり，気づきの中でこのシフトを促進させる。

►► 感情の次元

　感情の次元の問題は，感情の気づきの欠如，感情の回避，感情の表出能力の欠如，または感情の調整不全として現れる可能性のある感情処理の問題と関連している。心理療法のアウトカムとプロセスの両方の研究知見は，感情プロセスが良好な心理療法アウトカムの中心であることで一致している（Elliot et al., 2013; Greenberg, 2008）。MCIPでは，次の4つの中核的な変化の感情的プロセスを強調する。それは，感情の気づき，感情の受容，感情の表出，および感情の調整である。4つのプロセスはすべて，治療のポジティブなアウトカムと関連する，実証的に検証された変化のプロセスである（Crits-Christoph et al., 2013; Greenberg, 2008）。これらのプロセスは，あらゆる心理療法において重要であるだろうが，ヒューマニスティック／体験的な心理療法，例えば，エモーション・フォーカスト・セラピー（Greenberg & Watson, 2006），ゲシュタルト療法（Perls et al., 1951），および加速化体験力動療法（Fosha, 2000b）において特に強調されている。統合的心理療法では，感情への取り組みが不可欠である。Modic（2019）は，質的研究において，感情に気づき，受容し，表出し，言語化することがセラピーで役に立ったとクライエントが述べていることを見出した。また，よりよい感情処理も重要なアウトカムであることが見出された。

　感情の気づき〈emotional awareness〉とは，感情のフェルトセンスの気づきと，その経験を言葉にすることである（Greenberg, 2008）。「感情の気づきとは，

フィーリングについて考えることではなく，気づきの中でそのフィーリング を感じることである」（Greenberg, 2008, p. 52）。統合的心理療法では，感情 の気づきは，感情的な経験について探究し，クライエントの感情を認容するこ と〈acknowledging〉によって達成される（Erskine et al., 1999）。これと関連する プロセスとして，**感情の受容**〈acceptance of emotions〉があり，これは感情の回避 を克服するのに役立つ。感情の妥当性の承認とノーマライゼーションは，クラ イエントが感情的な経験を受け入れ，許容するのに役立つ。感情の受容は，一 貫してポジティブなメンタルヘルスと関連しており（Ford et al., 2018），ネガ ティブな感情や抑うつ症状を経験することが少なくなることを予測している （Shallcross et al., 2010）。

　感情の表出〈expression of emotion〉は，心理療法におけるもうひとつの重要なプ ロセスであり，実証的に変化と関連している（Elliot et al., 2013）。Lane ら（2015） は，研究文献レビューの中で，感情の覚醒があらゆる心理療法においていかに 重要なプロセスであるかを説明している。統合的心理療法では，クライエント は抑圧されたフィーリングを表出し，それに接触するように誘われる（Erskine, 2015）。しかし Greenberg（2008）は，感情の表出は必ずしも有用ではないと述 べている。研究によると，感情をただ覚醒させるだけよりも，実り多く処理す ることのほうが重要であることが示されている（Greenberg et al., 2007）。感情 を実り多く処理するためには感情への気づきと接触，主体性，および感情の調 整が不可欠である（Greenberg et al., 2007）。

　感情の調整〈emotional regulation〉は，感情を扱う際に必要なもうひとつのプロセ スである。感情の調整不全は，感情が麻痺したり，感情があふれたりすること で現れるかもしれない。目標は，クライエントが覚醒の最適ゾーン——耐性の 窓（Siegel, 1999）の内部で機能することである。覚醒の最適ゾーンとは，感情 の覚醒の中程度レベルと関連しており，感情に圧倒されるほどには高くなく，感 情から遠ざかるほどには低くもない（Lane et al., 2015）。統合的心理療法では， 調律された治療関係は，クライエントの感情を調整するのに役立つ安全な雰囲 気，受容，および承認を提供する。同様に，Greenberg（2008）は，共感的な 関係性が感情の調整のために重要であることが実証されていると記述している。 私たちはまた，呼吸，リソースに働きかけること，およびマインドフルネスと コンパッションに関連するエクササイズといった感情の調整のための他の技法

を使用することもある。

　統合的心理療法では，感情の変化のプロセスを強化するために，探究，調律，関与（Erskine et al., 1999）と呼ばれる関係的方法を使用する。これらの方法は，クライエントが自分の感情に接触し，自分の感情を振り返り，感情を表出するように誘う。これらの方法はまた，感情の調整にも欠かせないものである。また，より能動的に感情に焦点を当てる，2つの椅子のワークやエンプティチェアのテクニックといったゲシュタルト療法の方法がある。これらの方法は，エモーション・フォーカスト・セラピーの中でますます研究されるようになってきている（Greenberg et al., 1993; Greenberg & Watson, 2006）。私たちはまた，自我状態を扱うためのさまざまな方法を用いる。例えば，取り入れの心理療法〈the psychotherapy of introjects〉や「子ども」の自我状態を扱うこと〈working with child ego states〉である（Erskine, 2015）。研究（Modic, 2019）が示すように，統合的心理療法家はまた，感情の処理のための他の実証的に検証された技法，例えばEMDRを創造的に使用するかもしれない。

　マインドフルな気づきとコンパッションの発達は，このようなあらゆる感情的プロセスを促進し，影響を与える。研究では，マインドフルネスが感情処理（Sayers et al., 2015）と感情の調整（Farb et al., 2012; Hayes & Feldman, 2004; Hölzel et al., 2011; Teper et al., 2013; Vago & Silbersweig, 2012）を促進することが示されている。マインドフルな気づきはまた，感情の適応的処理のための主なメカニズムである感情の気づきと受容の両方を促進する。アクセプタンスと脱中心化された視点はまた，私たちがオープンネスと非反応性〈non-reactivity〉をもって自分の経験にとどまるのを助けてくれる。これは，私たちの経験を包み込む〈contain〉ことを可能にし，その結果，感情の調整がもたらされる。セルフ・コンパッションは，痛みに対する優しさ〈kindness〉を育み，共通の人間性を経験することを可能にし，感情の受容と調整にとって重要である（Hölzel et al., 2011）。

▶▶ 生理の次元

　生理の次元と関連する主な問題領域は，内受容感覚の問題と，関連する身体との接触の欠如である。Farb ら（2015）は，内受容感覚を「内部の身体信号を受信し，アクセスし，評価するプロセス」（p. 1）として定義している。それは，

身体感覚に接触し，それを理解する能力のことを指す。クライエントの多くは，自分の幸福と適応行動に影響を与えるかもしれない身体から切り離されており，自分の身体からの信号に注意を向けたり，理解したりすることが困難な状態にある。多くのメンタルヘルス上の問題は，例えば，感情障害，アディクション，摂食障害，慢性疼痛，解離性障害，心的外傷後ストレス障害，身体化障害などの内受容感覚の問題と関連している（Farb et al., 2015）。

　生理の次元と関連するもうひとつの問題領域は，自律神経系の慢性的な過覚醒または低覚醒で示される生理的調整障害である。Porges（2011, 2017）は，ポリヴェーガル理論の中で，人が安心して社会交流システム〈social engagement system〉の中にとどまることができるように，自律神経系を調整することの重要性を述べている。

　生理の次元での変化の主なプロセスは，**内受容感覚と生理的調整**〈interoception and physiological regulation〉を強化することである。これらの変化のプロセスは近年，特にトラウマ治療やマインドフルネスの分野で注目を集めている（Dana, 2018; Farb et al., 2015; Levine, 2018; Ogden et al., 2006; Price & Hooven, 2018; Rothschild, 2000, 2017）。

　MCIPでは，クライエントが身体の感覚や動きへのマインドフルな気づきとアクセプタンスを向上させるように誘い，身体の信号を理解する道を開いていく。MCIPでは，マインドフル・プロセシング（G. Žvelc, 2012）と呼ばれる手法を開発し，その中でクライエントは身体感覚をはじめとする，瞬間瞬間の主観的な経験にマインドフルに立ち会う。私たちはまた，さまざまな体験的な実験も活用し，そこでクライエントは身体の気づきや動きを能動的に試している。トラウマの既往歴を持つクライエントでは，逃げる，守るといったさまざまな行動傾向が制止されている可能性がある（Levine, 1997, 2018）。心理療法の過程で，未解決のトラウマのために制止されていた不完全な動作を完成させることがある。

　生理的調整〈physiological regulation〉は，MCIPで極めて重要なもうひとつのプロセスである。クライエントが生理的調整不全状態にある場合，セラピーの重要な課題は，生理的調整を促進することである。私たちはセラピーを通して，クライエントの耐性の窓を広げる（Ogden et al., 2006; Siegel, 1999）。耐性の窓は，クライエントのあらゆる身体感覚，感情，思考および記憶と共にとどまるのに

役立つだろう。その目的は，クライエントのために，安全性〈safeness〉のリソースである腹側迷走神経の状態を活性化させることである（Porges, 2017）。

　MCIPでは，治療関係は生理的調整の主要な源である。セラピストがその場にいて，自分自身が生理的にバランスのとれた状態でクライエントに合わせていれば，それはクライエント自身の生理的な状態を調整するのに役立つ。もうひとつの重要なプロセスは，クライエントをマインドフルな気づきとセルフ・コンパッションに誘うことで，クライエントが自分の生理的な状態を調整できるように援助することである。生理的調整は，ボディスキャン，呼吸，マインドフル・ムーヴメントといった，さまざまなマインドフルネスのエクササイズやセルフヘルプ戦略を通じて促進される。Hölzelら（2011）が説明するように，マインドフルネスは，感情の調整に不可欠なプロセスである内部の身体感覚の気づきを高める。クライエントはセッションの間にセルフケア戦略を使うように誘われるが，それは次の項で説明するコミットされた行動のプロセスと関連している。

►► 行動の次元

　行動の次元での問題は，受動性，衝動性，スキルの欠如，行動的非柔軟性によって立証される。例えば，特定の場所や経験を避け，人生に能動的に関与しない人もいる。その人はある状況下で恐怖や恥を感じ，そのために人生のある領域を避けてしまうことがある。衝動性は，行動制御の問題と関連しており，攻撃性の問題や性的乱脈，またはアルコールの問題に現れる可能性がある。人によっては，有意義な人生を送る上で必要な特定のスキルが不足している場合がある。例えば，社会的スキルが不足していたり，アサーティブな行動に問題があったり，自己調整のスキルが不足していたりすることがある。行動的非柔軟性は，クライエントの価値や願い〈wishes〉に反する反復的な非機能的パターンに現れる柔軟性のない行動を指す。親密になりすぎると，決まってその関係を終わらせるクライエントが，その一例である。

　統合的心理療法の研究では，セラピーのセッション以外の効果的な行為や活動に責任を持つことが，重要で有用なプロセスであることが示されている（Modic, 2019）。それらは**コミットされた行動**のプロセスと関連しており，行動の次元と関連する極めて重要な心理療法のプロセスである。コミットされた行動は，ACT

における中心的な変化のプロセスである（Hayes et al., 2012）。コミットされた行動には，自分の人生に責任を持ち，自分の深い願いや憧れに忠実な行動に従事することが含まれる（Luoma et al., 2007）。統合的心理療法では，このプロセスは，古い脚本〈script〉パターンに反する新たな行動の仕方をとるようにクライエントを誘うことによって達成されるし，非機能的関係パターンと一致しない他者からの新たな反応を呼び起こすだろう（Erskine, 2015）。そのような行動は，クライエントの個人的な価値に忠実でなければならないし，意味のあるものでなければならない。私たちは，交流分析（Berne, 1961, 1966）の伝統から，行動変容のための契約を結ぶが，これは行動理論の伝統におけるホームワークと類似している。しかし，「ホームワーク」という言葉には，学校の環境を思い起こさせるような連想が含まれていることが多いので，私たちは「ホームワーク」という言葉を使わない。行動変容のための契約では，クライエントは，自分のために目的を持って意味のある行動に従事することにコミットメントする。コミットされた行為は，心理療法の中でも，あるいはセラピーの設定外でも，欠けている新しいスキルをクライエントが学ぶことを含む。それは特定の行動の意図的な実践を伴う。コミットされた行為のプロセスの中には，行動活性化，エクスポージャー，スキルトレーニング／実験など，うまくいく心理療法のアウトカムと実証的に関連する行動理論の伝統の異なる技法が用いられることがある（Hayes & Hofmann, 2018）。

　マインドフルな気づきやコンパッションもまた，行動の次元での変化には極めて重要である。行動の変化には，多くの場合，不快な感情を呼び起こす可能性のある新たな行動の仕方に従事することが含まれる。マインドフルネスとセルフ・コンパッションは，新たな望ましい行動に従事する際に，クライエントが自分の感情に寄り添い，それを包み込むのに役立つ。どちらのプロセスも心理的柔軟性を促進する（Hayes et al., 2012）。マインドフルな気づきは，私たちの不適応的スキーマの脱中心化された気づきを促し，私たちの価値と一致する行動を選択するのに役立つだろう。同様に，Shapiro ら（2006）は，マインドフルな気づきは，恐怖刺激へのエクスポージャーと認知的・感情的・行動的柔軟性の両方を促進すると提唱している。マインドフルネスは，反すう思考を減らし（Jain et al., 2007），課題へのよりよい関わりと注意を促進することが研究で示されている（Norris et al., 2018）。

►► スピリチュアルな次元

　スピリチュアルな次元は，私たちの統合的心理療法へのアプローチにおいて，人生の最も奥深い意味や目的，超越性の経験と関連するものである。それはしばしばトランスパーソナルな次元と呼ばれている。スピリチュアリティは，人によって異なる意味を持つ。さまざまなスピリチュアルや宗教的伝統との関わりの中で人生の高次の目的を感じる人もいれば，自然との接触や他の人間への無私の奉仕の中でこれを経験する人もいる。スピリチュアルな次元はまた，特定の教会や宗教を連想させうるので，人によっては否定的な意味合いを持つかもしれない。私たちのアプローチでは，スピリチュアルな次元は，私たちの制限された個人的自己感を超越し，人生に意味と方向性を与える何かと関連している。この次元は，ロゴセラピー（Frankl, 1946/1992, 1969/1994; Yalom, 2001），ユング分析心理学（Jung, 1951/2010），トランスパーソナル心理療法（Assagioli, 1965/1993; Grof, 1988）などのヒューマニスティック・実存的アプローチにおいては非常に重要である。

　スピリチュアルな次元と関連する問題領域は，人生の意味や目的の欠如である。クライエントの中には，人生を空虚で無意味なものとして経験し，人生に方向性を与えるような意味や価値を見つけることが困難な人もいる。意味への焦点化は，さまざまなヒューマニスティック・実存的心理療法の伝統と，ACTのような第3の波の行動的アプローチの両方の中心となっている。

　スピリチュアルな次元と関連する最も重要な心理療法の変化のプロセスは，**価値との接触** 〈contact with values〉である。価値は，人生の中で意味と目的を与え，私たちの人生を導く（Luoma et al., 2007）。MCIPでは，クライエントが人生の中の意味と目的を探し求め，自分の最も深い憧れや願いに忠実な価値を見つけるようにクライエントを誘う。真の価値とは，重要な他者から無批判に取り入れた何かではなく，私たちの心の奥に秘めた存在〈being〉の表現である。マインドフルな気づきは，価値と接触し，人生における私たちの意味と目的を発見するために重要であるかもしれない（Shapiro et al., 2006）。例えば，BrownとRyan（2003）は研究の中で，マインドフルに行動している個人は自分の価値とより一致していることを見出した。

　スピリチュアルな次元と関連する変化の第2のプロセスは，**観察する／超越**

自己との接触〈contact with an observing/transcendent self〉である。観察する自己との接触は，変化の中核となるメタプロセスであり，変化の他のプロセスに影響を与える。これはまた，観察者視点の自己〈the observing, perspective-taking self〉に最高位を与える ACT の心理的柔軟性の新しい概念化と一致している（Hayes et al., 2019）。その著者らは，観察者視点の自己が他のすべての柔軟性プロセスに影響を与える ACT のヘキサゴンの中国版を提示している。彼らは，「観察者視点の自己は，経験する自己だけでなく，より大きなアクセプタンス，脱フュージョン，今この瞬間との接触，すなわち心理的柔軟性における 4 つの『マインドフルネス』プロセスをエンパワーする」と記述している（Hayes et al., 2019, p. 35）。観察する自己は，近年，神経科学（Josipovic, 2010, 2014）や文脈的行動科学（McHughs & Stewart, 2012; McHughs et al., 2019）など，さまざまな分野から研究的関心を集めている。

　観察する自己は，しばしば「無の自己〈no-thing self〉」，「純粋な意識」，または「本質的／スピリチュアルな自己」と呼ばれている。Hölzel ら（2011）は，マインドフルネスが自己の視点のシフトに繋がることを述べている。私たちはそれを，個人的自己感から，気づきそのものであり，かつ私たちの経験のすべての文脈である，観察する／超越自己へのシフトとして概念化している（第 3 章参照）。MCIP では，クライエントはマインドフルな気づきそのものを振り返るよう誘われる。その結果，超越自己の気づきをもたらすかもしれない。超越自己に気づくことは，スピリチュアルな経験と超越性の感覚として現れるかもしれない。それは，時間を超越した経験，内なる平和，他の人々との相互の繋がり，コンパッション，およびアクセプタンスの中に現れるかもしれない（Hayes et al., 2012）。

　マインドフルネスの実践は，仏教，神秘主義キリスト教，カバラ数秘術（Kabbalah），スーフィズムなど，さまざまな叡智の伝統において何世紀にもわたって用いられてきた。西洋心理学では，マインドフルネス実践の目的は通常，よりよい精神的健康であるが，叡智の伝統では，これが主な目的ではなかった。それらの主な目的はスピリチュアルな発達と悟りであり，個人的自己の強化ではなかった。マインドフルネスとコンパッションは，スピリチュアリティへの関心を自発的に呼び覚ます可能性がある。マインドフルネスの実践者は，さまざまなスピリチュアルな経験や神秘的な経験をしていることが研究で明らかに

なっている（Vieten et al., 2018）。クライエントの中には，スピリチュアルな問題を心理療法のセッションに持ち込む人もいるので，心理療法家としてスピリチュアルな次元にオープンでいることが重要である。このことは，McAleaveyら（2019）の実証に基づく変化の原理のリストの中で，スピリチュアル指向心理療法に対するクライエントのニーズに対応することの重要性を挙げていることと一致している。

►► システム的／文脈的次元

　個人は孤立して存在するのではなく，文化，家族，学校や職場環境，国家のルールや法律，その他の社会文化的要因など大きなシステムのマトリックスの中に存在している。私たちは皆，これらの社会文化的文脈や自然との関係に影響を受けている。

► 外部システムの影響

　セラピーの過程で生じる主な問題は，個人の外部の文脈と関連していることがある。例えば，クライエントの問題は，家族全体の病理の症状かもしれない。親の飲酒問題や喧嘩が絶えないことが子どもの不安やストレスの主な原因になっている可能性がある。また，仲間からの悪影響や，教師やスポーツ指導者との関係も問題になることがある。例えば，2020年のパンデミックとそれに対する各国の緊急法規の発動（個人の隔離，学校閉鎖に伴う家庭での教育，企業閉鎖に伴う在宅勤務，失業など）による対応は，国民全体に影響を与えた。統合的心理療法では，これらの文脈と，集団と個人の両方に及ぼす影響に敏感である。主な問題が外部システムにあるなら，家族／カップル療法，学校／教師との連携，システム問題に気づいている個人との連携など，システムの変化に焦点を当てた介入が必要となる場合がある。

► 社会文化的文脈

　人々の生活は，年齢，宗教，政治的所属，ジェンダー，性的指向，階級，身分，人種，民族性などの問題を含む，より広い社会文化的文脈の中に組み込まれている（Evans & Gilbert, 2005）。社会文化的文脈は，意識的にも無意識的にも，世界における私たちの存在に影響を与えている。セラピストが自分自身の

社会文化的背景を振り返り，その文化に由来する自分の思い込みに対して，脱中心化された視点を養うことが重要である。このようにして，セラピストは，自分の世界観という限られた視野でクライエントを見るのではなく，異なる社会文化的背景から来ているかもしれないクライエントをよりよく理解することができる。統合的心理療法家は，「クライエント独自の世界観と価値を尊重することで，文化を超越し，その結果，文化的な問題が治療作業のプロセスと方向性に影響を与えるのにまかせる」（Evans & Gilbert, 2005, p. 59）かもしれない。すべてのクライエントは，そのクライエントの枠組みと社会文化的文脈の中で理解されるべきである（Evans & Gilbert, 2005）。

▶ 生態学的次元：自然との関係

Ken Evans は，第8回欧州統合心理療法会議で次のように言った。「羊を忘れるな〈Don't forget the sheep〉」と。彼はこの言葉で，心理療法における生態学的次元の重要性を表明したのである。心理療法における生態学的次元の重要性は，さまざまな著者によって強調されている（Buzzell & Chalquist, 2009; Evans & Gilbert, 2005; Rust, 2008; Totton, 2011）。Evans と Gilbert（2005）は，生態学的次元，それは私たちと自然界との関係を意味するが，心理療法家によってしばしば軽視されていると述べている。Evans らは，現在の西洋心理学のパラダイムとは，「成長を『より多く』と見なし，自己を『顧客』として理解する発達のパラダイムである」と述べている（Evans & Gilbert, 2005, p. 59）。このパラダイムは，自己実現と人間のニーズを何よりも優先することに焦点を当てている。Evans らは，心理療法家の間で生態学的な意識を高めることが極めて重要であると提案している（Evans & Gilbert, 2005）。つまり，各心理療法家の個人的価値や職業的価値には，人間だけでなく，地球上のあらゆる生命体の保護への関心が含まれているべきだということである（Evans & Gilbert, 2005）。マインドフルネスとコンパッションのプロセスは，この生態学的な意識へのシフトの中心となるかもしれない。Schutte と Malouff（2018）は，12のメタ分析の研究サンプルの中に，マインドフルネスと自然との繋がりの間に有意な相関関係があることを見出した。気づき，アクセプタンス，そしてコンパッションがより大きくなればなるほど，自然や地球上のあらゆる生命体へのコンパッションが自ずと呼び起こされていくのかもしれない。

臨床実践における変化のプロセス

このようにさまざまな次元を巡る旅の中で，研究に基づき，心理療法で有効であることが判明している主な変化のプロセスについて説明してきた。変化のプロセスモデルは，主な次元と変化のプロセスの観点からクライエントの問題を概念化するのに役立つ。これらの変化のプロセスは，すべて相互に繋がり，互いに影響を及ぼす。ひとつの次元の変化は，他の次元の変化を促進する。基本的な前提は，全体システムの内部の変化を促進するために，さまざまな次元に取り組むことが有益であるということである。

統合的心理療法では，各次元における主な問題点と，クライエントごとに強化すべき主なプロセスを見極める。そして，クライエントを私たちの特定の治療スキーマに厳密に適合させようとせずに，それぞれのクライエントに合わせた治療を行う。全体的なケースフォーミュレーションは，治療の経過の指針となるかもしれないが，セラピストはまた，セラピーの瞬間瞬間のプロセスの中で，取り組むべき重要なプロセスを見定めようとする。主要な問いは，心理療法のどの時点で，どのプロセスを強化することが最も有益であるのか，である。それゆえ，統合的心理療法家は，クライエントのために存在し，利用可能であるように柔軟性があり，自分の考えや理論から脱却することを厭わない。どのプロセスに取り組むことが重要かを決定する際に，私たちはErskine（2015）のガイドラインに沿って，接触することにクライエントがオープンなのかクローズドなのかに注目している。セラピーの最初は，信頼と安全性を高めるために，クライエントが接触にオープンな次元に焦点を当てるだろう。その後に，クライエントをより困難で痛みを伴う領域に誘う。セラピーのさまざまな場面で，クライエントが普段接触にクローズドな次元で，心の開口部〈openings〉を示すことがある。

セラピーのプロセスは，変化のプロセスの統合モデルに従えば，次のように要約することができる。

1 各次元と関連する問題領域を同定すること。
2 どの次元が，クライエントが接触に対してオープンなのかクローズドなのかを

　　同定すること。
3　クライエントの準備と意欲〈willingness〉を考慮し，その次元での作業を強化
　　するために最も有益な変化のプロセスを特定すること。
4　選択された変化のプロセスを促進するために，方法と介入を仕立てること。
5　介入の影響とシステム全体の変化をモニターすること。

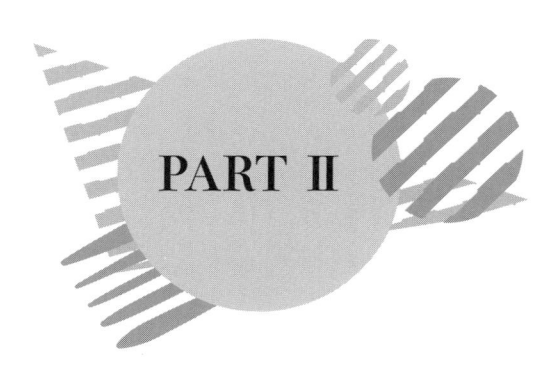

PART II

概念と理論

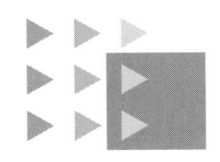

第3章

統合的心理療法における
マインドフルネスとコンパッション

　本章では，マインドフルネスとコンパッションの科学と実践から得られた現在の知見を，統合的心理療法の概念に統合する。ここでは心理療法におけるマインドフルネスとコンパッションを理解する上で役立つ2つの最新モデル，「**観察する自己のダイヤモンドモデル**〈diamond model of the observing self〉」と「**経験との関係のトライアングル**〈triangle of relationship to experience〉」について提示する。

　文献では，マインドフルネスという用語についてさまざまな理解や定義が見られる。マインドフルネスとは，現在に中心化された気づき〈present-centred awareness〉の状態，パーソナリティ特性，瞑想の実践，または介入として説明されている（Vago & Silbersweig, 2012）。Kabat-Zinn（1994）は，マインドフルネスを，「特定の方法で注意を払うこと。すなわち，意図的に，今この瞬間に，判断を下さずに」（p. 4）と述べている。マインドフルネス・コンパッション指向統合的心理療法（MCIP）では，マインドフルネスを，主に今この瞬間の気づきを受け入れるプロセスとして捉えている。このプロセスは，心理療法のみならず，日常生活においても，さまざまなやり方で身につけることができる。Bishopら（2004）は，マインドフルネスの主要な構成要素を2つ提示している。(a) 今この瞬間への持続的な注意，(b) アクセプタンス，オープンネス，および経験への好奇心によって特徴づけられる特有の注意の質，である。この定義と一致するように，Cardaciottoら（2008）は，マインドフルネスを「自分の内外の経験を，それらの経験に対して受容的で判断的でないスタンスの中で強く意識する傾向」（p. 205）と概念化している。マインドフルネスの第1の構成要素は，過去や未来に焦点を当てるのではなく，今この瞬間に持続的な気づきを向けることを指す。第2の構成要素は，「自分の経験に対するアクセプタンス，オープンネス，さらにはコンパッション」（Cardaciotto et al., 2008, p. 205）として現れる，経験に対する非判断的なスタンスのことである。私的出来事に対す

るこのような態度は，判断したり解釈したり，あるいはそれを変えようとすることなく，自身の経験と共にいることを可能にする。Siegel（2007）も同様に，内的経験に対するこのようなマインドフルなスタンスをCOALという頭文字で表現している。すなわち，好奇心〈Curiosity〉，オープンネス〈Openness〉，アクセプタンス〈Acceptance〉，愛〈Love〉である。

　気づきだけでは，必ずしもマインドフルネスな状態に導かれるとは限らない（Černetič, 2005, 2017）。クライエントの中には，自分の不安にとてもよく気づいている人もいる。しかし，その人たちは不安と闘い，不安を取り除こうとするため，かえって不安を高めてしまうことがある。そのため，マインドフルな気づきと認定されるためには，経験に対するアクセプタンスとオープンネスに結びついていなければならない（Černetič, 2017）。アクセプタンスは受動性や忍従〈resignation〉と混同されることがよくあるが，マインドフルな気づきの中では，私たちは経験にとらわれたり，経験を回避したりすることなく，内的経験と十分に共にいることができる（Cardaciotto et al., 2008）。その結果，内的経験と接触する機会が増えるのである。

　マインドフルネスに加えて，近年，コンパッションのプロセスが臨床的・研究的に注目されている（Germer & Neff, 2013; Gilbert, 2009, 2010; Neff, 2003a; Neff & Germer, 2013）。Gilbert（2009）によると，コンパッションとは，「自分自身と他の生きとし生けるものの苦しみに深く気づき，それを和らげたいと願い，努力する基本的な優しさ」と定義している（p. xiii）。Tirchら（2014）は同様に，コンパッションを 3 つの主要な特徴を含むものとして説明している。それは，「苦しみに対するマインドフルな注意と気づき，苦しみとその原因に対する理解とフェルトセンス，および苦しみを和らげる意図や願いをもって，苦しみに対して心をオープンにし続ける動機」（p. 8）である。

　私たちの統合的心理療法へのアプローチでは，マインドフルネスとコンパッションは調律された治療関係の中で，さまざまな方法やテクニックによって高めることができる心理療法の中核となるプロセスである。セラピストのマインドフルなプレゼンスとコンパッションは，クライエントをマインドフルな気づきとコンパッションへ向けて援助するための基礎となる。心理学・心理療法研究と神経科学の両方から，マインドフルな気づきとコンパッションの成果を示す研究が増えている（Cavicchioli et al., 2018; Farb et al., 2012; Farb et al., 2007;

Ferrari et al., 2019; Goldberg et al., 2018; MacBeth & Gumley, 2012; Teper & Inzlicht, 2013; Teper et al., 2013）。マインドフルな気づきとコンパッションは，心理療法の中で高めることが可能な，エビデンスに基づくプロセスである。

統合的心理療法における中核プロセスとしてのマインドフルネスとコンパッション

Martin（1997）は，マインドフルネスはさまざまな心理療法に共通する要因であると述べている。同様に，Dunnら（2013）は，マインドフルネスは理論横断的な臨床プロセスであるとしている。MCIPでは，このプロセスは変化のプロセスにおいて重要な要素である。

Germer（2005）は，心理療法にマインドフルネスを統合する3つの異なる方法を紹介し，それらを総称してマインドフルネス指向心理療法と呼んでいる。セラピストは，(1)マインドフルネスを個人的に実践することによって，クライエントとの関係の中でマインドフルなプレゼンスの質を高めることができる。(2)マインドフルネスの研究やマインドフルネスの実践，または仏教心理学に基づく理論的枠組みを用いることができる。(3)クライエントにマインドフルネスを実践する方法を教えることができる。

MCIPでは，心理療法の実践にマインドフルネスを統合する3つの方法のすべてを用いているが，セラピストのマインドフルなプレゼンスとマインドフルネス研究や瞑想的叡智の伝統に基づく理論的枠組みを優先する。セラピストは，クライエントにマインドフルネス瞑想を習得するよう勧めたり，時にはテクニックを教えたりすることもあるが，それは私たちのアプローチにおいて主要な焦点ではない。

MCIPは，ヒューマニスティック心理療法に強く根ざしており，クライエントとセラピストを相互に影響し合う間主観的なシステムとして捉える，関係性を重視する心理療法である。この視点から見ると，マインドフルネスとコンパッションは主に習得すべきスキルではなく，調律された心理療法の関係性の中で高められるプロセスである。このように，私たちのアプローチは，MBCT（Segal et al., 2002）のようなマインドフルネスに基づくアプローチとは異なるものである。

▶▶ 接触という概念とマインドフルネスな気づき

第1章で紹介したように，MCIPはErskineの関係性を重視する統合的心理療法に基づいている。G. Žvelc（2009a, 2012）は，「Erskineの関係性を重視する統合的心理療法では，『マインドフルネス』という用語が明示的に言及されていないが，すでにそのアプローチの中で用いられている」と述べている。関係性を重視する統合的心理療法の主要な理論と方法は，「調律された治療関係の中の受容的な気づきの哲学に基づいている」（G. Žvelc, 2012, p. 44）。統合的心理療法の主要な関係づくりの方法は，探究〈inquiry〉，調律〈attunement〉，関与〈involvement〉である（Erskine et al., 1999）。G. Žvelc（2012）は，これらの方法が「マインドフルネスの主なメカニズムである内的経験の気づきとアクセプタンスの状態へとクライエントを誘い…（中略）…クライエントが自己や他者と繋がり，解離した自己の状態の統合を促す」（p. 44）ことを示唆している。

関係性を重視する統合的心理療法は，コンパッション指向のアプローチでもある。ただし，コンパッションのプロセスは，統合的心理療法に関する著書の中で十分に推敲がなされていない。しかし，探究，調律，関与といった関係性を重視する方法はコンパッションに基づいており，クライエントの苦しみに対するコンパッションに満ちた反応をもたらす（Erskine, 2019c）。

私たちは，これまでの著書や発表の中で，接触〈contact〉という概念がマインドフルネスの現代的な構成概念と密接な関係があると主張してきた（G. Žvelc, 2009a; G. Žvelc et al., 2011）。ヒューマニスティックセラピーや実存的セラピーのアプローチは，マインドフルネスが認知行動療法の伝統の中で普及する以前から，マインドフルネスのプロセスを心理療法の中ですでに使用していたと私たちは考えている。しかし，このプロセスはマインドフルネスとして概念化されたものではなく，ゲシュタルト療法の**接触**のように，別の名称で理解されていた。マインドフルな気づきとは，内部および外部刺激の受容的な気づきのプロセスである。同様に，接触にも内部と外部の両方がある。内的接触とは，自分の内的経験に十分に気づいていることを言い，外的接触とは，外的な出来事に気づいていることを言う。Erskine（1993）は，「十分な内的および外的接触によって，経験は絶えず統合される」（p. 185）と述べている。

接触という概念は，ゲシュタルト療法（Perls et al., 1951）から関係性を重視

する統合的心理療法に導入されたものである。ゲシュタルト療法と同様に，Erskine ら（1999）は，接触をプロセスとして，次のように記述している。

> 接触とは，実は名詞ではなく動詞であり，静的なものではなく動的なものである。それは，暗い部屋の中で，懐中電灯の光が，まずこの物を照らし，次にあの物を照らすようなものである。しかし，これはランダムな動きではない。健全で十分な接触は，内的な出来事と外的な出来事の間を行き来し，どちらかがバランスを崩すようなことはない。私たちは，自己の気づきから，環境，特にその環境にいる他者の気づきへと移行していくのである[1]。

接触は，統合的心理療法において主要な変化のメカニズムであるため，統合的心理療法は本質的にはマインドフルネス指向のアプローチである。クライエントが自己と他者の十分な接触を回復させることが統合的心理療法の中心的な構想であり，それはマインドフルな気づきとして記述されていることと同義である。G. Žvelc ら（2011）は，マインドフルネスと一致するように，接触の定義を次のように改訂した。「私たちは，接触を，内的経験と外的な出来事の十分かつ受容的な気づきとして再定義する」（p. 246）。ここで重要なのは，そのような気づきは，受け入れがたい外的な出来事（家庭内暴力，人種差別など）に直面したときの非活動性や受動性を意味しないことである。それとはまったく逆のことが当てはまる。というのは，内的および外的接触を深めることで，状況の現実を否認せず，適切な行動をとることに繋がるからである。

観察する／超越自己

ここでは，MCIP の中核的な概念のひとつである「観察する自己」について紹介する。自己の概念は，W. James（1890/2007）が主体としての自己と客体としての自己を概念化したことに始まり，心理学において長い歴史がある。心理療法におけるマインドフルネス・アプローチや神経科学的なマインドフルネス研究の発展により，自己感の理解に新たな視点がもたらされた。Lutz ら（2006）は，神経科学と仏教の両方の自己に関するモデルが，「経験における『私らしさ〈I-ness〉』の最小の主観的感覚または本来的自己〈ipseity〉と，ナラティヴ自

己または自伝的自己」をいかに区別しているかを述べている（p. 524）。Farb ら（2007）は，自己覚知〈self-awareness〉には，ナラティヴ自己参照〈narrative self-reference〉と今この瞬間の自己〈the self in the present moment〉という根本的に異なる 2 つの形態があることを神経学的に裏づけている。MCIP では，同様に，**個人的自己感**〈personal sense of self〉と**観察する自己**〈observing self〉という 2 つの異なる自己感を区別している。個人的自己感とは，私たちの人生経験に基づいて発展し構築された，私たちの個人的なアイデンティティと，それに対応して人生経験に基づき構築された自己ナラティヴとに関連している。これは，私たちの「**普段の自己感**〈usual sense of self〉」であり，私たちが自分自身をどのような存在であると認識しているかということである。一方で，個人的自己感を超えて，もう 1 つの自己経験，すなわち観察する自己がある（Deikman, 1982; Hayes et al., 1999）。

　観察する自己とは，**存在すること**〈being〉と意識的**プレゼンス**〈presence〉のシンプルな経験として，主観的に経験される気づきそのものである。それは，「透明な中心，気づいているもの」（Deikman, 1982, p. 94）であり，思考，感情，身体感覚などの気づきの内容とは異なるものである。Deikman（1982）は，西欧の心理学はこの気づきと気づきの内容の違いを区別できずに，通常，自己を内容または構造として記述してきたと述べている。彼は，「私は気づいている。それゆえ，私は存在する」（p. 94）という命題で観察する自己のリアリティを説明している。この視点からすると，観察する自己は，「**気づきとしての自己**〈the self-as-awareness〉」とも表現できる。それは，私たちの本質的な自己感であり，気づきそのものである。私たちは，気づきを通して世界を経験する。しかし，気づきそのものは観察することはできず，経験されるだけであり（Deikman, 1982, 1996），それは超越的な性質を持つ（Deikman, 1982）。

　観察する自己についてのこの記述は，さまざまな叡智の伝統を持つ瞑想者の経験と一致している。Siegel（2007）は，マインドフルネス瞑想において，どのように異なる質の自己が存在するのかを説明している。「マインドフルネスへの没頭〈immersion〉が進むにつれて，自分の経験の自体性／固有性〈ipseity〉，つまり構築されたアイデンティティの層の下にある，地に足の着いた自己の感覚〈sense of a grounded self〉に対するありのままの気づき〈bare awareness〉が現れてくる。（pp. 243–244）。Siegel（2007）は，このような経験を，「マインドの本質を

感じる」（p. 99）と表現しているが，これは「不変の質，すなわち私たちの生活の中で現れては消える一過性の文脈の単なる関数ではない，地に足の着いた私たちの存在〈being〉の本質を意味する」（Siegel, 2007, p. 99）。Assagioli（1965/1993）と Deikman（1982）の両者は，観察する自己について記述していたが，主流の心理療法の一部として受け入れられなかった。それは，神秘的でスピリチュアルな伝統の一部であり，科学的な手段では証明できない概念と見なされていたのである。マインドフルネス・アプローチの発展とともに，近年，観察する自己の概念は，経験的な支持と関心を集めつつある。アクセプタンス＆コミットメント・セラピー（ACT）の基礎となる文脈的行動科学は，心理療法における観察する自己の活用を実証的に支持している（Hayes et al., 2012; McHughs & Stewart, 2012; McHughs et al., 2019）。Hayes（1984）は，「*Making sense of spirituality*（スピリチュアルの理解）」という重要で影響力のある論文を執筆し，これは文脈的行動科学における観察する自己の最初の記述となった。ACT の文献では，この自己感は，**文脈としての自己**〈self-as-context〉または**超越自己**〈transcendent self〉とも表現される（Hayes et al., 2012）。超越自己とは，「それを隠喩的に見ることはできないが，代わりにそこから見なければならない自己の側面」（Hayes et al., 2012, p. 85）である。それは，私たちのすべての経験を観察する視点である。それは，安定した自己感であり，私／今／ここ，という安定した視点である（Villate et al., 2012）。観察する自己は超越的な性質を持つので，観察する自己を**超越自己**とも呼ぶことにする。

►► 観察する／超越自己の特質

「観察する／超越自己」は，心理的な健康と癒しの中心となる重要な自己の側面である。MCIP では，クライエントがこの自己感に接触できるように誘う。この感覚は，ウェルビーイングと心理的成長を促進させる。観察する自己の特質は，マインドフルな気づきとプレゼンス，超越性とスピリチュアリティ，相互の繋がり，コンパッション，安定した視点，および経験のコンテイナーである。

► マインドフルな気づきとプレゼンス

観察する自己は，マインドフルな気づきとして現れる。つまり，それは私たちの経験に対する非判断的な気づきを受け入れることである。今この瞬間の気

づきとアクセプタンスに加えて，マインドフルな気づきの本質は脱中心化された視点であり，それは自分自身と経験を区別することを可能とする（Safran & Segal, 1990）。観察する自己と接触しているときには，私たちは意識の中にあるものが絶えず変化していることに気づくようになる。もしかすると，自分の思考，感情，身体感覚，あるいは外部環境などにも気づけるかもしれない。

　マインドフルな気づきは，**意識的プレゼンス**または**存在すること**〈being〉としても経験される。これは，マインドの**あることモード**〈being mode〉（Segal et al., 2002）と関連しており，「何らそれを変えることへの直接的な圧力なしに，あるがままを『受容すること』や『許容すること〈allowing〉』によって特徴づけられる」（p. 73）。これは，今この瞬間の直接的な経験と関連している。これとは対照的に，私たちの日常の**個人的自己感**は目標指向であり，「物事がどのようにあるかということと，自分たちがどのようにありたいかということの間のギャップを減らす」（p. 73）ことに動機づけられ，することモード〈doing mode〉と関連している。このモードは，問題解決的なモードともいえる（Hayes et al., 2012）。

▶ 超越性とスピリチュアリティ

　観察する自己は超越的な性質を持つ。この自己の側面は，さまざまなスピリチュアルの伝統で説明されており，「人間のスピリチュアリティの中核にあるもの」である（Hayes et al., 2012, p. 184）。それは対象として把握することはできず，経験することしかできないため，**無**〈no-thing〉の自己や**純粋な気づき**〈pure awareness〉として言及されることが多い（Hayes et al., 1999; Hayes et al., 2012）。マインドフルネス瞑想では，内的経験だけでなく，外部の刺激も観察し，注意を払う。私たちは自分自身に問いかける。気づいている人は誰なのか，思考，感情，感覚，外部の世界に気づいているのは誰なのか，と。このような問いかけによって，私たちは気づきそのものに気づくようになる。私たちの気づきの焦点が「観察する自己」になるとき，人間の精神の超越的な次元に接触できる可能性がある。

　比喩的にいえば，超越自己とは，私たちの目の後ろから見ている感覚のようなものである（Villate et al., 2012）。私たちは，振り返って自分の視点を見ることはできない。もしそれをしようとすれば，また自分の視点から行うことになる。この自己の感覚は，他の物体を説明する方法では説明できない。それは無

〈no-thing〉であり，同時にすべてでもある（Hayes, 1984）。それは，広大
〈spaciousness〉であり，時間を超越した性質を持つ（Hayes et al., 1999）。これら
の特質は，さまざまなスピリチュアルな伝統の本質でもあり，無〈nothing〉／
全〈everything〉，あるいは無限といった言葉によってスピリチュアル性を描写し
ている（Hayes, 1984; Hayes et al., 2012）私たちの本質的な，スピリチュアルな
自己と表現することもできるだろう。

▶ 相互の繋がりとコンパッション

個人的自己感では，本質的に自分自身と他の人間とを切り離して知覚してい
るが，それとは対照的に，超越自己では本質的に他者と相互に繋がっている
（Hayes, 2019; Hayes et al., 2012; Villate et al., 2012）。観察する自己と接触してい
れば，他者を意識のある人間として経験することもできる。このため私たちは
相互の繋がりと意識を共有する感覚を経験できる（Hayes et al., 2012）。Villate
ら（2012）は，超越自己感と接触することが，コンパッション，繋がり，およ
び向社会性の基礎となると述べている。観察する／超越自己もまた，セルフ・
コンパッションにとって極めて重要である。観察する／超越自己と接触してい
るとき，私たちは自分自身とオープンで受容的な関係を築くことができ，それ
がセルフ・コンパッションの基礎となる。

▶ 安定した視点

観察する自己は常に安定した視点として存在し，そこからあらゆる経験を観
察することができる。気づきの内容は絶えず変化しているが，視点の支柱とし
ての「私」は変化しない（Deikman, 1982; Hayes, 1984）。それは時間を超えて，
安定した，変わることのない視点を提供する。私たちは生涯を通じて，視点と
しての自己を持ち続けているのである。この意味で，超越的な自己感は，安定
した自己感ともいえる。私たちはそのことにほとんど気づいていないが，私た
ちの生活の中で常に存在するものである。

▶ 経験のコンテイナー

超越自己とは，私たちのあらゆる経験を見渡せる文脈を指すが，すべての経
験とは異なるものである。超越自己は，私たちが知覚し，経験するあらゆるも

ののコンテイナーである（Hayes et al., 2012）。このような超越的な自己感は，心理療法において非常に重要である。たとえクライエントが辛い感情や思考を経験していたとしても，その経験に触れていない側面がある。このことは，クライエントが自分の経験に対する証人〈witnessing〉モードとしての関係性を採択するのに役立つ（Žvelc, 2009a）。

　すでに述べたように，観察する自己は，本質的にマインドフルな気づきとコンパッションの質に関連がある。MCIPでは，クライエントが観察する自己と接触し，マインドフルな気づきとコンパッションを生活や心理療法のプロセスに持ち込むことを推奨している。以下の節では，心理療法におけるマインドフルネスとコンパッションのプロセスを理解するための 2 つの新しいモデル，**観察する自己のダイヤモンドモデル**と**経験との関係のトライアングル**について説明する。

観察する自己のダイヤモンドモデル

　統合的心理療法の中核モデルのひとつに，関係内自己〈self-in-relationship〉システム（Erskine & Trautmann, 1993/1997）があり，これはしばしばダイヤモンドモデルとも呼ばれる（第 1 章の図 1.1 参照）。このモデルによって，異なる次元間の相互関係を見ることが可能となる。このモデルでは，認知的，感情的，生理的，行動的，対人関係的，およびスピリチュアルという異なる次元の相互関係を示している。統合的心理療法では，人間の経験のこれらの次元すべてに細心の注意を払い，接触することに対してクライエントがオープンなのはどの次元か，あるいはクローズドなのはどの次元か，という点に関心を持つ。そして，さまざまな心理療法の方法を用いて，クライエントが内的・外的接触を十分にできるよう援助する。

　図 3.1 は，「関係内自己システム」を「観察する自己」および「マインドフルな気づき」の概念と統合したものである。私たちはこれを**観察する自己のダイヤモンドモデル**〈diamond model of the observing self〉と呼ぶ。

　このモデルは，マインドフルな気づきを表す**気づきの車輪**〈wheel of awareness〉という，Siegel（2007, 2018）の視覚的なメタファーからヒントを得たものである。彼のイラストでは，車輪の中央のハブが気づきの経験を表し，縁が気づき

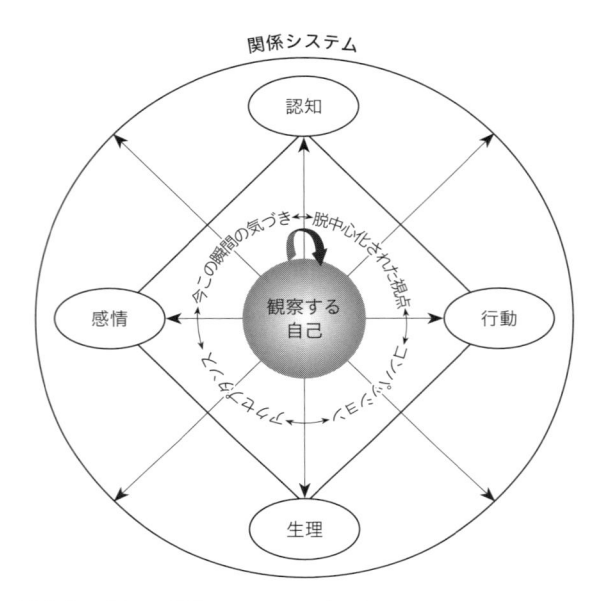

図 3.1　観察する自己のダイヤモンドモデル（Erskine & Trautmann, 1997, p. 81）

　の対象を表している（Siegel, 2018, p. 108）。このイラストは，観察する自己が
関係内自己モデルの中心にあるダイヤモンドモデルを図式化する上で，インス
ピレーションを与えてくれた。
　図中の観察する自己は，各次元に向かって「輝く」光線（図中の矢印）を放
つ太陽として象徴的に表現されており，それは認知，感情，生理，および行動
とその関係性を表す。太陽は観察する自己のメタファーであり，スピリチュア
ルな世界では，しばしば「気づきの光」や「スピリチュアルな太陽」と表現さ
れる。一番内側の円は，観察する自己を表し，異なる光線は四角と円で表され
る異なる経験内容に対するマインドフルな気づきのプロセスを表す。図 3.1 で
は，観察する自己を振り返る矢印もあり，これは気づきそのものへの気づきを
象徴的に表している。この絵は，Siegel（2018）の「気づきの車輪」の図解
（p. 108）に触発されており，注意の矢印がハブに戻るという，気づきの中の気
づきを図解しているのである。
　図 3.1 は，内的および外的経験へのマインドフルな気づきを象徴的に示して
いる。統合的心理療法では，これを内的接触および外的接触と表現している

（Erskine, 2015）。内的接触とは，思考，感情，身体，行動への気づきを指し，図では四角の中の次元を指す光線によって描かれている。円を指す光線は，私たちの外的接触，つまり他の人々や環境との接触を描いている。

　中央の観察する自己は，**私が気づいている**という感覚を表し，異なる次元を指す光線は，今，気づいている経験の内容を表している。観察する自己は一定で安定しているが，私たちの気づきの中身は絶えず変化している。観察する自己から「輝く」光線は，マインドフルな気づきとコンパッションの4つの主要なプロセスを表している。それは，今この瞬間，脱中心化された視点，アクセプタンス，およびコンパッションである。これらのプロセスは円の中に図示されており，これらすべてのプロセスが各次元とどのように関連しているかを明らかにしている。

▶▶ マインドフルな気づきのプロセスとコンパッション

　これまでの節で説明したように，観察する自己はマインドフルな気づきとコンパッションの質に表れる。マインドフルな気づきは，自己の個人的自己感と関連がある「普段の」気づきの形態とは異なる特定の質がある。個人的自己感の普段の気づきは，しばしば判断的で，過去や未来に向いているのに対し，マインドフルな気づきは，次のような質を持つ。それは，今この瞬間の気づき，アクセプタンス，および脱中心化された視点である。これらの質は，マインドフルネス・コンパッション指向統合的心理療法で高められるマインドフルな気づきの主要なプロセスである。ACT（Hayes et al., 2012）やMBCT（Segal et al., 2002）などの第3世代の行動的アプローチにおいても，それらはマインドフルネスの主要なプロセスとなっている。マインドフルな気づきのプロセスに加えて，観察する／超越自己はまた，セルフ・コンパッションと他者へのコンパッションの質も持っている（Hayes et al., 2012）。

▶▶ 今この瞬間の気づき

　マインドフルな気づきは，いつも「今，ここ」にある。私たちは，常に今この瞬間に起きていることに気づいている。例えば，自分の思考，感情，身体感覚などに気づくことができる。胸の内が緊張していることに気づき，次の瞬間には「この緊張は何だろう」という思考があることに気づき，それから悲しみ

を経験し，それから台所から大きな音が聞こえてくる……といったことに気づくかもしれない。四角形と円で表されたマインドの内容は絶えず変化し，今この瞬間にも常に何か新しいことが起きている（図3.1参照）。このように，私たちは自分自身の意識の流れ，つまり，絶えず変化している自分のマインドのさまざまな内容に気づいている。観察する自己のダイヤモンドモデルは，気づきそのものと気づきの内容を区別している。気づきそのものは不変であるが，気づきの中身は絶えず変化している。

　観察する自己のダイヤモンドモデルによれば，私たちは特定の思考，感情，身体の動／感覚，あるいは現在の行動に気づけないことがある。例えば，自分の感情に気づけない場合には，その感情を表現したり理解したりすることができない。気づきの欠如は，他者や外部環境との関係に現れることもある。例えば，クライエントのアンドレアは，自分が夫と一緒にいないことがよくあると語った。夫と話しているとき，彼女は繋がりが切れて無感覚になることが多いという。また彼女は，外で自然の中を歩いているとき，自動操縦状態になっていることが多く，美しい風景など周りの環境に気づけないとも語った。

　今この瞬間の気づきにおける問題は，反すう思考，過去についての後悔，トラウマ記憶の再体験，絶え間ない心配，および不安などの経験において，過去／未来への没頭として現れることがある。それに対応する変化のプロセスは，今この瞬間の気づきである。MCIPでは，さまざまな心理療法の方法を用いて，クライエントは今この瞬間に接触する。観察する自己のダイヤモンドモデルは，クライエントが気づいていない内なる経験の，どの側面に注意を払う必要があるかを見分けるのに役立つ。

▶▶ アクセプタンス

　マインドフルな気づきには，経験のすべてを受容し，オープンになるという性質を持っている。つまり，経験を回避しようとしたり，否認しようとしたりせず，オープンにかつ十分に接触したままの状態を保つのである。このプロセスの中で，私たちは経験を許容し，受容するのである。私たちは執着したり嫌悪したりすることなく，自分の経験に関与することが可能となる。アクセプタンスは，マインドフルネスの重要なプロセスであり，私たちが，「自分の直接的な経験を，判断することなく，闘うこともなく受け入れる」のに役に立つ（Hayes et al., 2012, p. 77)。これは，「手放す〈letting go〉」という概念とも関連している（Kabat-Zinn, 1990）。特定の経験にしがみつこうとはしないし，そこから離れようともしない。アクセプタンスは判断しないことと関連がある。その経験を良いとか悪いとか判断しない。観察する自己は，それ自体が非判断的であり，今この瞬間に起きていることへの純粋な気づきとして記述することができる。

　内的経験に対するアクセプタンスの欠如は，感情，身体感覚，および思考の回避という形で現れる。クライエントは，内的経験（例えば，自分の感情）に気づいているかもしれないが，それをコントロールしようともがき続け，それと共にいることを回避する。このようなプロセスは，体験の回避〈experiential avoidance〉（Hayes et al., 2012）と表現され，「人が特定の私的経験に接触し続けようとしないときに起こる」（p. 72）。

　体験の回避の多くは，薬物乱用，摂食障害，および不快な内的経験をコントロールしようとする試みに基づいた他の問題の重要な要因となる。そのため統合的心理療法では，クライエントが経験したことを抱擁し，それを受容するように促す。

▶▶ 脱中心化された視点

　マインドフルな気づきとは，私たちの経験の内容に関する脱中心化である。私たちは，思考，感情，身体感覚と融合することなく，十分に共にいる。気づいている私と，私の経験の内容との間には明確な違いがある。例えば，「私は生きるに値しない」というような否定的な認知があったとしても，その思考と同一化することなく，ただその思考を観察することができる。それは単なる思考であり，そして私自身ではない。脱中心化は自分の経験のアクセプタンスにとって極めて重要である。

　SafranとSegal（1990）は，脱中心化について「直接的な経験の外側に出ることで，その経験そのものを変えるプロセス」（p. 117）と説明している。Bishopら（2004）は，マインドフルネスとは，人が思考や感情に気づき，「自分を内省したり，現実について正確に考察したりするということでは必ずしもなく，一過性の精神的な出来事として，より広い脱中心化された視点で思考や感情と関わる」ように誘うことである（p. 236）。

　脱中心化された視点は，マインドフルな気づきのとても重要なプロセスであ

る（Segal et al., 2002; Shapiro et al., 2006）。Deikman（1982）は，同様のプロセスを**脱自動化**〈deautomatization〉と呼び，「知覚と認知を制御する自動的プロセスを無効にすること」であると説明している（p. 137）。ACTでは，同様の概念を**ディフュージョン**〈defusion〉といい，思考や感情を変えるのではなく，思考や感情が生じる文脈を変えるようクライエントを支援する（Luoma et al., 2007）。例えば，認知的ディフュージョンは，クライエントが自分の思考から見るのでなく，自分の思考を見ることを助ける（Hayes & Spencer, 2005）。

　脱中心化された視点は，Shapiroら（2006）がマインドフルネスのメタ・メカニズムとして記述している**再認知**〈re-percieving〉とも関連する。

　　　マインドフルネスのプロセスを通じて，人は意識の内容（＝自分の思考）から脱同一化〈disidentify〉され，より明瞭に，かつ客観的に，自分の瞬間瞬間の経験を見ることができるようになる。私たちはこのプロセスを，視点の根本的なシフトを伴うものとして，「再認知〈re-percieving〉」と呼んでいる。個人的ナラティヴやライフストーリーのドラマと一体化するのではなく，むしろ一歩下がって，それをただ見ることができる[2]。

　クライエントが自身の経験の内容と融合しているときには，脱中心化を促進するためにさまざまな介入を行う。この視点は，思考，感情，身体感覚などの気づきの内容から後ろに下がって観察する能力を高める。観察する自己との接触によって，気づきと気づきの内容を区別する経験が自ずと促される。このような脱中心化された視点は，クライエントのつらい経験を包み込むのに役立つ。例えば，クライエントは，つらい思考や感情を，心の中で過ぎ去る出来事として観察するように誘われるかもしれない。

►► コンパッション

　観察する自己との接触は，セルフ・コンパッションと他者へのコンパッションの双方に繋がる。コンパッションには，今この瞬間の気づき，アクセプタンス，脱中心化された視点などのマインドフルなプロセスが極めて重要である。マインドフルな気づきによって，私たちはあらゆる経験，つまり楽しい経験に対しても不快な経験に対しても，アクセプタンスや愛をもたらすことが可能にな

る。マインドフルなプロセスと比較すると，コンパッションは，痛みを伴う経験や，自分であれ他人であれ，苦しんでいる人に向けられるものである。また，苦しみを和らげようとする能動的な意図を伴う。セルフ・コンパッションのプロセスは，私たちの痛みや苦しみ，至らなさに対する優しさと愛を育むことである。

　セルフ・コンパッションには，次のようなことが含まれる。

　　自分自身の苦しみに触れ，オープンになること，苦しみを回避したり，切り離したりしないこと，苦しみを和らげたいと願い，優しさをもって自分を癒すこと。またセルフ・コンパッションには，痛み，至らなさ，失敗に対して非判断的な理解を提供し，その結果，自分の経験を，より大きな人間の経験の一部であると見なすことも含まれる。(Neff, 2003b, p. 87)◆3

　この定義は，セルフ・コンパッションの 3 つの主要な構成要素，すなわち自分への優しさ〈self-kindness〉，人間の共通性〈common humanity〉，マインドフルネスを意味している（Neff, 2003a, 2011）。それは，私たちがつらい経験をしているときに，自分に優しくすることや，自分の痛み，苦しみ，至らなさが人間であることの一部であることを理解すること，そして自分のつらい経験に受容的な気づきをもたらすことを意味する。セルフ・コンパッションの欠如は，自己判断や自己批判として現れ，恥，低い自尊心，うつ，社会不安など，さまざまな問題の背後にある重要な問題であるかもしれない。

　MCIP では，セラピストのコンパッションに満ちたプレゼンスとさまざまな心理療法的手法を用いて，クライエント自身がセルフ・コンパッションに満ちた存在になるよう誘う。コンパッションに満ちた治療関係がこれを発展させる主な要因であるが，クライエントのセルフ・コンパッションを高めるためにさまざまな介入法も使う。セルフ・コンパッションは他者へのコンパッションと密接に関係しているため，セルフ・コンパッションを身につけると，他者へのコンパッションが生まれることが多々ある。時には，逆もまた真なりで，他者へのコンパッションが，私たち自身へのコンパッションを促進することもある。

►► 観察する／超越自己と非二元的な気づき

図 3.1 では，観察する自己からの光線が，さまざまな次元に向かって放たれ，そしてまた観察する自己に戻ってくる矢印がある。これらは観察する自己と関連しており，気づきの 2 つの異なる側面を表している。

- 内外の刺激に対するマインドフルな気づき
- 非二元的な気づき〈nondual awareness〉

私たちの注意がマインドの内容や外部環境に向けられているとき，私たちは，今この瞬間の連続的な気づき，つまりマインドフルな気づきとして観察する自己を経験している。このモデルでは，マインドフルな気づきは，さまざまな次元に向かう光線として表現されている。しかし，マインドフルな気づきが内側，つまり気づきそのものに向けられると，これは超越性や**非二元的な気づき〈nondual awareness〉**の経験として現れることがある（Josipovic, 2019）。図 3.1 では，観察する自己から観察する自己それ自体に向かって戻ってくる矢印として描かれている。この絵は，気づきそのものへの気づきを表している。Siegel（2018）は，気づきそのものへの気づきが，しばしば「愛，喜び，そして広く開かれた，時を超越した広がり」の経験へと繋がると述べている（p. 116）。

観察する自己のダイヤモンドモデルは，統合的アプローチにおける中核的なモデルである。これは，それぞれのパーソナリティの次元と関連したマインドフルネスのプロセスを評価し，高めるために使用することができる。セラピストは，パーソナリティの特定の次元と関連するクライエントのマインドフルな気づきを，瞬間瞬間，追跡することができる。このモデルは，以下のことについての理解に有用である。

- クライエントが特定の次元と接触しないこと。
- 特定の次元におけるマインドフルな気づきを促すために奨励されるべきマインドフルなプロセス。

経験との関係のトライアングル

G. Žvelc（2009a）は，現象学的な経験との主な関係について 3 点あげており，それは心理療法のプロセスについて考える際に有用であると述べている。

1　経験と融合すること
2　経験から離れること
3　経験の証人であること

こうしたアイデアに基づいて，私たちはクライエントのマインドフルな気づきを，瞬間瞬間，追跡するためのプロセスとして使える，内的経験との関係のトライアングルモデルを開発した（図 3.2）。観察する自己のダイヤモンドモデルが，人間のさまざまな次元と関連するマインドフルな気づきとコンパッションのプロセスを説明する一方で，経験との関係のトライアングルは，クライエントの経験との関係を評価し，それに応じて介入するのに役立つ。

図 3.2 は，内的経験に対する主要な 3 つの関係を三角形で表現している。それぞれの関係は，マインドフルのプロセスである，今この瞬間の気づき，アクセプタンス，および脱中心化された視点と繋がっている。経験と**融合する**こと

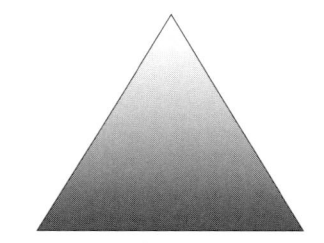

愛に満ちた証人であること
（高い気づき，アクセプタンス，脱中心化された視点）

離れること　　　　　　　　　　融合すること
（低い気づき，高い回避）　　　（低い気づき，高いフュージョン）

図 3.2　内的経験との関係のトライアングル

〈being merged〉と経験から**離れる**こと〈being distant〉は対極の位置関係にある。連続体である三角形の底辺の右側は経験と融合していることを表し，左側は経験の回避を表している。その底辺の連続体の両極は，「現在に中心化された」気づきが低いことによって特徴づけられ，接触が欠如していることを表している。経験から離れているときは，回避している自分の経験のある側面に，私たちは気づくことができない。自分の経験と融合することもまた，気づきが低いことに繋がる。なぜなら，この状態では，私たちが融合している内容以外の刺激に気づくことができないからである。三角形の頂点は，今この瞬間に対する高い気づき，アクセプタンス，および脱中心化された視点と関係している。このような内的経験との関係は，自分の経験への**愛に満ちた証人**〈loving witness〉であることとして表現される。これは観察する自己の特徴であり，マインドフルな気づきと関係する。以下では，これら3つの経験との関係について，より詳しい説明をする。

►► 経験と融合すること

経験と融合すると，私たちは自分の経験と同一化して，経験と自分自身の間にスペースをつくることができなくなる。私たち＝私たちの経験で**あり**，このことが気づきの内容から脱中心化されることの難しさを生み出しているのである。Hayesら（2012）は，この状態をフュージョンと表現している。また，ある特定の内容に気づきが固定されているため，今この瞬間の気づきが乏しいと表現することもできる。経験と融合しているときは，融合している内容以外の，何か他の現在の経験を知覚することは困難である。

DSM-5で記述されている多くの障害は，このような気づきの内容との融合という観点で記述できるのではないかと私たちは考えている。この融合は，思考，感情，あるいは身体感覚のいずれでもありうる。例えば，心的外傷後ストレス障害のクライエントは，恐怖や戦慄などの感情体験と，それと関連する痛みを伴う身体感覚に完全に圧倒されてしまうことがある。また，うつ病のクライエントの例で，「自分には生きる価値がない」，「死んだほうがましだ」という信念と完全に同一化している場合がある。強迫性障害の場合なら，クライエントが侵入的な思考と過剰に同一化し，それがたとえ論理的には合理的でなくても反応してしまう。これらは経験との融合の極端な例かもしれないが，私たちの日

常生活では誰もが，信念，感情，および身体感覚との融合をしばしば経験する。融合は，マインドフルな気づきという脱中心化された視点から，精神病理学的状態の主な特徴となりうる極端な融合の例に至る連続体上に見出すことができる。

▶▶ 経験から離れること

　内的経験から離れているとき，私たちは自分の思考や感情，感覚に気づけない（Žvelc et al., 2011）。クライエントは，例えば，「無感覚であり，何も感じない」とか，「子どもの頃や前回のセッションの記憶がない」と言うかもしれない。このモードでは，気づきがないだけなく，内的経験の回避へのプロセスとも繋がっている。回避のプロセスは，精神分析理論で説明されるさまざまな防衛機制の本質的な部分である（McWilliams, 2011）。例えば，抑圧という防衛機制は，主要な防衛機制のひとつである。それは，私たちのさまざまな気づきの内容に気づけなくしてしまう。連続体の底辺の左端（図3.2参照）には，解離という防衛があり，これは結果として，気づきの特定の内容だけでなく，すべての自己状態を回避することとなる。抑圧が能動的な防衛を伴い，不快な経験に対処するのに対して，解離は耐えがたいトラウマ体験に対する自動的な反応である（Howell, 2011）。

　経験のトライアングルは，（立ち会うことによって特徴づけられる）経験と十分に接触することから，解離によって特徴づけられる経験から極端に離れることに至る，距離の連続体について説明している。経験から離れることが慢性的になれば，クライエントがセラピーを受けに来るさまざまな問題の一部になっている可能性がある。例えば，シゾイドパーソナリティ障害や解離性障害のクライエントは，内的経験から極端に離れているかもしれない。

　また内的経験から離れることは，私たち人間にとって日常的な経験の一部である。私たちはしばしば，自分の経験，特に耐えがたい経験とは十分に共にいることはできない。困難でつらい感情，思考，あるいは身体感覚を経験すると，私たちはさまざまな防衛機制によって，それらを気づきから押し出す傾向がある。また，過食や過労，極端な場合には身体を切りつけるといった自己破壊的な行動など，自分自身の経験から逃げるためにさまざまな戦略を用いることもある。

▶▶ 経験に対する愛に満ちた証人であること

　このような内的経験との関係性は，観察する自己の特徴であり，マインドフルな気づきと関連している。それは，今この瞬間の気づき，アクセプタンス，および脱中心化された視点をもって，自分と経験と共にいるあり方ともいえる。これは，自分がした経験と同一化することなく，その経験と共にいることの助けとなる。人は，自分の身体感覚や感情を十分に感じながら，同時にそれに立ち会うことができる。自分の経験に対する愛に満ちた証人であることは，自分の経験と十分に接触しているといえるが，そこでは，観察する自己と経験の内容との間に明確な区別が存在する。人は，自分の思考，感情，身体感覚，行動を回避したり，それらと融合したりすることなく，瞬間瞬間に起こることを観察することができる。このような関係の中では，私たちは愛とアクセプタンスをもって自分の経験に立ち会う。愛に満ちた証人は，「離れること」モードと繋がる可能性がある冷たい観察者のような，切り離された存在ではない。愛に満ちた証人は，経験を受け入れ，それが快いものであれ，不快なものであれ，無条件に受け入れるという意味で，「愛に満ちている〈loving〉」のである。

　内的経験との関係のトライアングルは，クライエントを担当するときに役に立つモデルである。私たちは，クライエントが自分の経験したこととどのように関係しているかを，瞬間瞬間，追跡することができる。三角形の主な次元は，どちらか一方の経験というのではなく，連続しているものと理解されるべきである。クライエントは，三角形の一方の端に向かって動いていることもあれば，別の瞬間には，別の端に寄っていることもある。時に，クライエントが三角形の片側へと慢性的に寄っていることもあるが，そのような状況でも，小さな変化や他の側への移動を観察することができる。

　MCIPでは，自分の経験の証人になることが極めて重要な変化のメカニズムである。私たちは，クライエントが自分の経験に対する愛に満ちた証人になるように誘う。マインドフルネスの主要なプロセスである，今この瞬間への気づき，アクセプタンス，および脱中心化された視点の助けを借りて，自分の経験にマインドフルになるように，クライエントに呼びかけるのである。これらのプロセスは，瞬間瞬間に活用される。クライエントが自分の経験と融合しているとき，その経験から脱中心化されることが変化の主要なプロセスとなる。例

えば，「私は不安で死んでしまう」という思考と融合している女性のクライエントを担当するときがある。脱中心化された視点は，クライエントが思考から距離を置き，好奇心とアクセプタンスと共にその思考を観察するのに役立つ。今この瞬間の気づきのプロセスは，クライエントがもっと広い気づきの領域を開拓し，今のこの瞬間の他の気づきの内容（例えば，セラピストの温かい視線，クライエントの地に足の着いた感覚，または「私にはまだ希望がある」という思考）が存在することに気づく助けとなる。

クライエントが経験の「離れること」側に向かっているとき，私たちの一般的な戦略は，アクセプタンスと今この瞬間の気づきのプロセスを増やすことである。例えば，クライエントのピーターは，恋人と別れた後の悲しみの経験を回避していた。彼は，淡々と自分の話をし，問題の多い関係に対するさまざまな理由や言い訳を見つけようとしていた。彼は，自分自身の経験について，「離れること」の極へと向かっていた。セラピストは，彼が今この瞬間に戻るように優しく誘った。「あなたはガールフレンドとの別れについて話していましたね。今，**自分の身体で何を感じているのか，そっと気づいてみてください**」。このような介入によって，彼は自分の悲しみと十分に向き合い，恋人を失ったことに関する喪のプロセスを完了させることができた。

「観察する自己のダイヤモンドモデル」と「経験との関係のトライアングル」の臨床的な活用については，本書のPART Ⅲで詳しく述べられている。

注

- ◆1 Erskine, R. G., Moursund, J. P., & Trautmann, R. L.（1999）. *Beyond empathy: A therapy of contact-in-relationship*（p. 5）. Brunner/Mazel.
- ◆2 Shapiro, S. L., Carlson, L. E., Astin, J. A., & Freedman, B.（2006）. Mechanisms of mindfulness. *Journal of Clinical Psychology, 62*（3）, 377. https://doi.org/10.1002/jclp.20237
- ◆3 Neff, K.（2003）. Self-Compassion: An alternative conceptualization of a healthy attitude toward oneself. *Self and Identity, 2*（2）, 85–101. https://doi.org/10.1080/15298860309032

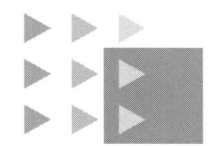

第4章

関係心理療法としての統合的心理療法

　統合的心理療法は，関係性を重視する心理療法である（Erskine et al., 1999; Erskine, 2015; Moursund & Erskine, 2004）。クライエントとセラピストは，相互に影響し合うひとつのシステムと見なされる。両者は意識レベルと無意識レベルの両方で互いに影響を与え合い，相互影響のひとつのシステム――**間主観的な場**〈intersubjective field〉をつくる（Stolorow, 1994）。私たちは，心理療法で起こるあらゆる現象を，この共創性〈co-creation〉と相互影響の観点から捉える。クライエントの精神内界の世界，治療関係，およびセラピストの主観的経験に注意を払うのである。

　間主観的な場の中でクライエントに働きかけるには2つの異なるモードがある。それは，1. 精神内界モード（クライエントとクライエント自身の内的関係），2. 関係モード（クライエントとセラピストの関係）である（G. Žvelc, 2014, p. 168）。どちらのモードも不可欠であり，精神内界の関係性により焦点が当たるときもあれば，クライエントとセラピストの間の関係性により焦点が当たるときもある。MCIPでは，どちらの関わり方においてもマインドフルネスとコンパッションが重要である。

　関係モードでは，クライエント―セラピスト関係に重点が置かれる。セラピストのマインドフルなプレゼンスとコンパッションは，調律と対人接触の発展に極めて重要である。Siegel（2007）は，このモードを対人的調律として記述している。**精神内界モード**では，クライエントの観察する自己と内なる世界の関係に焦点が当てられる。私たちはクライエントが観察する自己と繋がるように誘う。それによって，クライエントが自分の内なる世界に対して，マインドフルな気づきとコンパッションを持てるようになる。目標は，クライエントが自己との新しい関わり方を発展させることであり，それはセルフ・コンパッションとマインドフルな気づきに基づくものである。この新たな内的関係は，多く

の人が経験する内的批判や自己判断〈self-judgment〉とは完全な対比をなす。Siegel（2007）は，このモードのことを個人内調律〈intrapersonal attunement〉と記述している。それは内的接触を増加させる（Erskine, 2015; Erskine & Moursund, 1988）。このモードでは，クライエントとセラピストの関係性はあまり重視されないが，クライエントにとって不可欠なものであることには変わりない。セラピストが安全な雰囲気，コンパッション，およびプレゼンスを提供する一方で，クライエントは自分の内なる世界と関わるのである。

　どちらの関わり方においても，セラピストは関係の共創性に気づき，クライエントの経験，セラピスト自身の個人的な経験，および間主観的な場に注意を払う。関係性の中におけるマインドフルネスは，「関係マインドフルネス」と記述することができる（Falb & Pargament, 2012; Surrey, 2005）。Surrey（2005）は，マインドフルネスへの関係的アプローチでは，自己，他者，および関係性の流れの 3 種の気づきを維持すると述べている。MCIP では，セラピストは自分の思考，感情，および身体感覚の変化を，刻々，マインドフルに追跡している。また，セラピストは，クライエントの経験と，クライエントとセラピストによって刻々と共創される間主観的な場の資質に，ほぼ同時に気づいている。

　治療作業の精神内界的な側面および関係的な側面の間に流れるプロセスは，相互依存的かつ循環的である（Žvelc & Žvelc, 2011）。クライエントが安全で受容されていると感じ，セラピストを信頼しているとき，クライエントは内なる世界を探索する次のステップに進むことができる。セラピストのマインドフルなプレゼンスとコンパッションを経験することは，クライエント自身の内なる経験にマインドフルネスやコンパッションをもたらす助けとなる。また安全な治療関係の経験は，クライエントが自分の経験を言語化し，セラピストに伝える助けとなる。しかし，治療関係が安全で信頼できるものと認識されなければ，クライエントは自分の内なる世界を探索することが困難になるだろう。

　また，心理療法の関係性の力動は，セラピストの精神内界的な関係や内的接触の能力にも依存している。セラピストの内なる経験へのマインドフルな気づきとセルフ・コンパッションは，非言語的な反応と介入の質の両方に現れ，クライエントに影響を与えるだろう。クライエントとセラピストは間主観的システムを形成しているので，クライエントとセラピストの関係はセラピストの内的接触と介入にも影響を与えるだろう。

統合的心理療法では，心理療法のプロセスを通して，治療関係の質と治療同盟をモニターする。同盟に亀裂が生じた場合には，心理療法の関係性に焦点を当て，同盟の修復を始めることが重要である（Eubanks et al., 2018; Safran & Muran, 2000; M. Žvelc, 2008）。作業同盟を維持し修復することは，心理療法における継続的なプロセスであり，1回限りの出来事ではないと考えられている。

統合的心理療法における発達の諸理論

統合的心理療法は，人は関係性のマトリックスの中にある関係的存在であるという基本的な哲学的前提に基づいている。Evans と Gilbert（2005）は，この前提を「それゆえあなたは私なのだ」（p. 15）という命題で述べている。他者と接触することは人間の原初的な動機であり，対人接触の混乱や欠如は，幼少期やその後の人生においてさまざまな心理的障害が生じることと関係するかもしれない（Erskine, 1997; Erskine et al., 1999）。

統合的心理療法は，重要な他者との関係を通じて子どものパーソナリティの発達を記述する関係発達理論から情報を得ている（Erskine, 2019a, 2019b）。対象関係論，自己心理学，および愛着理論といった他の発達理論は，初期の子どもの発達や健康な人の発達において起こりうる混乱についての理解をもたらしてくれる（G. Žvelc, 2011; Žvelc & Žvelc, 2011）。それらの理論は，私たちが初期の関係性の見方を通してクライエントを理解する助けとなる（M. Žvelc, 2011）。

►► 対象関係論

対象関係論は，子どもと重要な他者－対象との間の相互作用を通して，パーソナリティの構造が発達すると説明してきた（Fairbairn, 1941/1986; Fairbairn, 1943/1986; Guntrip, 1968/1993; Winnicott, 1953/1986, 1960/1986）。パーソナリティ構造は，重要な他者との関係の内在化を通して発達する。対象関係論のパイオニアである Fairbairn（1941/1986）は，子どもの原初ニーズは，両親が自分を愛し，そして両親が自分の愛を受け入れることであると記述している。関係ニーズは人間の原初的ニーズであるので，子どもはその関係を維持するために，たとえ自己を喪失するという代償を払ってもあらゆることをするだろう。Fairbairn（1943/1986）は，子どもが「良い」外的対象との関係を維持するた

めに，養育者の「悪いもの〈badness〉」を自分の中に取り込みながら，養育者との良い関係の幻想を維持するために，対象とのネガティブな経験を内在化することを述べている。関係における失敗により，子どもの自我はさまざまな自己対象ユニットに断片化され，その結果，さまざまな精神病理が発生する（Fairbairn, 1943/1986）。

対象関係論者はさらに，初期の人間関係の性質とその内的世界における表象について重要な洞察を記述している。例えば，Winnicott（1960/1986）は，子どもが自己を適切に発達させるためには，**ほどよい**〈good-enough〉母親が重要であると述べている。関係体験が適切でないために，子どもは**本当の**自己〈true self〉と**偽の**自己〈false self〉の間で分割〈split〉を起こすかもしれない。子どもは，親の要求や期待に従うようになり，本当の自己との接点を失ってしまうかもしれない。

▶▶ 自己心理学

Heintz Kohut が発展させた自己心理学は，凝集自己〈cohesive self〉を維持するための関係性の重要性に焦点を当てている（Kohut, 1977）。子どもたちは，基本的な心理的ニーズを満たすために最適な共感的環境を必要とする。子どもの原初的な自己対象ニーズには，融合ニーズ，理想化ニーズ，双子関係ニーズの3つがある（Kohut, 1984）。これらのニーズへの親の適切な調律が，子どもの凝集自己の発達において非常に重要である。

▶▶ 愛着理論

統合的心理療法は，愛着理論にも基礎を置いている。子どもの愛着へのニーズは，乳児が養育者との接近を求める動機となる人間の基本的ニーズである（Bowlby, 1969）。愛着のニーズは，進化に基づくものであり，子どもが生き残り，危険から身を守るために極めて重要である。Ainsworth ら（1978）は，子どもがいかに主たる養育者に対してさまざまな愛着パターンを形成するのかを記述している。彼らは，安全な愛着タイプと，2つの安全でない愛着タイプ（回避タイプと不安・アンビバレントタイプ）を記述している。安全な愛着を持つ子どもは，感情的なニーズを満たすために親を信頼できると感じる。彼らは，自分が世界を探索し，苦痛を感じたら安全のために戻ることができる安全基地と

して親を経験する。回避タイプの愛着の子どもは，親との感情的接触を避け，愛着のニーズを否認する。その一方，不安・アンビバレントタイプの愛着の子どもは，親に対する没頭〈preoccupation〉とアンビバレンスのパターンを示す。またMainとSolomon（1990）は，混乱タイプの愛着を記述している。これは，非常に予測しがたい親と暮らした子どもに生起し，主たる養育者に対する混乱した行動パターンと関連する。これらの愛着のパターンは非常に多くの研究者によって確かめられてきており，統合的心理療法における関係プロセスを理解するための科学的基礎をもたらしている。

　子どもと親の間の初期の愛着が脳の発達に重要であることは，研究により明らかになっている（Cozolino, 2002; Schore, 1994, 2001; Siegel, 1999）。Schore（1994, 2001, 2003）は，安全な愛着の発達と最適な脳の発達のためには，初期の関係性における感情調整と調律が重要であると述べている。適切に調律できる母親は，子どもの自律神経システムを調整し，覚醒を高めすぎも低めすぎもしない状態に調節〈modulate〉する。調律と調整は，繋がりの感覚，安全，および安全な愛着の発達のために極めて重要である。それらは子どもに，自己調整と内的接触の能力を持たせることができる。安全な愛着は，自己と他者のポジティブなワーキングモデルに現れる。安全な愛着を持つ子どもは，自分は愛される価値があり，安全や心地よさのために他者を頼ることができると感じる。安全な愛着は，より強度なレジリエンスのような，非常に多くの健康的な恩恵と関連する（Rasmussen et al., 2019）。安全な愛着はまた，メンタライゼーションや感情調整の能力にも関係する（Fonagy et al., 2004）。対人接触の欠如，慢性的な調律の失敗，あるいは虐待は，脳の発達にネガティブな影響を与え，安全でない無秩序な愛着パターンに繋がる（Schore, 2001, 2003）。

　愛着は生涯にわたるプロセスであり，そのパターンは人生を通して比較的連続性があることを愛着研究は示している（Wallin, 2007）。研究によると，愛着パターンは世代を超えて伝達されるものであることがわかっている（Benoit & Parker, 1994; Cassibba et al., 2017; Fonagy et al., 1991; Hautamäki et al., 2010）。例えばCassibbaら（2017）は，祖母から母親，成人した子孫〈adult offspring〉への愛着の伝達が起こることを実証的に支持している。しかし，愛着のパターンは人生の間で変わりうるものでもある（Chopik et al., 2019）。セラピストとの関係を新たに信頼し受け入れることが，安全な愛着の発展に繋がる可能性がある

（Wallin, 2007）。このことは，心理療法後に愛着の安全性が高まることを示す研究と一致する（Strauß et al., 2018; Taylor et al., 2015）。

対人関係の統合モデル

　G. Žvelc（2010a, 2011）は，対象関係論，自己心理学，および愛着理論に基づいて，対人関係の統合モデルを発展させた。このモデルは，対人関係の 3 つの基本的な二極化した次元を記述している。それは 3 つの主要な発達ラインに言及したものである。(1) 自律性－依存性，(2) 繋がり－疎外，(3) 相互性－自己陶酔，である（Žvelc, 2011）。

　自律性－依存性の次元は，完全な依存状態から独立と自律性の発達へと向かう分離個体化のプロセスを意味する。自律性を身につけた個人は，自己と他者を識別することができ，一人でいる能力を発達させる。一方，依存性は共生的な関係，依存状態，および分離不安の高まりに現れる。こういった発達過程は，非常に多くのさまざまな対象関係論者によって記述されてきた（Fairbairn, 1941/1986; Fairbairn, 1943/1986; Kernberg, 1976; Mahler et al., 1975; Winnicott, 1960/1986）。

　繋がり－疎外の次元は，個人が他者と繋がり，接近する能力を描写している。それは親密で密接な関係の中に現れることもあれば，連続体のもう一方の極である，他者からの疎外感や孤立感の中に現れることもある。この次元は，他者への親密な愛着の発達に関連する発達過程を描写している（Bowlby, 1969; Stern, 1998/2018）。

　3 つ目の次元の相互性－自己陶酔は，関係における相互性に対する個人の能力を描写している。それは間主観性の発達課題であり，関係における共感性と互恵性のために重要である（Aron, 1996, 2000; Benjamin, 1995; Stern, 2004）。相互性の高い人は，相手のことをその人自身の願望や関心を持つ主体と見なして，互恵的な関係を築くことができる。この次元のもう一方の極には，誇大的で全能的で自己中心的な関係性を示す自己陶酔の高い人がいる。

　G. Žvelc（2010a, 2011）は，これらの対人関係の次元に関連して，主体の関係性と客体の関係性という 2 つの主な関係性のタイプについて述べている。**主体の関係性**〈subject relationships〉においては，個人は他者をその人自身の内的世

界を持つ主体として経験する。彼らは，他者の主体性を認識して認容することができ，敬意と互恵に基づく相互的な関係性を確立することができる。主体の関係性は，対人関係の主要な次元の健康な極である自律性，繋がり，および相互性と関連する。主体の関係性は，Martin Buber（1999）が記述した我－汝〈I-Thou〉関係と一致している。この関係性には，相互性，接触，および先入観なしに他者を見ることが含まれている。連続体のもう一方の端には**客体の関係性**〈object relationships〉がある。それは，他者が当人のニーズを満たす客体として見なされるような関係性である。他者は独立したものとしてではなく，自己の延長と見なされる。相互性はなく，他者は当人のニーズを満足させることができるかどうかによってのみ見られる。客体の関係性は，対人関係の主要な次元のネガティブな極である依存性，疎外，および自己陶酔と関連する。それはBuber の我－それ〈I-It〉関係の説明と一致し，互恵性の欠如によって特徴づけられ，物／それとして他者と関係する（Buber, 1999）。

　健康な関係性は，客体の関係性と主体の関係性の間のバランスを必要とするが，関係性における問題は，主体の関係性を確立できないことと関連がある。そのような人は，客体として他者と関係し，親密で互恵的で自律的な関係性を築くことが困難である。一方，主体の関係性は，純粋な対人接触にとって極めて重要である。そのような関係性の中で私たちは，「互いに相互的に認め合い，同時に親密に繋がり，自律的になることができる」（G. Žvelc, 2010a, p. 501）。

　主体の関係性は，間主観性の発達と関連があり，個人が自分の主観的な経験を分かち合うことができる独立した主体の中心として他者を認識する能力によって特徴づけられる発達段階である（Stern, 1998/2018）。Benjamin（1998）も同様に，母親を自分の主観的世界を持つ独立した主体として認識する能力を身につけることが，基本的な発達の達成であると提唱している。

　この統合モデルは，さまざまな関係性の問題について非病理的な理解をもたらす。例えば，クライエントを「自己愛的」と見るのではなく，クライエントが自己陶酔や疎外の次元の高まりと格闘していると理解するだろう。そのモデルはまた，心理療法における愛着パターンを理解するのに重要な意味を持つ（G. Žvelc, 2010b）。愛着パターンを明確で固定されたタイプとして捉えるのではなく，「ノーマル」の表現から問題のある表現へと至る連続体の中で捉える。安全な愛着は，これらの対人関係の次元の「健康な」極に見られ，自律性，繋がり，

および相互性の能力と関連している（G. Žvelc, 2010b）。一方，安全でない愛着は，これらの次元の「不健康な」極と関連している。回避タイプの愛着は，疎外感が増大する中に現れ，一方，何かに気をとられるようなとらわれタイプの〈preoccupied〉愛着は依存性が増大する中に見られる（G. Žvelc, 2010b）。私たちの考えは，愛着を理解するための次元的アプローチ〈dimensional approach〉を記述したErskine（2009）と一致している。彼は，愛着の問題は愛着スタイル，愛着パターン，および愛着障害の間の連続体上で理解できると提言している。

▶▶ 主体の関係性の能力を発達させる

統合的心理療法への私たちのアプローチでは，対人関係の統合モデルは関係的プロセスを理解するための基礎となる。関係性の 3 つの主要な次元は，パーソナリティ特性として理解することができる。私たちはそれぞれ，人生の大半を占めるこれらの次元の一般的な表現を持っている。そしてセラピストとして，それに基づいてクライエントを理解することができる。例えば，人生において疎外感や自己陶酔が強まっているようなクライエントには，繋がりや相互性の感覚を育むことが目標になるだろう。3 つの主要な次元はプロセスとして捉えることもできる。ある瞬間，私たちは，文脈の変化や関係性の変化によってある次元の異なる極を表現することになる，連続体のもう一方の極に向かう別の動きを経験するかもしれない。人間関係では，深い繋がりの感覚を感じる瞬間もあれば，対人関係で衝突した後は，他者から引きこもったり遠ざかったりするようになるかもしれない。例えば，クライエントのマーティンは，ほとんどの会話から強く引きこもっていたが，セラピストが彼の音楽のキャリアについて尋ねた際に心を開き，セラピストの目を見始めた。セラピストは即座に生き生きとした繋がりを経験したのである。

これらの関係性のプロセスは，心理療法の関係性の中で共創される。3 つの次元はすべて，セラピストとクライエントの間の関係性の場の特性として捉えることができる。例えば，クライエントが依存の極に向かって動いているとき，私たちは「私はこの連続体のどこにいるのか？」と自らに問うかもしれない。その答えは，セラピールームの中でこの「依存の感覚」を双方がつくり出していることを示しているかもしれない。例えばセラピストは，クライエントがセラピーを終わりにしようとしていると恐れて，その結果，クライエントの依存を

引き起こしているのかもしれない。クライエントが離れていく恐怖が，今セラピストに影響を与え，クライエントの自律性を妨げるかもしれない。それゆえ，これらの次元をクライエントの中だけに見出すのではなく，セラピストとクライエントの間に現れてくる関係性にも注意を払うのである。

クライエントの中には，主体の関係性を築くことが困難で，関係性の次元のネガティブな極を極端に表す人もいる。例えばクライエントのアンドレアは，極端な依存の次元を呈していた。彼女は一人でいることに耐えられず，ほんの少しの間でもパートナーと離れると極度の不安を経験した。クライエントのスティーブは，極端な自己陶酔を呈していた。彼は関係性において非常に自己中心的で，自分の個人的利益のために他者を「利用し」，他者に共感することができなかった。こういったクライエントには，主体の関係性の能力を発達させることが心理療法においては重要な目標となるかもしれない。セラピストとの新たな関係体験，マインドフルな気づき，コンパッション，およびメンタライゼーションなどが，主体の関係性の発展を促す主要な変化のプロセスである。

セラピストとの関係性は，主体の関係性に向かうことを促す新たな関係体験にクライエントが出会う主要な領域である。このプロセスでは，セラピストの主体の関係性の能力が重要である。セラピストは，自分とクライエントを区別しながら，繋がり，自律性，および相互性の質を体現する必要がある。セラピストは，独立した主体性を持った人としてクライエントと繋がり，関係することにオープンでいなければならない。私たちは，このセラピストの関係的スタンスが，クライエントの主体の関係性を発達させる基礎となると考えている。子どもが重要な他者との関係性を通して発達するように，クライエントはセラピストとの新たな関係性の助けを得て主体の関係性に向かって動くのかもしれない。

▶▶ 関係ニーズへの調律

探究〈inquiry〉，調律〈attunement〉，関与〈involvement〉は，統合的心理療法の主要な関係的方法である（Erskine et al., 1999）。これらは，クライエントが徐々に，繋がり，自律性，および相互性の感覚を身につけるのを助ける治療関係を発展させていく上で非常に重要である。統合的心理療法のセラピストは，クライエントとの関係性の中で生じてくるさまざまな関係ニーズに気を配りながら，関係性の中で調律し，存在し，関与していく。Erskine ら（1999）は，心理療法

の関係性や日々の生活において見られる 8 つの主要な関係ニーズについて記載している。それは，（1）安全性，（2）価値づけ，（3）安定した強い保護的な他者による受容，（4）相互性，（5）自己定義，（6）影響を与えること，（7）他者に主導権をとらせること，（8）愛情を表現するニーズ，である。これらのニーズは子どもの頃のニーズだけでなく，私たちの生涯を通じて重要であり，応答的な関係性の中においてのみ満たされるものである。関係ニーズが満たされていないと，孤独感に陥り，次第に希望の喪失や怒り，抑うつに至るかもしれない（Erskine et al., 1999）。

　Žvelc ら（2020）は，因子分析の手法を使って関係ニーズの構成概念を実証的に検証した。その研究において，Erskine（2015）の関係ニーズの記述が，5 つの主要な関係ニーズの次元と実証的に関連していることを見出した。それは，（1）真正性のニード，（2）サポートと防御，（3）影響を与えること，（4）経験を分かち合うこと，（5）他者からの主導権である。

　真正性のニードは，他者との関係において自分自身であること（真正であること）のニードを指している。このニードを満たすことは，ありのままの姿で他者と一緒にいるときに経験される（Žvelc et al., 2020）。**サポートと防御のニード**は，Erskine（2015）が言う，安定していて，信頼できる，保護的な他者による受容へのニードと関連している。このニードに触れると，人は安定した，強く，信頼できる他者に頼ることができると感じる。**影響を与えることのニード**は，他者が何らかの望ましい形で影響を受けるように，他者に影響を与えるニードである（Erskine, 2015）。**経験を分かち合うことのニード**は，「似ているし，似たような経験をしたことがあるから理解できる，共有体験が確認できる人のプレゼンス（存在）」であることのニードである（Erskine, 2015, p. 50）。**他者からの主導権のニード**は，他者が交流を開始し，接触をつくることへのニードである（Erskine et al., 1999）。

　セラピストは，心理療法的な関係性の中でこれらのニーズに合わせ，クライエントの新たな関係ニーズに合致した関係スタイルを採用する（Moursund & Erskine, 2004; Erskine, 2015）。例えば，クライエントの主なニーズが経験を分かち合うことであれば，セラピストはクライエントの経験の特定の側面を選択的に共有するだろう。もし主なニーズが安定した信頼できる他者に対するものであれば，セラピストは安定と強さの経験を提供するだろう。この場合，個人

的な経験を自己開示することは，最善の介入ではないかもしれない。しかし，Žvelc ら（2020）は，心理療法において，クライエントの太古的な〈archic〉関係ニーズを満たすことはできないと記述している。つまり，心理療法家は，「これらのニーズを検証し，ノーマライズすることで，過去に満たされなかった関係ニーズに対する悲嘆のプロセスを開始することができる」（p. 3）としている。

Žvelc ら（2020）は，「関係ニーズ満足度スケール（RNSS）」を開発した。これは 5 つの主要な関係ニーズの満足度を測定するもので，クライエントの関係ニーズのアセスメントと関係性の機能の視点から心理療法の評価に用いることができる。このスケールは，十分な信頼性と適切な構成的・収束的妥当性を有している（Žvelc et al., 2020）。研究では，関係ニーズの満足度が高いほど，安全な愛着，セルフ・コンパッション，より大きいウェルビーイング，および人生に対する全体的な満足度の向上に関連していることが示されている（Žvelc et al., 2020）。RNSS は，いくつかの言語に翻訳されている。このスケールの因子構造は，チェコにおけるサンプルでも確認されている（Pourová et al., 2020）。

セラピストである私たちも人間であるので，完璧に調律することは期待できないし，実際それは私たちの課題ではない。母親もほどよい母親であるにすぎないように（Winnicott, 1960/1986），セラピストもまたほどよいセラピストであるにすぎない。このことは，セラピストが間違いを犯すのは不可避であり，時にはクライエントに合わせなかったり，間違った調律をしたりすることがあることを意味する（Guistolise, 1966; M. Žvelc, 2008）。間違いを犯すことは治療同盟の亀裂を招くかもしれないが（Safran & Muran, 2000; M. Žvelc, 2008），もしセラピストが関係性の中で亀裂に能動的に取り組むなら，心理療法において変化をつくり出す肥沃な土壌になるかもしれない。MCIP では，セラピストは瞬間瞬間，関係の質をマインドフルに追跡する。もし関係の亀裂が生じたら，セラピストは**メタコミュニケーション**〈metacommunication〉を使って亀裂を解決するプロセス（Safran & Muran, 2000）に取り組むことができる。それはクライエントとセラピストの間に暗黙的に起こっていることについてコミュニケートすることを含むものであり，「患者とセラピストとの間で現れている相互作用のプロセスに継続的な気づきをもたらす試み」（Safran & Kraus, 2014, p. 382）である。Safran と Muran（2000）は，セラピストが関係性の中で，今この瞬間に起こっていることを協働的に探索するようクライエントを誘うことを，**行動における**

マインドフルネス〈mindfulness in action〉と記述している。亀裂に取り組むことで，クライエントはセラピストを，その人自身の願望や長所や間違いを持つ主体として見るようになる。もし関係性の中で修正が可能であれば，相手もその人自身のマインドを持っているという認識を強めることに繋がるかもしれない。またクライエントは，どのように違いや葛藤が許容され，最終的に解決されるかを経験するかもしれない。このようにしてクライエントは，どのように差異と繋がりが共存できるかという新たなモデルを獲得する。それは相互的な主体の関係性の基礎となるのである。

▶▶ 出会いのモーメントと主体－主体の関係性

　Stern（2004）は，変化において極めて重要である**出会いのモーメント**〈moments of meeting〉が，心理療法の中でどのように生じるかについて述べている。これらのモーメントは，クライエントとセラピストの間の**主体－主体**の関係として説明することができる。**主体－主体**の関係性では，クライエントとセラピストは相互的な繋がりの深い感覚を経験する。それは独立した主体として互いを認識することを含んでいる。これらは，2人の間の真正な接触のモーメントであり，変化において重要なプロセスのひとつであるだろう。

　Buber（1999）は，そのようなモーメントを我－汝の関係として述べている。それは，相互性を持ち，また先入観なしに他者を見ることを含んでいる。このようなリアルな出会いのモーメントにおいては，セラピストもクライエントも，相手によって変化することができる（Evans & Gilbert, 2005; Gilbert & Orlans, 2011）。このようなモーメントは，あらかじめ計画されはしないし，双方の参加者がオープンで真正であるときに自然に現れるものである。EvansとGilbert（2005）は，「その最も心に残るモーメントでの人間的な接触は，魂の出会いとなりうる」（p. 131）と述べている。

　GilbertとOrlans（2011）は，クライエントがまだ真正の出会いの準備ができていなくても，セラピストが我－汝の関係のスタンスを維持することがいかに重要かを述べている。EvansとGilbert（2005）が述べているように，セラピーのプロセスは，さまざまな段階，つまり我－それの関係から我－それ／我－汝の関係を経て，最終的に我－汝の関係へと移行していく。主体の関係性の発達は，あるクライエントにとっては，客体としてのセラピストと関係することか

ら，次第にセラピストを主体として見るようになるという，段階的な変化のプロセスである。クライエントとセラピストの間の発達プロセスは，人生初期に生じた関係性を反映している。子どもは最初，重要な他者に対して客体として関わるが，その後，発達の過程で重要な他者を主体として見るようになる（Benjamin, 1995）。クライエントの中には，ほどよい対象関係が持てず，親に対して安全な愛着を持てなかった人もいる。そのようなクライエントの場合，最初の目標は，セラピストを主体として認識できるようになる前に，セラピストとほどよい対象関係を築くことかもしれない。

▶▶ 意識的プレゼンスの共有と超越的な関係性の場

　観察する自己との接触，マインドフルな気づき，およびコンパッションは，主体－主体の関係性と出会いのモーメントの発達に貢献するかもしれない。クライエントとセラピストの双方が，観察する／超越自己と接触し，マインドフルなプレゼンスを体現するとき，2人の関係性に新たな質が現れるかもしれない。クライエントとセラピストは個人的自己を超えて互いを認識し，**意識的プレゼンスが共有された**〈shared conscious presence〉状態を経験するかもしれない。彼らは，意識それ自体が，私たち全員が共有しているものであることを経験するかもしれない（Hayes et al., 2012）。このような認識のモーメントは，スピリチュアルな質を持ち，**非二元的な気づき**〈nondual awareness〉の経験に現れることがある。それは，相互に繋がっているという感覚，無限の気づき，およびコンパッションとして経験される（Josipovic, 2016, 2019）。Schuman（2017）も同様に，クライエントとセラピストが十分に共にいるモーメントでは，トランスパーソナルな気づきの質を伴う**超越的な関係性の場**〈transcendent relational field〉が出現することがあると記述している。そのようなモーメントにおいては，「自己と他者の間の境界は一時的に緩められ，独立した自己感に縛られない所属感，繋がり，および深い親密な対人経験が得られる」（p. 79）。超越的な関係性の場は，「私たちが繋がっている空間」として経験される（Schuman, 2017, p. 79）。それは意識の共有状態のように感じられる（Schuman, 2017）。このような一体感や繋がりの経験は，問題のある共生関係に関連しがちな融合の経験ではないことを私たちは提唱する。このようなスピリチュアルな経験は，個人的自己の観点では，私たちは異なり，独立しているが，観察する／超越自己のレベルでは，私

たちはすべて相互に繋がり，「ひとつ」であるという気づきを含んでいる。観察する／超越自己との接触により，クライエントは，自身と他者との関係において脱中心化された視点を身につけるかもしれない。このプロセスにより，他者はそれぞれの主体的な世界を持っているが，私たちすべてが共有しているのは意識そのものである，ということを理解するのに役立つことがある。このような理解の飛躍により，クライエントは，「生きとし生けるもの〈all sentient beings〉」に対して，より大きな繋がりの感覚とコンパッションを育むことになるかもしれない。

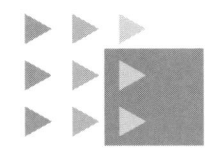

第 5 章

関係マインドと間主観的生理学

　私たちは人として，他者の感情や身体の状態を感知し，それに反応する。このプロセスは自動的に生じる。たとえ他者が自分の感情や生理的状態に気づいていないか，あるいは気づかれたくないときでさえ，私たちはそれを感知することができる。例えば，一方の人が恐怖を表現していないか，おそらくそれを抑圧して感じていないときでも，もう一方の人が自分自身の中に恐怖を感じたり，身体のこわばりを感じたりするかもしれない。赤ちゃんが幸せそうな顔をしているのは母親が幸せだからである。誰かの心拍が増加するか，コルチゾールレベルが上昇すると，その相手の心拍も増加し，コルチゾールレベルも上昇する。私たちの生理的状態は伝染する。私たちは，同じ間主観的な生理学的な場の中で，共に生きているのである。

　私たちは相互に繋がっており，多くの水準でコミュニケーションをとっている。私たちの脳や心，身体は関係し合っている。このような他者との連続した共創的な対話は，間主観的なマトリックス（Stern, 2004）として記述できる。言語的なコミュニケーションと目に見える非言語的コミュニケーションに加えて，その根底にほとんど意識の外にある生理学的相互作用のプロセスがある。2人あるいはそれ以上の人の自律神経システムが互いに相互作用し影響を与え合う（Palumbo et al., 2017; Porges, 2011, 2017）。

　初めて出会った人に自分を紹介するとき，その人の名前をあなたは覚えているだろうか？　人は，自分を紹介して握手する間，紹介された人の名前を思い出せないものである。それはなぜだろうか？　その瞬間，他の課題で心が占められているからである。その課題とは，他者が安全か脅威かをチェックするために自律神経システムがスキャンしていることである。Porges（2011, 2017）は，環境内の危険や安全を決める自動的で下位意識的な〈subconscious〉このプロセスを**ニューロセプション**〈neuroception〉と呼んだ。それは，ほとんどが下位

意識的な「表情，イントネーション，およびジェスチャーの翻訳〈interpretation〉」
（Porges, 2017, p. 102）」によって，危険があるかないかを「『神経』的に判断す
る」（Porges, 2017, p. 102）翻訳プロセスである。また，この自動的で下位意識
的な「安全のスキャニング」は，治療関係の中でも生起する。ニューロセプショ
ンのプロセスを通して，クライエントはセラピストの生理的状態を感知し，セ
ラピストもまたクライエントの生理的状態を感知する。

　統合的心理療法の基本的方法は，治療関係を共創することである。その治療
関係の中で，クライエントは自身の内的世界を探索し，分割されたパーツを統
合するのに，十分に安全と感じるのである（Erskine, 2019a; Moursund & Erskine,
2004; Žvelc & Žvelc, 2011; M. Žvelc, 2011）。この安全基地は治療関係を支えるも
のであるが，クライエントは，「感じるはずのないことを感じ，知るはずのない
ことを知るというリスクを負う」（Wallin, 2007, p. 3）ことが可能となる。した
がって，セラピストにとって重要な課題は，セラピストとして，いかによい治
療関係を築くことができるかということである。効果的な治療同盟を構築，修
復，および維持するために非常に多くのやり方がある。探究，調律，関与
（Erskine, 2015; Erskine et al., 1999），メタコミュニケーション（Safran & Muran,
2000）といったものが有益である。しかし，それらのやり方が役に立つのは，
セラピストの自律神経の状態が調整され，最適覚醒ゾーンにあるときだけである。

　本章では，**セラピストとクライエントの生理的事象の相互作用**〈the interaction of
the therapist's and the client's physiologies〉の重要性を強調し，**セラピストの自律神経
の状態が深いところで治療作業に影響する**〈therapist's autonomic nervous state profoundly
influences the therapeutic work〉ことについて述べている。効果的な心理療法の作業
のために，セラピストの調整された自律神経システム（ANS）の重要性を強調
する。それは，耐性の窓の内部においてセラピストをうまく機能させる（Siegel,
1999）。ポリヴェーガル理論（Porges, 2017）の言葉で言うと，セラピストの腹
側迷走神経回路の活性化は，セラピーにおいてセラピストが社会交流システム
を用いて相互交流ができるようにするために必要である（Dana, 2018）。

ポリヴェーガル理論と心理療法における自律神経の状態

　ポリヴェーガル理論は自律神経システム（以下，ANS）の 3 つの階層状態を

説明する。それは次に挙げる経路の活性化を反映している。「腹側迷走神経回路は社会交流行動をサポートし，交感神経系は可動化された防衛（闘争／逃避）行動〈mobilised defensive（flight/fight）behaviours〉をサポートし，背側迷走神経回路は不動化された防衛行動〈immobilised defensive behaviours〉をサポートする」（Porges, 2017, p. 7）。社会交流システム，可動化された防衛行動，および不動化された防衛行動は，異なる3つの活性化の状態——最適な覚醒，過覚醒，および低覚醒のゾーンと一致する（Ogden et al., 2006）。腹側迷走神経回路と背側迷走神経回路は，副交感神経系の2つの枝である（Porges, 2011，2017）。ポリヴェーガル理論の中で使われているように，私たちは「自律神経」および「生理的な状態」という用語を互換可能なものとして使う。

▶▶ 腹側迷走神経回路と社会交流

　私たちが安全と感じるとき，社会交流システムは腹側迷走神経回路を通して活性化される（Porges, 2011, 2017）。私たちは最適化された覚醒ゾーン（Ogden et al., 2006）の中にいて，耐性の窓の内部で機能する（Siegel, 1999）。腹側迷走神経が活性化された状態は，健康や成長，回復のための神経生物学的基礎である（Dana, 2018; Porges, 2011）。この状態において，私たちは穏やかな気分，地に足の着いた気分，幸福な気分，思慮深い気分を感じることができる（Dana, 2018）。心拍は遅くなり，視線は和らぎ，声や顔は穏やかで優しくなり，そして他者に近づき，コミュニケーションをとる（Dana, 2018; Porges, 2017）。この状態にいるクライエントとセラピストは，関係に対して開かれており，交流する準備ができている（Dana, 2018）。セラピストの腹側迷走神経は，ここは安全であるとクライエントのANSに伝える。このことは，心理療法における同盟，つまりセラピストとクライエントの間の協働的な絆を促進する（Bordin, 1979）。この状態においては，皮質の機能が維持され，認知，感情，身体の各レベルの異なるプロセスを統合することができる（Ogden et al., 2006）。ここにおいて，「希望が生まれ変化が起こる」（Dana, 2018, p. 27）。Dana（2018, p. 26）は，腹側迷走神経を「コンパッションの」神経と呼んでいる。それはコンパッションに満ちた繋がりとセルフ・コンパッションをサポートするからである。

　セラピストとクライエント双方の腹側迷走神経の活性化は，心理療法の作業において重要である。それは治療同盟，繋がり，メンタライゼーション，気づ

き，コンパッション，そして統合をサポートする。腹側迷走神経が活性化された状態にいるセラピストは，クライエントにポジティブな影響を与え，クライエントの生理的機能を調整し，安全と繋がりをもたらす能力を提供する（Dana, 2018; Geller, 2018）。クライエントに，安全な環境下では防衛システムを制止し，危険な状況では防衛システムを活性化させるように教えることは，セラピーの重要な目標である。腹側迷走神経を活性化させる能力は，調和のとれた社会であるための，そして，満足で充実した生活を送るための生物学的な基礎であることを，私たちは提案している。

▶▶ 交感神経系と可動化

可動化と不動化は防衛的な状態である。それは脅威が知覚されたときに活性化される。ANSが可動化された状態では，交感神経系が活性化される。交感神経系は，覚醒，エネルギー，および動作を可能にする。交感神経は，闘争か逃走か，防御か防衛かの激しい筋肉活動に備えて，エネルギーを動員する（Porges, 2011）。可動化された状態は，心拍の増加，上肺部の呼吸の速さ，瞳孔の散大，目の見開き，瞼の緊張または上昇，発汗，その他の身体感覚の増強によって示される（Levine, 2018; Porges, 2011; Rothschild, 2017）。クライエントは感情を抑えられないまま話したり，落ち着きがなかったり，ひどく緊張して固まっているかもしれない。つまり，恐れ，怒り，あるいは強い恐怖に圧倒されているかもしれない。この状態では，社会交流は不可能であり，自己やセラピストとの接触は制限される。このような状態で圧倒されているとき，私たちは感情であふれかえり，反応的，衝動的，警戒的になり，認知プロセスは秩序を保てなくなる（Ogden et al., 2006）。

▶▶ 背側迷走神経回路と不動化

もうひとつの防衛システムは，背側迷走神経によって引き起こされる不動化であり，それは通常，可動化された行動が不十分なときに活性化される（Porges, 2011, 2017）。この状態では，シャットダウンや虚脱が経験され，身体的苦痛や心理的苦痛から人を守る（Dana, 2018）。このゾーンにおいては，感覚は比較的弱まり，感情は麻痺し，認知プロセスは機能しなくなり，身体の動きは減弱する（Ogden et al., 2006）。クライエントはまるでそこにいないかのように固まり，

あたかも消え失せたように見える。解離することもある。活力を失い，平板な，あるいは固い表情を呈し，青ざめ，心拍は遅くなるか，あるいは速くなったり遅くなったりと不安定になる（Dana, 2018）。窓の外や空中を見つめたり，空虚な目をしたり，姿勢が崩れたり，話をしなくなったりする（Dana, 2018）。内省的にいえば，孤独感，喪失感，絶望感，手の届かない感じである（Dana, 2018）。また恥の感情も現れる。

可動化と不動化のいずれのシステムにおいても，環境からの合図を正確に読み取る能力は影響を受け，誤ったニューロセプションに繋がることがある（Porges, 2017）。誤ったニューロセプションとは，人が，危険がないときに脅威を感じ，あるいは危険があるときに脅威を知覚しないということを意味する。

►► 自律神経調整不全症候群

可動化と不動化によって引き起こされるサバイバル反応は一時的なもので，脅威が去るとオフになるようにデザインされている。可動化または不動化が長く続くと毒性を帯びる可能性があり，個人の健康に影響を与える（Dana, 2018; Levine, 1997, 2018）。すなわち，**自律神経調整不全症候群**——ストレスに関係した調整障害——と呼ばれるものに繋がる（Levine, 2018）。自律神経調整不全症候群は，身体の緊張や痛み，慢性疲労，めまい，消化器の問題といった症状に現れる（Levine, 2018）。それはある種の不整脈，低血圧または高血圧，特殊なタイプの気管支喘息，線維筋痛症，偏頭痛に繋がることがあるが，それだけではない（Levine, 2018）。私たちは，共感苦痛〈empathic distress〉や燃え尽きも自律神経調整不全症候群の症状としてリストアップしてもよいのではと提案している。この用語は，自律神経の調節が十分でないという，同じ原因を持つさまざまな身体的問題をカバーする包括的な概念であるため，有用であると考えられる。私たちは，Levine（2018）の「治療の機会は，生体の自己調整を再確立する介入にある」（p. 22）という見解に賛同している。クライエントやスーパーヴァイジーの多くは，自律神経調整不全症候群の兆候を持っている。クライエントにとっても，セラピストにとっても，自身の自律神経の状態に気づき，調整が必要な時期を認識し，セルフケアのための基本的な戦略の適用について学ぶことが極めて重要である。

►► 自律神経の状態の連動

交感神経系と背側迷走神経回路は，腹側迷走神経回路および社会交流システムの活性化と連動しうる（Porges, 2017）。この場合，防衛を伴わずに，安全を感じたままで，可動化された行動や不動化された行動に移ることができる。社会交流システムと交感神経系の連動は，刺激的な活動に携わることを可能にする。これは遊び，演奏，スポーツ，問題解決といった課題において観察される（Dana, 2018; Ogden, 2018; Porges, 2017）。社会交流システムと背側迷走神経回路の連動は，低覚醒の活動を楽しむことができる。これは，親密な関係，深いリラクセーション，および安全な静寂の中で観察される（Dana, 2018; Ogden, 2018; Porges, 2017）。

このように自律神経の状態が連動する可能性があるということは，質の異なるANS覚醒状態が存在することを意味する。交感神経枝の覚醒は，背側迷走神経の活性化と同様，必ずしも脅威を反映しているわけではなく，多くの側面を持つことができる。例えばRothschild（2017）は，ANSの覚醒度を6段階で提示している。交感神経と背側迷走神経の活性化および腹側迷走神経回路の活性化を連動させることが可能であるということは，セラピーにおいて重要な意味を持つ。それは，クライエントの交感神経系が覚醒していても，セラピストとの社会交流や繋がりを可能にする腹側迷走神経系の活性化と連動されていれば，セラピーを進めることができることを示唆している。例えば，私たちはセラピーの中でクライエントに父親への怒りを表現するよう促すことがある。そのクライエントのANSは可動化するが，同時にクライエントは治療関係の中で安心する（セラピストが自分を理解しサポートしてくれていると感じること）。このようにして，社会交流もまた活性化され，クライエントはセラピストとの接触に開かれる。こういった場合にセラピーは有用である。この自律神経の状態の活性化の連動は，トラウマ処理に重要な「二重の気づき〈dual awareness〉」と比較することができるだろう（Shapiro, 2018）。

►► セラピストの自律神経の状態の重要性

たいていの問題の根本には感情の問題があり，それに付随して自己調整の欠陥がある。セラピーの最初のうちは，クライエントの耐性の窓はしばしば狭く，

すぐに調整不全に陥ることがある。セラピーの過程で，私たちはクライエント
が社会交流システムを活性化するように援助することで，この耐性の窓を広げ
ることに取り組む。クライエントが調整不全状態に近づいているときを認識で
きるよう助け，次にそれを協働調整〈co-regulate〉し，最終的にクライエント自
らが調整できるよう援助する。このことを達成するためには，私たちはセラピ
ストとして，バランスのとれた腹側迷走神経をクライエントに提供しなければ
ならない（Dana, 2018; Geller & Porges, 2014）。もしセラピストが腹側迷走神経
が活性化された自律神経の状態にあれば，クライエントのANSに「ポジティブ
な」影響を与えるかもしれない。自身の生理的状態が耐性の窓の内部にあるセ
ラピストは，クライエントに安全をもたらし，クライエントの自律神経の状態
を調整するよう援助する。このことは心理療法を効果的にする安全な治療関係
に導く。セラピストが，腹側迷走神経が調整された自律神経の状態を維持でき
るよう，あるいはその状態に戻ることができるように，私たちは次のような重
要な戦略を提案する。それは，**セッション中の自身の生理的状態への連続的なマ
インドフルな気づき**〈continuous mindful awareness of one's own physiological states during
the session〉である。このことは，マインドフルネスと内受容感覚による気づき
が自己調整を促進するという研究知見とも一致する（Farb et al., 2012; Goldin &
Gross, 2010; Hayes & Feldman, 2004; Price & Hooven, 2018; Taren et al., 2013;
Teper et al., 2013; Vago & Silbersweig, 2012）。

間主観的生理学の研究：生理学的同調性の測定

　2人あるいはそれ以上の人の生理学的システム間の相互作用は，私たちの潜
在的な繋がりの指標となる重要なメカニズムである。他者の心拍を感じること
は単なる詩的なメタファーではなく，**生理学的同調性**〈physiological synchrony〉と
呼ばれる科学的に証明されたプロセスなのである。

　生理学的同調性は，「2人あるいはそれ以上の人の間の生理学的な活動が関連
していたり，相互依存したりする際に」起こるプロセスである（Palumbo et al.,
2017, p. 1）。Palumbo ら（2017）は，生理学的同調性（以下，PS）に関する61
件の研究論文の系統的レビューを実施した。そこではPSの異なる測定方法であ
る，心臓血管（心拍，心拍変動），呼吸（呼吸数，呼吸体積時間），皮膚測定（皮

膚電気抵抗，皮膚温）が用いられていた（Palumbo et al., 2017）。彼らのレビューでは，「社会的プロセスも生理学的レベルで作動する」（Palumbo et al., 2017, p. 29）。研究によって，クライエント－セラピスト関係やその他の関係と同じように，母親と子どもの二者関係や家族の三者関係，カップル，チームメンバーの中でも PS が存在することが証明されている。例えば，このことは，母親と子どもの心拍や呼吸の同調や，クライエントと繋がりがあるセラピストの皮膚電気抵抗に見られる。また，人々のホルモンレベルでの繋がりも研究により明らかにされている。例えば，パートナー間のコルチゾールのレベルに正の相関が見られる（Saxbe & Repetti, 2010）。父親，母親とその青年期の子どもの間も同様である（Saxbe et al., 2014）。心理的に親しい人同士では PS が高いというエビデンスもあるが，見知らぬ人同士でも PS が見られるという知見もある（Palumbo et al., 2017）。PS は能動的な相互作用の際に最も顕著に現れるとする研究もある（Suveg et al., 2016）。

　生理学的同調性には 2 つの異なるプロセスがある。**形態恒常的同調性**〈morphostatic synchrony〉については，「行動的な相互作用は，調整を促進するために生理的機能を上方調整したり下方調整したりする」（Helm et al., 2014. p. 523）。これは通常，人が軽いネガティブな感情状態から，かなりポジティブな感情状態までの範囲にいるときに生じる。このプロセスは協働調整とも呼ばれる。対照的に，**形態形成的同調性**〈morphogenic synchrony〉はたいてい，高ストレス時や危険な状況の瞬間に起こるが，「生理的機能を上方調整したり下方調整したりして，調整不全に導く」（Helm et al., 2014. p. 523）。例えば，パートナー同士が互いに怒鳴り合ったりすると，双方の生理的状態に影響を与え，2 人はますます動転してしまう。母親と子どもの間，あるいはパートナー同士の形態恒常的同調性は，より高い関係満足度と関連する（Helm et al., 2014; Suveg et al., 2016）。一方，形態形成的同調性は葛藤やネガティブな相互作用と結びついている（Levenson & Gottman, 1983; Saxbe & Repetti, 2010; Suveg et al., 2016）。

　生理学的同調性研究の系統的レビューは，相互作用の中で相手の生理的機能を「リード」する人がいて，その結果，その相手がリードする人の生理的機能に同調してしまうことがよくある（Palumbo et al., 2017）。例えば，母親と幼児の二者関係では，リーダーの役割をとるのは母親であり，子どもは母親の生理的パターンに従う。もし母親の生理的機能が穏やかで調整されていると，母親

は赤ちゃんを穏やかにし，調整する。そしてこれが安全な愛着の前提条件となる。もし母親の自律神経の状態が調整不全に陥っているなら，子どもの生理的機能や精神的健康に対してネガティブに影響するだろう（Gerhardt, 2004; Schore, 1994; Van Den Bergh et al., 2008; Weinstock, 2005）。心理療法の研究は，カップルセラピーであれ個人セラピーであれ，セラピストとクライエントの間の生理学的同調性を確証してきた（Bar-Kalifa et al., 2019; Karvonen et al., 2016; Päivinen et al., 2016; Palmieri et al., 2018; Tschacher & Meier, 2019）。セラピーにおける生理学的同調性は，心拍測定，心拍変動，皮膚電気活動，皮膚電気抵抗，呼吸を測定することで評価される。研究では，PS と良好な治療同盟の間に（Bar-Kalifa et al., 2019; Tschacher & Meier, 2019），また共感との間に（Marci & Orr, 2006; Marci et al., 2007; Messina et al., 2013; Robinson et al., 1982）関連があることが認められている。Tschacher と Meier（2019）は，「クライエントの心拍数の加速とセラピストの「心拍数の減速が一致した」セッションにおいて，クライエントがセラピーの進捗を高く評価していることを見出した（p. 13）。これは，セラピストがクライエントの生理的機能を下方調整しているものとして説明できる。Palmieri ら（2008）は，安全と感じる実験状況では，セラピストは生理学的同調性においてリードする役割をとる可能性があることを見出している。

▶▶ 感情の伝染と模写

　生理学的同調性のプロセスはおそらく，感情の共鳴〈emotional resonance〉（Siegel, 2007），感情の伝染〈emotional contagion〉（Hatfield et al., 2014）と繋がっている。感情の伝染の基底にある主要なメカニズムは模写〈mimicry〉であり，それは「発話や動作，姿勢，表情，視線の無意識的な，もしくは自動的な真似〈imitation〉である」（Prochazkova & Kret, 2017, p. 99）。人々の間で模写が生ずることは科学的に証明されている（Prochazkova & Kret, 2017）。他者の感情を感じる能力には，感覚および運動神経回路が含まれる。微細な運動を含む，他者の筋肉の動きを観察する人もいるかもしれない。自動的な模写のプロセスを通して，人は同じ動きをするし，このことを感知することを通して感情の共鳴が生まれる。調査結果は，「人は一般的に，パートナーの顔の特徴の微妙な変化に意識的には気づかないし，自発的に反応することもない」（Prochazkova & Kret, 2017, p. 103）ことを示唆している。あるひとつの研究では，パートナーは，目で見てその変

化に気づけない場合でも，パートナーの顔の瞬間瞬間の変化を追跡し，一致した表情で応答することができるという興味深い結果が示されている（Dimberg et al., 2000）。進化のプロセスを通して私たちは，他者を模倣し，他者を感知するようにできていて，そのことを通して他者のマインドを理解する（Ferrari & Gallese, 2007; Iacoboni, 2009）。このことは，他者の意図を予測する能力と同様に，共感，繋がること，およびコンパッションを可能にする（Iacoboni, 2009）。それは自己防御のために極めて重要である。このような間主観的な現象を説明しうる神経生物学的なメカニズムが，ミラーニューロンの機能である（Ferrari & Gallese, 2007; Stern, 2004）。

►► ミラーニューロンと間主観性

　Ferrari と Gallese（2007）によると，ミラーニューロンをはじめとするミラーニューロン関連メカニズムは，間主観性の中核的メカニズムである身体化されたシミュレーションの神経的基礎を構成する。Di Pellegrino ら（2007）は，サルの運動前野皮質の研究をしていた際に，例えば実験者が箱から餌を取り出している動きをサルが見たときの何らかの運動前野ニューロンの活性化が，サルが同じ動きをするときのニューロンの活性化と一致することを，偶然，発見した。サルがある行動をするときと，他の個体が同じような行動をするのを観察するときの両方の状況で放電するこれらのニューロンは，後にミラーニューロンと呼ばれるようになった（Rizzolatti et al., 1999）。

　私たちのミラーニューロン・システムは，他者の状態を知覚し，「自分が他者の中に見ているものにマッチするように」感情や身体の状態を変化させる（Siegel, 2007, p. 167）。これは，例えば，ある人が泣いているときや，誰かが泣いているのを見たり聞いたりしたとき，あるいは泣きそうになっている誰かを見たときでさえ，類似のニューロンが点火することを意味する。ミラーニューロンは，「マインドリーディング」に重要な，他者の意図を知覚したり，推論したりすることを可能にする（Ferrari & Gallese, 2007）。しかしながら，他者の意図を推論することは，他者が感じたり行ったりすることの直接の知識ではない。私たちは他者の行為を翻訳したり，自身の身体的な感覚－運動の知識を通してその行為の意図を推論するが，それは私たちの世界の表象によって決まる（Ferrari & Gallese, 2007）。つまり，（誰かが手を挙げるといったような）同じ行為でも，潜

在的な関係スキーマに符号化された過去の経験によって決まる，個人によって異なる意図の「読み」が誘発される可能性があるのである。

►► 間主観的な生理学的研究の臨床への応用

間主観的な生理学的研究の知見は，心理療法にとっても重要な意味を含んでいる。治療関係の中での生理学的プロセスの重要性を経験的に支持しているし，心理療法の方法の理論についても洞察をもたらしてくれる。治療関係の間主観的な性質を理解する重要な鍵となる以下の研究知見を強調したい。

- セラピストとクライエントの生理的状態は互いに繋がっていて，同調する傾向がある。
- セラピストはクライエントの生理的機能に反応し，クライエントはセラピストの生理的機能に反応する。
- セラピストは，生理学的同調性のプロセスによって，クライエントの状態を感じ，理解することが可能になる。
- 2種類の生理学的同調性がある。協働調整を可能にする形態恒常的同調性と，調整不全に繋がる形態形成的同調性である。
- 関係性において，相手の生理的機能を導く人がいる。心理療法においては，セラピストが「リーダー」の役割を担い，調整不全となったセラピーの場を調整に導く必要がある。

批判的な問いは，次の通りである。心理療法において，生理学的同調性がどれくらい必要とされるのか（Kleinbub, 2017），またどんな種類の，そしてどのようなときに生理学的同調性が必要とされるのか？

形態恒常的同調性と形態形成的同調性についての研究（Helm et al., 2014）は，協働調整に繋がるセラピストとクライエントの間の形態恒常的同調性のみが，同盟や他のセラピープロセスにポジティブな効果を持つかもしれないことを示唆している。

セラピーにおける生理学的同調性（PS）の効果は，セラピストとクライエントの自律神経の状態によって媒介されると私たちは考えている。もしセラピストとクライエントが腹側迷走神経の状態において最適な生理的覚醒ゾーンの内

側にいるとき，PSは良好な治療的絆，繋がっている感覚，そして理解を導いてくれる。一方，セラピストとクライエントのどちらかが調整不全な自律神経の状態にいる場合，それを認識して停止しなければ，同調性は逆効果になる。

　生理学的同調性は，共感や調律，繋がりの感覚を可能にするという意味で心理療法関係性において必要であると結論づけることができる。しかし，高い生理学的同調性は弱い分化を反映することがあり，変化や発達に繋がらないかもしれない。例えば，クライエントが不安で可動化された自律神経の状態にあるなら，セラピストの自律神経の状態も同調を通して覚醒し，可動化するだろう。こういったプロセスを通してセラピストは，クライエントが感じていることを「感じる」ことができる。危険なのは，もしセラピストがこの調整不全と同調したままであれば，セラピストもクライエントも不安なままで可動化され，そのセラピーが援助的なものでなくなることだ。セラピストの責任として，セラピストとクライエントが調整不全の場に閉じ込められていることを「理解〈see〉」し，**同調化のプロセスに割り込む**〈interrupt the process of synchronization〉ことが必要になる。言い換えると，セラピストは，腹側迷走神経経路を活性化することで形態形成的同調性を中断させ，この自己調整のプロセスを通して耐性の窓に戻るのである。最適な生理的覚醒ゾーンにいることで，セラピストは，形態恒常的同調性のプロセスを通してクライエントを協働調整することができる。セラピストの役割は，クライエントの生理的状態を，自律神経が調整された状態のほうへ「導く」ことである。

　セラピストは，現在の生理的状態への**マインドフルな気づき**をもって関係性の調整不全に割り込む。このことは，セラピストが自身とクライエントを識別したり，双方の安全な内的空間を再建したりする助けとなる。この安全な場所からセラピストは「導き」，クライエントを安全で調整された生理的状態やマインドに連れて来ることができるのである。

　筆者らは，スーパーヴィジョンの実践から，セラピストはセラピー中に自身の自律神経の状態が調整不全にあることに気づかないことが多いことを学んだ。そのような場合，セラピーは堂々巡りに終わり，同盟の亀裂に至ることが多い。またセラピストは，セッション後に苦痛や不安，頭痛，不眠といった生理的な不調を経験していたと報告している。セラピストの長引く調整不全は，最終的には共感苦痛（Klimecki & Singer, 2012）や，バーンアウトの兆候（Rothschild,

2006）に繋がる。こういった理由から私たちは，セラピストはセラピーセッションの間，生理的状態にマインドフルに気づくことが重要であると強調している。それは防衛状態を調整するのに役立つ。

　私たちは，間主観的な生理学の研究知見と私たちのセラピーやスーパーヴィジョンの実践から，**セラピストの自律神経の状態は心理療法における基本的な要因**〈therapist's autonomic state is the fundamental factor in psychotherapy〉であると結論づける。それはセラピーにおけるセラピストとしての「あり方」に影響する。心理療法での私たちのあり方は，「私たちの言動」を左右する（Geller & Greenberg, 2012; Geller, 2018; Ogden, 2018）。これは，セラピストのプレゼンスが心理療法のプロセスにおいて重要であると提案した著者たちと一致する（Erskin, 2015; Geller & Greenberg, 2012; Geller & Porges, 2014）。腹側迷走神経の状態の活性化は，セラピストが心理療法において十分に存在することを可能にする（Geller, 2018; Geller & Porges, 2014）。セラピストの治療的に効果のあるプレゼンスが，気づきやアクセプタンスの基礎となる。それがマインドフルなプレゼンスである。それゆえ，腹側迷走神経の状態と関連するマインドフルなプレゼンスが，心理療法における他のすべての課題にとって重要なのである。

心理療法におけるセラピストのマインドフルなプレゼンスと自己調整

　心理療法の文献が心理療法家の生理的状態の重要性を認めているとしても（Dana, 2018; Geller, 2018; Geller & Greenberg, 2012; Geller & Porges, 2014; Ogden, 2018; Rothschild, 2017; Siegel, 2007），概して，その協調が十分ではないと考えている。セラピストの生理的状態は，自身の感情，認知，および行動的反応に影響を与えるし，クライエントの生理的状態にも影響を与える（Porges, 2017）。このことは以下の批判的な問いを喚起する。セラピストは，クライエントの最適な発達と成長を促す，調整された生理的状態をどのように達成することができるのか？である。私たちは，マインドフルネスと内受容感覚に基づく気づきが調整を促すという研究知見（Goldin & Gross, 2010; Hayes & Feldman, 2004; Price & Hooven, 2018; Taren et al., 2013）や私たちの臨床経験に基づいて，これはセラピストが自身の生理的状態に，刻々，マインドフルに気づいているときに可能になると提唱している。私たちは，マインドフルな気づきが腹側迷

走神経の調整を活性化するということを提唱する。マインドフルな気づきを通して，セラピストは，調整不全状態から脱中心化されて，非判断的で受容的なやり方で自身を観察し，そうすることによって自己調整する。セラピストがセラピーセッションの中で自分の生理的状態にマインドフルに気づき，自己調整する方法を思い出させたり教えたりすることは，トレーニングやスーパーヴィジョンの基本的な課題である。

　社会交流システムを活性化することで，セラピストはクライエントと効果的に関わることができる（Dana, 2018; Ogden, 2018）。そのとき，セラピストのANSは，最適な覚醒ゾーン，つまり耐性の窓の内部にある（Ogden et al., 2006; Siegel, 1999）。耐性の窓の内部にいるセラピストは明瞭に思考し（Rothschild, 2017），リフレクションやメンタライゼーションといったメタ認知の機能を使い，適切なやり方でクライエントとやりとりすることができる（Siegel, 1999）。もしセラピストが耐性の窓の内部にいなければ，彼らの思考，感情プロセス，および行動は融通性のない混沌としたものになり，おそらく心理療法の課題に適応できないだろう（Siegel, 1999）。もしセラピストが自身の覚醒を調節することができれば，クライエントを調整することができるだろうし，他の課題にも同様に適応することができるだろう。セラピストにとって，自身の感覚や感情を感じ，マインドフルになり，調整することは非常に重要である。これにより，セラピストは自分の「冷静で，中心化された社会交流能力を，過覚醒（交感神経）状態から内的調整と安全のニューロセプションに向けてクライエントを追跡し導くこと」（Levine, 2018, p. 18）に使うことができる。セラピストは，セラピーセッションの間，自身の生理的状態をマインドフルに追跡し，必要に応じて調整することで，自分自身のウェルビーイングや，共感疲労と燃え尽き予防のためのセルフケアも行っている。

　セラピーにおいてクライエントが安全感を持てるようにするために，私たちはセラピストとして，クライエントに対して安全な合図を提供することを望む。このことは，私たち自身が安全を感じていればこそ可能である。それは，私たちのANSが防衛状態にないということと，社会交流状態が活性化されているということを意味する。腹側迷走神経が活性化した状態にいるセラピストだけが，クライエントのANSにこれらの安全の合図を送ることができる。クライエントの安全感は，私たちがセラピーで行うすべての技法の必須条件であり，特にト

ラウマを抱えたクライエントの場合，これがセラピーの重要な目標になることが多い。「安全の合図は，トラウマへの効率のよい深遠な解毒剤である」（Porges, 2018, p. 61）。腹側迷走神経が活性化した状態にいるセラピストは，意識的に関わることなしに，生理学的同調性のプロセスを通して，クライエントの生理的機能を自動的に和らげる可能性がある。これは，受動的で，暗黙裡に他者を調整する方法であり，**協働調整**と呼ばれる（Helm et al., 2014; Porges, 2017）。

||||| 心理療法関係における生理的調整

　生理的調整は複雑な神経活動である（Porges, 2011）。それは，人の生理的覚醒状態を調節し，最適な覚醒ゾーンに持ってくるプロセスであると定義できる。実際の危険がない状況において，生理的調整は，自律神経が防衛的になっている状態から抜け出て，耐性の窓や社会交流システムへ至る能力である。それは，人が可動化された状態にいる場合はANSの覚醒度をより低め，不動化された状態にいる場合には活性化を高める能力である。人が交感神経系に導かれて可動化された状態にいるときは，迷走神経ブレーキ〈vagal brake〉が必要となる（Dana, 2018）。人が背側迷走神経に導かれて不動化された状態にいるときは，交感神経の活性化を通して腹側迷走神経調整に戻ることができる（Dana, 2018; Porges, 2011）。両方の防衛状態の調整のために，クライエントの安全のフィーリングを活性化することが目的である。生理的調整はまた，感情調整のために重要である。そこでは感情の強さと持続が調節される（Fonagy et al., 2004; Greenberg, 2008; Grrenberg & Pavio, 1997）。

　自己調整とは，人が自分で自分のANSシステムを調整する能力のことである。協働調整または関係的調整とは，人が他者を調整するのを助けることである。人は，暗黙的で受動的な方法，または能動的な方法で，他者を調整することができる（Porges, 2017）。

　私たちは皆，調整不全の状態を経験する。セラピストは，セラピーセッションの間，調整された状態や調整不全に近づいている状態と調整不全の状態の間を揺れ動くことがある。セラピストとして私たちは，確実に過覚醒や低覚醒になる。私たちの生理的状態や自己調整をマインドフルに観察することによって，過度な調整不全になるのを防ぎ，自律神経を最適な状態に戻すことが重要である。

　セラピーの過程で，多かれ少なかれ，決まって調整不全な状態に陥るクライエントもいれば，つらい記憶やトラウマ記憶に接近したときや治療関係における調律の失敗を知覚したときにだけ防衛状態に陥るクライエントもいる。セラピストは，自分自身の状態にマインドフルに気づき，クライエントの自律神経の状態をマインドフルに観察し，探究することで，その兆候の認識を通して，クライエントの覚醒ゾーンを評価することができる。そして，心理療法における**行為のマップ**〈map for their actions〉としてこの知識を活用することができる。

　セラピストは，調整された状態から，主に 2 つのやり方でクライエントを調整する手助けをする。

1　暗黙の関係的調整。治療関係の中にいるセラピストが，自身のマインドフルでコンパッションに満ちた，調整された腹側迷走神経の助けを借りて，クライエントを自動的に協働調整する。

2　能動的／明示的調整。このプロセスにおいては，セラピストは能動的にクライエントが自己調整するように誘う。MCIP ではこれを，次の 2 つのやり方のいずれかで行う。その 1 つは，マインドフルな気づきとセルフ・コンパッションを高めることによってであり，もう 1 つは，他の方略を使うことによってである。最初のケースでは，セラピストはクライエントの観察する自己との繋がりを促す。それはマインドフルな気づきとセルフ・コンパッションを可能にし，そのことを通して自己調整プロセスを可能にする。2 番目のケースでは，セラピストはクライエントに自己調整の他の方略や技法を教えることが可能である。

►► 治療関係における暗黙の関係的調整

　他の哺乳類と同様に，人は皆それぞれの他者の生理的状態を調整することができる（Helm et al., 2014; Porges, 2017; Reeck et al., 2016）。人は協働調整のプロセスを通して，自己調整の能力を発達させる（Porges, 2017; Schore, 1994, 2019）。このプロセスは関係的調整と呼ばれる。これを発達的に見るならば，子どもは母親や重要な他者による調整プロセスを通して自己調整する能力を発達させる（Gerhardt, 2004; Schore, 1994; Siegel, 1999）。男の子の赤ちゃんが泣きわめいているところを想像してほしい。母親がその赤ちゃんを抱きしめ，優しく揺すり，

愛情深く見つめ，優しく話しかける。赤ちゃんの生理的状態は穏やかになる。母親からのこの調整により，赤ちゃんの前頭葉が発達し，前頭葉と皮質下のゾーンの結合が形成される（Gerhardt, 2004）。子どもは，他者が最適な覚醒ゾーンにいる場合にのみ，その他者によって調整されうるし，それによって安全がもたらされる。

　セラピーでは，セラピストがプレゼンスするのを可能にする腹側迷走神経の状態にあるときに，この共創的プロセスを効果的に使うことができる。マインドフルなプレゼンスを伴うセラピストは，安全であるという合図を提供し，クライエントとの関係性を調整する（Geller & Porges, 2014）。クライエントの生理的機能は，セラピストの穏やかで地に足の着いたプレゼンスに共鳴する（Geller, 2018）。セラピストの眼差し，親切で優しい表情，柔らかい声，オープンな姿勢，呼吸を通して，クライエントに安全をもたらし，生理的状態に影響を与える（Geller & Porges, 2014）。クライエントは，ニューロセプション（Porges, 2017）と生理学的同調性のプロセスを通して，セラピストの神経システムの安全で穏やかな合図を感知し，より安全を感じ，よりリラックスするかもしれない。これが調整の暗黙的なやり方である。そのプロセスはシンプルに見えるかもしれないが，不安定な状態のクライエントと関わるときに，セラピストはすぐに調整不全状態に陥ることがある（Rothschild, 2006）。マインドフルにプレゼンスし，調整不全状態をマインドフルに検出し，自己調整し，クライエントの調整不全状態に対応する方法についてセラピストをトレーニングすることが必要不可欠である。

▶▶ 治療関係におけるクライエントの能動的調整

　セラピストはまた，クライエントを腹側迷走神経が活性化した状態に導くために，能動的な調整方法を使うことができる。暗黙の関係的調整は，能動的調整のための基本となる。能動的調整は，生理的状態を変化させるために意識的で自発的な行動を必要とする（Porges, 2018）。クライエントの自律神経が防衛的な状態に陥ったときに，マインドフルでセルフ・コンパッションに満ちた状態を活性化するようにクライエントを導く。最初に，自律神経状態の意味と兆候についてクライエントに教える（Dana, 2018; Rothschild, 2000）。私たちは，彼らの調整不全の兆候は，過去からの生き残るための戦略であり，それはストレ

スフルな状況やトラウマ状況では適応的で，身体的にも心理的にも生き残るために役立ってきたものであると説明する。私たちはクライエントを，自身の防御戦略である自己受容とセルフ・コンパッションへと導く。身体感覚のマインドフルな気づきを通して，クライエントの自律神経がどの状態にあるのかを検知するように指導する。ANS 状態に気づき，それに名前をつけ，その強さを評価することで，クライエントを自分の経験から脱中心化させ，コントロール感と安全感を与える。このプロセスを通して，クライエントは自分の内側で何が起こっているかを理解する。このようにして，クライエントの，不快である，恐ろしい，「正気でない」という感覚が意味を持つようになるのである。

　クライエントの覚醒が上昇し，調整不全状態に近づくか，あるいはすでにその状態になっているとき，セラピーのプロセスを遅らせて，自己調整のプロセスを開始することが必要不可欠である（Rothschild, 2000）。クライエントが調整不全状態にあると察知したら，マインドフルな間〈pause〉をとってもらうという約束をクライエントと交わす。例えば，話すのをしばらく中断し，生理的状態をマインドフルに観察するよう求めるかもしれない。クライエントが「ストップ」をかけられても驚かないように，あらかじめそのような約束をしておくことが重要である。また，クライエントが調整不全状態を認めたときに，サインを出してもらうこともできる。クライエントが調整不全状態にあるとき，非判断的なマインドフルな気づきとセルフ・コンパッションのプロセスを開始することが重要であり，このようにしてクライエントの自己調整を援助するのである。

　クライエントが愛に満ちた証人の立ち位置から自分の内的プロセスを観察し，言語化し始めたとき，マインドフルな調整プロセスが始まる。呼吸や身体感覚，感情，思考のマインドフルな気づきによって，クライエントの生理的覚醒を調整することができる。身体が何をしたいのか（もっと深く呼吸したい，動きたい，揺れたい，ジャンプしたい……など）についてマインドフルに気づき，この傾向に従うこともまた重要である。セラピストは，次のような受容的な態度と介入でクライエントを援助する。「あなたが感じたものは，どんなことでも OK です。身体があなたに重要なことを伝えています。あなたが気づいたことは，どんなことでも優しく抱きしめてあげてください」といった介入をする。セラピストは，クライエントの経験が重要であることを伝えることで，クライエントの経験を

承認する（Moursund & Erskine, 2004）。このようにして，内部状態のアクセプタンスを促進している。アクセプタンスは，体験の回避の意図を和らげる。セルフ・コンパッションを促進することもまた，自己調整のためには重要なことである。セルフ・コンパッションは自己拒絶や自己批判を和らげ，自分自身に対する受容的で愛に満ちた内なる関係性を目覚めさせ，このことによって心理生理的システムに安全性を取り戻させる。マインドフルネスとセルフ・コンパッションは，腹側迷走神経制御を活性化し，クライエントが再び安全感を持つことを助ける。

　クライエントが腹側迷走神経が活性化された状態にアクセスできるように，他のリソースを使うこともある。それは，長めに息を吐く呼吸，気持ちを落ち着かせる物，ペットや自然の写真，安全な場所や繋がりのある状況や，畏怖の念を持つ状況をイメージすること（Dana, 2018），音を使うといったものである（Erbida Golob & Žvelc, 2015）。セラピストはまた，クライエントに自分自身を優しく触れるよう提案することもできる。クライエントが優しく愛情を込めて自分の胸に手を置くなら，それはとても有益であることがわかっている。

　私たちは，クライエントまたは自分自身を調整不全な状態に「置き去り」にしないことを勧めている。というのは，もしそうしてしまうと，クライエントもセラピストも明瞭に考えることができず，「起きていることを統合して意味を理解する」ことができなくなるからである（Rothschild, 2017, p. 32）。そしてさらに，身体が苦しみ続けることになる。セラピーセッションの間に何度も迷走神経ブレーキを活性化する必要があるかもしれない（Dana, 2018; Rothschild, 2000, 2017）。それは，「間をとる〈pause〉」ことや，マインドフルや気づきやセルフ・コンパッション，調整のための時間と空間をつくることを意味している。

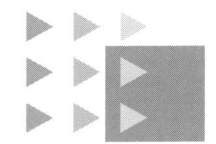

第 6 章

関係スキーマと記憶の再固定化[1]

　スキーマという構成概念は，心理療法を論じ理解するための共通言語となりうるものである。関係スキーマは，MCIP の基本的な理論的構成概念であり，クライエントの内なる関係世界と，この関係世界が他者との関係にどのような影響を与えるかを理解するためのものである。

　関係スキーマとは，個人の主観的な関係体験のスキーマである。これは，「他者と共にいることで繰り返される経験を一般化したものであり，それゆえ関係的な事象のプロトタイプを表象するものである」(G. Žvelc, 2010c, p. 8)。関係スキーマとは，個人の主観的な関係体験の認知的，感情的，生理的，行動的な側面を指す。これらは，対人関係の築き方や自分自身との関係のあり方に影響を与える。関係スキーマは通常，幼児期に発達し，生涯を通じて修正され，つくり変えられる。

　関係スキーマという概念は，これまで Baldwin（1992）や Safran（1990）が用いてきたものである。Baldwin ら（2003）によれば，関係スキーマには「自己イメージ（例：不適格だ〈inadequate〉），他者イメージ（例：批判的だ），自己と他者の相互作用パターンの脚本（例：私がミスをすれば，彼は私を拒絶するだろう）」(p. 153) が含まれている。同様に，Safran（1990）は，関係スキーマを自分自身と重要な他者との関係の構造として説明している。関係スキーマという用語は，私たちが自分自身と他者についてどのような経験をするのかという相互関連性〈interrelatedness〉を強調したものである。Stern（1998/2018）が指摘するように，子どもが発達させるのは自己と他者の相互作用の表象であって，自己や他者の個別の表象ではない。このプロセスは他者との関係における自己の主観的経験に基づいている。Stern（1995）は，このような関係性の表象を「共にいることのスキーマ〈schemas-of-being-with〉」(p. 93) という用語で表現している。

　関係スキーマとは，さまざまな関係体験に基づいて発達してきた構造である。曖昧さや予測不可能性を減らし，安心感を高め，他者や自分自身との関係においてどのように経験し，知覚するかを決定するものである。世界に対する経験を構造化し，組織化することは，生物学的，進化論的機能を持つ人間の基本的ニードである（Berne, 1966; Erskine, 1997）。関係スキーマの形成は，他者の行動を迅速に予測することを可能にする。ある状況下では，他者の感情状態に対する迅速な反応と評価が極めて重要である。

感情調整と自己感の発達

　すべての子どもの基本的ニードは，自分一人では生存できないため，他者との接触を求めることである。子どもは，自分のニードを見守り，自分の経験を適切な方法で調整してくれる，いつも安定した他者を必要としている。親は，子が生誕したときからこれを行う（Bowlby, 1969; Schore, 1994; Siegel, 1999; Stern, 1998/2018）。例えば，幼い娘が怖がっていたら，母親は抱っこして落ち着かせる。眠ければ寝かしつける。親は不快な経験を調整するだけでなく，肯定的な経験を誘発することもある。このように，子どもは重要な他者と一緒にいることで，一人で遊ぶよりもずっと大きな満足感を得ることができる。幼い子どもの子育ての主な課題のひとつは，不快な感情状態を調整し，肯定的な感情状態をつくり出すことである（Horowitz, 1998; Schore, 1994; Stern, 1998/2018）。このように，赤ちゃんは「他者」との関係の中で，自己の経験を調整している。親はまた，子どもが経験する感情と，そして非常に重要なことだが，子どもの身体的〈somatic〉な状態を調整することもできる。このような相互作用の中で，子どもの神経生理学的な状態に大きな変化が生じる。子どもは他者との関係においてさまざまな経験をし，それが繰り返されることによって，そのような関係スキーマを形成する。関係スキーマを形成することで，子どもは自分の経験を調整する能力を発達させる。例えば，落ち着けるようになったり，一人で眠れるようになったり，怒りや空腹を調整したりすることなどができるようになる。子どもは関係スキーマの活性化によって自己調整を経験することができる。例えば，子どもが恐怖を感じると，安らぎをもたらすスキーマが活性化される。このようなスキーマは適応的であり，子どものパーソナリティ形成に極めて重要

である。

　男の子が人形で遊んでいると，母親が加わってその人形を手にして，男の子と一緒に遊ぶところを想像してみてほしい。男の子は一人で遊んでいるよりずっと楽しくなる。このような相互作用が繰り返されると，人形と一緒に遊んでいるときに，以前母親と一緒に遊んでいたときと同じような状態を経験する瞬間がやってくるだろう。母親とその子どもの相互作用が繰り返されることで，関係スキーマが形成されていったといえるだろう。このスキーマは，自己（「幸せ」）を他者（「幸せを引き起こす」）との相互作用の中で経験することを含んでいる。その子どもが人形に触れると，このスキーマが活性化され，あたかも母親と遊んでいるのと同じような幸福感を味わうことができる。このように，人形は関係スキーマを活性化させる刺激として機能する。

非言語的関係スキーマと言語的関係スキーマ

　Stern（1998/2018）は，子どもは非常に早期に，重要な他者との関係を一般化した表象を形成する，と述べている。これは，発話の発達以前に起こるもので，子どもの非言語的な経験の表象を指す。関係スキーマ理論では，このようなスキーマを「**非言語的関係スキーマ** 〈nonverbal relational schemas〉」と呼んでいる。このスキーマは，自己や他者の行動的，感情的，身体的な経験を指す。このようなスキーマは，貯蔵や再生のために意識的な処理を必要としない脳の部分と関連する潜在記憶に符号化される（Siegel, 1999）。潜在記憶とは，最早期の記憶タイプであり，生まれたときにすでに存在している。人は，潜在記憶を利用するとき，思い出すという行為に気づかない。一方，顕在記憶では，貯蔵と再生の両方への気づきが必要である。この場合，人は自分が何かを記憶していることに気づくだろう。潜在記憶が活性化されると，行動，感情，イメージが活性化される。非言語的な潜在スキーマは，私たちが現在の刺激を解釈し，それに従って行動し，特定の感情やイメージを経験するように導くが，過去の経験がその瞬間の現実に及ぼしている影響に気づくことはないのである。

　発話の発達に伴い，スキーマは言語と非言語的な経験の言語化を伴うようになる。子どもへの適切な調律によって，親は子どもの経験に適切な名前をつけることができる。非言語的な経験に意味を与えることは，必ずしも正確である

とは限らない。それは，両親の子どもに対する調律と子どもの経験に対する適切な命名次第だからである。このことを説明するために，恐怖を感じている少年を想像してみよう。子どもが恐怖を感じていることを察知した母親は，子どもの反応を恐怖と名づけながら抱きかかえ，そして子どもは慰められる。このようにして，子どもはその経験を言葉で表現するようになるだろう。「僕は怖いけど，お母さんを頼ればいいんだ」。しかし，親が子どもの経験を誤って解釈してしまうこともある。そのような場合，母親は子どもの経験を認識して言語化することができず，むしろ「不機嫌な〈cranky〉」子どもにイライラして，子どもの非言語的な経験を説明する適切な言葉を子どもに与えないままにしてしまうかもしれない。

　関係スキーマの中には，非言語的スキーマと言語的スキーマの両方を統合したものもあるが，非言語的な形式でのみ私たちの中に残っているスキーマもある。このような潜在スキーマが活性化すると，過去の記憶を経験していることに気づかないまま，自分や他人に対して特有の気持ちや身体感覚を経験するかもしれない。本人は，何か馴染んだものを経験しているように感じるかもしれないが，それが何であるかは気づかないのである。これは，Bollas（1987）の「未思考の知〈unthought known〉」の概念と関連している。

||||| 関係スキーマ・ネットワークと自己ナラティヴ

　関係スキーマは，さまざまな一般化のレベルで存在する。例えば，母親か父親のいずれか，または両親との関係についての関係スキーマのように，非常に具体的で，特有のテーマや関係性に言及することができる。その一方で，関係スキーマは，例えば，一般的な男性や女性との関係，あるいは権威者との関係など，より一般化されるものもある。この場合，関係スキーマは相互に連結した特有のスキーマのネットワークである。

　　例えば，クライエントのエリックは，幼少期に，言語的な虐待を行う要求がましい父親から頻繁に屈辱的な思いをさせられていた。父親との経験は，虐待する父親との関係という関係スキーマとして一般化された。この父親との関係に加えて，エリックは祖父やピアノ教師との間でも，同様の経験をしていた。これらの経験は，父親との関係スキー

マと結びつけられた。このようにして，関係スキーマのネットワークが形成された（他の男性からの批判に晒されたときに恥を経験する）。このスキーマは，エリックの男性との関係においてしばしば活性化され，エリックは多くの恥を経験し，特に他の男性との社会的な接触を避けるようになった。

最も高いレベルの関係スキーマのネットワークは，包括的な関係スキーマ，すなわち私たちの**自己ナラティヴ**を形成する。自己ナラティヴとは，私たちの経験に一貫性と統合性を与えるナラティヴ・アイデンティティを指す。McAdamsと McLean（2013）は，ナラティヴ・アイデンティティとは「人の内在化された，進化するライフストーリーであり，再構成された過去と想像された未来を統合して，人生にある程度の統一性と目的を与える」（p. 1）と述べている。自己ナラティヴは私たちの経験の中心的な組織体として機能し，さまざまな関係スキーマ，つまり言語的スキーマと非言語的スキーマの両方を統合する。自己ナラティヴに一致する経験と関係スキーマは相互に連結するだろう。一方，そこから外れた経験は否認されるか，別個に貯蔵される。「ナラティヴ」という言葉は通常，言語的なストーリーに対して使われるが，私たちは Lichtenberg（2017）にならって，ナラティヴを，より広く，非言語的な領域と言語的な領域の両方を包含しているものと理解している。

スキーマと自己状態の活性化

Erskine ら（1999）は，「未来への期待は，しばしば過去の反響である」（p. 167）と記述している。スキーマの活性化によって，私たちが他人をどのように認識し，どのように振る舞うかが決まる。スキーマは，他者との接触において，予測や素早い方向づけを可能にする。第 5 章では，**ニューロセプション**によって，私たちが他人や状況を，安全，リスク，あるいは危険という観点からどのように継続的に評価するかを説明している（Porges, 2017）。私たちは，ニューロセプションは，過去の関係体験に基づく自律神経系の活性化のためのテンプレートを提供する関係スキーマに依存していると考えている。

活性化された関係スキーマは，主要な関係体験を再び目覚めさせる。ある関係性の文脈は，ある関係性の内部で，どのスキーマが，そしてスキーマのどの

要素が活性化されるかということに影響を与える。スキーマは，スキーマと関連する実際の出来事によって活性化されることもあれば，記憶や想像を介して発動されることもある。言い換えれば，スキーマは特定の外部刺激や内部刺激によって活性化することができるのである。内部刺激の場合，ある連想，ある思考，気分，感覚がスキーマの活性化の引き金となることがある。言葉，イメージ，行為，匂いなど，スキーマのどの要素も別のスキーマを活性化することができる。例えば，ある香水の匂いが母親との関係スキーマを活性化したり，胃痛が病気に怯えていた心配そうな父親と一緒にいたときのスキーマを活性化したりできる。

　関係スキーマは直接観察することはできないが，その活性化は主観的な経験や行動のさまざまなパターン，すなわち**自己状態**〈self-states〉に現れることがある。自己状態とは，感情，思考，行動，および生理的反応などのパターンを指す。活性化された関係スキーマは，他人（あるいは出来事）に対する感情的な態度に現れるか，あるいは異なる自己状態間の内的対話という形で精神内界に現れる。これを説明するために，エリックの話を続ける。

　エリックの父親は非常に厳格で，息子の失敗をいちいち厳しく批判し，言語的な虐待をしていたことは先に述べた通りである。このような経験は，関係スキーマとして一般化されるようになった。このスキーマと連想的に結びつく出来事があると，スキーマが活性化され，エリックはある自己状態を経験するようになる。この場合，エリックは小さなミスをするたびに自分を批判し，そうすることで恥や屈辱を内的に再体験していた。そのひとつひとつの失敗が，関係スキーマを活性化させる刺激となった。それは，エリックが自分を辱め，スキーマをさらに強化する引き金となった。また，エリックは，たとえ自分に対して肯定的な態度をとっている人からでも，関係スキーマに基づき，批判されることを予期していた。職場の同僚からちょっとした批判を受けただけでも，屈辱感や恥ずかしさ，そして自分が何か悪いかのように感じていた。

　関係スキーマは，**適応的**にもなるし，**非機能的**にもなる。適応的スキーマは，変化に対してオープンであり，現在の状況に対して適応的である。エリックの場合は，現状に対して適応的ではなく，高いストレスを与えており，硬直的で変化に対してオープンでない，非機能的スキーマであった。私たちは，関係ス

キーマの発達には 2 種類の基本的な障害があることを提唱する。1 つは適応的関係スキーマの欠如であり，もう 1 つは非機能的関係スキーマの発達である。

▶▶ 適応的関係スキーマの欠如

　関係スキーマは，パーソナリティの発達において重要な機能を果たしている。関係スキーマは，自己調整と自己感の発達を可能にする。しかし，このようなスキーマは，子どものニーズに合わせてくれるほどよい親〈a good-enough parent〉がいる場合にのみ発達する。親が子どもの内的な感情状態に適切な調律や調整を提供しない場合，そのような子どもは，後に自分の経験を調整できるようになる関係スキーマ（例えば，鎮めたりポジティブな感情を増幅させたり）を発達させることができないだろう。そのような子どもは，感情的な感覚の中に自分一人残される。それは，そのような子どもは適切に調整できない激しい感情状態を経験する可能性があることを意味している。後年，そのような人は，自分自身の感情を調整することに大きな問題を抱え，時には強烈でさまざまな気分に振り回され，調整することができないままかもしれない。ポリヴェーガル理論（Porges, 2017）の観点から，このような適応的関係スキーマの欠如は，迷走神経ブレーキが不十分であることと関連している可能性があると私たちは提唱している。

▶▶ 非機能的スキーマの発達

　剥奪とトラウマ，またはそのいずれかを経験すると，子どもは防衛的なプロセスをとるようになる。これらの防衛的なプロセスは，親の不在や不適切な接触に対する子どもの創造的適応〈creative adaptation〉を通じて生じる。子どもは苦痛を避けるために，そして同時に，重要な他者との関係を維持するために，その状況に適応する。子どもはある事実を否認して，感情状態から解離することがある。身体感覚と感情が言語的な意味やイメージから切り離されることがある。また，子どもは重要な他者を避けて引きこもり，恐れることもある。繰り返される同様の経験に基づいて，子どもはそのような相互作用の関係スキーマを形成する。私たちはこのようなスキーマを，**非機能的関係スキーマ**〈dysfunctional relational schema〉と呼んでいる。これは，重要な他者との不適切な関係または重要な他者との接触の欠如という主観的な経験を一般化したものである。非機能

的スキーマは，変化や調節〈accommodation〉に抵抗し，自己や他者との関係が
機能不全に繋がる可能性がある。幼少期には，このようなスキーマはまったく
適応的であり，機能不全な環境の中でも生き延びることができるようにする。し
かし，このスキーマは新しい情報にアップデートされていない過去の経験の名
残であり，成人の場合は非機能的である。非機能的関係スキーマは，現在の状
況の知覚を歪め，現在との関係において適応的でない行動や感じ方をするよう
に導く。このようなスキーマは，**誤ったニューロセプション**〈faulty neuroception〉
に繋がり（Porges, 2017），交感神経系または背側迷走神経副交感神経系のいず
れかを活性化して，可動化〈mobilisation〉または不動化〈immobilisation〉という
行動戦略をもたらす可能性がある。例えば，無害な〈benign〉刺激に対して非常
に脅威を感じることがある。これは，極端な優しさから怒りへと機嫌をすぐに
変えてしまう予測不可能な母親と一緒にいたことの関係スキーマに基づくもの
で，他人の甘い微笑みは危険だと解釈することがある。

　非機能的スキーマには防衛機能があり，外部や内部の危険からその人を守る
ことができる。例えその「リアルな」危険がずっと以前の過去のことであった
としても。非機能的スキーマは，主観的経験（感情，身体感覚，記憶）や行動
のある要素を経験するのを妨げる。そのスキーマと辻褄の合う経験だけが許容
され，それ以外の経験は否認されるか解離される。非機能的スキーマは，痛み
を伴う苦痛な主観的経験を防御するという重要な機能を果たしているため，調
節されることに抵抗する。このようにして，人は不快な記憶や感情状態に直面
する必要がなくなる。非機能的スキーマに基づくと，人は愛する人と一緒にい
ても，「無感覚〈numb〉」で「空虚〈empty〉」な気分になることがあるが，これ
は，過去において重要な戦略であった，拒絶的で「冷たい」親に関連する苦痛
を感じないようにするためである。しかし，このようなスキーマは，成人の生
活では不満の源となり，しばしば臨床的な問題を引き起こす。そのスキーマは，
「その瞬間の新鮮さやユニークさを経験することを妨げる固定的な構造」（G.
Žvelc, 2010c, p. 9）である。それらは，精神内界の接触や外的接触を妨げ（Erskine
et al., 1999），その人が自発的であること，気づきがあること，そして親密であ
ることを妨げる（Berne, 1967）。このプロセスをより明確に理解するために，あ
る臨床例を見てみよう。

　ピーターは，アルコール依存の母親から言語的および身体的な虐待を受けながら幼少期を過ごした。幼い頃，常に屈辱を受け続けたことへの反応で，ピーターは，多くのフィーリングを解離させた。怒りや悲しみは，母親との関係において許されず，反抗の兆候も何ら見られなかった。また，極度の羞恥心を経験し，従順で順応的になった。ピーターは，自分は安全ではない，自分は悪い人間だと結論づけた。このようなことのすべてがあって，彼は母親との関係を生き延びることができたのである。もし，ピーターが子どもの頃に反抗して怒りを表現していたら，母親からもっとひどい虐待を受けていただろう。そのため，彼の反応は，状況に適応するための最善の試みであった。このような経験が何度も繰り返されたため，母親との関係性に関する関係スキーマを形成し，そのスキーマには，安全でないというフィーリング，恥，過剰適応，および自分は悪い人間であるという信念が含まれていた。また，このスキーマには，他人を危険な存在，虐待する存在として経験することも含まれていた。その後，ピーターは，人間関係において不安全感を抱くという大きな問題を抱えることになった。彼はガールフレンドを信用せず，遅かれ早かれ彼女が自分を傷つけ，見捨てるだろうと予期していた。また，自分は彼女にふさわしくないとも感じていた。彼女からのとても些細な批判にも，彼は恥を感じ，彼女を喜ばせようとした。彼は，怒りや悲しみを表現することが難しく，自分の意見を主張することができず，彼女との関係において至らなさを感じていた。虐待する母親と一緒にいたことの非機能的関係スキーマが，彼の親密な関係においてほとんど絶え間なく活性化していたのである。

関係スキーマと心理療法における変化

　非機能的関係スキーマや適応的スキーマの欠如が，クライエントの症状の源であることが多い。MCIP では，さまざまな方法と介入によって非機能的スキーマに対処し，新しい適応的スキーマの開発を促す。関係スキーマに関する主要な心理療法的課題は，次の3つである。（1）関係スキーマの脱中心化された気づきを発展させることと心理的柔軟性，（2）非機能的関係スキーマの変化と記憶の再固定化，（3）新しい適応的スキーマを発展させること。

▶▶ 関係スキーマへの脱中心化された気づきを発展させることと心理的柔軟性

　MCIPでは，マインドフルな気づきとコンパッションに基づいた，スキーマとの新しい関係を築くことに重点を置いている。人はマインドフルネスのプロセスとコンパッションによって，今この瞬間，アクセプタンス，脱中心化された気づき，およびコンパッションに基づいた，自分のスキーマとの新しい関係を築くことができる。そのような新しい関係性によって，人は非機能的スキーマの支配から解放され，自分の価値に従って人生を十分に生きることができるようになる。このプロセスは，アクセプタンス＆コミットメント・セラピー（ACT）では，心理的柔軟性〈psychological flexibility〉として説明されている。Hayesら（2012）は，心理的柔軟性を次のように定義している。「意識的な人間として，十分に，かつ不必要な防衛をせずに，今この瞬間に接触すること——それが何であるかということではなく，あるがままに——そして，選択した価値のために行動を維持したり，変化させたりすること」（pp. 96–97）。マインドフルネスとコンパッションのプロセスを通じて，クライエントは，自分の経験と十分に立ち会い，自分のスキーマに対して脱中心化された視点を身につけるよう誘われる。関係スキーマへの脱中心化された気づきによって，関係スキーマが自分の人生に与えている影響についてクライエントが気づけるようになる。より大きなマインドフルネスとコンパッションに基づくことで，たとえ関係スキーマが活性化されていても，クライエントは価値と意味に従って人生を生き始めることができるかもしれない。このように，クライエントはもはやスキーマと融合しないため，内的な自由をより大きく感じるようになる。例えば，クライエントのラナは，数学を研究するために大学に行くことを回避していたが，その回避の背後にある彼女のスキーマ（「私は能力がなく，他の人は私よりも優れている」）に気づくようになった。彼女は中学校で優秀な成績を収めたが，それ以上先に進む勇気がなかった。スキーマと関連する脱中心化された気づきが，彼女の学問への道を後押ししたのである。第10章では，クライエントが関係スキーマの脱中心化された気づきを高めるのに役立つさまざまな方法と介入について説明する。関係スキーマの脱中心化された気づきは，記憶の再固定化のプロセスを通じて非機能的スキーマを変化させる課題と関連する最初のステップ

でもある。

▶▶ 非機能的関係スキーマの変化と記憶の再固定化

　健全なパーソナリティの発達では，スキーマは同化と調節〈accommodation〉の絶え間ないプロセスの中で常に変化するものである（Piaget & Inhelder, 1966/1990）。同化とは，新しい出来事や状況を既存のスキーマに適応させるプロセスである。個人は，以前の経験に基づいて出来事を解釈し，それらに反応する。このようにして，新しい情報と経験が既存のスキーマに同化される。しかし，新しい出来事や状況が以前の経験と大きく異なると，個人はその違いに気づく場合がある。これにより，調節のプロセスの引き金が引かれ，人は新しい情報に基づいてスキーマを修正する。関係スキーマは，このように常に流動的な状態にあり，変化する可能性がある。適応的に機能する場合，関係スキーマは変化する可能性がある。つまり，スキーマの活性化は，新しい情報の潜在的な入り口となる。

　この変化のプロセスは，**記憶の再固定化**〈memory reconsolidation〉のメカニズムによって説明することができる。記憶の再固定化のプロセスは神経科学の研究に基づいており，潜在的な感情スキーマを含む古い感情学習は，「それを感情的な記憶に符号化する身体的な神経シナプス」のレベルで修正できることを示している（Ecker et al., 2012, p. 13）。記憶の再固定化は，「既存の学習と獲得した行動反応および／またはその学習によって維持されるマインドの状態を根本的に修正するための脳の生来プロセス」として理解できる（Ecker, 2015, p. 4）。記憶の再固定化の神経学的プロセスは，トランスフォーメーショナル・チェンジ〈transformational change〉を促進するさまざまな心理療法における変化の統一メカニズムとして理解することができる（Ecker, 2018; Ecker et al., 2012; Lane et al., 2015）。

　図 6.1 は，関係スキーマの変化のプロセスを示している。特定の内部または外部刺激は，特定のスキーマの引き金を引き，そして活性化させる。それらの活性化は，主観的な経験と行動の基本単位である特定の自己状態に現れる（上の矢印）。自己状態は，あるスキーマを強化するか（同化のプロセス），そのスキーマを変化させる引き金となる（調節のプロセス）が，それは図では下の矢印で示されている。人は多くの異なる状態を経験するが，それらは時々刻々と

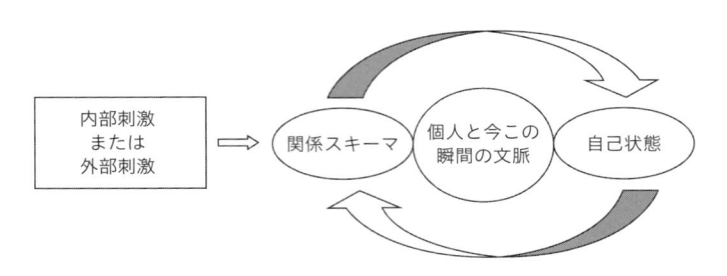

図 6.1　関係スキーマの活性化と自己状態

変化する。これらの自己状態は，その個人の状態とニーズ，関係スキーマ（過去の経験の影響），および今この瞬間の特異的な作用によって影響される。今この瞬間の出来事や対人関係は，これまで経験したことのない自己状態や，蓄積されている関係スキーマの一部ではない自己状態を誘発することがある。

　スキーマの活性化によって過去の経験パターンが現在にもたらされるとはいえ，現在の状況はそれぞれ異なる。関係スキーマの影響だけでなく，さまざまな影響が混在している。スキーマが活性化されるたびに，少しずつ異なる状況で活性化される。これこそ，スキーマの絶え間ない変化のプロセスを可能にするものである。

　そうでなければ，私たちは過去の反応のパターンに完全に閉じ込められるだろう。自己状態は逆説的に，過去の経験の再覚醒を表象する。そして同時に，以前にはまったく同じ形で経験することがなかった新しい経験を表象する。新しい経験とそれに関連する自己状態が過去の経験と十分に類似していれば，同化のプロセスが起こり，スキーマの構造が温存される。しかし，新しい経験が関係スキーマの一部となっている経験と根本的に異なる場合，スキーマそのものが変化する（調節）。このスキーマの変化のプロセスは，記憶が過去の固定した完全な記録ではなく，常に修正されつくり変えられることを説明する記憶の再固定化のプロセスと一致する（Lane et al., 2015）。

　記憶の再固定化には，関係スキーマが活性化され，そして古い学習と並置される新たな経験を持つことが重要である（Ecker et al., 2012）。これにより，古いスキーマ学習と新しい経験の違いに気づく「ミスマッチ体験」がもたらされる。関係スキーマはこのプロセスを通じて変容し，変化する。スキーマが活性化するたびに，そのスキーマはそのシステムに入ってくる新たな情報に基づい

て変化する機会を得ることになる。心理療法では，記憶の再固定化のプロセスを通じて，スキーマが変化し，変容していく。

> 　例えば，クライエントのエマは，「男性との関係において安全でないというフィーリング」と関連する関係スキーマを持っていた。これは，虐待をする父親との経験や，性的・身体的虐待をする 2 人の元ボーイフレンドとの経験から発達したものであった。セラピストや新しいボーイフレンドとの新たな関係は，他者との関係で「安全である」という新しい経験をもたらし，それが非機能的スキーマを変化させるのに役立ったのである。

　Ecker ら（2012）は，記憶の再固定化という神経学的なプロセスを心理療法の実践に置き換えた。彼らは，記憶の再固定化を促進するために，心理療法に必要な段階を記述している。治療的再固定化のプロセスは，大きく分けて，(1) アクセシング・シークエンス〈accessing sequence〉，(2) トランスフォーメーション・シークエンス〈transformation sequence〉，(3) 検証〈verification〉の 3 つの段階で生起する。最初の段階では，古い感情学習が活性化され，意識的な気づきがもたらされる。それは，言語化されたフェルト経験〈a felt experience〉として経験されなければならない。認知的な理解だけでは不十分で，関係スキーマが活性化され，経験されなければならない。第 2 のトランスフォーメーション・シークエンスの段階では，古い感情学習が新しい矛盾した経験と並置される。この過程では，古い経験と新しい経験の両方に同時に気づく必要がある。このようなミスマッチは，シナプスを解き放つ**予測誤差〈prediction error〉**の経験を生み出す。古い学習と新しい学習の並置経験が繰り返されることで，非機能的スキーマが書き直され，変化する。検証段階は，記憶の再固定化が起こったかどうかを確認するための観察からなる。それは，感情が再活性化しないこと〈emotional non-reactivation〉，症状の収束〈symptom cessation〉，そして努力を要しない永続性〈effortless permanence〉で示される（Ecker et al., 2012）。

　記憶の再固定化のプロセスは，トランスフォーメーショナル・チェンジを促進するために必要なステップを理解するのに役立つ。それは，セラピストが変化のプロセスやそれと関連する介入を用いる際の指針となる。MCIP では，記憶の再固定化はさまざまな変化のプロセスと関連するさまざまな方法と介入によって行われる。古い学習と矛盾する新しい経験は，洞察，新しい感情的・身

体的経験，新しい行動，および新しい関係体験である。統合的心理療法への私たちのアプローチでは，マインドフルネスとコンパッションのプロセスはスキーマ変化の中心である。なぜなら，それらは非機能的スキーマとは対照的に，根本的に新しい経験，すなわち今この瞬間の気づき，アクセプタンス，脱中心化された視点，およびコンパッションを提供するからである。いくつかの変化のプロセスに取り組むことで，スキーマの変化の効果が高まる。

　関係スキーマは十分に活性化されていることが極めて重要である。というのは，これがスキーマの変化を可能にする唯一の方法だからである。関係スキーマが活性化されていない場合，変化は認知的，行動的なものにとどまり，さまざまな症状として現れる非機能的スキーマの活性化をコントロールする試みになる。Ecker ら（2012）は，このことを，心理療法が古い感情学習と並存する新しい学習を促進する**拮抗的変化**〈counteractive change〉として説明している。古い感情学習は変化しないが，リラクセーション技法，感情調整，認知的再評価などのさまざまな方法と技法を通して調整される（Ecker & Vaz, 2019）。この場合，新しい学習は古い学習と競合する。拮抗的変化は，部分的な症状軽減にとどまり，維持するために努力を必要とし，症状の再発を招きかねない。したがって，変化はスキーマのすべての要素，すなわち言語レベルだけでなく，サブシンボル的なレベル（感覚，内臓，運動）に達しなければならない。その結果，実際に人は世界を違って見たり感じたりするようになる（Bucci, 1997）。感情的な経験や信念について話すだけでは十分でなく，それらを身体で経験し感じなければならない。スキーマの活性化と脱中心化された気づきは，トランスフォーメーショナル・チェンジのための重要な前提条件であり，それは記憶の再固定化に起因している。この場合，非機能的関係スキーマが修正され，その結果，症状が解消され，永続的な変化を維持するのが容易になる（Ecker et al., 2012）。

　非機能的スキーマは，現在においては適応的ではないものの，精神内界では重要な機能を果たしている。スキーマは，予測可能性，アイデンティティ，連続性，および安定性の感覚を人に与える（Erskine et al., 1999）。スキーマが変化すると，安定性と連続性の経験が揺らぎ，そのような変化が起こると，クライエントは一時的に不安定さとアイデンティティの喪失感を経験することがある。自己と他者に関する古い信念や経験は，私たちの心的体制〈psychic organization〉を安定させる。非機能的スキーマの変化は，古いものの死と新しいものの誕生

として経験されることがある。

▶ 修正関係体験と非機能的スキーマの変化

対人関係状況における関係スキーマの活性化とは，人が過去に経験した重要な人物と同じような方法で相手を経験することを意味する。心理療法では，これは転移の概念に相当する。これにより，スキーマは変化するか，強化されることになる。記憶の再固定化が起こるには，古い学習とは根本的に異なる新しい経験をすることが重要である。セラピストとの新しい修正関係体験はそのような経験のひとつであり，古いスキーマの予期とは異なる。

探究，調律，関与といった関係的方法は，それまでの関係的経験や予期とはまったく対照的な新しい関係的経験をクライエントに提供するかもしれない。これにより，古い関係性の記憶とセラピストとの新たな調律された関係性の間に並置経験が生まれる（Erskine, 2015）。Erskine（1993）は，このようなセラピストの調律と以前の重要な関係における調律の欠如の記憶との並置が，「ニーズが満たされなかったという強烈で，感情的な記憶」（p. 184）を生み出すことを述べている。Erskine（1993）はさらに次のように説明する。

> クライエントは，そのような感情を経験するよりもむしろ，セラピストから提供された接触に対して，恐怖や怒り，あるいは解離といった防衛的な反応を示すかもしれない。セラピストとの接触が可能であることと，元のトラウマにおける接触の欠如との間の対照は，しばしばクライエントの耐えうる範囲を超えるので，クライエントは感情的な記憶を避けるために，現在の接触に対して防衛する[2]。

統合的心理療法において，並置経験を理解してそれに取り組むことは，クライエントが新しい関係体験を統合し，記憶の再固定化を起こす上で極めて重要である。並置経験はクライエントにとって困難で苦痛であるかもしれないが，深いパーソナリティの変化と記憶の再固定化には不可欠なものである。

▶ マインドフルネスと記憶の再固定化

記憶の再固定化には，古い学習とそれに反する新しい情報との間のミスマッチが必須である。つまり，古い感情学習と新しい情報を並列させる必要がある

といえる。私たちは，マインドフルな気づきが古い学習との並置をもたらし，記憶の再固定化を促進する新しい経験の中核であるということを提唱している。MCIPでは，さまざまな心理療法の方法を用いて，クライエントの非機能的関係スキーマを活性化し，その経験にマインドフルな気づきとコンパッションをもたらす。非機能的関係スキーマは，定義上，体験の回避，自己に対する否定的な信念，および不快な感情と結びついている。マインドフルな気づきとコンパッションは，根本的に新しい情報と経験をもたらす。私たちのクライエントのほとんどは，自分自身について，例えば，「自分は人としてOKではない」というような否定的な信念を持っている。マインドフルな気づきとコンパッションがあれば，クライエントは「あなたはあるがまま受け入れられている」といった言葉で表現されるような，まったく新しい経験をすることができる。このような新しい情報と経験は，記憶の再固定化とスキーマの変化に不可欠な並置経験を提供することができる。

　マインドフルネスとコンパッションは，解離を起こすような経験との接触を可能にすることによって，内的経験の回避プロセスである非機能的関係スキーマの根幹にチャレンジする。セラピーとは，非機能的スキーマのために，通常なら解離されてしまう経験を再び結びつける統合のプロセスである。このようにして，非機能的スキーマと新しい適応的経験との間に新たな繋がりが形成される。

　　例えば，あるクライエントは，自身のスキーマが，うつ病の母親に関連して強くなることと関係していたので，自分が閉じ込めていた悲しみにアクセスすることができるのである。「私は強くなければならない，他人の世話をしなければならない」というスキーマと関連した脱中心化された気づきとコンパッションは，「私は弱くても慰められる権利がある」という新しい経験を展開するのを助けた。これにより，悲しみを感じる道が開かれ，記憶の再固定化を促進する新たな感情的／身体的経験がもたらされた。

　脱中心化された視点は，古い学習と矛盾することもある。脱中心化された視点および観察する自己との接触によって，クライエントが自分の否定的な信念や考えを，現実そのものではなく「単なる思考」として関連づけることができる。これは，自己についての否定的な信念を根本的に脱構築することになる。観

察する自己との接触は，それ自体，古い感情学習とは根本的に異なる新しい経験を提供する。クライエントは，自分の経験をさまざまな視点から観察することができ，それは自ずと新たな洞察や経験をもたらし，古い経験に対する解毒剤となる。例えば，クライエントは，賢明な未来の自分の視点から自分の経験を関連づけることができる。あるいは，愛する親友の視点から自分自身を関連づけることもできる。このような介入は，通常，古い感情学習と矛盾する新しい経験と洞察を促す。

▶▶ 新しい適応的スキーマを発展させること

心理療法のプロセスには，非機能的関係スキーマの脱中心化された気づきと変容だけではなく，セラピストとの新しい関係体験や，自己とのマインドフルでコンパッションに満ちた新しい関係性を築くことを通して，新しい適応的スキーマを発展させることも含まれている。このプロセスでは，新しい適応的スキーマは，古い非機能的スキーマと共存することができる。これらは，自己と他者の両方に対する新しい関わり方を提供し，クライエントの関係体験のレパートリーを広げる。非機能的スキーマは必ずしも変化しないため，このプロセスは新しい学習が古い学習と競合する「**拮抗的変化**〈counteractive change〉」（Ecker et al., 2012, p. 32）と表現することができる。新しい適応的スキーマは，非機能的スキーマの活性化を抑制し，より適応的な反応を提供することができる。

セラピストとの関係によって，クライエントは新しい適応的な関係スキーマを形成することができる。このことは，過去に不適切な対人関係の経験によって剥奪を経験し，その結果，適応的関係スキーマを欠くことになった人々には特に重要である。このようにして，感情調整が難しいクライエントは，セラピストとの関係の中でこの能力を高めていく。調律され，コンパッションに満ちたセラピストとの関係を繰り返し経験することで，クライエントはそのような相互作用の関係スキーマを形成していく。セラピストの調律された接触による関係スキーマは，適応的関係スキーマという形で記録される。そのようなスキーマは，クライエントが他者と自分自身の両方に対して新しい形の関係を持つことを可能にする。内的で受容的な新しい関係性により，クライエントは自分の感情を調整することが可能となる。

治療関係だけでなく，新しい適応的スキーマは，新しい精神内界の関係性の

創造に焦点を当てた他の方法や技法によっても身につけることができる。マインドフルネスとコンパッションのプロセスによって，クライエントは，気づき，アクセプタンス，およびコンパッションに基づいた，自分自身との新しい関係を発展させる。そのような関係性は，次第に新しい適応的関係スキーマの中で表現されるようになる。

注

◆1 以下の論文より抜粋。Žvelc, G. (2009). Between self and others: Relational schemas as an integrating construct in psychotherapy. *Transactional Analysis Journal*, *39* (1), 22–38. https://doi.org/10.1177/036215370903900104

◆2 Erskine, R. G. (1993). Inquiry, attunement, and involvement in the psychotherapy of dissociation. *Transactional Analysis Journal*, *23* (4), 187. https://doi.org/10.1177/036215379302300402

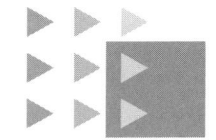

ありきたりの不幸を超えて：
個人的自己から観察する自己へ

　第3章では2つの主要な自己感があることを説明した。それは，**個人的自己感**と**観察する／超越自己**の2つである。個人的自己感とは，自分自身を自伝的な歴史を持つ特定の人間として経験することを指す。これは，過去，現在，そして未来へと続く連続性の経験を与えてくれる自己感覚である。私たちは，自分がある特定の人で，特定のパーソナリティ特性や現象学的な経験を持つことを理解している。これには，自分自身についての信念，過去の自己についての記憶，未来への空想が含まれる。これは私たちのアイデンティティ――これが私である――ということを表している。私（執筆者グレゴール）は，心理療法研修の新入生に自己紹介するとき，たいていこう言う。

> 　私は心理学者で，臨床心理学の博士号を持っており，心理療法家として，またスーパーヴァイザーとして活動しています。私は結婚しており，2人の息子がいます。1人は19歳，もう1人は16歳です。また，私は読書家でもあり，スピリチュアリティにも長く関心を持っています。

　私（執筆者マシャ）が会議で新しい同僚に話すときには，こう言うかもしれない。

> 　私は統合的な心理療法家であり，心理療法の指導や教育にもかなり携わっています。私には2人の息子がいます。私は山に行くのが大好きで，ダンスも習っています。夫，息子たち，友人，そして愛犬と一緒に長い散歩をするのが大好きです。文学作品を読むのも大好きです。

　これらの記述には，「私は……です」という言葉があり，その後にパーソナリ

ティの特徴についていくつか述べられている。個人的自己とは，自己ナラティヴとの同一化を意味し，「私は……である＝自己ナラティヴ」という式で表すことができる。

しかし，個人的自己は，私たちの自己の経験のすべてを表しているわけではない。それは，私たちのアイデンティティと関連する側面だけを表している。個人的自己に加えて，私たちはもうひとつの自己の経験を持っており，それを私たちは観察する／超越自己と呼んでいる。観察する自己は，私たちが意識的で気づきを持った人間である，という経験である。私たちの経験の背後には，「私」という感覚がある。つまり，「私は存在している」，「私は気づいている」という感覚である。少し時間をとって，このことについて考えてみてほしい。この本を読んでいる間，ただ「私は気づいている，私は存在している」というある種の感覚があることに気づくようになると，思考，感情，現在の行動，外部環境について気づいている私という感覚は，自分が生きているという気づきや，読書を通じて人間のマインドの本質について考える時間を楽しんでいるという気づきへと導かれる。私たちのあらゆる経験の背後には，常に気づきが存在する。それは，「私は気づいている」というように現象学的に経験され，シンプルで，非概念的な気づきである。観察する自己とは，自分自身が意識的で気づきを持っていることの経験として，「私は……である＝気づき」という式で表すことができる。

個人的自己感

私たちは，個人的自己感の定義を以下のように提言する。

個人的自己感とは，自己ナラティヴが生きられ，体現された経験 ⟨the lived and embodied experience⟩ **のことであり，それは継続的に自己を強化し，個人的自己感そのものを維持する。** 私たちは，自己ナラティヴが心の中に表象されている自己の感覚を指すのに対し，個人的自己は他者との関係の中で「人」として生きられ，体現された経験であると定義している。個人的自己感とは，すなわち，(a) 生きられ，体現されたもので，(b) 自己ナラティヴを表し，(c) 自己を強化するシステムである。

▶▶ 生きられ，体現された経験としての個人的自己感

　前章では，自己ナラティヴの形成について説明した。それは多数の関係スキーマを包括的な自伝的ナラティヴに統合したものである。個人的自己感は，このナラティヴの編成における，生きられ，体現された私たちの経験を記述している。これは自己ナラティヴの現象学的経験を意味する。私たちは，私たちのあらゆる経験を処理するレンズを提供する自己ナラティヴ，およびそれと関連するスキーマのネットワークに基づいて人生を生きている。このプロセスは，ほとんど気づかれることはない。私たちは，スキーマが自分の経験を決定していることを知ることなく，スキーマに基づいて自分自身や他者を経験している。私たちの現在の自己，過去の自己，そして未来の自己の経験は，大部分が自己ナラティヴと関連するスキーマ・ネットワークの結果なのである。

▶▶ 自己ナラティヴの表現としての個人的自己感

　成長する過程で，私たちは自分自身についてのストーリーをつくり上げ，「他者との世界の中で，私は誰だったのか，私は誰なのか，そして，私は誰になるのか？」という問いに答える。Mitchell（2012, p. 145）は，「私たちはストーリーであり，私たちに起こったことの説明である……ストーリーがなければ自己もない」と書いている。このようなストーリーは，私たちの自己ナラティヴ，つまり私たちのナラティヴ・アイデンティティを指している（McAdams & McLean, 2013）。このナラティヴは通常，言語的なストーリーとして理解されるが，Stern（2004）と Lichtenberg（2017）に従って，私たちはナラティヴを言語的なものと非言語的なものの両方として概念化する。Lichtenberg（2017）は，ナラティヴを「生きられた経験の暗黙的な側面と明示的な側面の両方を捉える」ことと説明している（p. 3）。自己ナラティヴの一部は意識的なものであり，他者や自分自身に語りかけるさまざまなナラティヴで表現される。しかし，自己ナラティヴは，私たちの人生についての意識的なストーリーというだけでなく，無意識的で非言語的なものでもある。私たちのライフストーリーの非言語的な側面は，潜在記憶の中に符号化された非言語的スキーマの要素である。非言語的な関係スキーマは，私たちの経験の変わらない部分であり，自己と他者の経験について重要なストーリーを語っている。Erskine（2015）は，無意識的で非

言語的なライフストーリーが，しばしば行動として演じられ，その人の感情として確立し，生理として体現されることを述べている。これは，言語が発達する前の子どもが，いかに自分の経験について感情的なナラティヴをつくるのかということを説明したStern（2004）の考えと一致している。このような感情的なナラティヴは，ストーリーとして言語化されるのではなく，感情的に感じられるものである。Stern（2004）は，このようなナラティヴを**生きられたストーリー**〈lived stories〉と表現し，「マインドの中でナラティヴとして形成されているが，言語化されることも，語られることもない経験」（p. 55）であると説明した。このような**生きられたストーリー**は，後に言語化され，他者に語られるストーリーとなるものもある。しかし，私たちの感情的なナラティヴの中には，象徴化されることなく，無意識にとどまるものもある。それらは，身体感覚，感情，身体表現，動作などに現れることがある。

　幼少期における，自伝的なナラティヴは，親や兄弟姉妹，重要な他者との関係の中で共創される（Stern, 1998/2018）。親は常に子どもたちに，自らの経験について話をすることを求める。「今日の幼稚園はどうだった？」，「パーティーで何をしたの？」，「学校で何か点数をもらった？」と。その結果，ナラティヴは親との関係性の中で共創される（Stern, 1998/2018）。Stern（1998/2018, p. xxiv）は，子どもと親が協働で「ストーリーの断片を集め」，「それらを順序よく並べ」て，首尾一貫したナラティヴになると論じている。この自伝的なナラティヴは，他者との関係性の中で展開されるため，本来は他者や文化の文脈に埋め込まれた関係的なものである。自己と他者に対して語る自伝的なナラティヴは，人生の公式な歴史となる（Stern, 1998/2018）。

　自己ナラティヴとは，私たちの人生の過程で，個々の出来事を意味のある方法で時系列に統合する全体的なライフストーリーのことであり（Angus & Greenberg, 2011），私たちのアイデンティティとなるものである。McAdams（2001）は，「アイデンティティそのものが，設定，場面，人物，筋書き，主題を完備したストーリーの形をとる」（p. 101）と提唱している。彼は，人は「内在化され展開していくライフストーリー，すなわち統合された自己ナラティヴの観点から，個人の過去を再構築し，現在を認識し，未来を予測する」（p. 101）と主張している。このストーリーは，私たちに「まとまり〈unity〉，目的，および意味」（McAdams & McLean, 2013, p. 233）を与え，人間関係や文化的文脈の

中で共同構築される（McAdams, 2001; McAdams & McLean, 2013）。私たちのライフストーリーは絶えず更新され，ナラティヴを語ることを通して書き直される。Bluck と Habermas（2000）は，ライフストーリーのスキーマは，安定的に組織化されているが，人生の中で更新され変化する可能性もあると提唱している。自己ナラティヴの表現としての個人的自己感には，自己についての言語的なストーリーと，感情や身体経験で表現される非言語的な「ライブドストア」の両方が含まれる。

►► 自己強化システムとしての個人的自己感

個人的自己感は，自己強化システムとして表現できる。それ自体を維持するためには絶え間ない強化が必要である。この見解は，Černigoj（2007）の自己理論の影響を受けている。彼はこの理論において，自己とは「特別な認知構造として，自己概念を維持する継続的なプロセス」（p. 213）であると提唱した。この見解によると，自己は「**自己創出的〈autopoietic〉**」システムであり，生物として物理的には存在しないが，「バーチャルな自己創出的システム」と表現することができる（Černigoj, 2007, pp. 210–211）。このようなシステムは，独自の自律性とダイナミクスを持っている。それは絶えず変化するが，すべての変化はそれ自身の組織を維持することに従属させられる。このようにして，自己創出的システムとしての自己は，それ自身のアイデンティティを維持するのである。

Černigoj（2007）は，自己の自律性が自然や他者から切り離された経験の中でどのように見られるのかを説明している。しかし，自律性は完全な独立を意味するものではない。生物が環境から食物や栄養を必要とするように，自己はその存在と価値を象徴的に確証する上で，社会環境からの「食物」を必要とするのである（Černigoj, 2007）。

Černigoj（2007）の自己理論に基づいて，私たちは個人的自己感が自己ナラティヴを継続的に維持し，強化するプロセスであるということを提案する。私たちは，自分のライフストーリーと同一化し，その世界で生き始める。私たちは，無意識のうちに自分のライフストーリーにそぐわない現実の一側面を選択的に無視し，回避することによって，無意識のうちに自分のライフストーリーを継続的に強化しているのである。同時に，私たちは自己ナラティヴを確証し，強化するような経験を積極的に探し求める。私たちは，自分の人生のストーリー

を生き，そのストーリーと一致するような振る舞いをし，それを強化するために他者を誘い始める。これは自己確証理論仮説（Andrews, 1993）と一致しており，自己の一貫性を維持するために負のフィードバックループを形成するような環境との相互作用をつくり，システムを以前の均衡状態に戻すというものである（p. 166）。このように，私たちの個人的自己感は，絶えず自己を強化し続けるシステムなのである。

　個人的自己感には，人が生きていく上で欠かせない大切な機能がある。Erskineら（1999）は，私たちが経験や行動の習慣的なパターンを維持するのは，予測可能性，アイデンティティ，一貫性，安定性といった心理的機能を果たすためである，と述べている。これらの機能は，人生脚本と関連する防衛パターンとの関連で説明されたが（Erskine, 2016），個人的自己感の本質を理解する上でも重要である。個人的自己感は，私たちにアイデンティティ，存在の連続性〈continuity of existence〉，安定性を与え，自分自身や他者について予測可能な感覚を与えてくれる。

> **アイデンティティ**：個人的自己感は，これが「私」であり，私はこうであるという，個人的アイデンティティの感覚を与えてくれる。
> **連続性**：私たちは，過去，現在，未来において自分がどのような人であるかを知っている。自伝的記憶によって私たちは存在の連続性を感じることができる。
> **安定性**：個人的自己感によって，私たちは人生における安定感とコントロール感を得る。
> **予測可能性**：個人的自己感は，自分自身，他者，そして世界について予測可能な感覚を与えてくれる。私たちは，さまざまな状況においてどのように反応し，また，特定の状況で他者が私たちに対してどのように行動するのか知ることができる。

　これらの機能によって，個人的自己感は比較的安定した組織であり，私たちに経験の基盤を与えてくれる。「これが私で，過去の自分はこんな感じで，これからの自分はこうなり，また自分や他者に何が期待できるのかわかっている」。

►► 個人的自己感との同一化と「ありきたりの不幸」

　個人的自己感は，人間が人間として存在するために必要であるにもかかわらず，同時に制限的でもある。仏教では，分離した自己への執着が個人の苦しみの主な根源とされている（Engler & Fulton, 2012; Hanh, 1998）。自己への執着は，「自己の肯定的側面か否定的側面のどちらか一方に固執すること」，および自己を固定化されたものとして見ることに現れる（Whitehead et al., 2018, p. 2）。アクセプタンス＆コミットメント・セラピー（ACT）では，概念的な自己への執着が，多くの心理的問題と関連する心理的非柔軟性〈psychological inflexibility〉（Hayes et al., 2012）の主な原因として捉えられている。

　仏教やACTにならい，私たちは個人的自己感との同一化が人間の苦しみの根源であると考えている。個人的自己感との同一化とは，自己ナラティヴと融合することを指す。「私」という感覚は，私たちのライフストーリーと融合される。私たちは自分のストーリーに没頭するあまり，それは実質的な「真実」とは異なった，人生の過程で構築されたストーリーにすぎないということを忘れてしまうのである。私たちは，個人的自己感との同一化が，私たち誰もが苦しんでいる**ありきたりの不幸**〈ordinary unhappiness〉の根本的原因であると提案している。Freud（1895/2013）は，心理療法で初めてありきたりの不幸について書いた著者である。彼は，精神分析が人々を神経症的な苦しみから誰もが共通して持つ日常的な不幸へと変容させるのに役立つと提案した。「ヒステリー的な不幸を日常のありきたりの不幸に変容することに成功すれば，多くのものを得ることができる」（Freud, 1895/2013, p. 168）。

　ありきたりの不幸と関連する個人的自己感との同一化は，（1）ライフストーリーに従って無意識的に生きること，（2）自己中心性と自己陶酔，（3）ライフストーリーが確証されないことへの恐怖，（4）実存的な孤独と分離のフィーリング，（5）今この瞬間の喪失と体験の回避，として現れる。

► ライフストーリーに従って無意識的に生きること

　子どもの頃から，私たちは自己ナラティヴと同一化し始める。「私」という感覚は，自分のライフストーリーに結びつくようになる。私たちは通常，このストーリーが私たちの人生を組織化していることを知らずに，自分のストーリー

を生きている（Berne, 1972）。私たちは，自分や他者とのさまざまな経験を通じて，人生の非常に早期に書かれた自分のストーリーの虜になってしまうかもしれない。自分のストーリーと同一化しているために，私たちは古いパターンに従って行動し，異なる行動をとったり，人生の新しい道を追求したりする勇気が持てないのかもしれない。これは，心理的柔軟性（Hayes et al., 2012）や自律性（Berne, 1967）を制限する。例えば，「一生懸命働かないと価値がない」というストーリーに従う人がいるが，その結果，人生の他の領域がおろそかになり，過労のために燃え尽きる恐れがある。

▶ 自己中心性と自己陶酔

　個人的自己感との同一化は，自己中心性や自己陶酔として現れる。それは，他者への共感やコンパッションを妨げ，自己愛的な自己陶酔として見られることがある。個人的自己によって，自己の保存と維持に焦点が向けられているため，基本的に自己中心的である。そのため個人的自己の価値や存在を認められることに関して社会環境からの強化を必要とする（Černigoj, 2007）。この点に，交流分析の創始者であるBerne（1967）は，人間の基本的ニーズのひとつとして認められることへのニードがあると述べている。個人的自己感を維持することが人生において優先され，それが自分自身にも他人にも苦しみを与える原因になることがある。私たちは，常に自分自身のことで頭がいっぱいで，心配ばかりしているのかもしれないし，完璧な自尊心を求めたり，他人と自分を比較したりする傾向があるかもしれない（Engler & Fulton, 2012）。EnglerとFulton（2012）は，「よく適応し，成熟した個人の『健全な』ナルシシズムの特徴でさえ，苦痛の原因である」（pp. 178–179）と述べている。なぜなら，私たちは自己の視点から関わっているときは，「自分にとって『良い』経験か，『悪い』経験か」（p. 179）と判断しがちであるからである。個人的自己感への執着は，願望と嫌悪に見られる。私たちは，個人的自己感を支えるものや高めるものをしっかり掴み，それを弱体化させるものを避ける。例えば，私たちは賞賛されることに夢中になることがある。その後，それは好かれよう，愛されようとする過剰な試みに見ることができる。けれどもその一方で，自分を否定するような状況もおそらく避けようとするだろう。このように，私たちは常に個人的自己感を維持しなければならないため，私たちは皆，人生における基本的な安全感の

欠如に苦しんでいるのである。

► ライフストーリーが確証されないことへの恐怖

　個人的自己感との同一化は，自己ナラティヴが否定されたり，あるいは異議を唱えられたりすることへの恐怖として現れることもある。個人的自己感は，私たちが同一化しているストーリーであるため，非常に脆弱である。個人的自己感は，不安定になる可能性を秘めており，私たちはそれを失うのを恐れるのかもしれない。私たちのナラティヴが変化しうることは，予測可能性，アイデンティティ，一貫性，安定性の感覚に混乱を生じさせるかもしれない（Erskine et al., 1999）。私たちは，自己ナラティヴを反証するようなちょっとした攻撃にも過敏になり，何としてでもそれを堅持しようとする自分のストーリーと同一化しているため，自分のストーリーへの拒絶や不承認は，自分自身を拒絶することを意味すると感じる。例えば，誰かの否定的なコメントに脅威を感じ，「私は完璧でなければ価値がない」というライフストーリーに根ざした想像上の批判を恐れる人がいるかもしれない。例えば，「私は悪い人間で，愛に値しない」という自己ナラティヴを持つ人は，愛に満ちた優しい人との関係を終わらせるかもしれない。

► 実存的な孤独と分離のフィーリング

　個人的自己感は，私たちに実質的で独立した自己存在の経験を与えてくれる。それは私たちが本質的に他者とは別の異なる存在であるという経験である。そのため，根本的に自分はこの世で孤独であり，自分のことを本当に理解してくれる人は誰もいないと感じることがある。実存主義の著述家は，このようなフィーリングを，他者や自然から自分が分離しているという自覚に関わるものであるため，実存的な孤独と表現している（Ettema et al., 2010）。また，それは死ぬことへの恐怖の中に現れることもある。

　個人的自己感との同一化は，自己疎隔〈self-isolation〉や苦しみとの同一化として見られることもある。それは人類に共通するもの，つまり，私たちはすべての人が苦しみ，痛みを経験すること（Neff, 2003b）があるということを理解せず，自分だけが苦しんでいるというフィーリングを残すこともある。自己ナラティヴと融合することで，セルフ・コンパッションを経験したり，私たちす

べてが基本的に相互に繋がっていると実感したりすることができなくなる（Hanh, 1998）。

▶ 今この瞬間の喪失と体験の回避

　個人的自己感と同一化しているために，私たちは今この瞬間との接触を失うこともある。過去の経験によって，罪悪感や恥ずかしさを感じることもある。よくある例としては，「強く」なければならないというストーリーを持つ人が，後に「弱い」とか，「自信がない」と感じることで自己批判することがある。また，私たちは先々のことについて心を奪われ，自己ナラティヴを高める物事を望むこともあれば，自己ナラティヴに異議を唱える物事を恐れることもある。また，自分の自己ナラティヴに同一化していると，自分のナラティヴに反する内外の経験を回避するようになる。例えば，最後の例として挙げた人は，強くあることを要求する自身のナラティヴを堅持するために，自信のなさや弱さを感じることを避けるかもしれない。

▶▶ ありきたりの不幸と幸福の追求

　人間社会が抱えるほとんどの問題は，個人的自己感との同一化とそれを維持するための継続的な試みという観点から理解できると私たちは考えている。個人的自己感への執着のために，人は苦しみ，ありきたりの不幸を感じている。つまり，私たち人間のノーマルな状態とは，幸福でも至福でも平和でもなく，むしろ楽しい経験と不快な経験の両方が絶え間なく変化することである。個人的自己感のレベルでは，何が何でも自分のストーリーを堅持しなければならないため，本当の意味で平和であることは決してない。このため，私たちは基本的な安全感を得ることができない。自分のストーリーに対する脅威は，恐怖，悲しみ，恥，怒りとして現れる。個人的自己感を肯定することで，一時的な幸福や誇り，達成感を経験できるかもしれないが，それは一時的なものにすぎないのである。

　Harris（2007）は，私たちがいかに「幸福」の文化の中で生活しているかを述べている。私たちの文化は，精神的な健康が人間の自然な状態であるという前提のもとに成り立っている。私たちは，幸福と安らぎを追求しようとし，それが見つからない場合は，何かが間違っていると感じる。痛みや苦しみを経験

することは，しばしば病的と見なされ，医薬品や心理療法によって取り除いたほうがよいと信じられている。しかし，痛みの回避は，痛みをより悪化させる可能性があり，多くのメンタルヘルスの問題と結びついている（Hayes et al., 2012）。

　この見解は，私たちのアプローチの中核となる哲学的な前提条件，つまり，ありきたりの不幸を経験することは人間の一部であるということと一致している。このありきたりの不幸は，私たち人間の条件の一部であり，個人的自己感との同一化とも関連している。私たちがこのような状態であることに「罪はない」のであり，それは単に人間であることの自然な状態なのである。この命題は，ありきたりの不幸に対して異なるアプローチを発展させるのに役立つ。苦しみを避けようとし，幸せになろうとして何かを「する」のではなく，セルフ・コンパッションとありきたりの不幸のマインドフルな気づきの重要性を私たちは主張している。その目的は，**観察する自己**と接触し，痛みや苦しみへの愛に満ちた証人になることである。

▐▐▐▐　自己ナラティヴの非機能的な側面としての人生脚本

　自己ナラティヴとは自分の人生についてのストーリーであり，心理学の分野では比較的新しい概念である。しかし，心理療法の分野では，新しいものではない。Berne（1961）は人生脚本〈life script〉について，「人のアイデンティティと運命を決定する広範な無意識の人生計画」（p. 23）であると述べている。統合的心理療法では，人生脚本は私たちのライフストーリーの無意識的で制限的な部分を説明する中心的な構成要素のひとつである（Erskine, 2015）。
　Erskine（2010）は，人生脚本を次のように定義している。

　　生理的な生き残り反応，暗黙の経験知，明示的な決定，そして／あるいは自己調整的な取り入れに基づく無意識的な関係パターンのセットで，ストレス下ではどの発達段階でも，問題解決や健康維持，人との関係において自発性を阻害し，柔軟性を制限するもの。（p. 91）

　この定義では，人生脚本は，人と重要な他者との間の接触の亀裂によって発

展したものである。人は重要な人間関係が失敗することで引き起こされるストレスに対処するために，無意識的な関係パターンを生み出す。これらの無意識的なパターンは，生きる上での自発性と柔軟性を抑制する。

　関係スキーマの観点からは，人生脚本は非機能的な関係スキーマのネットワークと関連がある（G. Žvelc, 2010c）。人生脚本は，私たちの自己ナラティヴの非機能的な側面と防衛的な側面を記述する。ライフストーリーの健全な側面と非健全な側面を区別することは臨床的に有用であるが，前章で述べたように，「健全な」自己ナラティヴであっても，制限されることを念頭に置くことが重要だと考えている。たとえトラウマやネグレクトに基づくライフストーリーでなくても，個人的自己感のあり方そのものが制限的となる。私たちの自己ナラティヴが有害でダメージを与えるものであろうと，あるいはより肯定的なものであろうと，それに執着することは，私たちが真に自律的であること（Berne, 1967）や心理的に柔軟であることを妨げる（Hayes et al., 2012）。

診断と治療計画のツールとしての自己ナラティヴ・システム

　統合的心理療法や交流分析では，診断や治療計画のツールとして，ラケット／脚本システムという概念が用いられている（Erskine, 2015; Erskine & Moursund, 1988; Erskine & Zalcman, 1979）。人生脚本とは，「個々人を拘束する脚本によって維持される気分や思考，行動を自己強化し，歪めるシステムのことである」（Erskine & Zalcman, 1979, p. 53）と定義されている。これは，私たちが日常生活の中でいかに人生脚本に基づいて過ごしているか，また，いかに人生脚本が継続的に強化されているかについて記述している。心理療法の目的がクライエントの脚本の内容を分析し，変化させることであるとき，脚本システムは心理療法において非常に有用である。

　脚本システムという概念は，私たちの人生脚本の性質だけでなく，個人的自己感の性質を強化することも表していると考えている。すでに提案したように，個人的自己感は，それ自体を維持するために継続的に強化されなければならないシステムである。こうした考えに基づいて，私たちはオリジナルの脚本システム（Erskine, 2015; Erskine & Moursund, 1988; Erskine & Zalcman, 1979）を適合させ，自己ナラティヴの病的な側面だけでなく健全な側面も理解できるよう

表7.1　アンナの自己ナラティヴ・システム◆1

内在化された自己ナラティヴ	生きられ, 体現された経験	経験を強化すること
関係スキーマ： **自己：**私は愛される価値がない。私なんてどうでもいい。 **他者：**他の人のほうがもっと大事だ。 **生活の質：**人生って孤独である。 **自伝的記憶：** 両親は私を無視した —— 私のことを見ていないと感じた。 兄弟も親のほうが大切だ。 父は私を辱め, 太っているとバカにした。 父は遠い存在だ。 母は怠け者である。 祖母からは「優しいね」,「いい子だね」と言われた。 **体験の回避：** 感情：怒り, 悲しみ, 尊厳, 誇り **身体感覚：** 体感障害 **ニーズ：** 寄り添い, 支え合う	**行動：** 親しい関係者を避ける。 相手を喜ばせようと, 他者を気遣う。 一生懸命に働く。 目が合わないようもごもごと話す。 争いや対立を避ける。 **言葉による語り：** 私は人間関係には恵まれない。 私は優しい人です。 **感情：** 不安, 恥, 孤独, 虚しい。 **身体経験：** しばしば頭痛。 高血圧。 **未来についての空想と期待：** 気の合う完璧な男性に出会い, その人と休日に素晴らしい時間を過ごすこと。 私は一人ぼっちで死ぬだろう。 **自伝的記憶の想起：** 子どもの頃, 一人だったこと。 **夢：** 一人でいることや, 誰かを待って探している夢を繰り返し見る。	**外的な出来事：** 上司が私の努力を認めず, 同僚を褒める。 付き合って3か月で彼氏にふられる。 **内的な経験：** 彼氏を失った自分を批判する。

に, **自己ナラティヴ・システム**を開発した（表7.1参照）。このモデルは関係スキーマ理論と整合しており, 診断や治療計画のモデルとして利用することができる。自己ナラティヴ・システムは, 私たちの自己ナラティヴや関係スキーマのさまざまな要素とその活性化, 強化する経験について記述している。自己ナラティヴ・システムは, **自己強化的で, 生きられ, 体現された経験のライフストーリー**として定義することができるだろう。**それは同一性体験と存在の連続性を与えてくれる。**

　自己ナラティヴ・システムは, 以下に述べるようなものを通じて, 私たちがどのように自分のストーリーを継続的に維持するかを記述している。

- ライフストーリーに沿って生き，そのストーリーを維持する経験を強化すること。
- 過去を想起し，自分のストーリーと一致する未来を想像すること。
- 自分のストーリーと一致しない経験を避けること。
- 関係におけるエナクトメント――私たちは，自分のストーリーを強化するために他人を引きつけるように行動する。

　表7.1は，アンナの事例の自己ナラティヴ・システムの例である。これは，自己ナラティヴ・システムの相互に関連した3つの要素を示している。(1) 内在化された自己ナラティヴ，(2) 生きられ，体現された経験，(3) 経験の強化である。

►► 内在化された自己ナラティヴ

　1列目のコラムは，内在化された自己ナラティヴの中核的要素である，関係スキーマ，自伝的記憶，体験の回避を示す。

　自己，他者，生活の質に関するスキーマは，他者や世界との関係がどのようなものなのかという，私たちの中心ともいえる個人的ストーリーを記述している。自己に関するスキーマは，私たちの概念的なアイデンティティを記述し，「私は……である」という言葉で表される。これらのスキーマは，しばしば無意識のうちに私たちの日常生活を構成し，影響を与えている。スキーマは，自分は悪い人間である，価値がない人間である，と否定的になることもあれば，肯定的になることもある（「私は格好いい」，「私は有能である」，「私は健康である」）。自己に関するスキーマは，他者との経験を一般化した，他者に関するスキーマ（「他人は意地悪である」）と繋がっている。内在化された自己ナラティヴには，人生の質に関する一般化された経験（「人生はつらい」，「人生は無意味だ」）を表現するスキーマも含まれる。

　臨床心理学や心理療法では，通常，治療の焦点としてネガティブな自己概念に焦点が当てられてきた。実際，ネガティブな自己概念は多くの心理的問題と関係がある。しかし，私たちは，ポジティブな自己概念も制約的に働くことがあると考えている。例えば，ある女性が，子どもの頃，親に褒められた経験から，「私は有能で，格好いい」という信念を持っているとする。このような自己概念は，その人が仕事で成功したり，他の人との関係で魅力を感じたりするの

に役立つ。しかし，その個人的自己感は維持されなければならないため，この信念が彼女に，「自分は成功しなければならない」と思い込ませ，仕事でミスをすることを恐れているのかもしれない。彼女は自分の能力を発揮できる活動に従事しようとし，人生の他の面（家族と一緒にいることなど）に意味を見出せなくなる可能性がある。非の打ちどころのない格好をしようとし，自分の外見や服装について否定されることを恐れるかもしれない。年をとって初めて白髪を見つけたり，顔に初めてシワを見つけたりすると，自分が「格好いい」と信じていたことが損なわれたのではと不安になり，打ちのめされるかもしれない。これは，いかに自分のポジティブな信念への執着が，それを失うかもしれないという恐怖に変わるのかを示している。個人的自己感は病理的なものではなく，誰もが持っているものである。私たちは皆，個人的自己感による制約と，それに伴う可能性のある苦しみについて，同じ船に乗っているのである。

　自伝的記憶とは，私たちのアイデンティティとライフストーリーの基礎となる具体的で明示的な記憶のことである。中核的な関係スキーマと自伝的記憶は，相互に関連している。例えば，表 7.1 は，自分は愛される価値がなく，自分よりも他の人のほうが大切だ，という関係スキーマを発展させたアンナの自己ナラティヴ・システムを表している。これは，両親が自分を無視し，兄をより重要視していたという彼女の自伝的記憶に基づいていた。

　体験の回避とは，自己ナラティヴを維持し，不快な経験から人を守るために，感情，身体感覚，ニーズを回避するプロセスを表している。自分のライフストーリーのある側面と同一化することで，私たちは必然的に，自己ナラティヴと一致しない特定の経験を避けようとする。アンナの場合，悲しみや怒りのフィーリングを避け，自分の身体感覚を感じることが困難であった。彼女はまた，親密さやサポートに対するニーズも避けていた。

▶▶ 自己ナラティヴの生きられ，体現された経験

　自己ナラティヴ・システムの 2 列目のコラムは，私たちの自己ナラティヴの生きられ，体現された経験を記述している。自己ナラティヴは，私たちの行動，他者に語るストーリー，感情，身体経験，夢などを通して表現される。私たちは，自己ナラティヴと一致する空想，未来への期待，過去の記憶を通して，自分のライフストーリーを生きている。私たちとは，私たちのライフストーリー

そのものであり，このストーリーは私たちの主観的な経験や行動によって表現される。例えば，アンナは，自分は愛されるに値しない，他の人のほうが大切だという信念のもと，親密な関係を避け，他人を喜ばせ，一生懸命働くことで生きていたのである。セラピーでは，彼女はよく，自分は人間関係を築かなかったと表現していた。他者との関係において，彼女は，受け入れてもらえない，私なんて大切でないという恐怖と関連した不安を経験していた。彼女は空虚さや孤独を感じることが多かった。孤独を感じると，彼女は自分の人生がずっと一人であったことや一人で死ぬだろうと空想したことについて振り返ることが多かった。また，一人でいることと関連した夢を繰り返し見ることもあった。

▶▶ 経験を強化すること

自己ナラティヴの生きられ，体現された経験は，私たちの自己ナラティヴや関連スキーマを強化する経験として現れることがある。個人的自己感は，その安定性，連続性，予測可能性を維持するために，常に強化される必要がある。強化される経験には，自己ナラティヴを強化する外的な出来事と内的経験の両方がある。例えば，アンナは非常に静かに話し，ほとんど目を合わせなかった。その外見と行動から，彼女はしばしば見て見ぬふりをされていた。彼女が優秀な労働者であっても，上司はそれを認めず，代わりに同僚を褒め称えた。このような経験から，彼女は「自分は大切ではない」，「自分より他の人のほうが大切だ」という自己ナラティヴを強めていた。ボーイフレンドも彼女を見捨てた。彼女は，自分がとても冷淡で，彼に批判的だったため，彼が去ったことに罪悪感を覚えた，と自分を批判した。内的な批判も見捨てられることも，「自分は愛される価値がない」という彼女の自己ナラティヴを強化するものであった。

▐▍▍ ありきたりの不幸を超えて

これまで，個人的自己感は，いかに自己ナラティヴの表現であるのかを述べてきた。また，私たちの経験の背後には，観察する／超越自己という，もうひとつの自己感が存在している。それは，私たちのすべての経験の認識者である，気づきそのものである。この気づきは，概念や思考，感情，身体感覚と同一化されない。それは，存在すること〈being〉という感覚，つまりプレゼンスであ

る。この気づきは，気づきの内容と同一化されないので，純粋な気づきと表現することができる。それは，私たちのすべての経験の文脈である。私たちはこの経験に対して「自己」という言葉を使うが，これは通常の概念的な意味での自己ではない。それは，気づきそのものとしての自分自身の経験であり，非概念的なものである。それは，私たち自身の気づきとして経験され，いつも私たちが経験するすべての中に存在する何かである（Josipovic, 2019）。第 3 章では，観察する／超越自己が，心理的な健康と癒しの基礎として，どのように重要であるかを説明している。この自己の経験は，哲学，スピリチュアルな伝統，現代心理学において，さまざまな形で記述されている。スピリチュアルな伝統では，私たち自身に関するこの側面は，本質的な自己，スピリチュアルな自己，無の自己〈no-thing self〉，あるいは単に自己と表現されることが多い。私たちは，観察する自己を，スピリチュアルな資質を持つ本質的な自己（Salvador, 2019）と理解している。私たちのクライエントや学生は，観察する自己の経験を，しばしば次のような言葉で表現する。「いつもそこにあるような」，「平和」，「意味の感覚」，「完全に存在していること」，「安全な感覚——すべてがOK」，「宇宙のような」。

▶▶ 個人的自己感から観察する自己へ

　ここまで，自己に関する主な 2 つの感覚はそれぞれ別のものであるかのように説明してきたが，実際にはそれらは相互に関連している。観察する／超越自己は，私たちのすべての経験の基盤となっている。個人的自己感と同一化するとき，私たちは観察する自己に気づいていない。私たちは，個人的自己感のレンズを通して「見て」いる。観察する自己は，私たちが気づいていなくても，常に「今，ここ」に存在する。多くの異なるスピリチュアルな伝統では，すべての経験の基盤として気づきを認識することを目的としている。

　通常の人間の状態では，観察する自己は，個人的自己感に執着し，それと同一化している。この見解は，苦しみは自分の「名前と形」，つまり「自我」に執着した結果であると説明しているさまざまなスピリチュアルな伝統と一致している。さまざまなスピリチュアルで神秘的な伝統は，個人的自己感を錯覚として記述している。例えば，仏教心理学では，「分離した永続的な自己という錯覚を，心理的苦痛の主要な原因であると見なしている」（Engler & Fulton, 2012,

p. 177)。人は，自己を「リアル」であると誤解しているからこそ，苦しむのである。Albahari（2006）は，仏教とアドヴァイタ・ヴェーダーンタ〈Advaita Vedanta〉に基づく「二層〈two-tiered〉」の自己の錯覚を提唱している。錯覚の第一層は，人の気づきが束縛された自己〈the bounded self〉と同一化することである。気づきそのものは本来，束縛されないものであるから，気づきそのものが束縛された自己であるはずがない。この視点からすると，明確に分離された独自な自己は，精神的な構築物であり，錯覚である（Albahari, 2014）。錯覚の第二層は，構築物である束縛された自己が，自らを束縛されない気づきであるとすることである。しかし，個人的自己感は関係性の中で構成されるものであり，非構成な自己であることはありえない。

　私たちの理論では，気づきとしての「私」は，個人的自己感と同一化される。気づきはパーソナリティという服を「着て」いると言うことができる。**ペルソナ**という言葉の原義は，俳優がつける仮面と結びつけられる。私たちは，自分が被っている仮面と同一化しているといえるかもしれない。「私は……である」というフレーズは，気づきそのものを意味する。形にとらわれないシンプルな「存在すること〈being〉」という感覚を表している。しかし，個人的自己感が発達すると，感情や信念といった気づきの内容や自己ナラティヴと同一化するようになる。私たちは「私はピーターだ，私はうつ病だ，私は運がない……」と言う。「私は……である」は，気づきの中に現れるさまざまな内容と同一化されるようになる。観察する自己と接触することで，私たちは個人的自己感から脱却し，観察する自己を気づきそのものとして認識することができる。これは，マインドフルな気づきとセルフ・コンパッションに基づいた，個人的自己感との新しい関係を発展させるのに役立つ。個人的自己感との関係において愛に満ちた証人となることで，私たちはありきたりの不幸を克服し，平和，コンパッション，叡智の特質を輝かせることができるかもしれない。

　心理療法の多くは，私たちの自己ナラティヴのさまざまな側面を変えることに焦点を当てているが，ACTでは，この考え方に代わる方法を提案している（Hayes et al., 1999, 2012）。ACTの心理療法のゴールは，ストーリーそのものを変えることではなく，ストーリーとの新しい関係を築くこと，つまりストーリーそのものにあまり執着しないようになることである。これは，このアプローチの心理療法への大きな貢献のひとつだと考えている。MCIPでは，この新しい

表 7.2　アクセプタンス指向パラダイム 対 変化指向パラダイム

古い変化指向 パラダイム	ネガティブな自己ナラティヴが問題の根源。 目標：自己ナラティヴの変化
新しいアクセプタンス 指向パラダイム	自己ナラティヴのポジティブな側面とネガティブな側面の両方が制限的に働き，ありきたりの不幸を引き起こしている。 目標：自己ナラティヴのマインドフルな気づきとコンパッション。自己ナラティヴの変化は，逆説的ではあるが，あるがまま受け入れることで起こる。

パラダイムも受け入れている（表 7.2 参照）。

　MCIPでは，マインドフルな気づきとコンパッションに基づいて，観察する自己を活性化し，その上で個人的自己感と新しい関係を形成するようクライエントを誘う。マインドフルネスやコンパッションが自己ナラティヴを変えることを目的としていなくても，気づきやコンパッションを受け入れることによって，副産物として自己ナラティヴの変化が起こることが多いと私たちは考えている。クライエントが異なる視点から自分を見るようになり，自分の経験に愛とコンパッションをもたらすことによって，それが新しい経験として作用し，自己ナラティヴや関連する関係スキーマを変える力となる可能性を持つのである。

注

◆1　Erskine, R. G.（2015）. *Relational patterns, therapeutic presence: Concepts and practice of integrative psychotherapy*（p. 124）. Karnac Books.

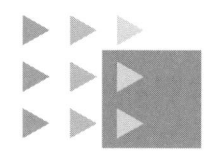

第 8 章

マインドの多重性，意識状態，治療計画

　自己は全体として統一されているという考えは，多くの心理療法の著者たちや神経科学の研究，仏教などのスピリチュアルな伝統によって疑問視されてきた。私たちは通常，日常生活の中で自分自身を全体として統一されたものとして経験しているが，この経験は幻想であるといえる（Bromberg, 1996; Safran & Muran, 2000; Siegel, 1999）。例えば，Bromberg（1996）は，単一の〈unitary〉自己の経験は，「後天的な，発達的に適応的な幻想」であると指摘している（p. 515）。

　個人的自己感は，健全に機能している場合には，統合されているさまざまな自己状態から成り立っており，連続性の経験や凝集自己感〈coherent sense of self〉を私たちにもたらす。自己経験とは，多かれ少なかれ全体に統合されるさまざまな状態の流れである。このような観点から，個人的自己感は，さまざまな状態のシステムとして捉えることができる。一日の中で，私たちはさまざまな状況や文脈に応じて，多くの異なる自己状態を経験する可能性がある。例えば，上司と話をしているときには，不安な自己状態になるかもしれない。帰宅し，子どもと話をしているときは，養育的な自己状態になるかもしれないし，夕方になると，妻と一緒に「戯れのセクシーな状態」になるかもしれない。これらすべての自己状態は，日常生活の中で異なる機能を果たしている。Berne（1961）は，支配的・養育的・問題解決的・順応的・本能的な自我状態〈ego states〉について述べている。Schwartz（1995）は，内的家族システム療法〈internal family system therapy〉の中で，亡命者，管理者，消防士といった自己のパーツを説明している。マインドの多重性〈the multiplicity of mind〉という考えは，長年にわたって心理療法実践の一部となっており，サブパーソナリティ（Assagioli, 1965/1993），自我状態（Berne, 1961），自己状態（Bromberg, 1996），パーツ（Schwartz, 1995; van der Hart et al., 2006），マインド状態（Siegel, 1999）など，さまざまな概念や名称で説明されてきた。

　第 6 章では，異なる自己状態における関係スキーマの活性化の見え方について説明している。自己状態とは，関係スキーマの瞬間瞬間の活性化と関連する，現象学的な経験と行動のパターンである。健全なパーソナリティ発達においては，個々の自己状態とその実態〈realities〉は，それぞれが凝集したアイデンティティの一部として機能しているため，通常は一瞬しか気づくことができない（Bromberg, 1996）。健全なパーソナリティでは，「それぞれの自己状態は，機能的な全体の一部であり，現実，価値，感情，他者の視点といったものとの内部交渉プロセス〈a process of internal negotiation〉によって情報を得ている」（Bromberg, 1996, p. 514）。

　Siegel（1999）は，神経生物学的な観点から，同様に，「単一の，連続した『自己』という考えは，私たちのマインドがつくり出そうとする幻想である」と主張している（p. 229）。Siegel は，私たちが経験する多くのマインドの状態は，ある瞬間の脳の活動のクラスターであると提唱した。マインドの諸状態は，繰り返し活性化されることで，「専門化された，目標指向的な一連の凝集した機能単位〈cohesive functional units〉」（p. 230）で発達するのであり，それを彼は自己状態と定義している。

▐▐▐▐ 自我状態，「統合する大人」，マインドフルネス

　Eric Berne は，精神分析的な自我心理学と対象関係論に基づいて，ユニークで影響力のある自我状態の理論を開発した（Berne, 1961, 1966, 1967, 1972）。Berne（1972）は，「自我状態とは，対応する行動パターンによって現れる，思考とフィーリングが凝集したシステムである」（p. 11）と定義した。彼は 3 つの主要な自我状態を記述している。「親」の自我状態，「大人」の自我状態，「子ども」の自我状態である。交流分析における自我状態のモデルには，機能モデルや構造モデルなどがある（Stewart & Joines, 2012; Trautmann & Erskine, 1981）。統合的心理療法では，自我状態の概念は，Berne（1961）のオリジナルな構造モデルに基づいており，治療計画や介入のための包括的モデルを提供している（O'Reilly-Knapp & Erskine, 2003）。この包括的モデルでは，「子ども」の自我状態は**太古的な心**〈archaeopsyche〉の現れであり，以前の発達段階での思考，フィーリング，行動のパターンを指す。「大人」の自我状態とは，**新しい心**〈neopsyche〉

の現れであり，現在の現実に適応した思考，感情，行動のパターンを指す。「親」の自我状態は，**外側の心**〈exteropsyche〉の現れであり，重要な他者から取り入れられた思考，感情，行動を指す。このモデルでは，「大人」の自我状態だけが，現在の状況に適応し，その人の発達年齢に一致した健康なマインドの状態を示している。「親」の自我状態と「子ども」の自我状態は，未統合の状態を表しており，新しい心／新皮質の心から切り離されている。この自我状態モデルは，「統合する大人〈integrating Adult〉」モデル（Summers & Tudor, 2014b; Tudor, 2003）と呼ばれており，外側の心の状態と考古学的な心の状態を，新しい心／新皮質の心の自我に統合することを目標としている。Erskine（1991）は，「大人」の自我状態を，「現在の年齢に応じた運動行動，感情，認知，道徳的発達，創造的能力，意味のある人間関係に十分に接触的に関わる能力」（p. 66）からなると説明した。「大人」の自我状態は，「取り入れられた『親』の自我状態や『太古的な〈archaic〉子ども』の自我状態による精神内界のコントロールを受けず」（Erskine, 2015, p. 237）に機能する。

Tudor（2003）は，この概念をさらに拡張し，「統合する大人」は，現在を中心とした，継続的な統合のプロセスであると述べている。「大人」の自我状態は，「受胎から死に至るまでのすべての年齢において，「今，ここ」に適したフィーリング，態度，思考，行動を処理し統合する，脈動する〈pulsating〉パーソナリティ」（p. 201）によって特徴づけられる。Tudor（2003）は，「統合する大人」の特徴として，自律性，関係ニーズ，意識，リフレクティブ機能，批判的意識，成熟，動機づけ，スピリチュアリティを挙げている。

G. Žvelc（2010c）は，この「統合する大人」の理論をさらに発展させ，「マインドフルな大人」という概念を提唱した。彼は，マインドフルネスが統合のプロセスに必要不可欠な「統合する大人」の特徴であると提唱した。図 8.1 は，「マインドフルな大人」の自我状態モデルを示したものであり，中央の内円は「マインドフルな大人」を表象し，マインドフルな気づきを意味している。「マインドフルな大人」からの矢印は，「親」，「大人」，「子ども」の自我状態と外部環境へのマインドフルな気づきを示している。

MCIPでは，さらに発展させて，「統合する大人」のモデルを，個人的自己感の理論や観察する自己の理論と統合した。それにより，マインドフルネスは，「大人」の自我状態の特性ではなく，観察する自己のことを指していることが明

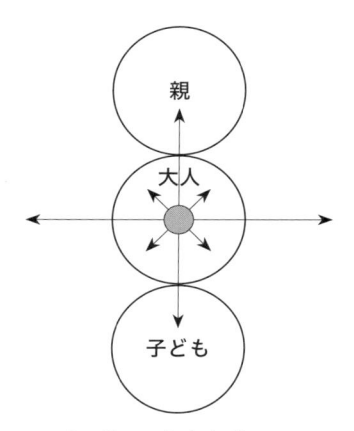

図 8.1　マインドフルな大人 (Žvelc, 2010c, p. 19)

らかになった。「自我の状態」としての「親」，「大人」，「子ども」は，個人的自己感に関係している。次の節では，4つの意識状態〈four states of consciousness〉（FSC）モデルが，「統合する大人」の自我状態モデルと，個人的自己感の理論と観察する自己の理論との統合を提供することについて説明する。

4つの意識状態（FSC）モデル

　前のいくつかの章では，観察する自己と個人的自己感の概念を詳しく説明してきた。しかし，観察する自己と個人的自己感がどのように関連しているのか，また，観察する自己はどのようにしてトランスフォーメーショナル・チェンジとウェルビーイングを促進することができるのかという疑問が残っている。私たちは，自我状態の概念を，個人的自己感と観察する自己の理論に統合することに基づいた「4つの意識状態（FSC）モデル」という新しいモデルの開発を通じて，この疑問に取り組みたいと思う。FSCモデルでは，自己状態〈self-states〉について話しているが，自己状態は関係スキーマの説明や個人的自己感の概念とより一致する用語である。私たちは，交流分析の理論に言及する際には自我状態〈ego state〉という言葉を使い，私たちの特定のモデルに言及する際には自己状態という言葉を使う。

　FSCとは，次のことを説明する人間の心〈psyche〉のモデルである。

1　自己状態の観点から見た個人的自己感の構造と機能。
2　観察する自己と自己状態の関係。
3　異なる意識状態：制限された意識状態，「大人」の意識状態，マインドフルな意識状態，および非二元的な気づき。

　FSCモデルは，M. JamesとJongeward（1971/1996），Erskine（1988），Tudor（2003），G. Žvelc（2010c），SummersとTudor（2014a, 2014b）によって開発された，自我状態の「統合する大人」モデルに基づいている。このモデルでは，「大人」は現在中心の状態を指し，「子」と「親」は私たち自身の未統合な側面を指している。Keith Tudorは，自我状態の「統合する大人」モデルを精緻化して，「2つの自我状態モデル」を提案した（Summers & Tudor, 2014b）。このモデルでは，健康な状態において現れる「現在中心の関係づけ」と病理に繋がる「過去中心の関係づけ」を区別している。彼は，現在中心の自我状態（**新しい心**）と過去中心の自我状態（**太古的な心**）という2つの主要な自我状態を区別している。太古的な心は，取り入れられた〈introjected〉「親」の自我状態と「太古的な子ども〈archaic Child〉」の自我状態で構成されている。なぜなら，両方の自我状態は歴史的起源を持つからである。Tudorの自我状態の分類は非常に思慮深いものであり，自己状態は適応的関係スキーマの現れである自己状態と非機能的関係スキーマの現れである自己状態の2つに大別されるという，私たちの関係スキーマ理論と一致している。私たちは，Tudorの考え（Summers & Tudor, 2014b）に基づいて，個人的自己感は，「統合する大人」の自己モードと過去の自己モードという2つの主要なモードで機能することを提案する。
　「統合する大人」の自己モードとは，現在の状況に適応し，その人の発達年齢に一致している，私たちの現行の現在指向の自己を表す。このモードは，適応的関係スキーマと関連しており，現在の状況に適応した自己状態，すなわち「大人」の自己状態として表れる。これらの状態は継続的に統合され，健康な機能を可能にする。
　過去の自己モードとは，現在の状況には適応していない，以前の発達期と関連する過去の自己状態と関連している。過去の自己モードは，非機能的関係スキーマの現れであり，未統合な，解離された，または取り入れられた自己状態から構成されている。これらの自己状態は，「大人」の自己に統合することがで

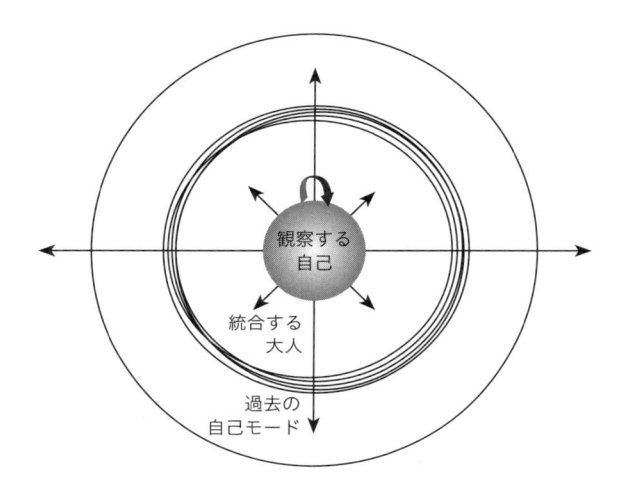

図 8.2　4 つの意自己状態（FSC）モデル

きなかった，耐えがたいトラウマ体験によって生まれたものである。これらの自己状態は，防衛的に解離されたものか，または取り入れられたものである。過去の自己モードは，「太古的な子ども」の自己状態と，取り入れられた自己状態からなる。

　図 8.2 は，4 つの意識状態（FSC）モデルを示している。観察する自己と個人的自己感の相互関係を，「統合する大人」の自己モードと過去の自己モードという 2 つのモードで表している。観察する自己は中央の球体で表され，個人的自己感はその周りの 2 つのリングで表されている。

　外側のリングは，「太古的な子ども」の自己状態と取り入れられた自己状態を伴う過去の自己モードを表している。内側のリングは，「統合する大人」の自己モードを表している。これは，Tudor（2003）の「統合する大人」の図解に基づいており，恒常的な統合プロセスを示すいくつかの重なった円を含んでいる。「統合する大人」は，現在の状況と関連し，現在の経験に基づいて継続的に更新される自己状態からなる。観察する自己は，モデルの中央に表示されており，さまざまな方向に向かっている光線（直線の矢印で示されている）がある。これらの光線は，観察する自己を象徴している。「大人」の自己状態と過去の自己状態にマインドフルに気づいていることを表している。外側のリングを越えて外に向かっている水平な光線は，環境へのマインドフルな気づきを表している。こ

のモデルには，観察する自己が自分自身を指し示す矢印も含まれているが，これは「気づき」そのものへの気づきである。

　この観察する自己の図は，観察する自己が中心に描かれ，さまざまな方向に光線が伸びている「観察する自己のダイヤモンドモデル」（第3章の図3.1参照）に似ている。第3章で述べたように，観察する自己のダイヤモンドモデルの説明図の開発に重要な影響を与えたのは，Siegel（2007, 2018）の**気づきの車輪**〈wheel of awareness〉の視覚的メタファーであり，車輪の中央のハブは気づいているという経験〈the experience of being aware〉を表し，その外縁は気づきの要素を表している。

　以下の項では，このモデルのさまざまな要素について説明する。まず，個人的自己感の構造と機能，すなわち，過去の自己モードと「統合する大人」の自己モードについて説明する。次いで，観察する自己と4つの異なる意識状態に焦点を当てる。

►► 過去の自己モード：「太古的な子ども」の自己状態と取り入れられた自己状態

　図8.2の外側のリングは，非機能的関係スキーマの活性化と結びつく過去の自己モードを表している。関係スキーマには，「自己スキーマ」と「他者スキーマ」の2つの極がある（G. Žvelc, 2010c）。「自己スキーマは，自分自身をどう経験するかという側面を指し，他者スキーマは，他者をどう経験するかという側面を指す」（G. Žvelc, 2010c, p. 10）。過去の自己状態は，非機能的関係スキーマの「自己の極〈self pole〉」への同一化に由来する自己状態か，あるいは「他者の極〈other pole〉」への同一化に由来する自己状態か，そのいずれかとして現れる。交流分析や統合的心理療法（Berne, 1961; Erskine, 1988; O'Reilly-Knapp & Erskine, 2003; Tudor, 2003）に沿って，私たちはこのような自己状態を大きく2つに分類して提案する。それは，**「太古的な子ども」の自己状態**と**取り入れられた自己状態**である。「太古的な子ども」の自己状態では，自己スキーマの活性化が見られ，取り入れられた自己状態では，他者スキーマの活性化が見られる。交流分析や統合的心理療法では，俗に「子ども」の自我状態，「親」の自我状態と呼ばれている。

　太古的な自己状態と取り入れられた自己状態は，実際には分離した状態では

なく，相互に関連している（Little, 2006）。これらはどちらも，関係性の構造である非機能的関係スキーマの現れであり，自己と他者の分離した経験ではない。G. Žvelc（2010c）は，「子ども」の状態と「親」の状態が，同じ非機能的関係スキーマ，つまり自己スキーマと他者スキーマという異なる極の現れであることを説明している。Little（2006）と同じく，「太古的な子ども」の自己状態と取り入れられた自己状態を，「自己状態の関係ユニット」と表現することができる。ユニットの一方の自己状態が観察されたら，もう一方の部分も探さなければならない（Little, 2006）。どちらの状態も，精神内界で経験されるか，他の人や状況に起因するか，のいずれかである。

　「太古的な子ども」の自己状態や取り入れられた自己状態は，歴史的な起源があり，心理的な柔軟性に欠け，適応機能を制限する。このような状態では安心することはできず，これらの状態の活性化は，ANSの過覚醒または低覚醒のいずれかで見られる。これらの状態と同一化すると，私たちの意識は「制限された」状態になる。

▶ 「太古的な子ども」の自己状態

　非機能的スキーマのユニットでの自己スキーマの活性化は，「太古的な子ども」の自己状態の経験に現れる。交流分析やErskineの統合的心理療法では，このような自己の状態を「子ども」の自我状態，つまり，以前の発達段階に固着した感情，思考，行動と定義している（Berne, 1961; Erskine, 1988, 1991）。これらの自己状態が活性化されると，私たちは過去と同じように行動したり，考えたり，感じたりする。たとえ私たちが現在の状況に反応しているように見えたとしても，実際には，未解決なトラウマ体験の発達段階にある子どもの能力で世界を経験しているのである（Erskine & Moursund, 1988）。Erskine（1988）は，「子ども」の状態を「以前の発達段階にあるその人のパーソナリティ全体」と表現している（pp. 16–17）。これには，ニーズ，身体感覚，防衛メカニズム，感情，思考，行動などが含まれる。

　例えば，クライエントのキャシーは，11 歳のときに叔父から性的虐待を受けた。セラピーの間に，その虐待と関連した彼女の「子ども」の自己状態が時々現れた。そのような瞬間，彼女は凍りつき，幼児のように，声が出ないように感じた。彼女はコミュニ

> ケーションをとるのが難しく，セラピストとの接触を避けていた。彼女は，虐待のトラウマの再体験と関連する不動状態〈a state of immobilisation〉になっていた。

「子ども」の自己状態は，処理・統合されなかったトラウマ体験の結果である。そのような経験に耐えることができなかったために，それらは別の自己の状態として解離された。それゆえに，「子ども」の自己状態は調整不全であり，ANSの過覚醒または低覚醒のいずれかと関連している。このような自己状態は，幼児期のものであることが多いが，トラウマ体験はどのような発達段階でも起こりうるため，人生の他の時期のものであることもある（Erskine, 1988）。例えば，私たちは言葉を話さない乳児，3歳児，混乱した思春期の若者の経験や行動を示すことがある。精神分析の用語では，過去を再体験することは退行の概念と関連しているが，退行は最も適切な言葉ではないと私たちは考えている。なぜなら，人は過去に戻ることはないからである。実際は，むしろその逆である。未解決なトラウマ体験の結果である自己状態は，非機能的関係スキーマの活性化を通して，現在において再び呼び起こされる。それは，過去が現在において再び呼び起こされることである。

▶ 取り入れられた自己状態

取り入れられた自己状態は，非機能的関係スキーマユニットにおける他者スキーマとの同一化から生じる（G. Žvelc, 2010c）。他者スキーマと同一化すると，私たちの自己感は，関係スキーマに表象されている他者になる。私たちは，過去に経験した重要な他者の一人のように，感じ，考え，行動するかもしれない。

交流分析やErskineの統合的心理療法では，これらの状態は，重要な他者の取り入れの結果として発達した「親」の自我状態に相当する。「親」の自我状態とは，「取り入れの時期の子どもが知覚した，自分の親やその他の重要な親に準ずる人物のパーソナリティの，実際の歴史的内在化」（Erskine, 1988, p. 17）である。取り入れられた内容は，しばしば非合理的であり，子どもの権威に対する経験によって色づけられている。それらは異物〈a foreign body〉としてパーソナリティに残り，後の学習による影響を受けない（Erskine & Moursund, 1988）。それらは未統合な取り入れ〈non-integrated introjects〉であり，現在の状況に適応的ではない。「親の自我状態」というメタファーは役には立つが，人はさまざまな

重要な人物と関連するさまざまな取り入れを持つことができるので，限界がある。例えば，人は「怒っている司祭の自己状態」，「虐待している隣人」，「落ち込んでいるシスター」，「批判的な教師」，「屈辱的な仲間」といった取り入れられた自己状態を持つことができる。

　私たちのモデルでは，取り入れられた自己状態は，非機能的他者スキーマの活性化と関連している。非機能的スキーマは更新されず，硬直した構造を表象するので，他者スキーマは取り入れと記述できる。「取り入れ〈introject〉」という用語は，臨床的に有用であると考えられるが，外側から内側に持っていくものは何もないということを心にとどめておく必要がある。これらのスキーマは内側から発達する，子どもの重要な他者の経験である（Stern, 1995）。取り入れとは，重要な他者の経験であり，それが私たちのパーソナリティ構造の一部となる。これらのスキーマと同一化するとき，私たちはこれらの自己状態を「私」として経験する。

　取り入れられた自己状態は，能動的な自己状態として，また精神内界への影響力としても機能する（Berne, 1961; Erskine & Moursund, 1988）。取り入れられた自己状態が能動的に現れるということは，人々が過去に親やその他の重要な人物を経験したように行動し，世界を経験するということである。例えばカップルセラピーで，ある夫は，自分の父親が自分や母親を辱めていたのと同じように妻を批判していた。彼は同じような言葉やジェスチャーを使った。夫は妻に，怠け者で家事において無能だと言った。この例では，取り入れられた自己状態が，妻に向けられた能動的な状態として現れていた。取り入れられた自己状態が精神内界で影響する場合，かつて親や他の権威者が自分にしたのと同じように，自分自身に対して反応することがある。この事例の夫も，父親に辱められたように自分を貶め，「お前は役立たずだ！」と自分に言い聞かせていた。このようなケースでは，「子ども」と「親」の両方の自己状態が同時に活性化される。すなわち，屈辱を経験して恥を感じる「子ども」の自己状態と，屈辱を与えている「親」の自己状態である。

► トラウマと，解離され取り入れられた自己状態の発達

　「太古的な子ども」の自己状態と取り入れられた自己状態は，統合のさまざまなレベルで存在している可能性がある。解離は，ほぼ「ノーマル」な現象から

解離性障害に見られる病的な解離に至る連続体として理解されている（Bromberg, 1996）。私たちは誰でも，過去の自己モードとそれに対応する太古的な自己状態と，取り入れられた自己状態に現れる未解決な経験を持っているといえる。しかし，健康なパーソナリティであれば，これらの状態は，言語的な自己ナラティヴの一部である。Bromberg（1996）が言うように，適応的な連続性の錯覚の一部なのである。これらの状態は，必ずしも今この瞬間に適応的であるわけではないが，私たちのアイデンティティ，つまり個人的自己感の一部として受け入れられている。例えば，自分のことを，時々非常に怒りっぽくなるし，人に屈辱を与えたりもする人間だと述べる。これは，自分の好きな面ではないかもしれないが，それでも「自分は何者か」という自己感の一部となっている。しかし，「自分ではない」と感じる経験であっても，言語的な自己ナラティヴから除外されるほど解離している場合もある。例えば，パートナーに虐待的に振る舞っていたときのことを覚えていなかったり，そのときの自分は自分ではないという経験をしていたりする。これらの経験は，解離性障害の一部である。

►► 「統合する大人」の自己モード

　個人的自己感は，「統合する大人」の自己モードの中でも機能する。「統合する大人」の自己モードとは，現在指向の自己〈present-oriented self〉を指し，その人の発達年齢と今ここの状況に一致している。図8.2では，これを内側のリングで表しており，「統合する大人」の自己モードを象徴している。「大人」の自己モードとは，現在の現実に適応した，現在の思考，感情，および身体感覚を指す。図8.2では，「統合する大人」のリングの外縁は，たくさんの重なった円で図示されており，これはこの自己モードの「統合する」性質を象徴的に表している。

　過去の自己モードは，非機能的関係スキーマに関連のある歴史的経験と結合しているが，「統合する大人」のモードを統合することで，適応的関係スキーマと結合する。統合的心理療法では，「統合する大人」の自己モードは，人生の現状への健全な適応を示している。取り入れられた自己状態や太古的な自己状態は，現在の状況に適応していない過去の経験が再び呼び起こされたものである。それらは，過去においては耐えがたい状況に対処する創造的な方法として適応

的であったが，現在においてそれは機能不全に陥っている。このような自己状態は，心理療法を受けるクライアントが抱える多くの症状や問題の原因となっている。取り入れられた自己状態や太古的な自己状態とは，私たちの「大人」のパーソナリティに統合されていない自己状態で，未処理・未消化の経験を示しており，防衛メカニズムによって形成され維持されている。解離や取り入れは，ノーマルでない状況に対する「ノーマル」な反応だったが，現在において私たちの柔軟性や選択を制限する。

　統合的心理療法の目標のひとつは，パーソナリティの全体性との統合であり，ここでは，取り入れられた自己状態や太古的な自己状態を「大人」の自己モードに統合することを意味する。これは，その自己状態が存在しなくなるということではない。統合とは，自己の一部が変容するプロセスの中で，「統合する大人」と一致する新しい機能を担うことを意味する。統合とは，**個人的自己感**の調和と凝集性を意味する。理想的には，**個人的自己感**が，解離された自己状態や取り入れられた自己状態がすべて統合されている「統合する大人」の自己モードでのみ機能することだろう（Erskine & Moursund, 1988; Erskine, 1988）。Tudor（2003）は，この意味で，これまで解離され取り入れられた自己経験を含む「大人」の機能の拡大を提案している。

　私たちは，通常の経験とは異なることが起こると，その出来事に関連した苦痛や不快な感情を抱くことがある。

　　例えば，ピーターは病院で看護師として働いていた。ある日，彼は患者の一人が首を吊っているのを見つけた。彼はその経験にとても心をかき乱され，多くの恐怖と悲しみを感じた。彼はこの経験を同僚やセラピストに話した。彼はなんとかその経験にとどまり，その強烈さに耐えることができた。彼は心理療法のセッションでひどく泣き，「自分は彼を救えなかった」という無力感を受け入れた。そして，その出来事を夢にまで見た。数週間後，彼はこの経験を処理し，個人的自己感に統合することができた。その経験は，「過去に起こった悲しい物語」として同化された。

　マインドフルな気づきは，この統合プロセスには不可欠である。マインドフルな気づきにより，回避したり融合したりすることなく，つらい経験と共にいることができる。また，マインドフルな気づきは，処理や統合にとって極めて

重要な耐性の窓や関連する腹側迷走神経系へと人を導く。

　つらい経験に耐えられないと解離が起こり，その経験は「大人」の自己モードに同化されない。それは「大人」のパーソナリティには統合されない別の部分となる。11歳のときに虐待を経験したキャシーは，そのことについて話すことはなかった。叔父に「話したら母親を殺す」と脅されていたため，処理することも統合することもできない非常に大きな痛みを抱えながら，沈黙し，孤独のままだった。

　私たちの個人的自己感は，よりよく統合される場合もあれば，そうでない場合もある。統合された自己とは，自己状態の凝集性と連続性の経験に見られる。統合のプロセスは，私たちの関係スキーマの同化と調節〈assimilation and accommodation〉の継続的なプロセスとして記述できる。そして，それに伴って，分離した自己状態が私たちの自己感の一部となり，他の自己状態から歓迎され，受け入れられる。このプロセスでは，以前は解離していた自己状態が再編成され，変容するのである。

►► 観察する自己と4つの意識状態

　図8.2では，観察する自己が中央の球体で表現されている。観察する自己を中央に描くことで，観察する自己が私たちの**本質的自己**〈essential self〉であることを象徴的に示している。スピリチュアルな伝統では，**内なる本質**〈inner essence〉，**魂**〈heart〉，**スピリチュアルな太陽**〈spiritual sun〉，**私たちの自己の中心**〈centre of ourselves〉などと表現されることが多い。ここでは観察する自己を中心に図示している。観察する自己は，私たちが気づいていて，意識できている視点であるが，つきとめることはできない（Deikman, 1982; Hayes et al., 2012）。観察する自己は，「存在する〈being〉」という感覚，「実存する〈existing〉」という感覚として，あらゆる経験の背後に常に現れている。それは，すべての自己状態の中にあり，「大人」の自己状態や過去の自己状態にもある。しかし，ある特定の自己状態と同一化されると，私たちはその自己状態に「なりきって」，その視点から見てしまい，観察する自己に気づかず，私たちの意識は制限されてしまう。

　FSCモデルでは，4つの主要な意識状態を説明している。それは，（1）制限された意識状態，（2）「大人」の意識状態，（3）マインドフルな意識状態，（4）非二元的な気づきである。最初の2つの状態は，個人的自己感の通常の意識と

関連しており，観察する自己は個人的自己感と同一化される。残りの2つの状態は，多かれ少なかれ個人的自己感との同一化から自由である。

　図8.2では，外側のリングは制限された意識，内側のリングは「大人」の意識状態，中央の球体は観察する自己の意識と関連している。これらの意識は，マインドフルな意識状態（異なる方向を指す直線の矢印）と非二元的な気づき（観察する自己を指す矢印）のいずれかに現れる。内側と外側のリングは，自分自身や他者，そして世界を見るためのフィルターのような役割を果たす。中心からの距離は，意識の状態を制限性〈restrictiveness〉の観点から象徴的に示している。中心から離れるほど，私たちの意識は制限され，知覚は明瞭ではなくなる。また，中心からの距離は，マインドの多重性の度合いを表している。外側のリングの制限された意識は，統合されていない自己状態で現れる，マインドの多重性の最も高い度合いと関連している。対照的に，中央の球体の非二元的な気づきは，多重性がない一体感と関連している。

▶ 制限された意識

　図8.2の外側のリングは，最も制限された意識状態を表している。この状態は，観察する自己が過去の自己モードやそのモードの太古的な自己状態，または取り入れられた自己状態と同一化していることと関連している。この状態では，非機能的スキーマのプリズムを通して自分自身や他者を見て，現在の刺激に対して太古的な自己状態，または取り入れられた自己状態に基づいて反応する。この制限された意識状態は，マインドの多重性が最も高い程度と関連していて，分離した，もしくは未統合な自己状態で現れる。

　過去の自己モードで「生きること」は，苦しみの源であり，多くのクライエントがセラピーにやってくる臨床的な問題と関連している。自律神経系の観点から見ると，制限的な意識状態は，自律神経系の過覚醒や低覚醒に現れる防衛的な自律神経の状態と関連している。連続体の最も重度の端には，複雑なトラウマを受け，脱人格化〈depersonalization〉，現実感喪失〈derealisation〉，アイデンティティの交代〈identity alterations〉，意識の途絶〈interruptions in awareness〉など，解離と関連する意識変容状態を経験するクライエントがいる（Lanius, 2015）。意識の制限は，ここでは，時間，思考，身体，感情という意識の4つの次元に関して，重度の不連続性や統合性の欠如と関連している（Lanius, 2015）。

► 「大人」の意識状態

この意識状態は，観察する自己が「大人」の自己状態とそれに関連する適応的関係スキーマ（図 8.2 の内側のリング）と同一化していることと関連している。この意識状態では，適応的関係スキーマの観点から，自分自身，他者，そして世界を認識する。「大人」の自己モードの意識は，制限された意識と比較して，適応的関係スキーマが変化に対してオープンであり，継続的に更新されているため，柔軟で適応的である。制限された意識と比較して，「大人」の意識状態は，多重性の度合いがより少ないことと関連しており，意識のより大きな統合性と連続性の中に現れる。

「大人」の自己モードで生きることは，心理療法において極めて重要な目標である。ANS の過覚醒や低覚醒と関連する過去の自己モードと比較して，「大人」の自己モードは社会交流システムや耐性の窓の内部で機能することと関連する。これにより，社会的な繋がりやコンパッションが可能になる。大人の意識状態は，正確なニューロセプションとも関連する（Porges, 2017）。

「大人」の意識状態には長所と短所がある。この意識状態は，心理療法の主な目標のひとつであるにもかかわらず，自己ナラティヴやその関連スキーマと同一化されたままであるため，ありきたりの不幸と関連がある。それは「すること〈doing〉」モード（Segal et al., 2002）や，Fromm（1976）が「持つこと〈having〉」モードと記述したものとの関連が顕著である。Šumiga（2019）は，Fromm の業績を分析する中で，現代社会がいかにこの持つことモードに支配されているかを述べている。この持つことモードは，物や人，あるいはアイデアに対する自己中心的な所有欲に見られる。

► マインドフルな意識状態

マインドフルな意識状態は，観察する自己と関連する極めて重要な意識状態である。これは，純粋な気づきと関連しており，最も直接的な気づきである。なぜなら私たちの自己状態のフィルターを通して知覚することや，自己状態に同一化されることなく，過去と現時点の自己状態の両方を，脱中心化された視点から観察することができるからである。「大人」の意識状態と比較して，マインドフルな気づきは「あること〈being〉」モード（Segal et al., 2002），つまり，「何があるのか〈what is〉」という気づきとアクセプタンスに関連している。この意

識状態では，私たちは根本的に異なるやり方で，つまり，今この瞬間に，アクセプタンスと脱中心化された視点をもって，自分の経験と関わる（第3章参照）。

　マインドの多重性という点では，マインドフルな意識状態は，連続し統合された気づきの流れとして経験される。このような意識状態にあるとき，気づいている「私たち」と気づきの内容との間にわずかな隔たりがあるにもかかわらず，私たちは自分自身を全体として経験している。

　図8.2では，マインドフルな意識状態を，観察する自己から外部環境，「大人」の自己モード，過去の自己モードへと向かう光線で表している。この光線は，今この瞬間のプロセス，アクセプタンス，および脱中心化された視点を象徴的に表している。観察する自己と接触するとき，私たちは自分の経験に対する「愛に満ちた証人」である。マインドフルな気づきの光線は，私たちの経験に浸透し，気づき，アクセプタンス，そして愛を与えてくれる。左と右の光線は，外部環境のマインドフルな気づきを表している。これは，環境の中で起こっていることに対するマインドフルなプレゼンスの経験や今この瞬間の気づきの経験として現れる。例えば，森の中を歩いている人は，自然をより十分に経験し，より鮮明に色を見て，空気を肌で感じ，近くの花の香りを感じているかもしれない。まるで自然がより「生き生きしている」かのように。何かを変える必要はない。自然と触れ合うことで，ただ「あるがまま〈be〉」でいることができる。

　観察する自己から過去の自己モードに向かっている矢印は，「太古的な子ども」の自己状態や，取り入れられた自己状態のマインドフルな気づきを描写している。例えば，「不信」と関連する取り入れられた自己状態が活性化していても，人はマインドフルに観察することができる。「男たちを信用するな。彼らはあなたを失望させるだろう」というような思考を，好奇心と共に脱中心化し，観察することができる。あるいは，見捨てられることへの恐怖と関連する「子ども」の自己状態を観察することもできる。「統合する大人」の自己モードに向かっている矢印は，さまざまな「大人」の自己状態のマインドフルな気づきを表している。このような状態は，現在中心の，瞬間瞬間に現れる思考，フィーリング，および生理的反応によって明らかとなる。ジムにいる人は，太ももの筋肉の痛み，エクササイズをする喜び，ジムのグループの一員であることへの満足感など，自分の身体感覚にマインドフルに気づいているかもしれない。

　MCIPでは，クライエントをマインドフルな意識状態に誘うことを主なプロセス目標のひとつとしている。セラピストは，セッションの間，クライエントがこの意識状態を活性化し，自分の経験にマインドフルな気づきをもたらすように継続的に誘う。

▶ 非二元的な気づき

　また，図8.2では，観察する自己から観察する自己それ自身に戻る矢印を示している。これは，気づきそのものに対するマインドフルな気づきを表している。それは，気づきの非二元的な性質を認識することを意味する。第3章で説明したように，気づきそのものは，つきとめることができない。つまり，境界がなく，すべてを包み込んでいる。気づきの非二元的という性質の認識は，この第4の意識状態，すなわち「非二元的な気づき」に現れる。それは，他者や世界との相互の繋がりや一体感といったスピリチュアルな経験に見られる。Josipovic（2019）は，非二元的な気づきを，「意識の基礎的な側面であり，他の現象的な内容を持たない意識そのものだけであり，非概念的で主語と目的語の構造化を持たない空の気づき〈an empty awareness〉であり，それゆえ非二元的である」（p. 275）と述べている。非二元的な気づきは，概念的なマインドにとっては，いかなる再定義もない，思考，感情，身体，空間，時間，そして通常の自己感を持たない気づきとして現れる（Josipovic, 2019）。Josipovic（2019）は，非二元的な気づきとは，概念や表象を媒介せずにそのものを意識することであると提案している。これは，概念に依存するありきたりの「大人」の意識状態とは対照的に，非概念的な再帰性〈reflexivity〉が非二元的な気づきのひとつの性質であることを示唆している。Josipovic（2016）は，愛とコンパッションは非二元的な気づきの固有の特性〈intrinsic properties〉であると述べている。非二元的な気づきが実現するとき，愛とコンパッションは本物の存在〈authentic being〉の一部として自然に生じる。

　非二元的な気づきの概念は，近年，科学的な言説や研究の主題となっている（Fucci et al., 2018; Hanley et al., 2018; Josipovic, 2010, 2014, 2016, 2019; Krägeloh, 2018; Mills et al., 2018; Vieten et al., 2018）。マインドフルな気づきに関する研究はかなりあるが，非二元的な気づきを調査した研究はわずかしかない。Josipovic（2014）は，非二元的な形式の瞑想を経験したチベット仏教の修行者

を研究している。彼は，非二元的な瞑想が，いかに脳内の内在的ネットワークと外在的ネットワークの間の機能的結合を増加させ，それが「主観か客観か，あるいは自己か他者かといった経験の断片化の減少」という主観的報告と関連しているのかについて説明している（Josipovic, 2014, p. 16）。マインドフルな意識状態は，非二元的な気づきとの比較において，内部環境と外部環境に気づいているこの「私」がいるという，表現しがたい経験の二元性〈subtle dualism〉の中に現れる。非二元的な気づきでは，観察する／超越自己のレベルで，私たちは互いに，また世界からも切り離されておらず，私たちは宇宙そのものであることを認識しているのである。

MCIP の段階

　MCIP では，4 つの意識状態（FSC）モデルが，私たちの心理療法を方向づける段階で進める治療計画のガイドとなる。図 8.3 は，MCIP の各段階と，各段階の基本となる具体的な治療課題を示している。治療課題には，特定の心理療法プロセスを促進するさまざまな介入が含まれている。治療課題は，固有の段階と関連しているとはいえ，ほとんどの課題は，治療プロセス全体を通して重要なものである。例えば，調律された関係性の構築，治療同盟，マインドフルな能力の開発，自己調整の促進などは，セラピーのすべての段階で不可欠である。また，各段階は直線的な順序ではなく，相互に繋がっていることもある。心理療法プロセスでは，事前の段階を扱わなければならないことも多く，複数の段階を同時に進めることもある。段階は，心理療法家のガイドラインであり，厳格に使用すべきではない。

▶▶ 第 1 段階：治療同盟の確立とマインドフルな能力の開発

　第 7 章では，ほとんどの人が，いかに個人的自己感の結果である**ありきたりの不幸**の状態で生きているかを述べている。私たちは，多かれ少なかれ，無意識のうちに自分のライフストーリーに沿って人生を生きている。私たちの人生は，自分自身についての信念，過去の記憶，未来への希望と恐れによって動かされている。ありきたりの不幸と関連する苦しみは，人々がさまざまな太古的な自己状態や取り入れられた自己状態と同一化しているときに増大する。内部

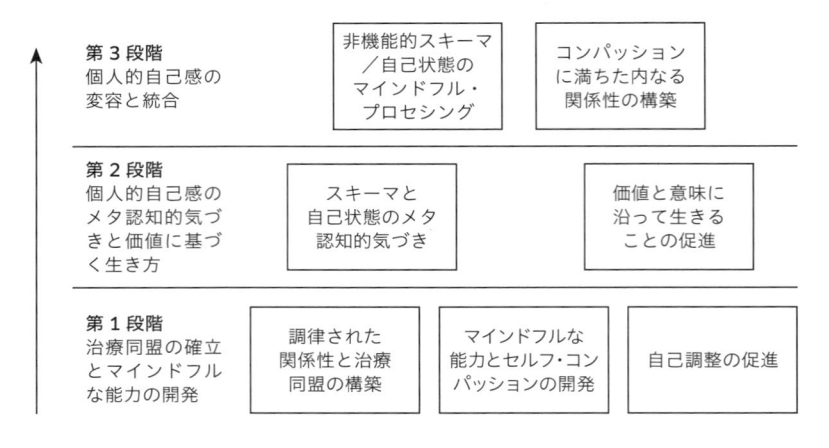

図 8.3 MCIP の段階と関連する治療課題

および外部の特定の誘因が過去の自己状態を活性化し，その人がその自己状態に「なる〈become〉」ことがある。この場合，私たちは現在の現実に反応しているのではなく，私たちの知覚を彩る古い経験や先入観に従っている。これは，図8.2 の外側のリングと関連する，制限された意識状態である。私たちのクライエントの多くは，内部および外部のさまざまな誘因によって活性化される，さまざまな過去の自己状態と同一化した「外側のリング」の中で絶えず生活している。この状態では，私たちは自分の人生を生きているのではなく，自分の人生が「生きられて〈lived〉」いるのである。例えば，クライエントのニーナは，誰かが声を荒げると，自分は無力で言葉が出ないと感じるようになった。これは，彼女が父親による身体的虐待を経験したときに，「子ども」の自己状態を活性化させる引き金となったのである。太古的な自己状態や取り入れられた自己状態への同一化は，心理的柔軟性のなさや自律性の欠如に見られる。

　制限された意識状態は，マインドフルな気づきの欠如と関連している。人は，今この瞬間にとどまり，自分の経験に対して証人としてのスタンスを確立することに困難がある。彼らは，自分の経験に対して離れているか，融合しているかのどちらかである。彼らは通常，ネガティブな信念やつらい記憶のような自分のある側面を取り除きたいと思っている。セルフ・コンパッションが欠如し

ていると，自分を極端に批判しがちである。自律神経系の側面から見ると，彼らは調整されておらず，感情的・生理的調整不全に苦しんでいて，過覚醒や低覚醒の状態になっている。

　この段階のセラピーでは，主に 3 つの課題がある。（1）調律された関係性と治療同盟を構築すること，（2）マインドフルな能力とセルフ・コンパッションを開発すること，（3）自己調整の促進すること，である。これらの課題は，第 9 章，第 10 章，第 11 章で詳しく説明されている。

　安心で，信頼できる関係性や治療同盟を築くことは，他のすべての治療課題の前提条件であり，治療プロセス全体を通して不可欠なものである。探究，調律，関与はコンパッションに満ちた治療関係を提供し，クライエントを自分の内なる世界の探索へと誘う（Erskine, 2019c; Erskine et al., 1999）。マインドフルネスのプロセスとコンパッションは，治療関係における接触を通して徐々に導入される。調律された治療関係の助けを借りたクライエントは，自分の経験や個人的自己感に関するマインドフルな気づきを発達させる。調律された関係性とマインドフルな気づきは，クライエントの感情と生理を調整するためにも不可欠である。その目的は，クライエントの調整不全状態の調整であり，クライエントが社会交流システムを活性化するのに役立つ（Porges, 2011, 2017）。クライエントはしばしば自律神経や感情状態の調整不全になるため，治療プロセス全体を通して，自己調整に関する課題に取り組むことは不可欠である。

▶▶ 第 2 段階：個人的自己感のメタ認知的気づきと価値に基づく生き方

　セラピーの第 2 段階では，個人的自己感に対するメタ認知的な気づきを養い，自分の最も深い価値や強い願望に沿った生き方を始めることを目標としている。4 つの意識状態モデルでいうと，これは，クライエントが「大人」の自己モードにとどまる能力を高め，マインドフルな気づきの能力を高めることに相当する。セラピーの第 2 段階は，主に 2 つの課題と関連している。（1）スキーマと自己状態のメタ認知的な気づきと，（2）価値と意味に沿って生きることの促進である。この 2 つの課題については，第 10 章で詳述している。

　Dimaggio ら（2015）は，メタ認知には「自分自身と他者の心の状態を理解する人間の能力と，リフレクションとマスタリーのための能力」（p. 33）がどのように含まれているかを述べている。私たちのモデルでは，メタ認知的な気づ

きとは，自己状態やスキーマから脱中心化し，これらの構造が自分の人生と他者や世界との関係をどのように形成しているかを省察する能力を意味している。その結果，内なる自由と心理的柔軟性が高まる。私たちのモデルでは，メタ認知的な気づきは，観察する自己と，それと関連するマインドフルな気づきやメンタライゼーションのプロセスと結びついている（第2章参照）。

　メタ認知的な気づきは，クライエントが自分の個人的自己感を洞察し，理解するのに役立つ。これは，メンタライゼーション能力の向上と関連している。クライエントは，内外の刺激に反応して，さまざまな自己状態とこれらの状態の活性化について理解し始め，気づくようになる。クライエントは，過去の自己状態と，現在と関連する自己である「大人」の自己モードとを区別し始める。

> 　例えば，ニーナは，他者の怒りのフィーリングへの自分の反応が，過去に身体的虐待を受けた経験の引き金を引くことを理解した。また，「虐待されている子ども」の自己状態と同一化すると，たとえ他の人がただ自己主張をしていただけだとしても，危険な存在として認識してしまうことも理解し始めた。そして，「怯えて無力な子ども」の自己状態の視点から他者を見ていることが多いことに気がついたのである。

　メタ認知的な気づきとそれと関連するメンタライゼーションは，クライエントが自分の自己状態が他人の経験と解釈の両方に与える影響について振り返るのに役立つ。メタ認知的な気づきは，マインドフルな意識状態でいるための能力の向上にも繋がる。クライエントは，自己状態やスキーマと融合したり，離れたりするのではなく，徐々に自分の経験に対して愛に満ちた証人になる。彼ら彼女らは，観察する自己を自己状態やスキーマから区別し始める。彼ら彼女らは，観察する自己の位置から，さまざまな自己状態や非機能的スキーマをマインドフルに観察することができる。これにより，太古的な自己状態や取り入れられた自己状態と同一化することが少なくなる。それらの状態が活性化されると，クライエントは脱中心化された視点，オープンネス，アクセプタンスをもってそれらに関わることができる。これにより，太古的な自己状態や取り入れられた自己状態が活性化されても，クライエントは「大人」の自己モードにとどまることができるのである。

　　例えば，この段階のセラピーの終わりに，ニーナは，たとえ人が大声で話していても，怒っているように見えても，「大人」の自己モードにとどまることができた。発汗，心臓の鼓動，そして身体が熱くなるのを観察することができた。同時に，彼女は過去の記憶を再体験していることにはっきりと気づいた。彼女は，たとえ「太古的な子ども」の自己状態が活性化していても，「大人」の自己モードにとどまり，それに応じた反応をすることができた。図 8.2 では，「大人」の意識状態を象徴する内側のリングによって，このことが示されている。

　また，この段階の 2 つ目の課題である「**自分の価値や意味に沿って生きること**」のためにも，メタ認知的な気づきは非常に重要である。MCIP では，問題やクライエントの人生における困難だけに焦点を当てるのではなく，クライエントの人生に意味や目的を与えている価値にも好奇心を抱く。メタ認知的な気づきは，クライエントが過去の自己状態や非機能的スキーマと同一化しなくなることで，自分の価値に沿って生きることを促進する。私たちは，クライエントが症状を超えて，意味や目的を持って生きる人生を想像するように誘う。セラピストの助けを借りて，クライエントは自分にとって大切なものに焦点を当て，より意味のある人生を送り始めることができる。

　この段階の終わりには，クライエントはより安定した状態を示し，自己調整スキルが向上し，より容易に今の瞬間にとどまることができるようになる。FSC モデルでいえば，クライエントは「統合する大人」の自己モードで生き始める（図 8.2 参照）。観察する自己との接触やマインドフルな意識状態も，クライエントが個人的自己感への執着を弱めるのに役立つ。しかしながら，この段階では，太古的な自己状態や取り入れられた自己状態はまだ統合されていない。ストレスがより高いときには，まだこれらの状態と同一化して反応している。異なるのは，これらの状態が個人に対してそれほど大きな影響力を持たなくなったため，人はこういった変化をすぐに認識し，より早く「大人」の自己モードに戻ることができるという点である。これは，心理的柔軟性の向上と症状の軽減に関連している。それは心理療法において非常に望ましい目標であり，例えば，アクセプタンス＆コミットメント・セラピー（ACT）では主な目標となる。

►► 第3段階：個人的自己感の変容と統合

　この段階のセラピーでは，個人的自己感の変容と統合が目標となる。FSC モデルの観点から，この第3段階においては，クライエントは個人的自己感を変容させるのに役立つマインドフルな意識状態に，より立脚するようになっている。この段階は，記憶の再固定化と関連しており，深い心理的変化をもたらす。この段階と関連する主な課題は次の2つである。(1) 自己状態と非機能的スキーマのマインドフル・プロセシング，(2) コンパッションに満ちた内なる関係性を構築すること，である。マインドフル・プロセシングについては第 12 章で，コンパッションに満ちた内なる関係性については第 13 章で詳しく説明している。

　統合的心理療法では，さまざまな方法や技法を用いて処理を行うが，MCIP では，マインドフルな気づきとコンパッションのプロセスを非常に重視している。マインドフルな気づきとコンパッションは，私たちの個人的自己感を変容することができる。それらは，私たちのライフストーリーへの執着を減らす助けになるだけでなく，変化のプロセスの核心ともなる。マインドフルネスとコンパッションのプロセスは，トラウマ記憶の処理，解離した自己状態や取り入れられた自己状態の変容と統合に不可欠である。また，制限されたライフストーリーを変容するのにも役立つ。このようにして，個人的自己感の統合を促進する。

　マインドフル・プロセシングという課題は，マインドフルな気づきの助けを借りて，不穏な経験や自己状態を処理し，統合することである。G. Žvelc (2012) は，「マインドフルネスは生体の自然治癒を促進し，内的経験のアクセプタンスと気づきによって変化が自然に起こる」と述べている (p. 46)。マインドフルな気づきは，これまで避けられていた経験のアクセプタンスを促す。第6章では，マインドフルな気づきが記憶の再固定化のプロセスにとっていかに重要かを説明している。例えば，「子ども」の自己状態が活性化され，それをアクセプタンスと優しさをもって受け入れると，こういった状態は危険であり避けるべきものであるという古い感情学習とは対照的な，新しい経験が促進されることがある。この経験がそれらの自己状態の統合を促進する。

　この段階の第2の課題は，**コンパッションに満ちた内なる関係性を構築すること**である。セラピーのこの段階では，クライエントは，自分自身と他者に対するより大きなコンパッションに現れる観察する自己と，より接触するようにな

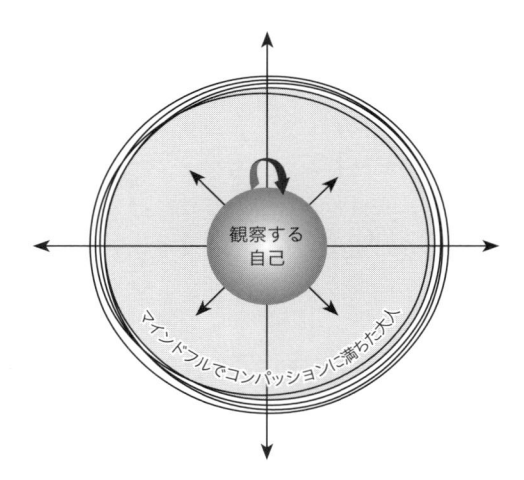

図8.4　統合された個人的自己感と観察する自己

る。観察する自己の位置から，クライエントはさまざまな「子ども」の自己状態や取り入れられた自己状態に能動的に関わることができる。セラピストの助けを借りて，クライエントは自分の存在を認容し，自分の機能を承認し，自分の経験をノーマライズすることができる。彼らは，異なる自己状態の痛みや苦しみを理解し，認容するようになる。このようにして，クライエントは分割されていた自己状態へのコンパッションを育み，統合を促進することができるのである。クライエントのニーナは，虐待を受けた無力な「子ども」の自己状態に対して，徐々にコンパッションを持つようになった。「子ども」の自己状態は，少しずつ安心感を得て，彼女の残りのパーソナリティと統合されていった。それゆえ，この段階のセラピーでは，観察する自己とさまざまな自己状態との間に新たな内的関係性を築くことが課題のひとつなのである。このような内的関係性は，異なる自己状態に対するコンパッションと愛に基づいている。このプロセスを経て，個人的自己感が変容し，より統合されたものになる。

　図8.4は，MCIPのゴール，つまり統合された個人的自己感を表している。ここでは，太古的な自己状態や取り入れられた自己状態が「大人」の自己モードに統合されている。これが理想化された目標であり，私たちの多くは，統合されていない特定の自己状態を持つだろうと認識しているが，これらの状態は，観察する自己によって許容され，自己調整されうる。この段階での目的は，調和

のとれた内なる世界を発展させることであり，その中で観察する自己は個人的自己感と力動的な関係にあるものの，区別される。

　図8.4は，変容した「大人」の自己モードも表している。観察する自己は，過去の自己状態の統合を促すだけでなく，「大人」の自己モードをも変容させる。Xiaoら（2017）は，マインドフルネスの実践は自己を変えることができると述べている。彼らはそのように変化した自己を**マインドフルな自己**と表現している。より大きなマインドフルネスとコンパッションがあれば，信念，感情，行動，生理，そして脳機能のレベルでパーソナリティは変化しうるのである。マインドフルネスとコンパッションを通して，人はより穏やかに，より平和に，コンパッションに満ちた状態になり，平静な資質を示すようになる。私たちは，このような変容した個人的自己感を，**マインドフルでコンパッションに満ちた「大人」**と記述している。マインドフルネスとコンパッションのプロセスはパーソナリティの特性となる。このような人は，今この瞬間に存在する能力がより高く，コンパッションや受容することに長け，内なる叡智の兆候を示す。このような人はまた，個人的自己感が完全になったり，永久的な幸福の状態になったりすることは決してないことを理解し，個人的自己感の**ありきたりの不幸**，つまり人間の限界と共に生きることへの洞察を深める。彼らはこの観点から，自分の限界や失敗に対してよりコンパッションを向けることができるようになる。また，他者とのより大きな繋がりを経験し，自分は完全ではありえないということを理解するのである。そして，このようにして，自分を完全にするために他者を変えようとすることを最終的にやめることができる。

►► 3つの段階を超えて：スピリチュアルな発達と非二元的な気づき

　たとえ「統合する大人」の自己モードで生きていて，過去の自己状態に悩まされていない人生であっても，私たちは自分のライフストーリーと同一化して，いわゆる**ありきたりの不幸**の中で生きている。人によっては，心の奥底にあるスピリチュアルな成長への欲求が呼び起こされ，人生の深い意味を探し始めるかもしれない。心理療法では，このことは通常，スピリチュアルな発達に関するテーマにより焦点を当てることに見られる。この潜在的な第4段階は，通常，心理療法の領域ではないが，さまざまなスピリチュアルな伝統の中では本質的な部分である。

　歴史的に見ても，マインドフルネスとコンパッションは，さまざまなスピリチュアルな伝統の一部であり，その主な目標は，個人的自己感の向上ではなく，自己や自我への非執着であった（Hanh, 1998; Malachi, 2005）。また，非二元的なスピリチュアルの伝統では，私たちの日常的な経験の背後に非二元的な気づきがあることを提唱しており，それを私たちは「観察する／超越自己」と表現している。これらの伝統におけるスピリチュアリティの目的は，存在の根拠〈a ground of being〉として非二元的な気づきを認識することである（Albahari, 2006; Ganesan, 2017; Josipovic, 2019; Malachi, 2004, 2005）。図 8.4 では，これは観察する自己を指し返す矢印で示されている。非二元的な気づきに基礎を置くことは，MCIP のこの潜在的な第 4 段階を示しているかもしれない。

　ここでは，スピリチュアルな発達と関連した，この第 4 の治療段階の可能性を提案しているが，スピリチュアルな経験は，セラピーのあらゆる段階でしばしば存在することを強調しておくべきである。MCIP は，マインドフルな気づきとコンパッションを高めることに焦点を当てているので，スピリチュアルな経験が自然に出てくることが多い。観察する自己との接触は，本質との深い繋がり，一体感，信頼感，意味，そして内なる平和といった経験と関連していることが多い。スピリチュアルな経験は，クライエントが自分自身の脆弱性と深くコンパッションに満ちた繋がりを持つときや，コンパッションに満ちたセラピストとの接触にオープンであるときに生起することが多い。

　この段階でのセラピストの役割は何だろうか？　心理療法家の役割は，心理療法の間に出てくる可能性のあるスピリチュアルな問題に対してオープンでいることであると私たちは考えている。心理療法家はスピリチュアルな教師ではないが，スピリチュアルな次元についてクライエントの話を聞き，理解することが重要である。そうすることで，スピリチュアルな性質を持った本物の〈authentic〉「我－汝」の関係への道が開かれる。また，クライエントがスピリチュアルな経験を日常生活に統合できるように援助することも，セラピストの役割であると私たちは考えている。クライエントの中には，スピリチュアルな発達の目標は，有害なやり方で個人的なアイデンティティを切り離すこと〈detachment〉だと考えている人がいる。クライエントの中には，生理的要求を無視するようになる人もいれば，世界から隠遁する〈retreat〉人もいる。私たちは，この「スピリチュアルなバイパス」は日々の生活の中で不均衡をもたらす

可能性があると考える。人には数多くの役割があり，さまざまな文脈の中で機能しなければならない。個人的自己感を切り離すことで，自分がすべての上にいるような錯覚をもたらす可能性がある。観察する自己は，個人的自己感を通じて体現され，生きられなければならない。私たちの考えでは，健康なスピリチュアリティには，個人的自己感の変容が含まれるし，観察する／超越自己と個人的自己感の間の継続的な関係性も含まれる。スピリチュアルな心を持ったセラピストは，クライエントがスピリチュアルな道を日常生活に統合することへの助けとなるかもしれない。

　MCIPの主な概念，理論，段階についてこれまで説明してきたが，ここからは本書のPART IIIの実践的な部分に入る。MCIPの概念と理論は，セラピーのプロセスを理解し，マインドフルネスやコンパッションを重視した方法や介入を行うための強固な基礎を提供する。

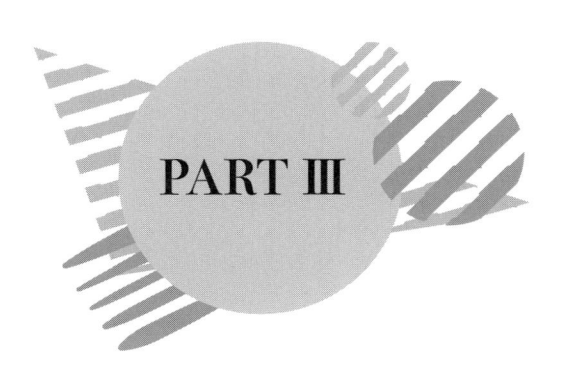

PART III

方法と介入

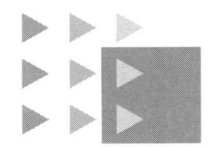

第 9 章

関係マインドフルネスと
コンパッションの方法

　この章では，MCIP のあらゆる段階において極めて重要な，関係マインドフルネスとコンパッションの基本的な方法について説明する。関係マインドフルネスとコンパッションは，第 8 章で説明した治療上のすべての課題にとって重要である。関係マインドフルネスとコンパッションの方法は，Erskine らが開発した**鍵穴モデル**（Erskine & Trautmann, 1996; Erskine et al., 1999; Erskine, 2015）と，マインドフルネスとコンパッションのプロセスとを統合する（図 9.1 参照）。鍵穴モデルは，統合的心理療法の関係的方法に関する包括的モデルであり，**探究〈inquiry〉**，**調律〈attunement〉**，**関与〈involvement〉**という 3 つの基本的な方法を説明している。これらの方法は，クライエントを自己や他者との接触に誘い，分割された自己の部分の統合を促進する，綿密な関係性モデルを提供する。

　関係マインドフルネスとコンパッションの方法の土台となる基本的な想定は，マインドフルネスとコンパッションは，調律された関係性の中で展開し促進されるということである。このように，私たちのモデルは，マインドフルネスやコンパッションを，主にクライエントが学んで使用するためのテクニックとして活用する他のアプローチとは異なる。私たちのアプローチでは，セラピストは，マインドフルネスとコンパッションに満ちた治療関係の力を介して，クライエントが今この瞬間の気づき，脱中心化された視点，アクセプタンス，およびセルフ・コンパッションを体現するためのガイドとして機能するのである。セラピストは，このような質そのものを体現して，観察する自己の位置からクライエントと関わる。このようなマインドフルネスとコンパッションに満ちた関係性の力によって，クライエントはマインドフルネスとコンパッションの質を自分の人生と自己状態に加えるのである。

　私たちのモデルは，マインドフルネスとコンパッションのプロセスと，調律された治療関係の力とを組み合わせたものである。相乗効果により，両方のプ

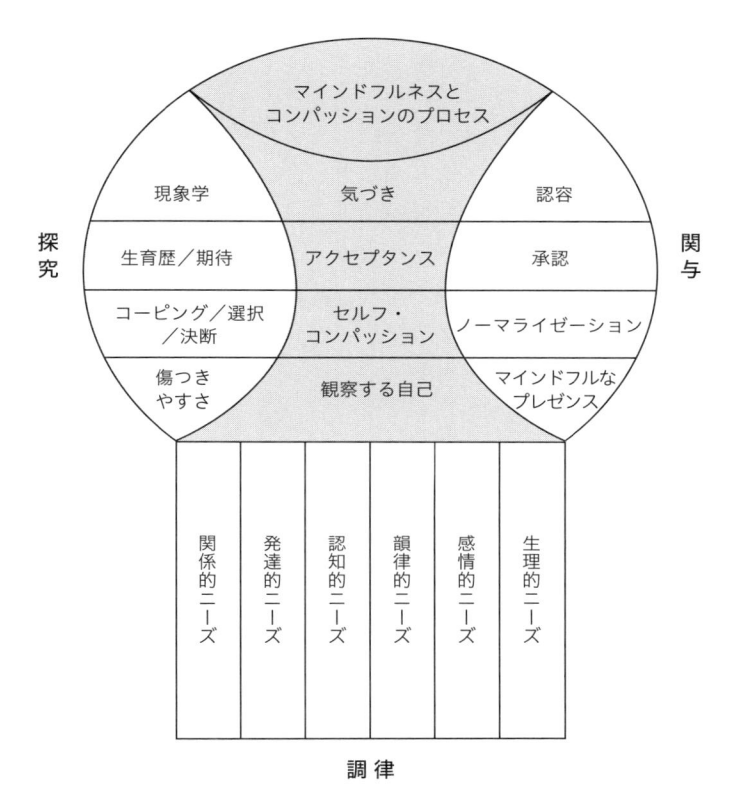

図 9.1　関係マインドフルネスとコンパッションの鍵穴モデル
（Erskine, Moursund, & Trautmann, 1999, p. 159）

ロセスが相互に高められる強力な癒しの関係性がつくられる。調律された治療
関係は，クライエントが安心してマインドフルな気づきとコンパッションをもっ
て自分の内なる世界に参加できるようにするために必要不可欠である。セラピ
ストのマインドフルで愛に満ちたプレゼンスは，クライエントに安全な文脈を
提供し，クライエントが防衛を和らげて，自分の経験に深く飛び込むことを可
能にする。マインドフルネスとコンパッションのプロセスは，関係性のプロセ
スを高める。クライエントとセラピストの両者がマインドフルに存在するなら，
それは関係性そのものに影響を及ぼすことになる。このような関係性は，生き
生きとしていること，活力，プレゼンス，および相互の繋がりによって特徴づ
けられる。それは，深い我−汝〈I-Thou〉の接触（Buber, 1999）の，出会いの瞬

間の中で証明されるかもしれない。

　瞑想の実践は，マインドフルネスやコンパッションを育むためによく使われる。研究が示すように，そのような実践はメンタルヘルスにとって有益であり，クライエントにとっても，また心理療法の一般的な進歩にとっても非常に有用でありうる（Goldberg et al., 2018, 2019; Khoury et al., 2013）。しかし，一部のクライエントにとっては，特に重度のトラウマ体験に苦しんでいたり，強い苦しみを経験している場合には，瞑想の実践は難題であり，適切ではないかもしれない。多くの人は，瞑想の実践をしている間，つらい経験にマインドフルな気づきをもたらすことを難しいと感じている。ポジティブな刺激や中立的な刺激，少しネガティブな刺激に対してマインドフルな気づきを向けることは，それほど難しいことではないかもしれない。しかし，つらいトラウマ体験と接触するとき，私たちは証人のスタンスをすぐに失い，耐性の窓から出てしまうかもしれない。解離が始まったり，不快な感情や思考が氾濫したりすることがある。比喩的にいえば，地獄の中にただ一人でいることは難しいといえる。関係マインドフルネスとコンパッションの方法は，「2つの気づきのマインドは，1つだけの気づきのマインドよりも強力である」（G. Žvelc, 2012, p. 47）との新しい文脈を提供する。これらの方法を採用することで，クライエントは自分のつらい経験をただ一人で抱え込むことはない。セラピストのマインドフルで愛に満ちたプレゼンスは，クライエントが好奇心，オープンネス，アクセプタンス，そして愛情をもって，つらい経験に取り組むのを助ける（Siegel, 2007）。一緒にいる2人のうちの1人が迷子になったとしても，もう1人が再びその人を見つけ出す上で役に立つ。セラピストは，クライエントが今この瞬間にいるように，脱中心化された視点を採用するように，自分の経験を受け入れるように，そして自分の自己状態にコンパッションをもたらすように助ける。探究，調律，関与（Erskine et al., 1999）は，クライエントをマインドフルな気づきとコンパッションに誘う主要な方法なのである。

‖‖‖ 関係マインドフルネスとコンパッションの鍵穴モデル

　図 9.1 は，関係マインドフルネスとコンパッションの鍵穴モデルで，Erskineのオリジナルの鍵穴モデル（Erskine et al., 1999）を改作したものである。この

モデルは，マインドフルネスとコンパッションのプロセスを，統合的心理療法の関係的方法である**探究，調律，関与**を繋げて示している（Erskine et al., 1999）。

　長年にわたり，Erskine の鍵穴モデルをクライエントに使用したり，学生に教えたりしているうちに，これらの方法がマインドフルネスとコンパッションのプロセスを高めることが明らかになった。このことは，オリジナルの鍵穴モデルには明示されていなかったので，私たちは，探究と関与に関連する介入を，マインドフルネスとコンパッションのプロセスに繋げることにした。図の中央には，マインドフルネスとコンパッションの主なプロセスである，気づき（今この瞬間と脱中心化された視点），アクセプタンス，セルフ・コンパッション，観察する自己を加えた（図 9.1 参照）。各プロセスは探究と関与に関連しており，それは図に記述されているプロセスを促進する。気づきは，現象学的な探究と認容〈acknowledgement〉に関連がある。アクセプタンスは，生育歴／期待の探究と承認〈validation〉に関連がある。セルフ・コンパッションは，コーピング方略に関する探究とノーマライゼーションの介入に関連がある。そして最後に，観察する自己を追加した。これは，クライエントの傷つきやすさの探究とセラピストのマインドフルなプレゼンスに関連がある。私たちは Erskine の**マインドフルなプレゼンスとしてのプレゼンス**〈presence as mindful presence〉を再定義し，治療的プレゼンスとマインドフルネスの繋がりを明確にした。

　オリジナルの鍵穴モデルでは，接触の途絶〈interruptions〉は，図の中央に「実存」，「重要性」，「解決」，「自己」として記載されている（Erskine et al., 1999）。私たちが改作したモデルでは，マインドフルネスとコンパッションのプロセスが，それらと対応する探究と関与の方法にどのように繋がっているかを示すために，接触の途絶をマインドフルネスとコンパッションのプロセスに置き換えている。このようにして，関係性を重視するセラピーのモデル全体が，マインドフルネスとコンパッションのプロセスを促進することを中心にしたものになっている。これらのプロセスを中心に据えることで，マインドフルネス・コンパッション指向の介入と統合的心理療法の関係的方法をさらに統合する道が開かれる。

　私たちが強調したいのは，オリジナルのモデルに変更を加えても，それが無効になるわけではなく，その逆であるということである。マインドフルネスとコンパッションのプロセスをモデルに加えることは，オリジナルのモデルを補

完することだと私たちは考えている。マインドフルネスとコンパッションのプロセスは，自己や他者との接触を高め，オリジナルのモデルで挙げられている接触の途絶に対する解毒剤となる。

　オリジナルのモデルでは，調律の5つの側面のみが記載されていた。私たちはまた，MCIPにおいて必須の調律プロセスの重要な側面として，**生理的調律**〈physiological attunement〉を追加した。これにより，セラピストはクライエントの生理と同調し，（クライエントと自分自身の両方の）生理的プロセスの気づきを拡大し，それに応じて生理的調整〈physiological regulation〉の観点から対応することができる。

►► 探究と関与：マインドフルな気づきとコンパッションを高める方法

　図9.1の左側は**探究**の方法で，右側はセラピストの**関与**である。探究と関与は，今この瞬間，脱中心化された気づき，アクセプタンス，およびセルフ・コンパッションにクライエントを誘う2つの主要な関係的方法である。探究では，クライエントが自分の経験を探索するように誘う（Erskine et al., 1999）。この現象学的な探究のプロセスを通して，クライエントは，自分の現在の経験とそれに関連する過去の経験や未来への期待との繋がりに，次第に気づいていくようになる。そのプロセスには，クライエントの防御メカニズムとその背後にある傷つきやすさの探究も含まれている。

　セラピストは，クライエントの現在の経験を探究するだけでなく，クライエントの経験を認容し，承認し，ノーマライズするよう，関与的な反応〈involved response〉を行う（Erskine et al., 1999）。関与とは，セラピストが内的にも外的にも十分に接触することの表現である（Erskine et al., 1999）。それは，「クライエントの機能の発達レベルに適した方法で，その人と共に，その人のために，セラピストが十分に存在することの結果」である（Erskine, 2015, p. 18）。このことは，セラピストのマインドフルなプレゼンスと，クライエントに対する純粋な関心と調律に基づくセラピストの応答性の重要性を強調している。

　関与は，**認容**，**承認**，**ノーマライゼーション**，および**プレゼンス**によって伝えられる。関与によって，セラピストはクライエントが自分の経験と十分に共にいるように誘う。**認容**によって，セラピストはクライエントが自分の経験に気づくように，**承認**によって，経験を受容するように，そして**ノーマライゼーショ**

ンによって，自分に対してコンパッションを育むように誘う。セラピストの**マインドフルなプレゼンス**は，クライエントが観察する自己と接触するように，つまりあらゆる経験の愛に満ちた証人となるように誘うのである。関与に関連する介入は，クライエントが今この瞬間の気づき，自分の経験のアクセプタンス，セルフ・コンパッション，および観察する自己との接触へと誘う。

►► マインドフルネスとコンパッションの基礎としての調律

　この図（図 9.1）の基本となるのは，セラピストの調律であり，これはすべての方法や介入の基礎となる。

　Erskine と Trautmann（1996）は，調律の定義を次のように述べている。

> 　それは共感，つまり，他者の感覚，ニード，フィーリングに敏感になり，同一化すること，そしてその敏感さをその他者に伝えることから始まる。調律は，単なる理解や代理的内省ではなく，相手の身体感覚や感情を感知することである。つまり，比喩的にいえば，相手の肌に身を置くことで，相手のリズムや感情，経験を知ることであり，このようにして共感を超えて相互的影響および／または共鳴的な応答をもたらすのである。◆[1]

　この定義では，調律は共感を超えたものである（Erskine et al., 1999）。それは共感から始まり，クライエントを深く感じ取り，さらに共鳴的な応答を介して進む。例えば，クライエントが恐怖を感じている場合，セラピストは安心感という互恵的な反応を提供するが，それはセラピストの視線，表情，声のトーン，ジェスチャーの中に反映されて，それらすべてが安全であると伝えることになる。このプロセスでは，セラピストはクライエントと融合しているわけではない。効果的な調律のためには，セラピストは自分とクライエントの間の境界に気づいていなければならない（Erskine et al., 1999）。セラピストはまた，クライエントと共にいることができるように，自分の経験から脱中心化されていなければならない。言葉は調律を伝えるのに重要かもしれないが，調律が表現される主要な経路は非言語的コミュニケーションである。

　Erskine ら（1999）は，調律のさまざまな側面，つまり認知的・感情的・韻律的・発達的側面を記述している。私たちはこのリストに，生理的調整に不可欠

な生理的調律を加えた（図 9.1 参照）。

▶ 認知的調律

　認知的調律は，クライエントのナラティヴの内容やクライエントの意味づけのプロセスを単に理解するということではない。認知的調律とは，クライエントの枠組み〈the client's frame of reference〉に深く入り込み，クライエント独自の考え方や論理を理解することである。クライエントの言葉の使い方や，クライエントが無意識に伝えている暗黙のメッセージに深く耳を傾けることである。

▶ 感情的調律

　感情的調律とは，クライエントの感情を共感的に感じ取り，互恵的な感情をもって応答することである（Erskine & Trautmann, 1996）。例えば，セラピストはクライエントの悲しみに対してコンパッションをもって対応したり，クライエントの喜びの表現に対して活気と喜びの表現をもって対応したりする。

▶ 韻律的調律

　韻律的調律とは，クライエントのリズムやテンポに敏感に反応し，それに合わせて応答することである。これには，内部および外部の刺激を最適に処理できるよう，セラピーのリズムにペースを合わせることが含まれる（Erskine & Trautmann, 1996）。マインドフルネスとコンパッションのプロセスを促進するために，セラピストとクライエントは，ペースを落とし，経験と共に「存在する〈being〉」ための時間と空間を与えなければならない。また，韻律的調律は，クライエントの自律神経系の調整を促す。

▶ 発達的調律

　発達的調律とは，クライエントの発達水準を理解し，セラピーのある時点でのクライエントの発達年齢に応じて敏感に応答することである。クライエントは，異なる発達時期の――それはたいてい早期幼児期の――さまざまな「太古的な子ども」の自己状態〈archaic Child self-states〉を表すことがある。発達的調律を行うことで，セラピストはクライエントの「子ども」の目を通して，その理解に基づいて治療的介入を調整する。

▶ 関係的ニーズへの調律

　関係的ニーズへの調律とは，治療関係の過程で現れる関係的ニーズに応答することである（Erskine & Trautmann, 1996）。つまり，セラピストはクライエントの関係ニーズに適応し，柔軟に応答していく。例えば，**真正性を求めている**ときには，安全性の感覚，承認，およびクライエントの独自性の尊重を確立することが主な課題となる。また，**経験を共有**したいというニーズがある場合には，セラピストは自分の個人的な経験を選択的に開示することがある（第４章参照）。

▶ 生理的調律

　統合的心理療法へのアプローチにおいて，生理的調律がもうひとつの必要不可欠な側面であることを私たちは提唱している。これは，クライエントの自律神経系への調律を意味する。生理的調律とは，クライエントの生理的な覚醒を感じ取り，それに対応した反応を提供することである。もしクライエントの生理的状態が調整されるなら，セラピストの適応反応は生理的同調になる。もしクライエントがANSの過覚醒や低覚醒に陥っているのであれば，セラピストは生理学的同調を止め，クライエントを生理的調整に導くべきである。第５章と第11章では，MCIPにおける生理的調律と生理的調整の重要性を浮き彫りにする，詳細な理論的・実践的含意を提示している。

　探究，調律，関与のすべては，クライエントのマインドフルな気づきとセルフ・コンパッションを促進するために密接に関係している。関係マインドフルネスとコンパッションの鍵穴モデルは，MCIPの方法を臨床実践に応用するための有用な地図となる。次の節では，関係的方法が，マインドフルネスとコンパッションの主なプロセスである，今この瞬間の気づき，脱中心化された視点，アクセプタンス，およびセルフ・コンパッションをどのように促進するかを説明する。

⫼ クライエントを今この瞬間の気づきに誘うこと

　今この瞬間の気づきのプロセスは，クライエントの経験の**現象学的探究**と**認容**によって促進される（図9.1 参照）。

▶▶ 現象学的探究

　現象学的探究とは，クライエントを今この瞬間の気づきへと誘う，「クライエントの現象学的経験に敬意を払う探索」のプロセスである（Erskine, 1993, p. 186）。探究は，クライエントを自分の経験への探索に誘うが，それは質問によって，またクライエントの経験を知ることへの関心を伝えるセラピストの身振り，表情，声のトーンといった非言語的コミュニケーションによって行われる（Erskine et al., 1999）。探究を始める上での前提は，セラピストがクライエントの経験について何も知らず，クライエントがセラピストに伝えることで共に探索することが可能になるということである（Erskine et al., 1999）。探究のプロセスでは，セラピストは他ならぬクライエントの経験に対してオープンであり，自分自身の思い込みや期待から脱中心化されている。基本的な原則は，セラピストがクライエントに対する期待や先入観，目標から自由になることである（Erskine, 2015）。セラピストは，クライエントとの関係において，好奇心，純粋な関心，そして敬意を持ってクライエントに寄り添う。セラピストは，クライエントの現象学で満たされる空の容器のようなものであるが，その一方で，同時に，自分自身に対して十分な接触がある（Erskine, 2001）。

　現象学的探究は，クライエントの瞬間瞬間の経験に焦点を当てる。このプロセスにおけるセラピストは，クライエントとその現象学的経験を追いかけながら，好奇心や内的なフェルト経験に基づいて，クライエントをリードしていく。このような探究の目的は，主にクライエントのためであり，セラピストのためではない（Erskine et al., 1999）。その目的は，敬意に満ちた探究を通して，クライエントがそれまで気づかなかった自分の側面を発見することにある（Erskine et al., 1999）。このように，探究は今この瞬間の気づきと自己や他者との接触を増加させる。

　効果的な探究のためには，セラピストが観察する自己と接触し，クライエントとの治療関係にマインドフルな気づきとコンパッションの質をもたらすことが不可欠である。セラピストは十分に存在して，自分自身とクライエントの進行中の経験に合わせなければならない。**経験との関係のトライアングル**（第3章参照）の観点では，セラピストは，自身とクライエントの経験の両方に対して，今この瞬間の気づき，脱中心化された視点，およびアクセプタンスが含まれて

いる証人としてのスタンス〈the witnessing stance〉を採択する。

　Erskine ら（1999）は，探究が，身体感覚，身体反応，感情，記憶，思考，結論と決定，意味，期待，希望，空想など，それぞれのクライエントのさまざまな経験領域にどのように関与するのかを説明している。また，スピリチュアルな次元に結びつく探究もこのリストに加えたいと思う。これには，クライエントの価値，つまり人生の意味についての探究や，気づきそのものの性質，つまり観察する／超越自己についての探究が含まれる。このように，探究は，**観察する自己のダイヤモンドモデル**（第 3 章参照）に表されるように，人間の経験のあらゆる次元と関連している。

　人間の経験のあらゆる次元と関連する，基本的な探究的質問は，

> 「あなたは今，何を体験していますか？」あるいは
> 「あなたが……について話すとき，あなたにとってそれはどのようなものですか？」

　このようなオープン・クエスチョンは，クライエントを今この瞬間の気づきへと誘う。今この瞬間にアクセスするためには，セラピストがそのプロセスをゆっくりとしたものにして，マインドフルな観察のためのスペースをつくることが重要である。セラピストは，クライエントの経験について現在形で質問するように注意する。

　探究は，認知的，感情的，生理的，関係的，スピリチュアルなど，人間の経験のあらゆる側面に焦点を当てることができる。

▶ 認知的探究

　セラピストは，クライエントが今この瞬間，経験している思考，信念，記憶，イメージについて尋ねることがある。

> クライエント：とても恥ずかしいです（下を向く）。
> セラピスト：今，どんな考えが，頭に浮かんできましたか？
> クライエント：私に何か問題があるということ，あなたはそう見ているのでしょう？

► 感情的探究

探究は，次のような質問で感情の気づきに焦点を当てることがある。

> 「今，どんな気分でしょうか？」
>
> 「今，どんな感情を抱いていますか？」

► 生理的探究

探究は，生理的な感覚や身体の動きに焦点を当てることができる。

> 「今，身体で何を感じていますか？」
>
> 「身体のどこで不安を感じていますか？」
>
> 「あなたの足がしたいことは何でしょうか？」

► 関係的探究

> 「私たちの関係について，どのように感じていますか？」
>
> 「お母さんを亡くしたことを私に話してみてはどうですか？」

► 人生の価値や意味についての探究

これは，クライエントの人生に目的や意味を与えるクライエントの価値を探索するものである。

> 「人生の重要な瞬間について考えるとき，それはあなたとあなたの人生にとってどのような意味を持つのでしょうか？」

► 観察する／超越自己の質についての探究

ここまでは，認知，感情，身体感覚，関係の場，価値など，意識の内容に向けられた探究について述べてきた。しかし，もうひとつ，気づきの質という重要な探究領域がある。このような探究は，クライエントが気づきそのものに気づけるように誘い，また，脱中心化された視点を促進する。私たちの経験の内容は常に変化しているが，私たちの観察する／超越自己は常に，今ここにいる

のである。

> 「『自分はダメな人間だ』という思考に，今，あなたは気づいています。この思考に気づいているのは誰なのか，あるいは何なのかに，ただ気づいてください」
> 「このエクササイズで，あなたは自分の思考，感情，身体の感覚に気づいていました。今度は自分に聞いてみましょう。『誰が，もしくは何が，これらすべてに気づいているのか？』と」

　人によっては，このような探究は，最初は奇妙で混乱したものと感じるかもしれない。私たちは，日常生活の中でこのような質問に慣れていない。瞑想の実践でも，ほとんどのマインドフルネス実践は，知覚，思考，感情，身体感覚のような，気づきの内容に焦点を当てている。気づきそのものについて尋ねることは，異常なこととして経験されるかもしれない。このような探究を行うときは，クライエントの経験に合わせることが大切である。Siegel（2018）は，気づきの車輪〈wheel of awareness〉のマインドフルネス実践の一環として，気づきの気づきを取り入れている。彼は，そのような経験は，ある人には珍しいかもしれないが，多くの人が広がり，愛，喜び，平和，そして時間の超越といった感覚を報告していることを見出した。私たちの経験でも，広々とした気づき，内なる平和，愛，およびコンパッションの感覚がよく見られる。観察する自己に集中することで，クライエントはマインドの内容から脱中心化され，あらゆる経験にアクセプタンスとコンパッションをもたらすことができるようになる。観察する自己は，マインドフルネスのプロセスとコンパッションを高める。

　このような探究は，例えばアドヴァイタ・ヴェーダンタ〈Advaita Vedanta〉のような，さまざまなスピリチュアリティの非二元的伝統の一部である。Ramana Maharshiはこれを「自己探究〈self-inquiry〉」と呼んでいる（Ganesan, 2017）。ほとんどの心理療法の伝統では，この種の探究は心理療法実践の一部ではない。例外はアクセプタンス＆コミットメント・セラピー（ACT）であり，超越的／展望的自己〈transcendent/perspective-taking self〉が主要な治療プロセスのひとつとなっている（Hayes et al., 2012; Hayes et al., 2019）。

　観察する自己のダイヤモンドモデルと**経験との関係のトライアングル**が，私たちのマインドフルな介入のガイドとなる。観察する自己のダイヤモンドモデル

（第 3 章の図 3.1 参照）は，セラピストが，セラピー中の特定の瞬間に，クライエントがどの次元への接触に対してオープンか，クローズドかを判断するのに役立つ。このようにして，セラピストは，クライエントの経験のうち，どの領域が探究のために重要であるかを柔軟に選択することができるのである。また，経験との関係のトライアングル（第 3 章の図 3.2 参照）は，このプロセスにおいて私たちを方向づける。クライエントが離れるモードまたは融合モードにいるときは常に，クライエントは今この瞬間との接触を失っている。探究と認容は，クライエントが今この瞬間に気づくのを助け，クライエントの経験に対して証人のスタンスをとるように誘う。

►► 認容

　今この瞬間の気づきを促進するもうひとつの重要な方法は，治療的関与の一部である**認容**（図 9.1 参照）である。セラピストは，単にクライエントの経験について尋ねるだけでなく，十分に存在し，関与的でユニークな反応を提供する。認容によって，セラピストはクライエントの経験や行動に気づいていることをクライエントに伝える（Erskine et al., 1999）。このようにして，クライエントは自分の経験にますます気づけるようになる。このプロセスでは，セラピストは多次元的である。セラピストは，クライエントのナラティヴをフォローするだけでなく，クライエントの感情，身振り，声のトーン，呼吸パターン，表情，目の動きといった非言語コミュニケーションにも同時に注意を払う。私たちは，自分の経験や行動のすべてに完璧に気づくことはできない。なぜなら，これらの多くは自発的に，そして無意識的に起こるものだからである。認容を行うセラピストは，クライエントが普段は気づかない経験や自分の非言語的な行動に気づけるようサポートする。認容は，クライエントに合わせなければならないし，セラピストのマインドフルで愛に満ちたプレゼンスを表現するものでなければならない。このようにして初めて，クライエントは認容を有益なものとして受け取ることができる。

　認容にはさまざまな形がある。**共感的なリフレクション**という形で表現されることが多い。

> 「あなたは本当に悲しいと感じていますね」
> 「これはあなたにとって非常につらいことだと想像します」

また，クライエントの行動観察のシンプルな陳述であるときもある。

> 「今気づいたのですが，私たちの関係をどのように感じているか尋ねたとき，あなたは
> とても静かに話し始めましたね」

非言語的な身体行動への気づきに向けることができる。

> 「あなたがお父さんの話をするとき，こぶしを握っていることに気づきました」
> 「ガールフレンドの話をしたとき，あなたが下を向いて私から離れていることに気がつ
> きました」
> 「ちょうど今，あなたの目が潤み始めていますね」

　認容を行う際には，クライエントの継続的な経験に合わせることが重要である。認容は，クライエントが世界を経験する独自の方法に合わせていなければならない。クライエントの中には，恥に苦しんでいる人もいるかもしれないし，セラピーの最初にそのような認容を行うと，押しつけがましいと感じる人もいるかもしれない。また，自分があまりにも透けて見えて，あたかもセラピストに見透かされているように感じる人もいるかもしれない。クライエントをフォローし，私たちの介入の影響を継続的にチェックすることが重要である。

⫿ 脱中心化された視点を促進すること

　クライエントが自分の経験と融合するとき，これは脱中心化された視点を促進するための指標となる。脱中心化された視点がなければ，リアルな接触はありえない。なぜなら，接触には他の何かと接触している誰かが必要だからである。私たちが自分の経験と融合するとき，私たちは自分の経験と一体になる。私たちは，その経験を通して自分自身，他の人々，そして世界を見る。前節で述

べた現象学的な探究や認容は，今この瞬間との接触を促すだけでなく，脱中心化された視点にとっても重要である。クライエントの中には，これだけでは十分ではなく，自分の経験を観察する姿勢をつくることに焦点を当てた追加の介入を行わなければならない人もいる。

脱中心化された視点は，クライエントの経験をシンプルに認容し，その経験をマインドフルに観察するように誘うことで促進することができる。

> 「あなたは胸に不安を感じています。ただこの不安に気づいて，好奇心を持ってそれに注意を払ってみてください……」
> 「確かに，あなたは，自分は悪い人間で，生きている価値がないという暗い考えを持っています。その考えをただ観察してみましょう……」

また，**自己状態が持つ言葉を使うこと**〈using the language of the self-states〉でも，脱中心化された気づきを促進することができる。自己状態のような内なる経験と関連づけることで，脱中心化は促進される。クライエントが自分の自己状態をマインドフルな気づきをもって観察するように誘うことができる。

次の例では，クライエントのキャシーは「子ども」の自己状態と融合して，深い孤独感を経験していた。孤独を彼女自身の一部として関連づけることで，彼女は自分の孤独感に対して脱中心化された視点を確立することができたのである。

> クライエント：私はとても孤独を感じています。誰も私のそばにいないような。夫や子どもたちが私を愛していることは理性的にはわかっているのですが，孤独感はまだ残っています。
> セラピスト：そうですね。あなたの中には，とても孤独を感じている部分〈part〉があるようですね。その部分に気づいてください……（間）今，何を経験していますか？

部分〈parts〉という言葉を使って，セラピストは脱中心化された視点を促進する。

> クライエント：小さな女の子です。病院のベッドに座って泣いています。私は子どもの頃，入院していました。

小さな女の子のイメージを持つことで，クライエントはもはや「子ども」の自己状態と融合しておらず，今は愛に満ちた証人の視点がある。

> セラピスト：あなたのその部分は何歳ですか？
> クライエント：小さくて，4 歳くらいです。

うつ病を患っていたクライエントのシモナは，子どもと一緒にいるとき特に，自分自身に対してとても批判的になることが多かった。彼女は，自己批判的な，取り入れられた自己状態と，それに対応する自分は悪い人間だと感じている「子ども」の自己状態とを融合させていた。

> クライエント：私はただ，自分が悪い人間だと感じています。他の人に怒鳴ってはいけないんです！
> セラピスト：自分は悪い人間だから，他の人を怒鳴ってはいけないと言う部分があるようですね。
> クライエント：はい，私は自分自身を苦しめています。あなたは悪い人だと……私は生きる価値がないような……それはとても強いものです。自分に対して何かをすることは決してないのですが，それを我慢して生きていくのは難しいことです。
> セラピスト：あなたのその部分について，もっとよく知るために，ちょっとした実験をしてみませんか？
> クライエント：はい，やってみたいです。
> セラピスト：自分の中にある「自分は悪い人間だ」と言っている部分に，ちょっと触れてみてください。そして今，ちょっと立って，私が持っているバスケットの中のぬいぐるみを探ってみてください。それぞれのぬいぐるみを見て，あなたのこの部分を表すぬいぐるみを見つけてください。
> クライエント：クロコダイルですね。（笑顔で）
> セラピスト：ちょっとそれを目の前に置いて，あなたのこの部分を観察してみてくだ

さい。

クライエント：それは，とても不快な，拷問のような嫌な，苦しめるクロコダイルです。

セラピスト：そうですね。そして今度は，悪い人間だと感じているあなたの部分を表す
　　ぬいぐるみ見つけてください。

クライエント：それは，小さなネズミです。

　この例では，セラピストは，部分〈parts〉という言葉を使うことに加えて，自
分の一部分を象徴するぬいぐるみを見つけることで，クライエントが自分の内
的経験を**外在化する**〈externalise〉ように誘っている。

　外在化は，クライエント自身の経験が自分の外側の空間にあるとクライエン
トが想像するように誘うことで促進することができる。

クライエント：自分でも何を感じているのかわかりません。ただ，私の身体中に広がっ
　　ているようで，とても不快な感じがします。我慢できません。

セラピスト：このフィーリングが，あなたの外側の空間にあると想像してみてください。
　　それはどこにあるでしょうか？　どのように見えますか？

クライエント：私の後ろにいます……私の後ろはただの暗闇です……私を追いかけてい
　　るのです。

セラピスト：今，少し，あなたの後ろにある暗闇を観察してください。そして，それが
　　あなたに何を伝えたいのか尋ねてみてください。

　感情や身体感覚の身体的特性について尋ねることでも，脱中心化された経験
を提供することができる。

セラピスト：あなたは身体の中でこの不快な感覚を感じています。ただそれに集中して
　　ください。そして，それがどんな色なのか教えてください。

クライエント：赤です。

セラピスト：どんな形をしていますか？

クライエント：大きな円です……。

セラピスト：もしあなたがそれを聞くことができたら……それはどのように聞こえるで
　　しょう……。

> クライエント：サイレンの音のような。

　また，気づきの内容を**マインドフルに観察する練習**，例えば，スクリーンに映し出されるように思考を観察したり，思考が空に浮かぶ雲のようなものだと想像したりすることで，気づきの内容から距離をとることができる。

> 「例えば，『私には何か問題がある』という思考が，映画館のスクリーンに映し出されていると想像してみてください。そして，あなたは映画館に座ってその思考を観察しています」

　観察する自己──愛に満ちた証人と接触するように誘うことで，脱中心化された視点を促進することができる。

> 「そう，あなたは胃の中に吐き出したいような不快な感覚を持っています。この感覚に気づいている『あなた』がいることに気づいてください。この感覚を観察している人がいます。ただ，その観察者に気づくだけです。あなたは好奇心と愛に満ちた目でこの感覚を見ている観察者なのです」

　観察する自己と接触することは，クライエントが自分の経験を観察できる安全な空間を促進する。すでに第 3 章で説明したように，観察する自己は，私たちの視点の支柱であるので，経験によって触れることはできない。この観察する自己は，脱中心化された気づきと私たちの経験を包み込み受容する能力を促進する。

アクセプタンスを促進すること

　クライエントは自分の経験によく気づいているにもかかわらず，それを避けようとしたり，経験から逃れようとしたりすることがある。マインドフルネスの場合，気づきだけでは十分ではなく，経験のアクセプタンスと結びつく必要がある（Černetič, 2005, 2017）。統合的心理療法の関係的方法は，クライエントが自分の経験に注意を払い，それを受容するように誘う。これらの方法では，体

験の回避〈experiential avoidance〉サイクルを逆転させる（Hayes et al., 1999）。

内的経験との関係のトライアングルモデル（第 3 章の図 3.2 参照）は，セラピストがクライエントの経験を追跡するのに役立つ。クライエントが自分の経験から離れている場合，セラピストはクライエントに自分の経験に目を向け，それを受容するように促すことができる。

アクセプタンスを促進する主な介入方法は 2 つある。**承認**と，**クライエントが進んで自分の経験に参加するように誘うこと**〈invitation to the clients to willingly attend to their experience〉である。

►► 承認

アクセプタンスと関連する主要な介入は，**承認**である（図 9.1 参照）。承認とは，クライエントの経験の重要性を認容することである（Erskine et al., 1999）。承認は，クライエントの経験が重要で価値があることをクライエントに伝える。不思議に思ったり，むしろしたくないと思ったりするような経験にも，語るべきストーリーがある。私たちは，自分の経験のどんな側面も無視したり，捨てたりすべきではない。これは，例えば，辛辣な評論家や，世界からとり残されている私たちの部分のような，好ましくないと感じている部分にも当てはまる。これらの自己状態は，パーソナリティシステム全体の中で重要な機能を果たしている可能性がある。重要なメッセージやストーリーを伝えているのかもしれないが，通常それは意識的な気づきから外れている。クライエントがセラピーを受けるきっかけとなった症状は，独自の内的な論理を持っており，何か重要なことを伝えている。

承認は，認容の一形態である。違いは，認容がクライエントにクライエント自身の経験の存在を伝えるのに対し，承認は重要性も伝えることである（Erskine et al., 1999）。認容と承認は，アクセプタンスを促進する上で密接に関係している。前者は，経験の気づきを促進し，後者はアクセプタンスを促進する。承認は次のようにシンプルにできる。「これは大切な涙ですよ」とか，「身体の中のその感覚に感謝しましょう。その感覚がここにあるのは偶然ではありません」といったように。

また，セラピストの承認は，クライエントの経験が単独で起こっているのではなく，何か重要なことと関連していることを伝える（Erskine & Trautmann,

1996）。このようにして，承認は，別々の経験の間の繋がりを促進し，原因と結果を結びつける。承認は，「あなたが経験していることには意味があり，その経験は重要である！」と伝える。

> クライエント：私は悲しい気持ちになってきました，もう泣きたくありません。（涙が頬を伝い始める）

クライエントのエバは，その経験に気づいているが，それを避けようとしている。彼女は，経験との関係のトライアングルの離れる極に向かっている。

> セラピスト：悲しみや涙は，あなたが子ども時代にどれだけ孤独だったかという重要なストーリーを語っています。そして，あなたがいかに両親を恋しがっていたかということです。

セラピストは，クライエントの経験を承認し，このようにして，クライエントの経験のアクセプタンスを促進する。承認することで，セラピストは経験同士の間に繋がりを持たせ，それらに意味を与える。

> クライエント：（泣き出す）
> セラピスト：涙を流しましょう，大切な涙です。涙に感謝しましょう。

もうひとつの承認。

> クライエント：そうですね，私はずっと一人でいて，誰もそばにいてくれませんでした。私は，自分が失ったものを悲しく感じています……（再び泣く）。
> セラピスト：この悲しみを受け止める場所をつくってあげてください……（ティッシュを渡す）これは重要なことで，今回は一人で泣いているわけではありません。

セラピストは，アクセプタンスと新しい関係体験のプロセスを促進している。効果的であるためには，承認は，セラピストの主観的なアクセプタンスおよびコンパッションの経験と一致していなければならない。セラピストは，この

ようにして，クライエントの経験を受容することを全身で伝える。時に，承認は，言葉や文で表現されなくても，セラピストの視線や表情だけで，クライエントの経験を受容し，大切にしていることをクライエントに伝えることができる。これは，Rogers（1957）が，クライエントが自分自身と自分の経験を受け入れるためには，無条件のセルフ・リガード〈self-regard〉が極めて重要であると書いていることと同じである。

▶▶ 経験に進んで参加するように誘うこと

セラピストは，承認に加えて，クライエントが逃げずに自分の経験に進んで参加するように誘う。先ほどの例では，セラピストはこう伝えた。「この悲しみを受け止める場所をつくってあげてください」と。この介入の形式は，クライエントが進んで，アクセプタンスを伴って，感情やその他の内的経験を経験するように誘う。この介入方法は，もともとゲシュタルト療法に由来するものである（Perls et al., 1951）。

他にもこんな例がある。

> 「もしあなたにその気があるなら，この感情を感じる自分を許してあげてください」
> 「少しの間，悲しい気持ちのままでいましょう。自分自身がそれを十分に感じることを許してあげましょう。それは，あなたの大切な一部です」
> 「その感覚に集中して，受容することによって一緒に抱きしめてください」

承認と経験への参加の誘いは，クライエントの経験に合わせていなければならない。ある特定の経験を受け入れることは，クライエントにとってあまりにも負担が大きい場合がある。特に，未解決なトラウマ体験の場合である。クライエントが自律神経調整不全に陥っている場合は，まず自律神経系を調整するように援助する（第11章参照）。クライエントの神経系への生理的調律は，クライエントの経験の気づきとアクセプタンスのプロセスに不可欠である。

アクセプタンスの能力を身につけるには時間がかかる場合が多く，少しずつ進めていかなければならない。クライエントは，つらい題材を経験する準備ができていなければならない。クライエントの中には，つらい題材を扱う前に，まず自分の感情を調整し，包み込む能力を身につけることが必要な人もいる。解

離した経験を安全に経験できるように，**統合能力**〈integrative capacity〉と呼ばれるものを身につけなければならない（van der Hart et al., 2010）。マインドフルネスやコンパッション瞑想を実践することは，統合能力を身につける上で重要であり，それによってつらい経験に近づき，それを受容できるようになる。マインドフルな気づきを持つことで，クライエントは耐性の窓を広げ，つらい経験や外傷体験を徐々に包み込み，許容できるようになる。

　セラピーの過程で，セラピストはクライエントの経験を継続的に追跡し，クライエントが腹側迷走神経系に繋がった耐性の窓の内部で機能できるように調整する（Porges, 2011, 2017）。**経験との関係のトライアングルモデル**によって，セラピストは介入の「微調整〈fine tune〉」ができる（第 3 章参照）。クライエントがトライアングルの離れる方向に，または融合する方向に動いている場合，セラピストはクライエントが愛に満ちた証人の位置に戻れるようサポートする。距離をとろうとする場合，セラピストはクライエントが今この瞬間に気づき，自分の経験を受容できるように促す。融合の場合，セラピストはクライエントが自分の経験から脱中心化され，より広い範囲の今この瞬間の気づきに注意を向けるように援助する。

▐▌ セルフ・コンパッションを高めること

　セルフ・コンパッションは，関係マインドフルネスとコンパッションのモデルにおいては**ノーマライゼーション**の介入と関連がある（図 9.1 参照）。クライエントは，自分の経験や対処メカニズムによって，自分を責めたり，恥ずかしいと感じたりすることがよくある。クライエントは自分自身のことを病的で，ノーマルではないと経験することが多い。ノーマライゼーションとは，クライエントの内的経験や対処メカニズムの定義を，脱病理化するための介入である（Erskine, 2015）。ノーマライゼーションでは，セラピストはクライエントに「自分の経験は正常であり，病的な反応ではない」ことを伝える（G. Žvelc, 2012, p. 45）。

　Neff（2003a）が指摘するように，セルフ・コンパッションは 3 つの主要な要素から成り立っている。「自己への優しさ〈self-kindness〉」，「共通の人間性〈common humanity〉」，「マインドフルネス」である。セルフ・コンパッションを

経験するためには，マインドフルネスな気づきが不可欠である。セルフ・コンパッションは，先に述べた，今この瞬間の気づき，脱中心化された視点，およびアクセプタンスのプロセスを高める介入方法と関連があり，マインドフルな気づきを促進する。セラピストは，**探究**によってクライエントを今この瞬間の気づきに誘い，**認容**によってセラピストがクライエントの経験に気づいていることを伝え，**承認**によってクライエントが自分の経験を受容するのを援助する。**ノーマライゼーション**はこのプロセスをさらに一歩進める。ノーマライゼーションは，クライエントが自分自身や自己状態をコンパッションによって包容するのを助ける。これは，クライエントのネガティブな自己定義や自分に対する見方と対立するものである。それは，私たちのあらゆる経験が人間であることの一部であるという，共通の人間性の感覚をクライエントに伝える。そのことはまた，人はありきたりの不幸を経験し，完璧ではないという MCIP の基本原則とも関連している。私たちは皆，痛みやその他の不快な感情を経験し，賢明でない判断を下し，そして（しばしば，意図せずに）他人を傷つける。

　クライエントは，過去の対処法やサバイバル法を理由に，自分を批判したり責めたりすることが多い。また，自分のことをよく「クレイジー」と定義している。

> 「私の一番の問題は，誰とも親しくなれないことです。私は，何かが本当に間違っている！」
>
> 「私は本物のボーダーラインです……少しでも批判されると怒鳴ってしまう……」
>
> 「7 歳の頃から，私は天使と話しています！　私は狂っている……」

　ノーマライゼーションの介入は，クライエントが自分の対処法に対するコンパッションを育むのを助ける。ノーマライゼーションは，状況や世界へのクライエントの対処は，その特定の状況で生き延びるための最善の試みであったということをクライエントに伝える。ノーマライゼーションでは，セラピストは次のように伝える。

　　クライエントがその状況下でなしうる最善の努力をしたこと，そして，この発達レベルの人であれば，このようなリソースにアクセスして，おそらく同じような種類の決定をしたであろうことを，誠実に，純粋に伝える。(Erskine et al., 1999)◆2

　統合的心理療法では，防衛に直面化させないし，クライエントに変化を求めることもせず，まったくその反対を進む。MCIPでは，防御メカニズムを含むクライエントの経験全体に向かってアクセプタンスとコンパッションをもたらす。クライエントの対処法やサバイバル法にコンパッションを示すことで，クライエントは逆説的に古い防衛パターンを放棄することが多い。クライエントの防御メカニズムが受容され，コンパッションの位置から見つめるとき，クライエントは自発的に防衛を捨て，防御の壁の後ろに隠れている花のような傷つきやすさに接触するというリスクを冒すことを厭わなくなる。クライエントは，自分が安全で，受容され，敬意を払われていると感じて初めて，進んで防御を手放すことができる。このようにして，クライエントは，以前は避けていた経験と接触することになる。ノーマライゼーションによって，クライエントは自分の防衛を受容し，包容することができるようになる。

> クライエント：私の父はナチスのような人で，私たちは皆，父を恐れていました。その頃の私はすでに変だったことを覚えています。人付き合いを避けるようになり，自分の世界を持っていました。「もう一方の側」に住んでいるような……私の世界ではすべてがうまくいった。
>
> セラピスト：変だったのですか？
>
> クライエント：はい，他の人とは違うと感じていました。私は長い間，自分の内なる世界について，あなたに話しませんでした。あなたが私のことをクレイジーだと思って，精神病院に入れられるのではないかと思ったからです。
>
> セラピスト：酒に酔って暴力を振るう父親をとても恐れていたのですね。そして，その頃，あなたは何も問題のない「もう一方の側」で暮らし始めました。つまり，すべてがうまくいっている「もう一方の世界」が，あなたを生き延びさせ，「正気ではない世界」で，正気を保つのに役立ったのです。

　セラピストは，クライエントの対処メカニズムを認容し，承認することで，クライエントの気づきとアクセプタンスを促進する。

> クライエント：そうですね，確かに，生き延びるのに役立ちました。
>
> セラピスト：（優しく思いやりのある声で）あなたが生き延びるために役立った５歳児

のこの戦略に感謝しましょう。

別の承認,これはクライエントがセルフ・コンパッションを経験するのに役立つ。

> クライエント:感動しました。こんな風にこのことについて考えたことはありませんでした……。
> セラピスト:もしかしたら,この戦略は,抱えてくれる人が誰もいない家族の中で生き延びるために,最も賢い戦略だったのかもしれません……(短い間)今,何を感じていますか?

セラピストは,クライエントの過去の対処法のノーマライゼーションを伝える。

> クライエント:自分の中のこの若い私の部分を受け入れているように感じる……彼を愛している,気にかけていると。
> セラピスト:ただ,ゆっくりと時間をかけてやってみてください。
> クライエント:(泣いている)自分が経験したことを悲しく感じます……(間)今,自分の世界を持っていることで,実際に自分の人生が救われたことを理解しています……これに感謝しています。しかし,私はもうそこにはいないことも理解しています。私は今,安全です。

　この過程で,クライエントは,子どもの頃にストレスに対処するために身につけた決断や選択,対処法に,長年にわたってこだわってきたことに気づくようになる。このようなことをしていた自分にコンパッションを感じることができるようになると,安全とコンパッションに基づいた新しい内的関係を築くことができるようになる。このような防御メカニズムは,それが必要だった過去のものであることに気づく。しかし,それは現在ではほとんどの状況で必要とされていないことが多い。このようにして,古い防御戦略が現在の状況でまだ役に立つかどうかを,クライエントは柔軟に選択することができる。

　このノーマライゼーションの介入を伝えるためには,セラピストがクライエントに対してコンパッションを感じていることが重要である。そうでなければ,介入は純粋に技法的なものとなり,意図した効果を得ることができないだろう。

セラピストがクライエントにコンパッションを感じていれば，それは表情，声のトーン，ジェスチャーに反映されるだろう。ノーマライゼーションは，セラピストの全存在をかけて，思いやりをもって伝えられるだろう。セラピストのコンパッションは，クライエントが自分自身への優しさを感じるのを助ける。

　また，セラピストがすぐにノーマライゼーションを導入しないことも重要である。すぐに導入すると，クライエントはセラピストが自分の考えを理解していないと感じてしまう可能性がある。クライエントが深く理解されていると感じるためには，まずクライエントの経験が認容され，承認されなければならない。

関係マインドフルネス・コンパッション指向の介入の諸段階

　これまで，心理療法の関係性における，マインドフルネスとコンパッションのプロセスを高める主な関係的方法や介入方法について説明してきた。しかし，これらの方法はどのように関連しているのだろうか。図9.1では，マインドフルネスとコンパッションの主なプロセスを，上から「気づき」，「アクセプタンス」，「セルフ・コンパッション」の順に示している。図の足元には「観察する自己」がある。図の中では，これらの主なプロセスが，対応する「探究」と「関与」の方法に関連している。そのプロセスの順番は，関係マインドフルネス・コンパッション指向の介入の4つの主な段階を表している。

　第1段階：今この瞬間と脱中心化された気づきを促進すること。
　第2段階：アクセプタンスを促進すること。
　第3段階：セルフ・コンパッションを促進すること。
　第4段階：クライエントの傷つきやすさへの愛に満ちた証人であること。

　これらの段階は，Erskineの鍵穴モデルに繋がる統合的心理療法の4つの段階，すなわち，「出発点」，「繋がりをつくること」，「選択と決定」，「十分な接触」に対応している（Erskine et al., 1999）。Erskineら（1999）が述べるように，これらの段階は直線的ではない。ある段階から次の段階への進行は，時には数分で起こることもあるが，別の時には，ある段階がより優位に立ち，治療の時間全体を要することもある。

第1段階：今この瞬間と脱中心された気づきを促進すること。この段階は，クライエントの「今この瞬間」に対するマインドフルな気づきと脱中心化された視点を高めることに関連している。クライエントをマインドフルな意識状態に誘い，現象学的経験に対するクライエントの気づきに焦点を当てる Erskine の「出発点」の段階に対応している（Erskine et al., 1999）。セラピーの最初の段階では，クライエントは通常，自分の現象学的な経験に気づいていない。症状の背後にある思考，感情，あるいは身体感覚におそらく気づいていないだろう。この段階では，セラピストは，今この瞬間の気づきと脱中心化された視点のプロセスを促進する。現象学的探究，認容，および脱中心化された視点に関連した介入はすべて，クライエントがそれまで気づいていなかった経験への気づきを促す。それらは，クライエントが自分の思考，感情，記憶，身体感覚，身体の動きに気づくのを助ける。例えば，クライエントのアンナは，他人の世話をして「強くて幸せそう」に見せることで回避していた自分の深い悲しみに気づくようになった。

第2段階：アクセプタンスを促進すること。この段階は，クライエントが自分の経験を受容するのを促進することと関連している。この段階の目的は，クライエントが以前は避けていた経験を受容し始めることである。**承認**を行うセラピストは，クライエントの経験のアクセプタンスを促進する。また，セラピストは，クライエントが「進んで自分の経験に参加する」ことを助ける介入を行う。例えば，クライエントのアンナは，まず悲しみを感じることを自分に許し，それから，長い時間をかけて，泣くことを自分に許したのである。

アクセプタンスに加えて，この段階は，それぞれの経験の間に繋がりをつくることにも関連がある（Erskine et al., 1999）。承認を行うセラピストは，現在の経験はランダムなものではなく，他の類似した経験と繋がっていることを伝える。**探究**の助けを借りて，セラピストはクライエントが現在の経験，記憶，および未来への期待と繋がりをつけるのを助ける。このようにして，クライエントは，過去の経験が現在の生活や未来の期待に影響を与えていることに気づけるようになる。例えば，クライエントのアンナは，自分の悲しみが子どもの頃の両親の離婚と関連しており，その経験が現在の生活に影響を与え続けていることに気づけるようになった。

第3段階：セルフ・コンパッションを促進すること。この段階は，クライエン

トのセルフ・コンパッションを促進することと関連がある。これは，Erskineの「選択と決定」の段階に対応している（Erskine et al., 1999）。セラピストの探索は，クライエントが苦痛や不安の伴う経験に対処し，生き延びる方法に焦点を当てている。セラピストは，サバイバル反応だけではなく，クライエントがストレス下で下した結論，選択，決定が，今，クライエントを痛みから守ってくれているのかを探索する。例えば，アンナは，両親の離婚後，いかに孤独を感じていたか，また父親を恋しがっていたかに気づいた。母親が落ち込んでいたこともあり，母親の心理的なケアをし始めて，外見上は「幸せな子ども」のように見えた。「普通ではない」状況を生き抜くための対処法や方法の気づきが，自然とセルフ・コンパッションを呼び起こすことも多い。

　防御メカニズムに気づくだけでは不十分であることがしばしばある。例えば，アンナは，自分は世間知らずで，他人に「ノー」と言うのが苦手だと自分を批判していた。セラピストのノーマライゼーションにより，アンナは，「幸せで強い」ことや他人の世話をすることで苦痛に対処してきた「子ども」の自己状態にコンパッションを感じ始めた。コンパッションは，彼女をより安心させ，過去に有効だった幸せの**仮面**は，現在では必ずしも必要ではないことに気づかせてくれた。その結果，彼女は傷つきやすさ，悲しみ，および怒りに触れることができたのである。

　第 4 段階：クライエントの傷つきやすさの愛に満ちた証人であること。 この段階は，Erskineの「十分な接触」の段階に相当する（Erskine et al., 1999）。クライエントの対処法や生き延びる方法へのコンパッションを通して，クライエントは防御メカニズムの背後にある傷つきやすさと接触する。その過程で，クライエントは，ずっと以前に隠され，拒絶されていた自分の一部を再び統合する。解離され，否認され，そして否定されていた経験が，徐々に気づきの中に戻ってくる（Erskine et al., 1999）。Schwartz（1995）は，私たちのある部分〈parts〉がいかに流浪の中で生きているかを記述している。追放された自己状態にマインドフルな気づきとコンパッションを持つことで，クライエントは再び全体になることができる。Erskineら（1999）は，次のように書いている。この段階では，防衛は，

　　　長い間，隠されていた自分のすべての部分への理解とコンパッションが深まる

中で融解していく……こういった瞬間には優しさ，目覚めのフィーリング，ほとんど再生の感覚がある……そして，長い間抑圧され，隠されてきた自己の諸部分〈parts〉は，開いたばかりの花のつぼみや，硬い繭から抜け出したばかりの蝶のように，ある種のはかなさを持っている[3]。

セラピーを段階的に進めていったアンナは，両親の離婚以来，逃げ続けてきた「傷ついた子ども」の自己状態に触れた。コンパッションは，その自己状態の悲しみや怒りを抱きしめて，価値や尊厳，誇りといった変容的感情〈transformative affects〉（Fosha, 2000a; Fosha & Conceição, 2019）への道を開いたのである。

クライエントの傷つきやすい自己状態が現れるとき，セラピストは**愛に満ちた証人**であることが必要である。セラピストのマインドフルなプレゼンスは，ずっと前に隠されていたクライエントの一部が生まれ変わるときの助産師のようなものである。セラピストは，クライエントの経験に立ち会う姿勢を体現し，ただそこにいて，何ら期待も持たずに，観察する自己の立場からクライエントと関わる。セラピストは，流浪からようやく帰ってきたクライエントの新生の部分〈part〉の証人なのである。これは，2つの魂，**共有された意識的プレゼンス**（第4章参照）の出会いのようなものだといえるだろう。クライエントもセラピストも十分に存在し，そして気づいている。これらの瞬間は，**出会いの瞬間**（Stern, 2004），我－汝の関係の傷つきやすさの瞬間（Buber, 1999）と表現することができる。

注

- [1] Erskine, R. G., & Trautmann, R. L. (1996). Methods of an integrative psychotherapy. *Transactional Analysis Journal, 26* (4), 320. https://doi.org/10.1177/ 036215379302300402
- [2] Erskine, R. G., Moursund, J. P., & Trautmann, R. L. (1999). *Beyond empathy: A therapy of contact-in-relationship* (p. 171). Brunner/Mazel.
- [3] Erskine, R. G., Moursund, J. P., & Trautmann, R. L. (1999). *Beyond empathy: A therapy of contact-in-relationship* (p. 172). Brunner/Mazel.

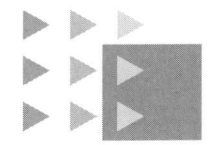

マインドフルな気づきとセルフ・コンパッションから価値に基づき生きることへ

　本章では，MCIPの相互に関連する 3 つの課題，（a）マインドフルな能力とセルフ・コンパッションを身につけること，（b）スキーマと自己状態のメタ認知的気づきを身につけること，（c）価値と意味に従って生きることを促すこと，について説明する。これらの課題は，MCIPの最初の 2 つの段階（第 8 章参照）の基本である。第 1 段階では，クライエントはマインドフルネスの能力を身につけて，セルフ・コンパッションを深めていく。第 2 段階では，マインドフルネスの能力とセルフ・コンパッションが，スキーマと自己状態のメタ認知的気づきに不可欠である。メタ認知的気づきとは，スキーマや自己状態を認識し，そこから脱中心化し，スキーマや自己状態が自分の人生にどのように影響しているのかを振り返る能力と関係する。クライエントとセラピストが協働することで，クライエントの中核スキーマを認識し，そのスキーマの自分自身や他者の知覚への影響について振り返る。マインドフルネス・スキルとセルフ・コンパッションは，日常生活の中で，スキーマや自己状態が活性化されるときに，そこから脱中心化するのに役立つ。これは，クライエントが内なる自由をより開拓するのに役立ち，自分の価値や意味に従って能動的に生きることを可能にする。

　第 9 章では，調律された治療関係を通して，マインドフルな能力を身につけセルフ・コンパッションを高める，関係マインドフルネスとコンパッションの方法について述べた。マインドフルネスとセルフ・コンパッションは，マインドフルネスとコンパッションの実践やマインドフルなメタファーという形式で，クライエントに明示的に導入することもできる。以下の節では，心理療法においてマインドフルネスとコンパッションを明示的に高めることができる種々の方法について説明する。

▐▐▐ マインドフルな能力を身につけること

►► マインドフルネスの実践

　クライエントのマインドフルな能力は，マインドフルネス瞑想によって大幅に向上させることができる。私たちは，クライエントに，座位瞑想，ボディスキャン，3分間呼吸空間法などの伝統的なマインドフルネスの実践を紹介することがある（Kabat-Zinn, 1990; Segal et al., 2002）。クライエントにその恩恵について伝え，マインドフルネスの実践に関するさらなるリソースを紹介することもある。通常の心理療法を受けているクライエントには，8週間のマインドフルネスに基づくプログラムが有用である。マインドフルネスの能力は，主に関係マインドフルネスとコンパッションの方法を通じて身につけるため，マインドフルネス実践は，私たちのアプローチの前提条件ではない。

　セッションは，呼吸への気づき，短いボディスキャン，外部環境への気づきなど，短いマインドフルネスのエクササイズから始めることもある。このような実践は，セッションの残りの時間を彩ることが多く，その後，内なる経験との接触を容易にするために，ゆっくりとしたテンポで進行することもある。

> 「数秒間，息を吸うときと息を吐くときのそれぞれの呼吸に気づきます」
> 「ここに座っているあなたの身体に気づいてください。注意を払いながら，つま先から頭のてっぺんまで移動します」

　私たちは，セッション中に短い**マインドフルな間**をとって，気づきや自己調整，そして身体と感情の両方により深く触れることができるようにする。

> 「数秒かけて，今自分が身体の中で経験していることに気づいてください」

　私たちは，**観察する自己のダイヤモンドモデル**（第3章参照）に基づくマインドフルネス実践を開発した。この実践は，人間の経験のさまざまな次元へのマインドフルな気づきと観察する自己への気づきに，クライエントを誘うものである。実践は，身体へのマインドフルな気づきに始まり，感情や思考への気づ

きへと続く。次のステップでは，クライエントの生活の中で，他の人々（対人関係の次元）と，他の人類や自然環境（生態学的次元とスピリチュアルな次元）との相互の繋がりに気づきを向けるように促す。最後のステップでは，さまざまな感覚様式を通して，外部環境への気づきを促す。この実践を通して，クライエントに，観察する／超越自己（スピリチュアルな次元）に気づくよう促す。

▶▶ エクササイズ：マインドフルな気づきのダイヤモンド

　「呼吸をしていることに気づきます――息を吸ったり吐いたりしていることに気づきます。あなたは呼吸しています。自分の身体のどこで呼吸を感じているかに気づきます。もしかしたら，鼻孔や，胸や，お腹でより感じるかもしれません。（間）

　今度は，あなたの身体全体に注意を向けてください。ただ単に，今ある感覚に気づきます。それらを変えようとしたり，それらについて何かをする必要はありません。もし可能であれば，それらをそのままにしておきます。（間）

　次に，注意の焦点をあなたの感情に移します。今，自分に何らかの感情があるかどうかに気づきます。もしあれば，ただその感情のためのスペースをつくり，それらすべてを歓迎します。そのままでいいのです。（間）

　今度はあなたの思考に注意を向けます。それぞれの思考が行ったり来たりしていることに気づきます。特定の思考にしがみついたり，あるいは避けたりする傾向に気づきます。ただ，それらが私たちの心の中の過ぎ去る出来事であり，絶えず生じては消えていくのを，そのままにしておきます。愛に満ちた目でそれらを観察しましょう。（間）

　あなたは，身体感覚，感情，思考に気づいています。これらすべてに気づいている誰か，あるいは何かがいることに気づいてください……気づきそのものに気づいてください。（間）

　次に，あなたの人生の中にいる他の人々，あなたと親しい関係にある人々（例：家族，親友）（間）……そして今度は，あなたとはそれほど親しくない人々（例：知人）に気づいてください。（間）

　あなたや人間一人ひとりの中に，気づきの存在があることに気づいてください。私たち全員が共有している気づきの存在があるのです。（間）今，私たちは皆，動物や植物など他の生命体と共に地球に存在していることに気づきます。地球と，すべての人が地球や宇宙と相互に繋がっていることに気づきます。私たちは皆，空気，食べ物，水，太陽

があるからこそ存在できるのです……私たちはより大きな全体の一部なのです。（間）

今度は外側の環境に注意を向けます。部屋の中の匂いに注意を向けます……（間）

生じては消える音に注意を向けましょう……もし注意がさまよっていることに気づいたら，音に気づけるように，そっと注意を戻してください。心がさまようのは普通のことで，それが心の性質なのです。もし思考の中で自分が迷子になっていることに気づいたら，そのことに気づいて，音に気づけるように，そっと注意を戻してください。（間）

これらすべてに気づいているのは誰なのか，何なのか？　この質問に頭で答えようとせず，ただその質問に導かれて，気づきそのものを経験してください……気づきは，身体感覚や感情，思考，知覚ではありません。これらは，気づきの場の中で過ぎ去る出来事です。そのすべてに気づいているのは，私なのです。（間）

今度はあなたの呼吸に注意を向け，それを身体全体に広げていきます。椅子に座るときの姿勢と，椅子と触れているところに気づきます。今，片方の手を自分の身体に，もう片方の手を椅子に置き，それらを同時に抱えてみます。（間）

この実践が終わりに近づいてきたら，目を開けて（もし目を閉じていたら）部屋をちょっと見てみましょう。……今初めて見るかのように，新鮮な目で部屋を見てみてください……」

このエクササイズをグループで行う場合は，参加者にお互いを見るように促し，そうでない場合は，クライエントにセラピストを見るように促す。

「仲間を生まれて初めて見るような気持ちで見てください。一人ひとりの中に気づきの存在があることに気づきます。そして，他の人の視線を受け止めたとき，お互いが気づきそのものの場所からお互いを見ていることに気づきます」

►► メタファーの利用

メタファー，啓発的な物語，詩などはすべて，クライエントにマインドフルな気づきやセルフ・コンパッション，観察する自己を紹介する上で効果的な方法である。これらは，単に概念的な理解ではなく，クライエントを経験へと向かわせるものである。セラピストは，さまざまなマインドフルネスに基づくセラピーのアプローチやさまざまなスピリチュアルな伝統の中で開発された，さ

まざまなメタファーや物語を使用することができる。一例として，観察する／超越自己を指し示すメタファーとマインドフルネス・エクササイズ——「無限の空〈the limitless sky〉」がある。

► 無限の空

> 「自分は無限の青空であり，思考や感情，身体感覚は空に浮かぶ雲のようなものだとイメージしてください。思考，感情，感覚を空に浮かぶ雲のように気づきを向けてみてしてください。受容と優しさをもって，それぞれの雲に気づきます。思考，感情，感覚は，現れては消え，絶えず変化しています。それらの証人であるあなたは，変わることのない空として常にそこにいます。雲はあなたに触れてはいません。雲はあなたの中に現れては消え……」

MCIP では，マインドフルな気づきとコンパッションを指し示す，さまざまな比喩メタファーや物語を創造的に使うことがある。私たちは，チェスボードのメタファー，バスの乗客，ポリグラフのメタファー，モンスターとの綱引きなど，アクセプタンス＆コミットメント・セラピー（ACT）で開発された特に有用なメタファーを知った（Hayes et al., 2012）。セラピストは，クライエントの経験に関連した独自のメタファーを創造的に開発することも望まれる。時には，ルーミーのゲストハウスのような物語や詩を使うこともある（Segal et al., 2002）。

||||| セルフ・コンパッションを高めること

クライエントが自分自身にコンパッションを持てるようになるには，まず，クライエントは自分が苦しんでいることを認識し，気づくこと，そして，苦しい状態にありながらも，マインドフルに今この瞬間にとどまることができる能力を持つことが必要である（Neff, 2011）。コンパッションとマインドフルネスは密接に関連している。マインドフルな気づきとプレゼンスがなければ，コンパッションは存在しない。さらに，マインドフルネスの本質的な部分はアクセプタンスであり，そのアクセプタンスの深みには，常に愛とコンパッションがある。

クライエントの苦しい状態や，拒絶されたか追放をされた部分に，マインドフルな気づきとセルフ・コンパッションの光をもたらすことは，心理療法における本質的な癒しのプロセスであると私たちは考えている。クライエントのセルフ・コンパッションへの動機づけは，クライエントが自分自身に対して受容的で，優しく，そしてコンパッションに満ちていることの価値を認識したときに発展する（Gilbert, 2010）。セルフ・コンパッションに簡単にアクセスできるクライエントもいれば，困難なクライエントもいる。

　セルフ・コンパッションを高める方法はさまざまである（Desmond, 2016; Gilbert, 2010; Tirch et al., 2014）。第9章では，治療関係の中で，クライエントの経験とその防御メカニズムをノーマライズすることで，セルフ・コンパッションを高めることができることを説明した。このような関係性の介入に加え，(a) **身体とのコンパッションに満ちた相互作用**と，(b) **コンパッションに満ちた内的な対話**によって，セルフ・コンパッションを促進することができる。これらのすべての介入において，私たちはクライエントが自分自身にセルフ・コンパッションをもたらすように誘う。セルフ・コンパッションはすべての人の中にある状態であり，それはただ目覚めさせるだけでよく，コンパッションに満ちたセラピストはクライエントを助けることができると私たちは信じている。

►► 身体とのコンパッションに満ちた相互作用

　セルフ・コンパッションを促進する際には，内なる状態，特に身体への気づきが必要である。クライエントにコンパッションを紹介するとき，私たちはしばしば，**身体とのコンパッションに満ちた相互作用**〈compassionate interaction with the body〉を促進する上で，**呼吸を支えること**〈supporting breath〉と**愛に満ちた手**〈loving hand〉のエクササイズを使う。このようなエクササイズは，セルフ・コンパッションのボトムアップのプロセスを促す。また，**心の陰の太陽**など，想像力を働かせるエクササイズを用いることもある。

► サポーティングブレス（呼吸を支えること）

　「呼吸に注意を向けてください。吸う息……吐く息……気づいてください。ひとつひとつの息があなたを支えていること，あなたと一緒にここにいること……あなたを気遣っ

ていること……あなたの身体，細胞に酸素を供給していること……あなたが必要としているエネルギー，強みを与えていること……老廃物を取り除いていること……あなたの息に気づいてください。あなたの息の支え，気遣い……あなたの人生を通してあなたと一緒にいることに」（Kabat-Zinn のボディスキャン瞑想から改作）

► 愛に満ちた手のエクササイズ

　身体の，特に胸のあたりに愛情をもって触れることは，私たち人間の経験と生来の叡智の一部である。他の著者も同様のエクササイズを記述している（Germer, 2012; van der Brink & Koster, 2015）。

　セラピストは，次の言葉をゆっくりと優しく語りかけることで，クライエントを**愛に満ちた手のエクササイズ**に誘う。

　「優しく愛を込めて，あなたの胸に手を当ててみてください。あなたの手の感触を感じてください。あなたの胸に手の温もりを感じてください。優しく，愛情深く，受け入れるようなタッチに気づいてください。あなたの手の感触を心に感じてください。愛，思いやり，許しの感触です」

　このエクササイズでは，セラピストのあり方〈being〉の状態や話し方が非常に重要である。セラピストも自分の胸に手を当て，自分が話している言葉のひとつひとつにマインドフルでいる。この実践中，セラピストは自分自身にもセルフ・コンパッションをもたらす。セラピストのハートは開いている。そして，セラピストの声は触れている。セラピストのコンパッションの状態が，生理学的同調性のプロセスを通じて，クライエントに伝わるのである。セラピストは，これらの言葉を発しながら，クライエントを観察し，自分の言葉や声がセルフ・コンパッションの促進に役立っているのかどうかについても観察する。セルフ・コンパッションが現れ始めると，クライエントの表情は柔らかくなり，通常は目が少し濡れたり，涙がこぼれ始めたり，呼吸が滑らかになったり，時には深くなったりもする。エクササイズがセルフ・コンパッションを活性化させていない場合，顔は緊張し，呼吸は浅くなる。その後で，セラピストはクライエントに尋ねてみる。「あなたは今，何を経験していますか？」あるいは「そのエクササイズはどうでしたか？」

▶ 心の陰の太陽

セルフ・コンパッションを促進するもうひとつのエクササイズは，さまざまなスピリチュアルな伝統でよく使われる「**心の陰の太陽**」である（Malachi, 2004）。

> 「あなたの心の中に，太陽があると想像してください。温かく，愛に満ちた太陽は，すべてを受け入れてくれます。この太陽が，あなたの身体，感情，思考を照らし，愛をもって触れていると想像してください……。太陽はまた，あなたの周りのすべての場所を照らし，その光ですべての生きとし生けるものに愛と思いやりをもたらしているのです」

▶▶ コンパッションに満ちた内的対話

セルフ・コンパッションは，セルフ・コンパッションに満ちた内的対話によって高めることができる。対話を促進するために，遠近法的な視点の獲得を促す介入がよく行われる。異なる視点から自分を見ることができると，セルフ・コンパッションが自然に目覚めることが多いためである。これらの介入は観察する自己と関連しており，時間，場所，人を超えて視点を移動させることができる（Hayes et al., 2012）。このような介入は，歳を重ねた自分と幼い自分の間で視点を移動させるようにクライエントを誘うことができる。例えば，クライエントは，未来の歳を重ねた自己の目を通して自分自身を観察したり，幼い頃の「子ども」の自我状態に話しかけるように誘われる。また，クライエントに，愛に満ちた目で，今，苦しんでいた頃の自分を振り返ってみるように誘うこともある。このような介入を創造的に使うことで，脱中心化された視点とセルフ・コンパッションを促進することができる。

▶ 愛に満ちたコンパッションの眼で自分を見つめること

> 「愛する息子や娘が苦しいときに見つめている母親のように，愛に満ちた目で自分を見つめてください。あなたなら，自分にどんな言葉をかければ，優しく，愛情深く，支えてあげられるでしょうか？　そして，これらの思いやりの言葉を言っているとき，あなたはどのように感じていますか？」

　また，クライエントには，未来から賢明でコンパッションに満ちた自分が訪ねてくることを想像してもらうこともできる。クライエントは，この賢明な自己の視点を通して自分自身を見るように誘われる。

> 「未来の自分を想像してください。あなたは歳を重ね，賢く，思いやりに満ちています。賢明で思いやりのある自分の目を通して，自分自身を見てみてください。何を感じますか？　何か自分に伝えたいことはありますか？」

▶ 他者からコンパッションやリソースを受け取ること

　クライエントが自分自身に対するコンパッションを見つけられないとき，私たちは「橋渡し〈bridging〉」をすることで彼らを助けることができる。クライエントに，誰かから，または何かからコンパッションを受け取っていると想像してもらうのである（Desmond, 2016）。例えば，クライエントに，自分の中に温もりや愛といった複雑でない感情を呼び起こす何か，あるいは誰かを思い出してもらうができる（Desmond, 2016）。私たちはクライエントに，次のように言うかもしれない。

> 「あなたを慈しむ思いやりに満ちた人物を想像してください。この人があなたの痛みに寄り添っていると想像してください。（間）この人はあなたに何を語りかけているのでしょう？　（間）その思いやりに満ちた人物の目で，あなたが自分を見ているところを想像してください」

　叡智と愛を体現するさまざまなコンパッションに満ちた人物（普遍的な子ども，普遍的な母親，妖精，特定の木，母なる大地，または動物など）を利用できる。また，さまざまなスピリチュアルな伝統に由来する人物（イエス，天使，マリア，仏陀，スピリチュアルな教師など）も利用できる。クライエントは，母親，祖父，パートナー，友人など，実在する最愛の人物の目で自分を見てみることもできる。この場合，実在の人物は不快な感情を引き起こす可能性があることを念頭に置かなければならない。

　また，クライエントに，他者からコンパッションを受けた経験を思い出してもらうこともできる（Gilbert, 2010）。これは，セルフ・コンパッションを育む

ための貴重なリソースとなりうる。他者が自分にコンパッションを持ってくれていることに気づくことで，他者との繋がりの感覚が呼び覚まされ，安全感が増すかもしれない。そして最後になるが，クライエントのセルフ・コンパッションは，セラピストのコンパッションによって促進される。

► セルフ・コンパッションのフレーズ

クライエントがセルフ・コンパッションを見つけるのが困難な場合，より受け入れられやすいものがあるのなら，別のアプローチを試すことが役に立つ。自己への肯定的な願いを込めたフレーズも，セルフ・コンパッションを促進することができる。クライエントには，例えば，次のような**慈しみ〈metta〉**のフレーズを自分自身に語ってもらうとよい。「**あなたが健康でありますように。あなたが安全でありますように。あなたが愛されますように**」(Desmond, 2016, p. 192)。また，クライエントは優しい言葉や願いを込めた言葉を自分で選ぶこともできる (Neff, 2011)。

►► セルフ・コンパッションの源への気づき

クライエントが自分自身を慈しむようになったら，セルフ・コンパッションの流れや，自分のセルフ・コンパッションの源と感じている自分の側面に，彼らの気づきを向けることができる。その場合，次のように伝えてもよいかもしれない。

> 「今，あなたが経験している自分への思いやりの流れに気づきを向けること……それはあなたにとってどうですか？ （間）その思いやりはどこから来ているのでしょうか？ 自分への思いやりを注いでいるあなたの側面に気づいてください」

コンパンションの源への気づきは，私たちが観察する／超越自己と呼ぶ，自分自身のコンパッションに満ちた側面を認識することに繋がる。コンパッションに満ちた観察する自己への気づきは，大切にされていること，一人ではないこと，繋がり，信頼，安全，感謝といった気持ちを呼び起こし，スピリチュアルな経験に繋がるかもしれない。

▶▶ セルフ・コンパッションの障壁

　クライエントの中には，セルフ・コンパッションが脅迫的なプロセスになる人もいるかもしれない。MCIP の哲学に従って，このような場合には，クライエントがセルフ・コンパッションと結びついた不安を認容し，受け入れ，理解するように支援する。セルフ・コンパッションを恐れるのには重要な理由があり，その背後には大切なストーリーがある。それゆえ，私たちは不安と戦うことはしない。私たちはクライエントにセルフ・コンパッションを強要するのではなく，クライエントの恐怖や，コンパッションに満ちた状態になることへの回避にコンパッションを向けるのである。そうすることで，逆説的にクライエントの防御メカニズムが和らぐ（Erskine et al., 1999）。時には，コンパッションと関連した不安や障害物に働きかけることに主眼が置かれる（Gilbert, 2010）。

▶ セラピストのためのガイドライン

　クライエントがセルフ・コンパッションを見出せない現状を受け入れるように。それは重要な精神内界の機能を持っているのである。セルフ・コンパッションを阻むものは，クライエントを何かから防御しているのだということを覚えておくように。

　クライエントが現在，自分自身にコンパッションをもたらすことができないことを認容し，承認するように。認容することで，クライエントは自分の防御メカニズムに気づき，そして，承認することで，その防御メカニズムには意味があることを理解するようになる。

　優しく受容的な態度で，クライエントと一緒に，セルフ・コンパッションの障壁となっている精神内界の機能を探索するように。防御の役割を持つセルフ・コンパッションへの障壁をクライエントの一部と見なすことは，理解とアクセプタンスに繋がる。このプロセスに伴って，障壁は消滅するか，あるいは変容するのである。

▓▓ スキーマと自我状態のメタ認知的気づき

　MCIP の第 2 段階における中心的な目標は，クライエントの経験の背後にあ

る中核的な関係スキーマと自我状態をマインドフルに認識し，理解することである（第8章参照）。クライエントの今この瞬間の経験と未来への期待は，過去の人間関係の経験を一般化した暗黙の関係スキーマに基づいている。スキーマは，もしリフレクトされないと，無意識のうちに私たちの経験や行動に影響を及ぼす。このため，私たちは，クライエントが自分のスキーマに気づき，それがどのように構築されたのかを理解し，スキーマが人生に及ぼす影響を認識できるように支援する。目的は，クライエントが脱中心化された視点と自分のスキーマに対する脱中心化された関係を築くことである。スキーマとそれに関連する自我状態が活性化されるときに，クライエントは，新しい脱中心化されたな視点から，アクセプタンスを伴い，今この瞬間において，それらと関わることができるようになる。このようにして，スキーマはクライエントの人生に対する支配力を失い，クライエントは自分自身や他者，世界を以前とは違った形で見られるようになるかもしれない。これは，より大きな自律性と心理的柔軟性として現れる。神経生物学的な観点からは，異なる神経ネットワークパターンが活性化する確率が高くなるといえる（Siegel, 1999）。脱中心化されたマインドフルな気づきがない場合，非機能的スキーマの活性化によって限られたネットワークパターンばかりが頑なに炎上し，それが硬直性と心理的柔軟性の欠如として現れる。

　メタ認知的気づきの課題には，脱中心化された気づきと理解に加えて，分離または解離した経験間の繋がりを促進することも含まれる。クライエントは，過去，現在，未来という時間枠を通して，感情，感覚，思考，行動の間の繋がりを構築するように誘われる。このプロセスは，メンタライゼーションの能力を高める。セラピストはまた，クライエントの世界の理解や解釈を形成した特定の自伝的記憶を同定する手助けをする。個々の経験間の繋がりが，パーソナリティと脳の統合を高めるのである（Siegel, 2012, 2018）。

　スキーマと自我状態に対するメタ認知を促進する心理療法の作業は，次のような心理療法の下位課題から構成される。（1）スキーマについての心理教育，（2）中核的な関係スキーマをマインドフルに認識すること，（3）スキーマがクライエントの人生に及ぼす影響を認識すること，（4）関係スキーマと自我状態に対する脱中心化された気づきを促進すること，である。

▶▶ スキーマについての心理教育

スキーマの存在，性質，および機能についてクライエントを教育することは，スキーマに対する脱中心化された気づきを高める上で重要なステップとなる。心理教育は，それぞれのクライエントの教育的・文化的背景に応じてしつらえなければならない。それは，説明やメタファーによって提供することができる。私たちが使っているメタファーのひとつに，ラナ・ウォシャウスキーとリリー・ウォシャウスキー〈Lana and Lilly Wachowski〉によるカルト映画「マトリックス」に関連する比喩がある。このメタファーは，オリジナルの映画を知らない人々にも簡単に応用することができる。

▶ マトリックスのメタファー

『『マトリックス』という映画をご存じでしょうか。この映画では，人々はマトリックスと呼ばれるシミュレートされた仮想現実の中で生活しています。彼らの人生は，マトリックスに従って，あらかじめプログラムされ，決定されているのです。私たちのスキーマは，マトリックスを通して現実を経験しているようなものだと想像してください。私たちは通常，このマトリックスに気づいていませんが，このマトリックスが私たちの日常生活や経験を決定しています。例えば，ある人は『私は人間関係がうまくいかない』というスキーマを持ち，このスキーマに従って，人間関係を避け，生涯一人で生きていくかもしれません。このスキーマは，その人の日常の現実を彩り，その人は通常，自分の経験がスキーマによって決定されていることに気づいていません。

しかし，私たちはスキーマに気づき，スキーマから抜け出すことで，スキーマに振り回されない人生を送ることができるようになるのです。映画の中で，ネオはマトリックスから解放された人物の象徴であるのです。モーフィアスは，彼に青い錠剤と赤い錠剤の2つの錠剤を差し出します。青い錠剤は，スキーマに支配されて無意識的に生きている私たちの人生を表しています。赤い錠剤は，私たちのスキーマ，つまりマトリックスからの気づきと解放を表しています。これは，マトリックスの本質を洞察し，スキーマにとらわれずに自由に生きることと関係があります。マインドフルな気づきは，赤い錠剤なのです。それは，私たちが私たちの価値および目的に従ってより自由に生きることができるように，私たちのスキーマとの同一化から抜け出すのを助けてくれます。

　では，赤い錠剤と青い錠剤，どちらがいいでしょうか？　もし，赤い錠剤を選んだら，あなたの人生はどうなるのでしょうか？　そして，もし青いほうを選んだら？

　映画の中では，マトリックスからの解放を望まないエージェント（エージェント・スミスのような）も登場します。彼らは，私たちがより自由に人生を歩むための障害物なのです。あなたの障害物は何ですか？

▶▶ 中核的な関係スキーマをマインドフルに認識すること

　次の重要な心理療法の課題は，クライエントの中核的な非機能的スキーマをマインドフルに認識することである。その目的は，クライエントが自分の中核的なスキーマに十分に，かつマインドフルに気づけるようになることである。セラピストは，心のレンズがどのように知覚と経験を形成し，行動に影響を与えているかを，脱中心化された視点，好奇心，アクセプタンスと共に，今この瞬間において観察するようクライエントに勧める。

　中核的な非機能的スキーマは，多くの場合，子どもと重要な他者との関係性の経験の結果として形成される。それらは，人生の後半において，内的な対話と他者との関係性という形で姿を現す。クライエントが関係スキーマを特定し，その起源と機能を理解するために，私たちは同じ関係性のテーマで繋がっている主な4つの領域について探究する。

1　過去の人間関係の経験
2　精神内界の関係性
3　セラピストを含む他者との現在の関係性の経験
4　未来の人間関係についての幻想と予期

　これらの探索領域は，クライエントの関係性の世界を直接覗き見る窓となる。

▶ 過去の人間関係の経験を探索すること

　セラピストは，クライエントの生育歴の探究を通じて，クライエントの現在の経験と関連がある過去の自伝的記憶を結びつけるのを援助する。この援助によって，過去の経験と現在の経験の繋がりが自分の人生の中で活性化される関

係スキーマであるということを，クライエントは認識することができる。

> セラピスト：上司との関係で，あなたは恐怖を感じています。あなたは上司が，たとえ理性的には脅威を感じないとしても，性的には不適切なやり方で行動をとるのではないかと恐れています……この性的暴行を受けるという恐怖は，何かを思い起こさせませんか？
>
> クライエント：（沈黙）私の叔父です。彼らは同じように見えます――小さくて，眼鏡をかけていて，同じような声のトーンを持っています……叔父は近くにいるとよく私のお尻を触り，不適切で性的な冗談を言うのです。

　過去と現在の経験が繋がり，クライエントが過去のエピソードを承認され，聴いてもらえたと感じた後に，セラピストはクライエントが過去と現在を繋ぐスキーマを認識する援助ができるのである。

> セラピスト：つまり，叔父との経験に基づいて，男性は信用できない，男性はあなたに性的暴行を加えるかもしれない，自分は安全ではない，というスキーマをいかに構築したのかがわかりますね。
>
> クライエント：はい。そうですね。

　クライエントが繋がりを見つけることが困難な場合もあるため，セラピストは，感情や身体経験との接触によって繋がりをつくる，**感情ブリッジ法〈affect bridge technique〉**（Shapiro, 2018; Watkins, 1971）を用いることがある。

> セラピスト：恐怖と「何か悪いことが起こる」という思考に気づいてください。今，身体のどこでそれを感じていますか？
>
> クライエント：胃の中に……結び目やしこりがあるように感じます。何かが重く，私を圧迫しているようです。
>
> セラピスト：うん，うん。この胃の中のしこり，重さ，圧迫感に気づいてください……そして，あなたがこの感覚を経験した人生の最も古い時期に戻ってみてください……。

▶ 精神内界の関係性を探索すること

　精神内界の対話という形式で現れるクライエントの精神内界の関係性も，スキーマを認識するための重要な探究の領域である。関係スキーマが活性化すると，異なる自己状態間での内なる対話という形で現れることがある。

> クライエント：私は自分にとても厳しいんです。自分が楽しむことすら許さないんです。
> セラピスト：自分に厳しく，楽しむことすら許さないとき，あなたは自分自身に何と言いますか？

　この問いかけによって，セラピストはクライエントの内的な対話を探索している。

> クライエント：あなたは悪い人だから，それに値しないわ！　あなたは苦しむべきです！
> セラピスト：それは本当に厳しい批判のように聞こえます……それは，あなたの人生のどこかで，あなたは悪い人で，苦しまなければならないというスキーマを身につけたように聞こえます……。

　セラピストは，クライエントの反応を見るために短い間をとる。

> クライエント：（うなずく）
> セラピスト：少し時間をとって，今自分の中で何が起きているかに気づいてください。

　セラピストはクライエントをマインドフルな気づきに誘っている。

> クライエント：ある記憶がよみがえってきました……（泣き始める……）弟に何かあったんです……私は弟の面倒を見るべきでした。弟は転んで頭を打ち，数日間昏睡状態でした。死ぬと思った。私は7歳で，弟は3歳くらいでした。父は私に激怒しました。私はとても罪悪感を抱きました。弟の面倒をよく見ずに，傷つけてしまった自分を罰しているのだと思います。

　スキーマと批判する自己状態に気づくことで，過去の経験との繋がりが自然

に生まれてくる。

> セラピスト：小さい頃，あなたはそのことをどのように理解したのでしょうか？　何を結論づけたのでしょうか？
>
> クライエント：私は悪人で罪人だ……そして，いつも気を張っていなければならない。私には休む暇もありません。
>
> セラピスト：つまり，幼い頃，「私は悪い人間で，罪を犯しており，他人が私を罰するだろう」という，今もなおあなたの人生に影響を与えているスキーマを身につけたのですね。そして，あなたはこう結論づけたのです。「私は楽しむに値しない，休息はない，失敗しないように常に気を張っていなければならない」と。いかがですか？

　セラピストは，協働的な方法で，クライエントと一緒に非機能的関係スキーマを念入りにつくり上げる。

> セラピスト：（セッションの後半で）スキーマを書き留めておいてはいかがでしょう？　そして，その週のうちに書き留めたものをもう一度読んでみてくれますか？　そのことで何かしようとしないでくださいね。

　スキーマを書き出して読むという実践を通して，クライエントはさらにスキーマに対する脱中心化された視点と気づきを身につける。クライエントは，もうスキーマと融合していないので，スキーマとの関係は変化している。スキーマの活性化は，日常生活の中でより簡単に認識することが可能となる。気づきを受け入れることによって，スキーマはその影響力を失う。

► 心理療法的な関係性を探索すること

　探究すべき重要な領域は，心理療法的な関係性に関するクライエントの経験である。クライエントは初期の人間関係で培われた関係スキーマの眼鏡を通してセラピストを見ているということを心に留めておくことが重要である。セラピストに対するクライエントの思考や感情，期待を理解することは，クライエントが，幼少期の親との関係で構築された主要な関係パターンを特定するのに役立つ。このようにしてクライエントの転移を探索することができる。Erskine

ら（1999）は，「人がセラピストに期待すること，希望すること，あるいは恐れることは，過去に重要な人たちとの間で起きたことの反響である」（p. 167）と記述している。

> クライエント：あなたが私の味方であることは理性ではわかっています……しかし，ここは（胃と胸を示す），私はそうではありません……。私はまったく価値がなく，愛されていないように感じます。
>
> セラピスト：その部分についてもっと教えてください。
>
> クライエント：私なんて誰も一緒にいたいと思わない人間です。
>
> セラピスト：私があなたのセラピストになりたくないと思っている感じですか。
>
> クライエント：はい，時々……それを恐れています。
>
> セラピスト：私が何かしたことで，あるいはしなかったことで，そのように感じることがありますか？
>
> クライエント：（沈黙）そうではないと思います。実際，ありません。

　関係的観点によれば，クライエントとセラピストは相互に影響し合っている。たとえクライエントがここで「いいえ」と言ったとしても，セラピストはこの関係性のテーマが共創される可能性があることを念頭に置いている。しかし，現時点では，セラピストは関係スキーマを特定することに重点を置いている。

> セラピスト：あなたが人間関係でこのように感じることが多いということは，これまでの人生を通じて，私は価値がないとか，私は愛されないとか，他の人は私を拒絶するだろうとか，そういうスキーマを身につけたと考えることができるのではないでしょうか。このことはどのようにあなたの心に響いているのでしょうか。
>
> クライエント：（沈黙，息を止める）
>
> セラピスト：今，身体の中で何を感じていますか。
>
> クライエント：胸の痛みと空虚感です。耐えがたいほどの切望感のようなもの。
>
> セラピスト：自分は価値がない，自分は愛されない，という思いに気づいて，胸の痛み，空虚感，切望感を感じてください。このことで何か思い出しますか？
>
> クライエント：（目を潤ませながら）母が見えます……彼女の静かで冷たい顔が，私のそばを通り過ぎます……私の双子の兄の世話をしているのです。私たちが小さかった頃，

> 彼は重い病気だったのです。

▶ 未来の人間関係についての幻想と予期を探索すること

スキーマを特定し理解するための重要な探究領域は，未来に対する期待でもある。期待を通して，「マインドは過去に起こったことに基づいて『未来を思い出そうとする』」（Siegel, 1999, p. 30）のである。期待について探究することは，根底にあるスキーマを発見するのに役立つ。

> クライエント：お話ししたように，私には新しいボーイフレンドがいます。彼はとても気配りができ，愛情深く，親切な人です。私たちは一緒にいる時間をとても楽しんでいて，同じようなことに関心を持っています。ただひとつ気になるのは，次のような考えが繰り返し起こることです。「彼は私のもとを去り，私はまた一人になる」。
> セラピスト：「彼は私のもとを去り私はまた一人になる」，そう言うとき，どんな気持ちですか？

セラピストは，非機能的スキーマの一部かもしれない将来の関係性についての予期を特定し，クライエントが表現した期待と関連する感情について探究する。

> クライエント：（沈黙）つらいです……取り残されるのは。（目が潤んでくる）
> セラピスト：それはよくあることですか？

セラピストは，クライエントに過去の似たような経験を探すように誘う。関係スキーマは多数の経験の一般化であるため，この思考はおそらく孤立した思考ではなく，繰り返されている関係的なテーマの表現である。

> クライエント：私はいつも人間関係で取り残されます……（沈黙）父は母を捨てて他の女性と結婚しました。また，前の 2 人のボーイフレンドも私を捨てたのです……。
> セラピスト：あなたはこれをどう解釈しますか。

セラピストは，クライエントがこれらの経験から得た結論について探究する。

> クライエント：私は取り残される人間です……私が価値のない人間であるかのように……。
> セラピスト：この結論にただ気づいてください。「父に去られ，2人のボーイフレンドに
> 　去られたので，私は価値がなく，また去られることを予期している」（間）つまり，こ
> 　のスキーマはずっと以前につくられたものです。そして今，このスキーマはあなたの
> 　ボーイフレンドとの関係で誘発されているのです。

　セラピストは，中核的な非機能的関係スキーマを特定し，クライエントに教える。関係的な観点に従って，クライエントが口に出さなくても，ボーイフレンドの行動にもクライエントの関係スキーマを誘発する何かがおそらくあるということを，私たちは強調したいのである。

►► クライエントの人生に影響を与えるスキーマを認識すること

　スキーマがマインドフルに認識された後に，セラピストは，スキーマがどのように構築されたか，そして，それがどのように自分自身や他者，世界に対する認識に影響しているのかについて，クライエントに理解するように促す。また，スキーマがクライエントの行動や未来の予期にどのような影響を及ぼしているのかを探究する。

► 自己ナラティヴ・システムを協働して完成させること

　スキーマが協働的に認識された後に，私たちはクライエントに自己ナラティヴ・システムのダイアグラム（表7.1，第7章）を紹介することがある。この介入は，クライエントが自分の人生に与えるスキーマの影響に対する気づきを養うのに役立つ。自己ナラティヴ・システムは，スキーマが日常生活の中でどのように生き，私たちがどのようにスキーマを強化し続けているかを示している。自己ナラティヴ・システムの記入は，まずはクライエントと一緒に，クライエントの**関係スキーマ**，**自伝的記憶**，**および体験の回避**と関連する最初の欄に記入することから始める。

> セラピスト：私たちは，「私は愛される価値がない，他人は信用できない」という中核ス
> 　キーマを特定しました。これは，うつ病の母親と，家族を捨てた父親と一緒にいた，

幼少期の体験に基づいてつくられたものでした。どのような具体的な記憶がそれに結びついているのでしょうか？（クライエントとセラピストは具体的な記憶を書き出す）このスキーマのために，あなたはどのような感情や欲求を避けているのでしょうか？（クライエントとセラピストは回避された欲求と感情を書き出す）

それから，次のコラムに移動して，スキーマが日常生活の中でどのように現れるかを記述する。

セラピスト：スキーマは私たちの人生に影響を与えますが，私たちの日常的な経験の背後にスキーマがあることには気づきません。スキーマは，私たちが自分自身や他の人々，世界を見るための眼鏡のようなものです。このスキーマは，あなたの人生にどのように影響していますか？　このスキーマは，あなたの行動，感情，思考，期待にどのように現れていますか？（セラピストとクライエントは一緒に，自己ナラティヴ・システムの 2 番目の欄に記入する）

その後，そのスキーマがクライエントの生活の中でどのように強化されているかを，クライエントと一緒に探索する。

セラピスト：スキーマは自己予言を成就させることがあります。私たちはスキーマに従って生活し，無意識のうちにスキーマを強化するような行動をとっています。このようにして，私たちは生活の安定性と予測可能性を保っているのです。あなたの人生では，どのような経験があなたのスキーマを強化していますか？

▶▶ 関係スキーマと自己状態に対する脱中心化された気づきを促進すること

クライエントが人生に影響を与えているスキーマへの洞察を深めた後で，スキーマと自己状態に対する脱中心化された気づきを促進することが可能となる。

▶ 自己ナラティヴ・システムへのマインドフルな気づき

クライエントが自己ナラティヴ・システムを完成させた後，ダイアグラム全体にマインドフルに気づけるようクライエントを誘い，脱中心化された気づき

を促す。

> セラピスト：深呼吸をして，あなたが書いたものを見てください。あなたはあなたのスキーマやライフストーリーではないことを思い出してください。スキーマは過去の経験に基づいてつくられたものです。少し時間をとって，あなたが今経験していることを意識してください。

「映画館での私たちのライフストーリー」のような追加の介入によって，脱中心化された気づきを促進することができる。

► エクササイズ：映画館での私たちのライフストーリー

このエクササイズは，映画館のスクリーンに映し出された自分のライフストーリーの要素を観察することで，クライエントに自己ナラティヴ・システムから脱中心化することを促す。

> 「少し呼吸をして……今書いたダイアグラムに意識を向けてください。このダイアグラムはスキーマがあなたの人生にどのように影響し，どのように強化されているかを示しています。このエクササイズでは，あなたのライフストーリーの要素が，あたかも映画館のスクリーンに映し出されているかのように観察してもらいます。
>
> あなたは映画館にいて，そこに大きなスクリーンがあると想像してみてください。そして，最初のシーンを想像してください。最初のシーンには，サブタイトルがあります。（スキーマの名前）。次に，スキーマの発展に影響を与えたいくつかの記憶を少しの間，想像してください。最初の記憶は……2番目の記憶は……3番目の記憶は……あなたが映画館で記憶をじっと見ていることを意識してください。それらは過去の記憶です……。
>
> 第2のシーンは，スキーマの脚本に従って人生を歩むというものです。タイトルが「（スキーマ名）に従った私の人生」になっていると想像してください。何が見えますか？　何が聞こえますか？　そして，この映画をじっと見るとき，あなたは映画館でこれをじっと見ていることを意識してください。この映画を観察している誰か／何かがいます。
>
> 第3のシーンのタイトルは「スキーマの呪い」です。スキーマがどのようにそのスキーマを強化する経験に導いているかが描かれています。これらの経験を意識する……そして，自分がそこにいて，この映画をじっと見ていることを思い出してください。そ

して，これはただの映画であり，ずっと昔に書かれたストーリーであることを忘れないでください。

　あなたはこのストーリーから抜け出して，映画監督として自由な発想ができるようになったと想像してください。あなたの心の奥底にある望み，願い，価値を表現するストーリーをどのように思い描きますか？　このシーンには，「私の価値に従って生きた私の人生」というサブタイトルがついています。そのスクリーンに……あなたは何を見ていますか，何が聞こえますか？　ただ想像してみてください。そして，この新しいストーリーを観察したとき，あなたはどのように感じますか？　自分がどのように生きるのかについて，あなたは柔軟に対応できるということを意識してください。あなたはどんなストーリーを生きたいかを選ぶことができるのです。

▶ 自己状態への脱中心化された気づき

　関係スキーマの活性化は自己状態に現れる。第 8 章で説明したように，私たちはしばしば自己状態と融合し，その視点を通して見ている。自己状態に取り組む際の最初の目標は，自己状態との関係において，脱中心化された視点を身につけることであり，その後にアクセプタンスとコンパッションが続く。

　関係性を重視する統合的心理療法や交流分析では，「親」の自我状態に対する心理療法や「子ども」の自我状態に働きかける方法など，自己状態と取り組むさまざまな方法が発展してきた（Erskine & Moursund, 1988; Erskine et al., 1999; McNeel, 1976; Moursund & Erskine, 2004; Zaletel et al., 2012）。これらの方法は，自己状態に対するメタ認知的気づきを促し，またその処理にも有用である。例えば，「親」の自我状態への心理療法は，クライエントが取り入れたものから距離を置けるようにする（Erskine & Trautmann, 2003）。クライエントは，クライエントの発達に影響を与えた両親や他の重要な人物の一人に「なる」ように誘われる。そして，セラピストは，クライエントが両親の一人であるかのように，クライエントにインタビューを行う。これは，取り入れられた自己状態に対するメタ認知的な気づきを促し，その統合を促進する。

　自己状態への取り組みでは，セラピストはさまざまなクライエントの自己状態に直接語りかけることもあれば，観察する自己からクライエントの自己状態に関わるように誘うこともある。これらの方法は，自己状態に対するマインドフルな気づきを促す。

次の例では，セラピストは，「不安を抱えた子ども」の自己状態に対して，脱中心化された気づきとコンパッションを促した。

> クライエント：とても不安な気分です。何がどうなっているのかわかりません。
> セラピスト：あなたのある部分がとても不安を感じているようですね。その部分は何歳ですか？

不安をクライエントのパートとして関連づけることで，セラピストは脱中心化された視点を促進する。

> クライエント：とても幼い……よくわかりません。
> セラピスト：何が見えていますか？
> クライエント：小さな女の子がドアの後ろに隠れていて，怯えているのが見えます。
> セラピスト：その小さな女の子を見て，あなたは彼女に対して何を感じますか。
> 「子ども」のクライエント：優しさ……。

「傷つきやすい子ども」の自己状態に対する脱中心化された気づきは，それ自体でセルフ・コンパッションを目覚めさせる。

> セラピスト：あなたが彼女と一緒にここにいることを彼女に知らせてください。

自我状態への取り組みは，関係マインドフルネスとコンパッションの段階に従って進められる（第9章参照）。クライエントはまず，自分の自己状態への脱中心化された気づきを発展させ，承認しながらアクセプタンスを伝える。次の段階の狙いは，防御機能を持つ自己状態への理解とノーマライゼーションである。その後に，以前は避けられ追放されていた脆弱な自我状態の出現に立ち会うことになる。第13章では，コンパッションに満ちた内的関係の発展に関する自己状態への取り組みの例を示す。

▶ セッション間に脱中心化された気づきを促進すること

スキーマからの脱中心化は，セッションとセッションの間にクライエントが

行うことのできるさまざまな体験的エクササイズによって，さらに促進することができる。クライエントには，日常生活の中で自分のスキーマが活性化している様子を観察するよう勧める。クライエントは，内的な対話，対人関係における経験，空想などに注意を向けるかもしれない……。また，スキーマの期待に反する行動を試してみて，そのときの経験を観察するかもしれない。また，先の事例で見たように，自分のスキーマを紙に書き出し，その週の間，それについて注意深く振り返ることもあるかもしれない（Ecker et al., 2012）。

||||| 価値と意味に従って生きることを促すこと

　この治療課題は，クライエントが自分の価値に従って行動に着手するように促すことを目的としている。それは，交流分析，ACT およびさまざまな行動的アプローチの実践に由来するさまざまな介入を含むことがある。これらの介入は，クライエントが自分の価値と一致する特定の行動にコミットするよう促す。価値と意味に従って生きることを促進することは，ACT のコミットされた行動のプロセスと関連している。Hayes ら（2012）は，コミットされた行動を「特定の瞬間に起こる，価値に基づく行動で，その価値に奉仕する行動パターンをつくることに意図的に結びついている」（p. 328）と表現している。価値に従って生きることを促進することは，スキーマや自己状態をメタ認知的に気づく課題と関連している。つらい感情や思考へのマインドフルな気づきによって，クライエントは新しい行動様式を進んで試すことができるようになる。

▶▶ 意味や目的と接触する

　私たちは当初から，クライエントの問題や生きづらさだけでなく，人生に意味や目的を与えているクライエントの価値に関心を持ち，セラピーに取り組んでいる。私たちは，クライエントが症状を超えて，意味と目的に満ちた人生を想像するように促す。

> 「もし，あなたの問題が魔法のように消えるとしたら，あなたはどうしますか。あなたにとって，人生において大切なことは何でしょうか」

価値が身体のフェルトセンスに根ざしていること（Gendlin, 1981），そして，クライエントが価値を他者から取り込んだものとしてではなく，本来的に自分自身のものであるとして経験することが重要である。そのため，クライエントには，自分の価値を十分に経験するよう誘う。

> 「子どもの頃のあなたと繋がることの大切さについて考えるとき，あなたはまさに今，何を経験しているのでしょうか。ちょっと時間をとって，このことを感じてみてください。（間）あなたの身体で何を感じますか」

また，セラピストは，クライエントの人生の中で，目的や意味を与えてくれた重要な瞬間を探索する。

> 「あなたの人生の中で，目的と意味を与えてくれた瞬間を思い浮かべてください。頭にどのようなことが浮かびますか？（クライエントはセラピストとそれを共有する）あなたの心をその瞬間に旅立たせてください……あなたはどのようなことを経験するでしょうか」

私たちは，クライエントを自分の価値と接触させる上でACTのテクニックやエクササイズを使うことがある（Hayes et al., 1999; Hayes et al., 2012; Luoma et al., 2007）。古典的な例は，クライエントに高齢者や故人の立場から自分の人生を振り返るように誘うエクササイズである（Hayes et al., 2012）。

> 「80歳の誕生日に，今までの人生を振り返っているところを想像してみてください。人生で大切なことについて，あなたは自分に何と答えますか」

▶▶ マインドフルな行動のための契約

行動療法と違って，統合的心理療法では「ホームワーク」という言葉を使用しない。なぜならその言葉は，セラピストが教師で，クライエントは生徒であり，生徒は教師の言うことに従わなければならないという意味合いを含んでいるからである。対照的に，私たちは**契約**〈contract〉という言葉を用いるが，これ

は交流分析（Berne, 1966）に由来している。契約とは，「明確に定義された行動方針に対する明示的な二者間の約束〈commitment〉」（Berne, 1966, p. 362）である。それは，合意の協働的な性質を意味する。クライエントがセラピストをただ喜ばせることではなく，自分自身と契約を結ぶことが重要なのである。マインドフルな行動のための契約は，クライエントが自分の経験と共に，あるがまま十分に存在しながら，特定の行動に従事することを促す契約である。

　私たちはまず，クライエントの最も深い価値と一致するさまざまな活動を発見するよう，クライエントに呼びかける。

> **セラピスト**：自分自身を大切にするという価値に従って生きている自分を想像したとき，あなたの人生はどのように見えるでしょうか？　あなたなら何をするでしょうか。
>
> **クライエント**：そうですね，ダンスのレッスンに通う，1 日に最低 30 分は自分の好きなことをする，瞑想する，散歩をする……。

　クライエントが自分の価値と一致するような活動を発見できたら，次の数週間のうちに生活に取り入れられそうなものをいくつか選んでもらう。そして，そのうちのひとつにコミットするようクライエントに呼びかける。

> **セラピスト**：散歩，読書，瞑想など，少なくとも 1 日 30 分，自分のための時間をとることが大切だとおっしゃいましたね。あなたは進んで自分のために 30 分の時間を割いて，実行する気持ちはあるでしょうか。
>
> **クライエント**：やりたいのですが，考えただけで不安になります。やろうとすると，考えが浮かんでくるのです。「何かもっと役に立つことをすべきではないか」と。
>
> **セラピスト**：たとえ不安やネガティブな考えが湧いてきても，進んでこの時間を自分のために使うでしょうか？　もし「もっと役に立つことをしたほうがいい」という考えが浮かんだら，それを押しのけようとせずに，ただそれに気づいてください。そして，楽しいことをすることに注意を戻しましょう。これは，あなたが実践しているマインドフルネス瞑想に似ています。呼吸に集中し，何か考えや感情にとらわれたら，それに気づき，呼吸に注意を戻すのです。

　このような対応を通して，セラピストは心理的柔軟性を促す（Hayes et al.,

2012）クライエントは，困難な経験にマインドフルな気づきをもたらすと同時に，自分の価値と一致する活動に従事するように誘われる。セラピストは，価値づけられた行動に向かうために，困難な経験を進んで受け入れることを強調する。Hayes ら（2012）は，ウィリングネス〈willingness〉を「そうすることで恐怖を感じることになると十分に理解しながら，価値に基づいた方法で行動する選択」（p. 337）と定義している。

　マインドフルな契約は，エクスポージャーや行動活性化といった異なる行動技法と関連があるかもしれない。ACT と一致するように，私たちは不快な感情を取り除くために行動変容を促すのではない。それどころか，マインドフルな契約は，望ましい行動に従事している間，経験を十分に受け入れることを含む。

▶ 望ましい行動についてマインドフルに想像する

　マインドフルな行動のための契約は，具体的でなければならない。クライエントとセラピストが一緒になって，クライエントが，いつ，どこで，どのように，特定の行動をとるかを指定する。また，より現実に即したものにするために，クライエントがそれを行うことを想像するように促す。

> セラピスト：今日，あなたが散歩に出かける，と想像してみましょう。いつ，どこに行きますか？（クライエントが答えるのを待つ）そして今，あなたの散歩が始まったと想像してください。何が見え，何が匂い，何が聞こえるでしょうか……（クライエントが答えるのを待つ）。そして，歩いているときに何を感じますか？　来るものは何でも受け入れましょう。もし不快な考えや感情が湧いてきたら，それを受け入れて，歩くことに戻りましょう。
> クライエント：美しいですね，森の中の紅葉……そして，今，ちょっとした不安がやってきました……「仕事でやらなければならないことがあるのです，締め切りが迫っているので」。
> セラピスト：この不安と思考に気づき，受け入れ，歩き続けましょう……。

　クライエントが自分のスキーマに反する特定の行動について想像すると，不快な思考，感情，感覚を経験することがある。私たちは，クライエントが想像の中で特定の行動を続けながら，そのような経験に注意深く気づくように促す。

私たちは，クライエントの**経験との関係のトライアングル**を通してクライエントを追跡し，それによってクライエントが自分の経験との関係において愛に満ちた証人であり続けるように励ます。

►► マインドフルな行動実験

　私たちはセラピーのセッション中やセッションとセッションの間に，クライエントが試せるような**マインドフルな実験**を計画することもできる。クライエントは，あらゆるつらい経験に対してマインドフルな気づきを向け続けながら，何か価値と繋がる行動をとるように促される。

　次の例では，セラピストは，クライエントに彼女の強迫観念に反する方法で行動するように誘う。クライエントのヤスミンは，強迫性障害に苦しんでいる思春期の子どもであった。強迫性障害では，脱中心化された視点が極端に欠如しており，侵入的な考えやイメージを回避していることがわかる。ヤスミンは，自分の家族が死ぬのを見るという侵入的なイメージを持っていた。彼女は，このような侵入的なイメージを回避するために，特定の順番で数を数えたり，電気をつけたり消したりするような強迫行為が数多くあった。彼女は絵を描くことが好きだったが，彼女にとって侵入の引き金となる黒色を使うことはほとんどなかった。そこでセラピストは，彼女が絵を描いている間，自分の中で何が起こっているのかを注意深く観察しながら，絵を描いてみることを試すように促した。

クライエント：（自然，海，家を描く……）

セラピスト：絵を描いているとき，身体で何を感じていますか。

クライエント：そうですね。胸に不安と緊張を感じます。黒を使わないほうがいいような気がして，それで代わりに緑を選んでいます。

セラピスト：実験的に黒を使って描いてみませんか。それで，もし邪魔なイメージが侵入してきたら教えてください。

クライエント：わかりました。やってみます。（黒猫を描く）……今度は，私の兄弟が交通事故で死んでしまうというイメージが湧いてきました。

セラピスト：そのイメージを観察してください。そして，それはただ現れては消えるイメージであることに気づいてください……それを保とうとしたり，押しのけようとし

たりせずに，ただそこにあるがままにさせておきます……。そしてさらに描きましょう。

クライエント：今度は赤を使っています……（赤い屋根を描く）今度はあなたに何か悪いことが起こるのではないかという考えが浮かんできます……イメージが浮かんできます――あなたが交通事故に遭うのではないかということです。

セラピスト：そのイメージを観察してください……それはただのイメージです，あなたはそれを観察し，描画に戻ります……。

クライエント：そうしていると落ち着きます……それらのイメージは行ったり来たりします。とどまることはありません。私は赤と黒でもっと試してみます……。

　このようなマインドフルな実験は，クライエントが自分の価値に一致し，心理的柔軟性を高める新しい行動を試してみるのに役立つ。

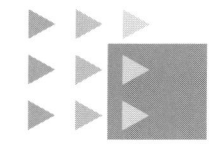

第 11 章

治療関係におけるセラピストの
マインドフルなプレゼンスと生理的調整

　セラピーは，セラピストとクライエントの間の互恵と相互依存の間主観的な
プロセスである。第5章において，言語的で視覚的な行動的交流に並行して存
在するクライエントとセラピスト間の，「目に見えない」サブリミナルな交流に
ついて述べた。セラピストは，介入（**セラピストがセラピーで言うことや行うこ
と**）だけでなく，そのありよう〈way of being〉を通して治療プロセスに影響を与
える（Geller, 2018, Geller & Greenberg, 2018; Ogden, 2018, Siegel, 2007）。セラピ
ストの「ありよう」とは，マインドフルなプレゼンス，つまり，「何があるの
か」への気づきとアクセプタンスを意味する。セラピストのマインドフルなプ
レゼンスは，介入の使用と質に影響を与える。効果的なセラピーのためには，セ
ラピストは自身の精神状態，クライエントの心的状態，およびその間の空間，つ
まり治療関係に，常にマインドフルに気づいている必要がある。このことをう
まくやるためにセラピストは，マインドフルな気づきとセルフ・コンパッショ
ンを「実践する」必要がある。セルフ・コンパッションは，私たちを調整不全
に陥れ，マインドフルなプレゼンスから遠ざける自己批判のプロセスから，私
たちを守ってくれる。心理療法のトレーニングとスーパーヴィジョンにおいて，
セラピストのマインドフルでコンパッションに満ちたマインドの状態の重要性
を認識することや，治療実践においてこういった資質をセラピストが使うのを
助けることを非常に重視するべきであると私たちは提案している。

■ 「セラピスト・ファースト」：効果的な心理療法の基盤としてのセラ
ピストのマインドフルな気づき

　心理療法家のマインドの状態は，心理療法のプロセスに対して重要な影響力
を持つ。セラピストがマインドフルに存在し，コンパッションに満ちた状態に

ある治療関係において，クライエントは自身のニーズを扱い，自律神経システムを調整し，安全な状態をもたらすような最適な相互作用を享受することができる。

　各セラピーセッションにおいて心理療法家が最初に行う必要があるのは，マインドフルな注意を自分自身に向けることであると私たちは提起している。心理療法の方法についての理論では通常，クライエントをセラピストの注意，調律，および調整の重要な焦点として強調する。私たちは，セッションにおけるこのようなマインドフルな注意，気づき，および調整は，まずは心理療法家自身に向けるべきであると提案している。言い換えると，セラピスト自身の状態とその生理的調整へのマインドフルな気づきは，クライエントへの注意やクライエントの調整の前に行われる。その理論的根拠は，酸素濃度が落ちて危険な低さになったときの飛行機の状況と同じである。まず私たちが自分に酸素マスクを装着しなければならず，その後に子どもにマスクをつける。このように，セラピストがまず自分自身にマインドフルな注意を向けることを強調しているため，この節のタイトルを「セラピスト・ファースト」とした。自身の内部状態にマインドフルに気づくことによって，セラピストは自分自身に接触することができる。自身の状態へのセラピストのマインドフルな気づきと，自分自身との内的接触は，効果的な心理療法の基盤であると私たちは提唱している。

　そのためには，セラピストは，**観察する自己**の特質であるマインドフルな意識状態を活性化しなければならない。もしセラピストが個人的自己感からのみ自身を見るならば，すぐに「ああ，私は不安で，何をしていいかわからない，私は無能だ」という考えに苛まれるようになるかもしれない。これではセラピーは生産的ではなくなるだろう。セラピーが効果的なものになるためには，セラピストは観察する自己を活性化する必要がある。そうするとセラピストは受容的な態度で，自身とクライエントの両方の自律神経の状態をマインドフルに観察し，調整することができる。

　一度こういったマインドフルな状態になると，セラピストのマインドの状態は，「柔軟で適応的で，首尾一貫していて活力があり，安定する」（Siegel, 2004, p. 78）。これらの特質によってセラピストは**効果的に考え，行動する**ことができる。マインドフルな気づきは，治療同盟におけるエナクトメントや亀裂と同様に，潜在的で無意識的な治療プロセス，転移，逆転移をセラピストが認識する

のを助ける（Safran & Muran, 2000）。それゆえ，セラピストの観察する自己とそれに関連するマインドフルな気づきは，**治療同盟**を築くこと，維持すること，および修復することのために重要である。セラピストは治療的な絆の特質をマインドフルに追跡し，同盟の何らかの亀裂の最初の兆候を見つけることができる（Safran & Muran, 2000）。亀裂を認識することは，亀裂の修復のプロセスの中で最初の，最も重要なステップである。亀裂の修復は，同盟を強め，その特質を深める（M. Žvelc, 2008）。

　マインドフルな気づきは，**内受容感覚**，気づき，および身体とその生理的状態の理解を可能にする。内受容感覚はセラピストの他のすべてのレベルの気づきの基礎であり，効果的な心理療法を行うための手段である。身体とその生理的状態へのマインドフルな気づきは，セラピストが自己調整するのを助け，セラピーセッションの間に示されているかもしれない**感情にセラピストが気づく**ことを可能にする。セラピーの前後やセラピーの間に生じる感情に気づくことで，セラピストは，逆転移における自分自身の感情的な部分について知ることができる。それは，セラピストが逆転移を理解できるようにするし，必要ならばそれを調整し，心理療法の中でそれを賢明に使うようにもできる。セラピストが自身の感情状態にマインドフルに気づくことは，セラピストの行動化や離脱を防ぐ。

　マインドフルな気づきは，**叡智とコンパッション**の基礎でもある（Brach, 2012; Siegel & Germer, 2012）。コンパッションに満ちた状態にあるときに，セラピストはクライエントの苦しみを認識し理解する。また，心理療法の作業と関連して，自己批判や困難な瞬間の状況に陥ったときに，セラピストは自身にコンパッション示すことが極めて重要である。

　私たちセラピストは，セラピーセッションの間，マインドフルな気づきで満たされたプレゼンスをどのようにして達成し，維持することができるのだろうか。私たちは，トレーニングの中でマインドフルネスの概念について学ぶことが必要であると提案している。定期的にマインドフルネス瞑想を実践することを勧める。そうすることで，セラピーセッションと同様に，生活全般においてマインドフルに気づく能力を高めるだろう。セラピーセッションの間，マインドフルに行動すること（Safran & Muran, 2000）は，セッションが始まるよりもずっと前に始まっており，私たちの日常生活のあり方を示している（Geller &

Greenberg, 2012)。

▶▶ セラピストの内受容感覚と自己調整

　生理的状態を含む身体のシグナルへのセラピストの内受容感覚による気づきは，効果的な臨床実践において非常に重要である。セラピストは，自身の生理的な感覚に気づくことで，生理学的同調性のプロセスからクライエントの状態を推論し理解することができ，それが共感と効果的な調律の基礎となる（Erskine et al., 1999; Fosha, 2000b; Iacoboni, 2009; Prochazkova & Kret, 2017; Siegel, 2007）。セラピストはまた，自己調整ができるようにマインドフルで内受容感覚的な，瞬間瞬間の気づきを発展させる必要がある。自己調整を使ってセラピストは，生理学的な覚醒状態を調節し，自律神経システム（ANS）が防衛状態にならないように，耐性の窓の内部にとどめる（Geller & Porges, 2014; Ogden et al., 2006; Porges, 2017; Siegel, 2012）。この状態の中で認知的処理が整理されて，セラピストはリフレクトしたりメンタライズしたりすることができ，どの介入を使用するかを柔軟に決めることができる。セラピストの感情的な行動化や離脱は避けられる。セラピストの自己調整はまた，クライエントの調整を可能にする。

　セラピストは，セラピーセッションの中で，内受容感覚によってANSの覚醒レベルを知らせる自分自身の生理的状態を検出する。セラピストは，心臓が早く打ち，身体がそわそわし，イライラした感じがあることに気づくことで，自律神経が調整不全で防衛的な状態および過覚醒にあることに気づくようになる。あるいは，呼吸が浅く，姿勢が曲がったままで，気分がふさぎ込んで，次に何を言えばいいのかわからなくなっていることに気づくかもしれない。これらは，セラピストのANSの低覚醒の兆候かもしれない。セラピストは，自身の調整不全状態にマインドフルになることで，**すでに自己調整を始めている**。マインドフルな気づきと，自身の生理的・感情的な状態をコンパッションに満ちた状態で受け入れることで，それがどのようなものであれ，安全な内なる空間を提供し，自己調整を助け，クライエントと共にいることを可能にする。

　もしセラピストが可動化された状態にあるなら，ANSを沈静化させる必要があり，もし不動化された状態にあるなら，可動化する必要がある。自分の身体にマインドフルに気づくことで，セラピストは身体が何をしたいのかを感じ取

り（Levine, 1997），自己調整のための追加の行動をとることができるようになる。可動化された状態において，セラピストは呼吸に注意を向けたり，吐く息を長くしたり，足裏に気づきを向けたりすることで，さらに自己調整するかもしれない。不動化された状態においては，セラピストは自身を可動化させる必要がある。例えば，深く呼吸をする（不動化された状態での呼吸はゆっくり，浅くなるので），手や足を動かす，姿勢を変えるといったことである。セラピストはまた，自身を調整するために他のリソースを活用してもいいだろう。

　身体や生理的状態へのマインドフルな気づきがないと，セラピストはプレゼンスすることができないし，調整不全にあるときに気づくことができない。私たちは，セラピストが犯す間違いの大半は，自律神経の状態の調整不全の結果であると考えている。

▶▶ クライエントの過覚醒と低覚醒の調整

　神経システムは，調整され，安全を感じるために互恵的な相互作用を必要とする（Porges, 2017）。セラピストは自身の調整された状態を通して，暗黙のうちにクライエントを協働調整している。セラピストはまた，クライエントのマインドフルな気づきやセルフ・コンパッションを促進すること，または他の戦略によって，能動的にクライエントを調整することができる。

　クライエントの ANS の防衛システムの活性化を調整するための戦略にはさまざまなものがある。クライエントが**可動化された状態**や**過覚醒の状態**にあるとき，セラピストはクライエントが覚醒を下方調整するよう援助する。セラピストは，穏やかなプレゼンスを通して暗黙のうちにこれを行うが，それは優しい眼差しや穏やかな声，柔らかい表情やジェスチャーを通して伝えられる。セラピストはクライエントにペースを落とさせ，自分の生理的状態をマインドフルに観察し，認識するよう導く必要がある。マインドフルな気づき，脱中心化された視点，およびアクセプタンスはすべて調整に役立つ。ANS の活性化が非常に高い場合は，その状態を詳細に探索したり，クライエントをその状態に一人だけ置き去りにしたりすることは行わない。セラピストは，クライエントが過覚醒の状態にいることがわかるよう助けて，それを下方調整するように手伝う。呼気を長くした呼吸のリズム（Geller, 2018）や，クライエントが手や足にマインドフルに気づくように誘うこと（Levine, 2018）は，この場合有用となる。さまざ

まなタイプの音（発声，音楽，音叉を含む楽器）を，過覚醒または低覚醒の調整に使うことができる（Erbida Golob & Žvelc, 2015）。**イメージされた穏やかな場所**のような，他の特異な技法も使うことができる。セラピストは，クライエントを調整することによって，同時に自分自身を調整することができる。

　クライエントが不動化された状態にいるときは，内部感覚に気づく能力はかなり制限されている（Levine, 2018）。まずセラピストは，不動化された状態にマインドフルに気づくようクライエントを促す。ここではクライエントのANSを可動化することが必要である。セラピストは，クライエントに動いてもらうことでこれを開始する。その動きは，実際の身体的な動きであっても，想像上の動きであっても構わない。セラピストはまた，身体がどのように動きたがっているかについてのフィーリングや強い感覚に，クライエントがマインドフルに気づけるようにガイドする（Levine, 2018）。吐き出すように発声することや歌うことも，腹側迷走神経のトーンを活性化する助けとなる（Porges, 2017, Levine, 2018）。セラピストはクライエントと共に参加するべきであり，このように自己調整し，またクライエントが恥ずかしく感じないようにする。セラピストの柔らかな声は通常，助けにはならない。それは危険や恥の感情を強めさえする（Levine, 2018）。ここで必要とされるのは，指示的で，勇気づけるような，強力な，しかし敬意に満ちた，荒っぽくない声である。耐性の窓の内部でクライエントのANSが調整されているときに，セラピストはセラピーの他の課題を開始または続行することができる。

﹅ 「私は一人ではない」：セラピーセッションからの抜粋

　ここでは，セラピスト自身の身体と生理的状態についての気づきから始めて，セラピーセッションの過程におけるセラピストのマインドフルな気づきや調整の実践的な活用について，体系的に，ステップごとに紹介したい。女性セラピストとクライエントのティナのセラピーセッションの一部を紹介し，セラピストのマインドフルな気づきと生理的調整に関連する次の7つの**セラピー課題**をすべて記述する。それは，(1) セラピストがマインドフルにセッションを準備する，(2) セッションの間ずっと，セラピストが自身の身体／生理的な感覚，感情にマインドフルに気づき，自身の自律神経の状態を評価する，(3) セラピス

トが自己調整する，（4）セラピストがクライエントに合わせ，クライエントの
状態をメンタライズする，（5）セラピストがクライエントをマインドフルに観
察する，（6）セラピストがクライエントの中にマインドフルな気づきをもたら
す，（7）セラピストがクライエントを調整する，というものである。これらの
7 つの課題はすべて，セラピーにおいて相互に繋がっているステップである。こ
れらは他のセッションや他のケースに一般化することができる。

　これらすべての課題で，セラピストは**メタ認知的スキル**〈metacognitive skills〉を
使用する。セラピストは，観察された身体感覚，生理的・感情的な状態の意味
についてメンタライズし，自分自身とクライエントの中にあるものを認識する。
このメンタライゼーションとリフレクションは，セラピーの過程でマインドフ
ルな気づきと観察に付随するものである。セラピストは，自分自身とクライエ
ントの精神状態および自律神経の状態を理解しようとする。

▶▶ ステップ 1 ：セラピストがマインドフルにセッションを準備する

　セラピストは少し休憩をとり，次のセラピーセッションの準備をする。その
準備とは，プレゼンスすることとマインドフルに気づくことからなる。セラピ
ストは，呼吸が穏やかであることに気づき，暖房の暖かさを感じ，窓から陽光
を浴びる山々を眺める。セラピストはその山々が大好きで，それらを見て，畏
敬の念や憧れを感じる。それから，セラピストはクライエントとの前回のセッ
ションの詳細をいくつか思い出す。セラピストはクライエントに対して温かさ
を感じ，なぜ自分はここでティナを待っているのか，そして，自分がどのよう
にクライエントの人生の旅を助ける同伴者であるのかという，その意図を思い
出す。こういった意図に触れることは，山々を眺めることですでに喚起されて
いるセラピストのスピリチュアルな気づきを深める。

▶▶ ステップ 2 ：セラピストが，自身の身体／生理的な感覚にマインドフ
　　 ルに気づき，自身の自律神経の状態を評価する

　クライエントのティナが到着する。心のこもった挨拶が交わされる。あたか
もここが安全で，やっとリラックスできる場所であるかのように，ティナは腰
を下ろし，深く息を吐く。ティナは，仕事でやらねばならないことはストレス
になるが，それをうまくやり遂げたと話し始める。ティナは幸せで，うまくいっ

ていることに誇りを感じている。セラピストは，ティナの話を聞き，観察しながら，同時に自身の身体感覚，生理的状態，感情，思考にマインドフルに気づく。セラピストは，ティナのことをうれしく思い，誇りに思い，そして，身体がゆったりし，温かくなっていることに気づいている。

セッションの後半で，ティナはほどほどに熱がこもった声で，しかしテンポを速めながら，翌日の職場での会議，そこで彼女が惹かれ始めている男性に会うことについて話し始める。ティナの話を聞きながらセラピストは，「胃に痛みの感覚があることに気づいている。心臓の鼓動が強くなっていることにも気づいている，呼吸は……，わからないけど，安らいでも平静でもない。手は冷たくてじっとりしている」とマインドフルに観察している。セラピストは，自身の生理的変化に気づいている。身体へのマインドフルな観察を通して，セラピストは，「私は不安を感じている」という感情にも気づくようになる。

自身の生理的状態（心拍の加速，不規則な呼吸，冷たくじっとりとした手，胃痛の感覚，恐怖感）への気づきは，セラピストが自律神経システム（ANS）を評価するのを助ける──「私は可動化している。過覚醒の状態に近づいているのだと思う」。

セラピストは，「近づいている」という言葉を使う。というのは，交感神経系の活性化にもかかわらず，セラピストは自分の感覚や感情を観察し，許容することができたからである。つまり，彼女はそれらの感覚や感情に溺れなかったのである。セラピストは，自分がクライエントの生理機能に合わせたり，同調したりしやすいことを知っている。生理学的同調性が，心理療法の共通プロセスであることを知っている。今は，ティナの調整不全の生理機能にさらに同調するのを阻止したいと思う。セラピストはまた，心理療法治療が効果的であるためには，「自律神経システムを防衛状態にしないことが必要であること」（Porges, 2017, p. 24）と，（自律神経システムを）耐性の窓の内部にとどめること（Ogden et al., 2006; Siegel, 1999）が必要であるという重要な理論的根拠にも気づいている。マインドフルな気づきを通して，自分自身を接地させることによって調整することで，ANSがさらに覚醒するのを防ぐ。セラピストは，マインドフルな気づきを，トラウマを起源とする「手つかずの〈wild〉」調整不全プロセスを和らげることと見なしている。セラピストは，自己調整とクライエントへの調整の経験があり，それが自信と安全を与えている。

▶▶ ステップ 3：セラピストの自己調整

　可動化された状態の調整のためには，セラピストはマインドフルな気づきのプロセス，すなわち，今この瞬間の気づき，アクセプタンス，脱中心化された視点を使用する。セラピストは，自分の身体や現在の生理的・感情的な状態に受容的なやり方で気づく。マインドフルな身体の気づきに基づいて，身体の適応的な活動が生起する。セラピストは心地よいリズムで呼吸を始める。セラピストはまたセルフ・コンパッションに満ちていて，優しく愛に満ちたやり方で胃の上に手を置いて，自分自身に「すべてはうまくいっている。身体は私に重要なストーリーを教えてくれているし，重要なプロセスがセラピーの中で今まさに進んでいる」と言い聞かせる。

　セラピストが脱中心化された視点から，どのようにマインドの内容を観察しているのかがわかる。そのプロセスは次のように概説できる。「私はあなたを，私の心の内容を観察しています。私はあなたと融合していません。そしてあなたのことを大事だと思っています。私は，私の観察する，愛に満ちた場所であるここが安全なのです」。セラピストは観察されたプロセスに対抗して戦ってはいない。そのプロセスを受け入れている。同時に，アクセプタンス，セルフ・コンパッション，脱中心化された視点と共に，セラピストはケアとサポート，そして自身のための安全な場所を提供している。

　セラピストの自律神経の状態の調整と腹側迷走神経の活性化とともに，目の表情や声のトーン，顔の表情，姿勢，動き，ジェスチャーがすべて変化してくる。セラピストの自律神経の状態は，穏やかで安全な情報をクライエントにもたらし，暗黙のうちにティナを協働調整するかもしれない。ティナはニューロセプションのプロセス（Porges, 2017）を通して，潜在的に（下位意識的に），セラピストの中にその変化を見つけるだろう。また，ティナの生理機能も落ち着く可能性が高まる。セラピストの自律神経の状態がクライエントに与える影響はクライエント要因にも依存し，セラピストの調整された腹側迷走神経の状態にどのように反応するかは確証がない。深刻なトラウマの場合，クライエントは誤ったニューロセプションを発展させるかもしれない。それは「リスクがないときにリスクを検知したり，またはリスクがあるときに安全の合図を同定したりする」（Porges, 2017, p. 20）ことを意味している。

マインドフルな気づきと自己調整は，セラピストが耐性の窓の内部で機能し，社会的に関与し，存在し，自分自身とクライエントに対してさらに合わせるのに役立つ。

►► ステップ 4：セラピストがクライエントに合わせ，クライエントの状態をメンタライズする

セラピストは自分の感覚に気づき，自分を調整すると同時に，自分の身体で感じていることの意味を探しながらメンタライズする。

> 「私は胃の痛みを感じていて，鼓動はより速くなり，呼吸は乱れ，手は汗ばんでいる。私は不安を感じている。私はどのようにして今，このことを感じ始めるようになったのだろうか？　この感覚は何を意味しているのかな？　このことで何かを思い出すのか？　私は誰かに会ったら興奮するだろうし，不安にもなるかな。でもこういった痛みや恐怖はないのか……。ちょうど今ティナの身体に起こっている何かに共鳴しているのか？……ティナは怯えているかもしれない。過覚醒であるかもしれない，胃の痛みがあるかもしれない。確かめてみよう」

クライエントとセラピストの生理機能は相互作用しているので，クライエントも生理学的変化を経験していて，おそらく自律神経が調整不全の状態にある。セラピストは自身の生理的状態や感情状態の気づきに基づいて，クライエントの生理的状態や感情の状態を感知する。それはセラピストの共感と調律の基盤になっている。言い換えると，セラピストは自分の身体的・感情的な逆転移に気づくようになる。自分の身体と生理的な感覚への気づきに基づいて，クライエントの状態について仮説を立てる。セラピストが感じることは，クライエントが感じることと似ているかもしれない。あるいは，クライエントとは違う感情かもしれないが，それはクライエントの状態によって引き起こされた感情かもしれない。このプロセスは，心理学的同調性，模写，および感情的共鳴として説明できる。私たちセラピストの，気づきや自己調整やメンタライゼーションの内的プロセスは，迅速で，1秒もかからない。

▶▶ ステップ 5：セラピストはマインドフルにクライエントを観察する

　セラピストはまた，マインドフルにクライエントを観察する。それはクライエントの身体によって明らかにされる。セラピストは開かれた受容的なマインドで，クライエントの身体の何らかの変化をフォローする。セラピストは姿勢，身振り，外見，話し方，声の質，肌の特徴，呼吸，筋肉の緊張や動きを観察する。クライエントの身体の変化に気を配る。身体の変化はクライエントの内なる世界の（生理や感情の）**変化**を示すからである（Lowen, 1975/1988; Reich, 1942/1988）。特にクライエントの呼吸に気を配る。内的（生理学的）な状態は常に呼吸を通して現れるからである（Reich, 1942/1988）。セラピストはクライエントのことで気がついたことは何であれ受け入れる。身体がクライエントについての重要なストーリーを語っている（Erskin, 2014）ことを知っている。そして，このことを心から感謝し，大切にしている。セラピストはクライエントの行動の意味についてのどんな仮説にも開かれている。セラピストにはある洞察を得ようとする不安や熱望はない。時にセラピストは，観察したことを説明できないことがあるが，それもまたよいのである。マインドフルなやり方で起こったことを受け入れる。そしてこの位置から，セラピストは意味のある活動を決定することができる。

　セラピストはマインドフルに次のように観察する。「ティナの話し方のテンポはどんどん速くなっている。目は泳ぎ，肩に力が入っているように見える。彼女は息継ぎをしない」。セラピストは，この観察と自分の状態の観察とを繋げて，次のようにメンタライズする。「私はもう彼女を感じられず，繋がれないような感じがある。過覚醒になってきて不安を感じている。たぶん彼女が不安を感じているんだろう……。でも彼女は，感覚や感情を避けたいように見えるなあ。息を止めている。彼女の内側で何が起こっているか聞いてみよう」。

　これまで，心理療法におけるセラピストの内なるプロセスを提示してきた。セラピストの活動は，外面に表れた行動——伝統的な意味での方法や介入——だけにとどまらず，内なる目に見えない「活動性」，つまりマインドフルに気づくこと，内受容感覚，自己調整，セルフ・コンパッション，感情的共鳴，クライエントの観察，メンタライジングなどであることがわかる。これらのプロセスは**セラピストの内的活動**である。それは主にボトムアップのプロセスによって

導かれるべきであると考える（Ogden et al., 2006）。このことは，セラピストが最初に身体にマインドフルに気づくということを意味している。その後で，他の活動や介入が，セラピストの身体との接触の上に築かれるのである。

　次の2つのステップでは，セラピストがクライエントとはっきりとコミュニケートすることになる。

►► ステップ6：セラピストがクライエントの中にマインドフルな気づきをもたらす

　セラピストは，ティナが自身の内側で何を経験しているかを尋ねようと決めた。この現象学的な探究（Erskin et al., 1999）によってセラピストは，ティナの内的世界の気づきを喚起している。セラピストはセラピーセッションの**内側**で，クライエントのマインドフルな気づきを発現させ，そして促進したいと思う。セラピストはティナに，身体で何を経験しているかを尋ねることから始める。セラピストは，身体の気づきや経験の中にクライエントのストーリーの内容を根付かせるために，ボトムアップからの現象学的な質問を始める（Fosha, 2000b; Ogden et al., 2006）。ティナは安全な治療関係の中で，自身の身体や感情との繋がりを通して，自分自身と接触するようになる（Fogel, 2013; Fosha, 2000b; Moursund & Erskine, 2004; Ogden et al., 2006）。

> セラピスト：ティナ，もし私たちが今，少し立ち止まって……そして私たちの身体に注意を向けるとしたら……（セラピストはさらにゆっくり話し，少し間を置いて，セラピストも同じように身体に注意を向ける）。あなたは今，身体で何を経験していますか？
> クライエント：うーん……わからない……今まで身体に気づいてなかったのがわかりました。確かめさせてください。（数秒止まる）かなり不快です。身体が緊張しているし，胸が圧迫されている感じです。心臓がドキドキします。

　クライエントがすぐに，「大丈夫です」，「何もありません」，「特に何もありません」といった言葉で答えたならば，おそらくマインドフルに観察する時間がないのだろうし，たぶん感覚を避けることによって自分自身を守ろうとしているのだろう。このケースでは，ティナはマインドフルに観察し，不快な感情や胸の圧迫感にマインドフルに気づくようになっている。

　ティナは自身の身体感覚に接触することができたので，セラピストはさらにクライエントが感情にマインドフルに気づくように導きたいと思う。クライエントが身体やコア感情に接触するようになると，通常，認知レベルも変化することをセラピストは知っている。クライエントは異なるマインドの認知状態に入り，そこで忘れられた記憶に辿り着き，新しい洞察を得て，無意識の素材のより深い層にアクセスすることができる（Fosha, 2000b）。時にクライエントは，ストーリーや問題を堂々巡りする（Angus & Greenberg, 2011）。耐性の窓の内部で身体や感情と接触することで，こういった堂々巡りを脱することができる。

> セラピスト：どんな感情を抱きますか？
> クライエント：不安……，恐怖……，そしておそらく……，恥ずかしさかな？　ちょっとだけど。

　ティナの身体の緊張，強まった鼓動，恐怖や恥ずかしさを感じることは，すべて交感神経の可動化を意味する。
　身体の状態についてセラピストがティナに尋ねる前，ティナは調整不全の可動化された状態にあった。セラピストが「話すこと」からマインドフルな間〈pause〉をとってセラピーをスローダウンさせると，ティナはセラピストに従って，そして内的な状態をマインドフルに観察し言語化した。こういった兆候から，セラピストは，ティナが社会交流システムを活性化し，すでにより調整されていることを知る。セラピストもまた，自身の身体がより安らいでいることを感じ，手は温かくなっている。これらすべての指標を理由として，セラピストは探究を続行すること決める。ティナの身体と感情への気づきは，以前には「知らなかった」思考と記憶に繋がるかもしれない。

> セラピスト：今，どんな考えや映像や記憶が心をよぎりますか？
> クライエント：（数秒おいて）ある考えが浮かびます。彼女（セラピスト）に話すな。それは彼女には関係ないことだ。話すと後悔するわよ。

　ティナは何か重要なことを思い出している。ティナは，セラピストとこの記憶を共有するかどうかでもがいているが，彼女は良好な同盟の兆候があるとい

う考えを表現するのに十分に安全だと感じている。別の日の面接では，「普通の
お喋りをすることにブレーキをかけ」，セラピーにマインドフルな空間を持ち込
むことで，クライエントとセラピストがセラピーのより深いレベルに入る機会
を与える。

> セラピスト：（受容的な表情と優しい声で，反射して）うんうん。あなたは何かに気づい
> ている，でも私に話すかどうかでもがいている。

　セラピストはティナの奮闘と防御メカニズムを認容する。クライエントの防
御プロセスと戦うことはしない。セラピストは表情と声のトーンで，ティナと
彼女の防御メカニズムを受け入れていることをティナに伝える。セラピストは
また，その奮闘には理由があるのを理解していることを暗に伝えている。セラ
ピストは，ティナを今ここに連れ戻すように，ティナの「大人」の自己状態に
語りかける。セラピストはティナのマインドフルな観察と脱中心化された視点
を活性化させたいと思う。

> クライエント：うんうん。

　沈黙。セラピストはマインドフルでコンパッションに満ちたプレゼンスを提
供する。

> セラピスト：あなたにはそれなりの理由があるのですね……私に話すかどうかもがいて
> いるのには。

　セラピストはティナの感情と防御メカニズムを認容し，承認（Erskine et al.,
1999）する。ティナのためにアクセプタンスとコンパッションを伝える。ティ
ナは息を止めている。セラピストには，小さい孤独な女の子が部屋の隅で座っ
ている姿が自然に浮かんでくる。そのイメージはさまざまな色合いのグレーで
表現されている。セラピストはその女の子には近づきがたいと感じている。セ
ラピストは，孤独で悲しく，痛みを感じる。また，それがどこか遠くにあって，
ほとんど手が届かないように感じている。セラピストはこのイメージを使い，優

しく，受容的な，コンパッションに満ちた声で言う。

> セラピスト：長い間そこにいたのね。あなたはこのことでずっと 1 人だった。誰も知らなかった。

彼女の声と他の非言語的な経路を通して，孤独と悲しみと痛みと，そして接触したいとの思いが揺れていた。セラピストはティナの「子ども」の自己状態に話しかける。セラピストがティナに合わせ，ティナの防御メカニズムを認容し，受容し，承認することで，逆説的に 2 人は出会い，ティナは話す。

> クライエント：（ゆっくりと）映像が浮かびました。隣人の。私に触れている。私は小さい。

ティナは下を向き，背筋と肩が曲がり，呼吸が「止まる」。

▶▶ ステップ 7：セラピストがクライエントを調整する

ティナは目をそらし，力なく座り込む。そのときセラピストは，呼吸が浅くなり，冷たい感覚が自分の内側で這いまわっているのを認識する。セラピストは，Rothschild（2017）が無気力状態〈the lethargic state〉と呼んだ，低覚醒のより軽い「バージョン」に近づいていることに気づく。セラピストは，ティナがまた不動化された状態に入っていると仮定し，調整が必要であると判断する。セラピストは，十分に呼吸しやすいように胸を開き，呼吸を「開始する」。セラピストは，自分の手のひらと足を優しく動かしている。セラピスト自身とクライエントの自律神経の状態に気づくことや何をすべきかを知ることは，セラピストにエネルギーと安全をもたらす。セラピストは低覚醒から腹側迷走神経が活性化された自律神経の状態に戻り，クライエントに次のように尋ねる。

> セラピスト：（優しく，しかし毅然とした声で）ティナ，私を見てくれませんか？

不動化された状態とは，シャットダウン状態であり，外部の世界との繋がりを遮断された状態である。セラピストは，2 人が以前に強い同盟関係を築いた

ことを知っているので，ティナにセラピストである自分との接触を取り戻すように誘っているのである。セラピストの意図は，ティナを1人にしておくことではない。彼女はずっと長い間1人だったのだから。セラピストはまた，アイコンタクトをとることで，クライエントをよりよく調整できることも知っている。セラピストは，自身の根拠のある調整されたANSの助けにより，ティナを協働調整することができると信じている。同時に，呼吸や，時々手や足をわずかに動かすことで自身をサポートし，ケアし続けている。動きはセラピーの場を可動化させる。

> クライエント：（セラピストを見る）

これはよい兆候である。ティナは後に，まるで自分を取り戻してくれるような救命ロープがセラピストの目の中にあるようだったと語った。彼女はセラピストが自分と共にいることを感じた。ティナはまた手足を動かし，そして言った。

> クライエント：立ちたい，呼吸をしたい，動きたい。

ティナは，この通りに動き出した。2人は立ち上がり，歩き，呼吸し，身体を伸ばし，揺する。2人は動くことによって自身を調整し，不動化から安全な可動化へとANSの階層レベルを昇っている。

> クライエント：生きたい！

不動化は，それが防衛状態にあるときには，象徴的に死を表している。一方で，不動化から生じる可動化は，象徴的に誕生と生命を表している。

> セラピスト：（しっかりした声で）そうですよね！

セラピストは，自分の身体から生じるよりいっそう大きなエネルギーを感じ，感情的にクライエントの言葉と接触することができると感じる。

> セラピスト：あなたの身体のどこで「生きたい」と感じるのですか？

　セラピストは，ティナの経験を彼女の身体に繋ぎ止めたい。しかしそれは早すぎるかもしれない。

> クライエント：全身でそれを感じていたと思います……腕も足も力がみなぎっている……でも今……まるで何かがこれを感じさせないようにしたがっているような……胸の中に妨害物があって，十分呼吸することができないような。

　ティナは，十分に生きたいという目覚めた願望を統合することができない。彼女の一部分が，「生きている」ことから彼女を「防御している」。セラピストは最初，生き生きとしたフィーリングがあまりにも早く消えたことに失望して，介入があまりにも早すぎたのかと訝しがった。そして，ティナが生きたいと感じることが大切だとしても，トラウマ理論によれば，ティナがこの感情を抱くことで安心できるとは思えない，と自分自身に言い聞かせる。セラピストは，ティナが十分に生きることを妨げているのは，恥と罪悪感であるという仮説を立てた。

> セラピスト：（受容的な声で）うんうん。あなたはあなたの身体で「生きたい」と明白に感じた。それからその気持ちが消え始めた。それには意味がある。（数秒後に，優しい声で）それはあなたの責任ではない……悪いのは隣人です。彼にはそんなことをする権利がないのです。

　セラピストはティナの「子ども」の自己状態と「大人」の自己状態に，彼女に罪や責任はなく，自分を罰する必要はないというメッセージを送った。子どもとしてのティナは，起こったことは自分のせいであり，自分の過ちであると結論づけていた。このスキーマはおそらくそのセッションで活性化されたものであり，セラピストは古い感情学習と**並置**させる新しい情報を与える。
　セラピストは前かがみになり，自分の手を胸の上に置き（それはコンパッションとセルフ・コンパッションを促進する），そして言う。

> セラピスト：私に話してくれてうれしいです……（沈黙）話してくれて感謝しています。
> 私はあなたと共にいます。

　ティナはセラピストを見て，うなずき，泣き始める。それは深い痛みとセルフ・コンパッションの表れであり，安堵感をもたらす。セラピストは心を動かされ，目が潤み始める。心からあふれ出るコンパッションを感じる。それは，クライエントの中と，クライエントとセラピストの間の，まさに深い内なる接触の瞬間である。たとえセラピストがクライエントと同じ経験をしていなくても，クライエントの傷つきやすい部分，つまり，孤独であること，悲しいこと，接触を切望していることを理解している。罪意識や恥も知っている……。クライエントに対してコンパッションに満ちた状態でいることで，自分自身へもコンパッションをもたらしている。それは2人の人間の間で人間性を共有した瞬間であり，傷つきやすさで繋がった2つの魂が2人をより強くし，愛に満ち，生き生きとさせる。それは我－汝〈I-Thou〉の関係（Buber, 1999）の，出会いの瞬間であった。

　続くセッションでティナは，自分が惹かれている男性と関連する不安や恥ずかしさの感情と，隣人による虐待を結びつけた。ティナは，自分が惹かれている男性に近づきたいという欲求が，虐待や屈辱への恐怖，楽しみを禁じられることと結びついているという洞察を得た。傷ついた「子ども」の自己状態が男性との関係の中で活性化するということをティナは理解し始めた。それからティナは，隣人との間で起こったことやその後に起こったことを手短に述べた。セラピストは2人の自律神経の状態にマインドフルであり，必要なときに調整を開始した。2人は数か月後，ティナの準備が整ったところで，その出来事を処理した。

　MCIPにおいては，セラピストだけでなく，クライエントにもマインドフルネス，コンパッション，セルフ・コンパッションを促したいと思う。クライエントのリソースを高め，フィーリング，身体感覚，思考と共にいることへの耐性を高めたいと思う。私たちは，クライエントが深遠な物語を語っている間，現在にいてほしいと願っている。同時に，私たちはセラピストとして，クライエントが話している間，現在にとどまりたいとも思う。そうすることで，記憶や

思考，感情や身体感覚を統合することができる。その後，そのストーリーは癒やしになる。

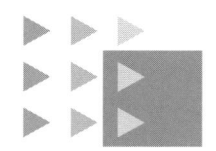

第 12 章

マインドフルネスの変容力：
マインドフル・プロセシング[1]

　第9章では，今この瞬間の気づき，脱中心化された視点，アクセプタンス，およびセルフ・コンパッションへとクライエントを誘う，関係マインドフルネスとコンパッションの方法について説明した。これらの方法は，調律された関与ある治療関係を通じて，マインドフルネスとコンパッションのプロセスを高めるものであり，MCIP の他のすべての介入の基礎となるものである。このような関係的方法に加えて，クライエントをマインドフルな気づきとコンパッションへと誘う，さまざまな精神内界的な方法も私たちは用いる。これらの方法では，クライエントの自分自身との関係に焦点を当てる。調律された治療関係は，クライエントの精神内界の作業の背景として，静かに，そこにある。セラピストの役割は，クライエントの内的プロセスを媒介することである。その結果，クライエントは**観察する自己**の位置から，自分の内的経験やさまざまな自己状態と関係が持てるようになる。クライエントは，マインドフルな気づきとコンパッションをもって，自分の内なる世界を包容するのである。精神内界的な方法は，クライエントが自分の内なる世界と向き合うための多くの時間と空間を提供し，クライエントのプロセスを深めることができる。関係的方法と精神内界的な方法はどちらも補完的なもので，1セッションの中で交互に使用されることが多い。

マインドフル・プロセシングと内なる経験の変容

　私たちはこれまでに，マインドフルネスが生体の自然治癒を促進するということ，つまり内的経験のアクセプタンスと気づきによって変化は自発的に起こるということを提唱してきた（G. Žvelc, 2014; Žvelc & Žvelc, 2008, 2009）。マインドフルネスは，内的経験に対するオープンで受容的な関係を促進するだけでなく，感情，身体感覚，および認知の処理と変容を促進する。私たちは，この

プロセスを**マインドフル・プロセシング**〈mindful processing〉と命名した（Žvelc & Žvelc, 2008）。私たちは，マインドフルな気づきによって，心をかき乱す〈disturbing〉経験に対処し，統合することができるということを提唱している。アクセプタンス，好奇心，オープンネスをもって自分の経験を包容することで，内なる経験が変化し始める。この変容のプロセスの中心となるのが，今この瞬間の気づき，脱中心化された視点，アクセプタンス，セルフ・コンパッションである。

　心理的な問題の多くは，つらい経験を避けようとしたり，そこから逃れようとしたりした結果によるものである（Hayes et al., 1999）。私たちは，自分の経験にとどまり受け入れるということができないことが多いが，それはほとんどの防衛機制の背後にある主要なメカニズムである（McWilliams, 2011）。心理療法を受けに来るほとんどのクライエントは，しばしば自分の経験から離れて，困難な感情や心をかき乱される思考，身体感覚をコントロールまたは抑圧しようとする。その結果，自分の経験に嫌悪感を抱き，さらにプレッシャーを感じたり，症状が出たり，自己批判をしたりするようになる。マインドフルな気づきでは，抑圧や解離などの防衛メカニズムとは正反対の，内なる経験を受け止める新しい文脈を提供する。クライエントをマインドフル・プロセシングのモードに誘うことで，内的経験を回避するサイクルを逆転させることができる。

　マインドフル・プロセシングは，さまざまな心理療法における主要な変化のメカニズムのひとつであり，感情的なソマティック・エクスペリエンスの処理と関係している。それはEMDRの実効性を支持するメカニズムのひとつかもしれない。EMDRでは，このプロセスは「二重の気づき〈dual awareness〉」と呼ばれており，その中でクライエントは「感情，および身体的〈somatic〉・感情的・認知的・感覚的な繋がりの流れに関して，評価的でない『観察者』のスタンス」を維持する（Shapiro, 2018, p. 233）。これにより，クライエントは，過去のトラウマ記憶の要素を同時に経験しながら，現在にとどまることができるのである。評価的でない観察者のスタンスは，今この瞬間のマインドフルなプロセス，アクセプタンス，および脱中心化された気づきを意味する。私たちは，トラウマ治療では，治療法にかかわらず，マインドフルな気づきが極めて重要であることを提唱している（Žvelc & Žvelc, 2009）。マインドフルな気づきにより，クライエントはトラウマ記憶に接触することができると同時に，愛に満ちた証人と

してそのトラウマ記憶を観察することができる。

▶▶ マインドフル・プロセシング法の基本的前提

　私たちは，マインドフルな気づきがつらい経験の処理を促進するという理解に基づき，マインドフル・プロセシングを促進することに全面的に焦点を当てる方法を開発した。この方法は，心理療法においてマインドフル・プロセシングを行うことができる文脈を提供する。マインドフル・プロセシングでは，つらいフィーリングや身体感覚，その他の経験に意図的にマインドフルな気づきをもたらす。マインドフルな気づきの力を使って，個人的自己感を変容させるのである。この方法は，第4回欧州ポジティブ心理学会議で初めて発表された（Žvelc & Žvelc, 2008）。私たちはこの10年間で，この方法をさらに発展させ，洗練させてきた。私たちはこの方法を，記憶の再固定化理論（Ecker et al., 2012），ポリヴェーガル理論（Porges, 2011, 2017），Fosha（2000a, 2000b）のメタセラピューティック・プロセシングの概念，およびEMDR（Shapiro, 2018）と統合した。マインドフル・プロセシング法は，MCIPの全体的な枠組みの中で使用されており，それは他の治療的アプローチの中にも容易に統合することができる。関係マインドフルネスとコンパッションの方法は，マインドフル・プロセシング法を使用する際の土台である。

　マインドフル・プロセシングでは，セラピストは，クライエントが好奇心とアクセプタンスをもって，瞬間瞬間の主観的な経験に気づけるように促す。クライエントは，つらい記憶や非機能的スキーマによって呼び起こされた心をかき乱す経験に接触する。クライエントは，その心をかき乱される経験と関連した身体感覚に注意を払い，自分の内なる世界をマインドフルに観察するように求められる。数分間のマインドフルな気づきの後，クライエントはセラピストと接触し，自分の内なる経験をセラピストと共有するように優しく誘われる。少し共有した後に，クライエントは再び自分の内なる世界にマインドフルな気づきを向けるよう求められる。マインドフル・プロセシングにおいて，クライエントは，自分の内なる世界のマインドフルな気づきと，それをセラピストと共有するという関係体験を交互に繰り返す。クライエントは，瞬間瞬間に現れるどのような経験にも注意を払うよう求められる。このような内的接触と外的接触のやりとりを通じて，クライエントの経験は変容し，処理され始める。マイ

ンドフル・プロセシングのこの 2 つの側面は，個人内調律と対人的調律として記述することできる（Siegel, 2007）。個人内調律では，クライエントは，コンパッション，優しさ，アクセプタンスをもって自分自身に注意を払う。クライエントが自分の経験をセラピストと共有するとき，セラピストの対人的調律は，クライエントが自分の経験を受け入れ，包容する手助けとなる。セラピストのプレゼンス，アクセプタンス，および調律は，新たな「関係的な」体験を促進する。これは，クライエントが自分の内なる経験を否定したり抑圧したりせざるをえなかったときに起きた，過去の人間関係の亀裂に対する解毒剤となる。

　マインドフル・プロセシングでは，あらゆる瞬間が貴重であり，意味がある。私たちは，クライエントが瞬間瞬間に注意を払い，アクセプタンスと愛に満ちた優しさをもって瞬間瞬間を受け入れるように促す。心理療法家の役割は，マインドフルな気づきの特質を体現し，クライエントにも同じことをするように勧めることである。セラピストは，クライエントが自分の内なる経験の愛に満ちた証人になるように促し，誘う。セラピストは，今この瞬間の気づき，脱中心化された視点，アクセプタンス，およびセルフ・コンパッションの中に現れる観察する自己の位置から，自分の経験と関わるようにクライエントを誘うのである。

　第 9 章で述べた関係マインドフルネスの方法とは対照的に，ここではセラピストは言葉による介入をあまり行わない。セラピストは，クライエントが自分自身の経験に十分に浸ることができるスペースを与える。セラピストは，クライエントのマインドフルなプロセスを促進するガイドである。

▶ 内受容感覚に焦点化した身体中心の方法

　マインドフル・プロセシングは，心をかき乱す経験と関連する身体感覚に焦点を当てることから始まる。これは，Gendlin（1981）のフォーカシング・アプローチやゲシュタルト療法（Perls et al., 1951）を参考にしている。マインドフル・プロセシングでは，身体で感じられる経験〈body-felt experience〉に主要な焦点を当てるが，主観的経験の他の要素（感情，認知，記憶……）はその身体で感じられる経験から生じる。身体のフェルトセンス〈body-felt sense〉に注意を払うことはアンカーのようなもので，クライエントを定期的に呼び戻すことになる。内受容感覚は，マインドフル・プロセシング法の主要なプロセスのひと

つである。マインドフル・プロセシングは，ボトムアップ処理とトップダウン
処理の両方を統合したもので，クライエントは，マインドフルな気づきとその
経験の振り返りを交互に行う。

▶ セラピストのマインドフルなプレゼンスと愛着の重要性

マインドフル・プロセシングの間，セラピストは観察する自己の位置から，自
分自身とクライエントに関わる必要がある。セラピストは，十分に存在し，自
分自身の中で起きていることとクライエントに起きていることの両方に気づか
なければならない。セラピストは，瞬間瞬間に現れるクライエントの経験のす
べてを受け入れるスペースを提供する。セラピストは，クライエントの経験の
内容を変えようとするわけではない。セラピストの役割は，好奇心を持ってオー
プンであり続け，生じているプロセスや感情を包み込むことである。そのよう
な姿勢でなければ，クライエントのマインドフルネスを促進することはできな
い。もし，セラピストが「あるがままの状態〈what is〉」にとどまることができ
ずに，目標を達成することを指向しているなら，それはクライエントに影響を
与えるだろう。セラピストがマインドフルなスタンスを体現することが極めて
重要である。第 11 章では，クライエントが社会交流システムの中にとどまる
のを助け，クライエントの経験を調整するのに役立つセラピストのマインドフ
ルなプレゼンスの重要性について書いている。セラピストのマインドフルネス
は，生理学的同調性のプロセスを通じて，クライエントのマインドフルな気づ
きの触媒となる。

▶ 内なる叡智と生得的なプロセシング能力への信頼

マインドフル・プロセシングでは，セラピストはクライエントの内なる叡智
を信頼する。これは，Rogers（1957）が，セラピストの役割は，クライエント
が生まれながらにして持っている実現傾向を促進するために，セラピーの過程
で適切な条件をつくることであると提唱したことと一致する。セラピストの無
条件の肯定的関心は，「クライエントの有機的な実現傾向の誠実性〈integrity〉と
信頼性〈dependability〉」に対するセラピストの信頼に基づいている（Tudor &
Worrall, 2006, p. 88）。MCIP では，クライエントのマインドフルな気づきが，プ
ロセシングが起こるための条件をつくり出す。クライエントが自分の経験に立

ち会うことができれば，変化は自然に訪れるだろう。期待どおりにいかないことも多々あるかもしれないが，セラピストはクライエントの進行中のプロセスに対してオープンであり，好奇心を持ち続ける必要がある。セラピストは，クライエントのための目標も決めず，期待もせずに，知らない〈not-knowing〉という経験に耐えなければならない。セラピストの唯一の意図は，クライエントの幸福を願う，愛とコンパッションに満ちた証人であることと関連する。

▶ 関係瞑想としてのマインドフル・プロセシング

　マインドフル・プロセシングの方法は，マインドフルネス瞑想との共通点がある。それは関係性の中の瞑想のようなもので，**関係瞑想**〈relational meditation〉といえるかもしれない。面接室には 2 人のマインドフルな人がいて，セラピストは，クライエントがアクセプタンスを伴って今この瞬間に注意を払うように求め続ける。メンタルヘルスの問題でセラピーを受けに来るクライエントは，自分の内なる経験を受け入れるのが難しい場合が多い。クライエントにとって，心をかき乱す思考や感情に耐えて，それと共にとどまることは難しいことである。マインドフルネス瞑想は，クライエントにとって「難しすぎる」場合がある。クライエントは自分の経験の中で迷子になり，脱中心化された視点を身につけることが非常に困難である。マインドフル・プロセシングでは，セラピストは，クライエントが内なる経験を観察する能力を含むマインドフルな姿勢を確立できるようにサポートする。セラピストは，クライエントが自分の経験に深く入り込むことができるように，**安全性を示す手がかり**〈cues of safety〉を提供する。セラピストのプレゼンスは，一人では実現するのが難しいマインドフルな姿勢をクライエントの中に促すことができる。さらに，そのような姿勢は，心をかき乱す経験の処理と統合を促進する。

　マインドフル・プロセシングでは，クライエントは自分の内なる世界にマインドフルに気づくことと自分の経験をセラピストと共有することとを交互に繰り返す。セラピストとの接触は，今この瞬間の土台をクライエントに提供する。これは，マインドフルネス瞑想で呼吸に集中するのと同じことである。ほとんどのマインドフルネス瞑想では，瞑想者は自分の注意をモニタリングしている。注意が本来の焦点からさまよったとき，瞑想者はそのことに気づき，優しく注意を戻す。マインドフル・プロセシングでは，セラピストはクライエントが自

分の注意をモニターし，今この瞬間の気づきにとどまることができるように何度も注意を促しつつ，マインドフルな気づきを維持できるように手助けをする。一人で瞑想していると，特につらい記憶や感情が出てきてしまう場合，思考や感情，感覚の中で迷子になってしまうことがある。そのため，経験との関係のトライアングル（第3章の図3.2参照）の中で，離れた極，あるいは融合した極のどちらかに向かってしまうことがある。私たちのマインドフル・プロセシング法では，セラピストは，クライエントが内なる経験への愛に満ちた証人でいることができるようにサポートする。

►► マインドフル・プロセシング法と記憶の再固定化

　マインドフル・プロセシングの有益な効果は，記憶の再固定化のプロセスによって説明できる（Ecker, 2015; Ecker et al., 2012; Lane et al., 2015）。マインドフル・プロセシング法は，Eckerら（2012）が治療的な記憶の再固定化に必要であるとした，配列への接近〈accessing sequence〉，配列の変容〈transformative sequence〉，および検証〈verification〉のすべての段階を含んでいる。

　配列への接近の段階では，症状の背後にある感情学習を特定して検索を行い，それに明示的に気づき，反証となる知〈disconfirming knowledge〉を特定する。MCIPでは，クライエントとセラピストは一緒に，症状の背後にある非機能的な中核的関係スキーマを発見し，これらのスキーマに反する過去または現在の経験の知識を同定する（第10章参照）。マインドフル・プロセシングの準備段階では，マインドフル・プロセシングの対象となる非機能的スキーマと関連する自伝的記憶を選択する。

　第2段階は，古い感情学習が新しい反証となる知識と並置される配列の変容を指す（Ecker et al., 2012）。この段階では，標的となる学習を維持するシナプスのロックが解除され，古い学習が新しい学習によって解消され，時間の窓が5時間ほど開かれる（Ecker et al., 2012）。記憶の再固定化には，ミスマッチや不協和な経験〈experiential dissonance〉をもたらす並置経験の繰り返しが必要である。最終的な検証の段階では，トランスフォーメーショナル・チェンジ〈transformational change〉を示す特定の指標を観察することで，記憶の再固定化が起こったかどうかを確認することを目的としている（Ecker et al., 2012）。この2つの段階は，私たちのマインドフル・プロセシング法に不可欠である。

マインドフル・プロセシングは，非機能的スキーマを活性化し，関連する身体感覚に焦点を当てることから始まる。記憶の再固定化が行われるためには，古い感情学習が活性化され，経験される必要がある。マインドフル・プロセシングでは，クライエントは自然に，古い非機能的な記憶とは対照をなす，反証となる経験と接触することが多い。私たちは通常，反証となる知識を特に探し求めることはしない。むしろクライエントが本来持っている脳の処理能力や生体が本来持っている処理能力によって変容が自ずともたらされると私たちは信じている。これはどのように起こるのだろうか。私たちは，マインドフル・プロセシングにおける並置経験がどのようにして起こるのかについて，4つの主な仮説を提案する。

▶ スキーマの脱中心化された気づきは脳の生来的な誤差検出システムを活性化する

機能不全に陥ったスキーマのマインドフルな気づきを通じて，古い感情学習に反する新たな洞察や経験が自然に生まれることは多い。脳は，誤差検出システムとして理解することができる。Seth（2013）が述べているように，認知科学や神経科学の分野では，「予測と誤差修正が，脳の動作を理解するための基本原理となる」という見解が広がってきている（p. 565）。脳機能の予測符号化理論〈the predictive coding theory of brain functioning〉では，「脳は絶えず，矛盾や『予測誤差』を最小化しようとしている」と提唱している（Seth, 2013, p. 566）。

非機能的スキーマにマインドフルに気づくようになると，脳は古い「真実」に反する記憶や知識を自動的に検出するということを私たちは提唱している。このようにして，クライエントは，マインドフル・プロセシングによって非機能的スキーマと一致しない新しい経験と接触することになる。日常生活では，スキーマが活性化されると，私たちはスキーマと融合し，スキーマを通して世界を見るようになる。私たちは，スキーマが自分の経験や行動に影響を与えていることに気づいていない。このため，スキーマと矛盾する情報を検出する可能性は低くなる。

マインドフル・プロセシングでは，私たちは，脱中心化された視点からスキーマの活性化と関わる。私たちは，スキーマの活性化を，スキーマそれ自体の眼鏡を通して見るのではなく，愛に満ちた証人の位置から観察する。そうすることで，スキーマと矛盾する知識に自発的に気づくことができる。非機能的スキー

マは世界に対する硬直した見方をもたらす。そして，それはしばしば，私たち
の子ども時代に対処し，世界を経験した方法を反映している。脱中心化された
視点から自分のスキーマと関わることができるようになると，私たちは古いス
キーマに反する知識や経験にも気づくようになる。私たちは，もはや非機能的
スキーマの眼に制限されることのない，より広い視点から自分の経験と関わる。
私たちの脳の中には，非機能的スキーマと一致する記憶や知識と矛盾する記憶
や知識が存在している。スキーマのマインドフルな気づきは，脳の生来の誤差
検出システムを活性化し，古いスキーマに反する経験にも気づくようになる。

　マインドフル・プロセシングにおけるもうひとつの重要なプロセスは**内受容
感覚**であり，セラピストは定期的に，クライエントが身体感覚に注意を向ける
よう求める。内受容感覚の予測符号化モデルは，身体感覚のレベルで処理がど
のように行われるかを理解するのに役立つかもしれない（Farb et al., 2015; Seth,
2013; Seth et al., 2012）。このモデルは，いかに「内受容感覚に基づくプロセシ
ングが，常時，直接的な感覚とシュミレーションした過去や未来との比較を行
うのか」ということを説明している（Farb et al., 2015, p. 7）。直接的な感覚が以
前の予期と異なる場合，以前の予期に合うように感覚を変えたり，あるいは現
在の身体感覚に合うように事前の予期を更新したりする。このプロセスは，自
動的に，かつ無意識に作動するが，自動的な反応が予測誤差を減らすことがで
きない場合，私たちはそれに気づき，能動的に調整を行うことができる（Farb
et al., 2015）。

　マインドフル・プロセシングでは，私たちは非機能的スキーマと関連する身
体感覚にマインドフルに気づく。身体感覚は，安全性やアクセプタンス，非判
断性という新たな文脈の中で活性化され，その変容が促進される。私たちは，こ
のプロセスが予測誤差を生み出し，そこで予期される状態と現在の身体経験の
間にミスマッチが起こるということを提唱している。身体感覚は，以前のよう
に回避されるのではなく，寛容に受容される。マインドフル・プロセシングの
間，身体感覚は変化し，クライエントは自分の身体に異なる感覚を覚える。こ
れにより，身体感覚と関連する事前の予期が変化し，感情調整が可能になるこ
とがある（Farb et al., 2015）。

　関係スキーマ理論の観点では，このようにしてスキーマのサブシンボリック
な要素が更新され，変更されるのである。これは，意識的に精緻化しなくても

自動的に起こることが多い。クライエントは，身体感覚のマインドフルな気づきと共有を数回繰り返すと，自分の身体に異なる感覚を覚える。私たちは，このプロセスにおいて，スキーマのサブシンボリックな側面が継続的に更新されていると推測している。内受容感覚の予測符号化モデルは，このプロセスを説明するひとつの方法かもしれない。

► マインドフル・プロセシングが感情を変容させ，新たな感情体験をもたらす

　マインドフルな気づきによって，つらい感情は処理され，変容する。例えば，非機能的スキーマと関連した恐怖経験のプロセシングを始めたクライエントが，最終的にはパワーと強さを感じるようになるかもしれない。新たな感情体験は，古い感情学習に対するミスマッチとして作用する。

　感情の変化が起こるためには，クライエントはその感情を感じ，経験し，許容し，そして受容しなければならない（Fosha, 2000b; Greenberg, 2008; Greenberg & Paivio, 1997）。私たちの臨床経験は，Fosha（2000a, 2000b）がコア感情〈core affect〉を十分に経験することで，快活さとエネルギーと共に，対処反応やリソースといった適応的な行動傾向が解放されると述べていることと一致している。Greenbergは，「不適応的な感情状態は，より適応的な別の感情でそれを元に戻すことで，最もよく変容することができる」（Greenberg, 2008, p. 53）と論じている。MCIPでは，マインドフルな気づきとコンパッションによって，クライエントは自分たちの感情に十分に気づき，受容できるようになる。そしてまた，コンパッションと愛に満ちたプレゼンスという新たな感情体験を促進することができる。不安，恐怖，無力感，恥といったつらい経験に，気づきやアクセプタンス，コンパッションのエネルギーが吹き込まれ，感情変容がもたらされる。

　これまでのクライエントとの経験から，クライエントが自分の経験を真にマインドフルに観察することができれば，その経験は変化し始めるということを私たちは見出している。もしクライエントが自分の感情体験に注意を払うことができなければ，まずは感情調整や他の方法が必要になるだろう。

► 反証となる知識の源泉としてのマインドフルな気づきそれ自体

　マインドフルな状態それ自体もまた，反証となる知識の源泉である。自分の経験に対してオープンに，アクセプタンスとコンパッションをもって接するこ

とは，回避や自己批判とはまったく対照的である。私たちはつらい経験を避け，意識から遠ざけてしまいがちである。特定の記憶を経験すると，何か恐ろしいことが起こるのではないかと恐れてしまう。そのため，新しい受容的な文脈で，スキーマ，記憶，および自己状態を活性化させることは，私たちの古い自分との関わり方に対して貴重なミスマッチ経験を提供することになるかもしれない。

　時には，つらい記憶への恐怖が症状を引き起こしていることもある。クライエントは，つらい記憶に接触することを無意識に恐れているため，不安を感じることがある。マインドフル・プロセシングそれ自体が，「つらい経験は危険であり，避けたほうがよい」という古いスキーマに反する新しい経験となるかもしれない。

▶ 修正関係体験としての調律された心理療法的関係性

　マインドフル・プロセシングでは，マインドフルでコンパッションに満ちたセラピストとの新しい修正体験が，以前の対人関係の失敗に対する並置経験となることがある。非機能的スキーマやトラウマ記憶は，ネガティブな対人関係の予期と関連していることが多い。この記憶が活性化すると，クライエントは，セラピストを含む他の人が自分を傷つけたり，恥をかかせたり，他のつらいやり方で反応するのではないかと恐れる。以前のトラウマ記憶やスキーマが活性化するときに，クライエントの古い予期を，受容的でコンパッションに満ちた治療関係と**並置**することができる（Erskine, 2015; Erskine et al., 1999）。

マインドフル・プロセシング法の段階

　この節では，マインドフル・プロセシングの7つの段階について説明する。それは，(1) 準備，(2) スキーマ／記憶の活性化，(3) マインドフル・プロセシングのサイクル，(4) 並置経験のマインドフル・プロセシング，(5) メタセラピューティック・プロセシング，(6) 統合，(7) 検証，である。この7つの段階は，固定されたものではなく，ガイドラインのようなものだと考えるとよいだろう。マインドフル・プロセシングは，心理療法において，現在の問題の体験的な探索と処理，過去のつらい経験の処理，肯定的なリソースの開発に柔軟に用いることができる。また，スーパーヴィジョンにおいても，セラピストの

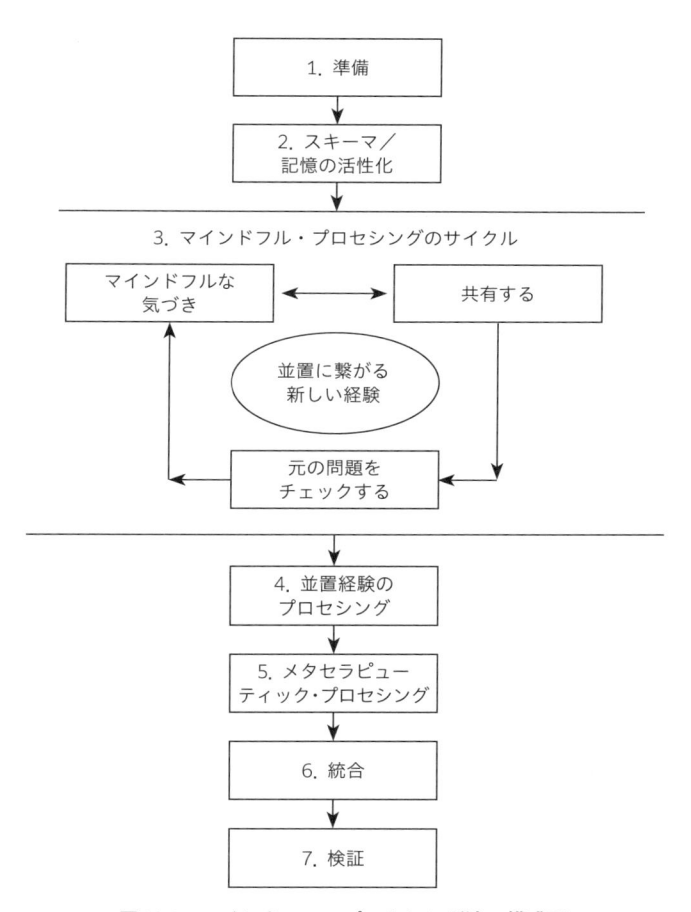

図12.1　マインドフル・プロセシング法の模式図

逆転移の探索のために使用される。図 12.1 は，マインドフル・プロセシングの
7 つの段階を模式的に示したものである。

▶▶ 段階 1：準備

　マインドフル・プロセシングの準備には，セラピストとクライエントの両方
が含まれる。

▶ セラピストの準備

マインドフル・プロセシングでは，セラピストのマインドフルな能力が重要である。マインドフル・プロセシングでは，セラピストは十分に存在し，愛に満ちた証人の位置からクライエントと関わる。セラピストの準備としては，セッションの前に簡易なマインドフルネスのエクササイズ，例えば，短いボディスキャン，マインドフルな呼吸への注意，セルフ・コンパッションを促進するエクササイズ（**愛に満ちた手**〈loving hand〉など）がある。セラピストは，十分に存在することやクライエントに対してコンパッションに満ちた状態でいるという意図を再確認することが重要である。セラピストが継続的にマインドフルネスを実践することは，クライエントと共にマインドフルになる能力を開発するのに有効である。マインドフルネスの実践に加えて，セラピストのトレーニング，スーパーヴィジョン，および個人セラピーは，クライエントの経験と共に現在にとどまる能力を養うために不可欠である。

もし，セラピストとクライエントが重大なトラウマ体験に取り組む準備をしているなら，セラピストは，自分がこのプロセスを通してクライエントに同行する準備ができているかどうかを自問しなければならない。トラウマに取り組むためのセラピストの心構え〈readiness〉は，トラウマ・セラピーでは軽視されがちである。

▶ クライエントの準備

マインドフル・プロセシングは，クライエントがマインドフルな気づきとセルフ・コンパッションの能力をすでに発達させていて，強固な治療同盟が確立されたセラピーの前段階を踏まえたものである。クライエントは，自分の世界に十分に浸ることができ，それをセラピストと共有することができるくらい，セラピストに対して安心感を持たねばならない。

すべてのクライエントがマインドフル・プロセシングの準備ができているわけではない。クライエントの中には，短時間であっても自分の内なる経験に立ち会うことが難しい人もいる。このようなクライエントは典型的に，未解決なトラウマ体験と関連した，高い感情覚醒または低い感情覚醒に苦しんでいて，自分の感情を調整することが困難である。彼らは，耐性の窓や社会交流システムの窓の内部にとどまることが非常に困難である。このようなクライエントには，

マインドフル・プロセシングを導入する前に，マインドフルな状態になれるかどうかをアセスメントすることが不可欠である。このようなクライエントには，困難な感情を包み込む能力と自己調整能力を身につけることに焦点を当てた，より広範な準備段階が必要であろう。関係マインドフルネスとコンパッションの方法（第9章参照）は，クライエントが自分の感情と共に現在にとどまり，感情の調整をもたらす上で役立つので，この点で有益である。また，これらの方法は，マインドフル・プロセシング法を用いる際の基礎となる良好な治療同盟を築くためにも重要である。クライエントが何を経験しても，経験することは自由であると感じられるようにするためには，治療関係における信頼が必要である。

　マインドフル・プロセシングのためのクライエントの一般的な準備に加えて，セッションそのものの中でも準備が行われる。マインドフル・プロセシングを開始する前に，セラピストはクライエントに簡易なマインドフルネス・エクササイズを行うように求めることがある。例えば，身体への気づきや呼吸，あるいは今この瞬間にいるようにとのシンプルな誘いなどである。また，観察する自己のダイヤモンドモデルと関連するマインドフル瞑想や，愛に満ちた手（第10章参照）などのセルフ・コンパッションを促進するエクササイズも行う。

> 「自分がここにいるということに気づいてください。部屋を見て，何が見えますか，何が聞こえますか。椅子に座っている自分の身体を感じてください……」

　このような準備をすることで，クライエントは，愛に満ちた証人の位置からマインドフル・プロセシング法を始めることができる。また，愛に満ちた証人の位置にいるということは，クライエントが社会交流システム（Porges, 2017）と耐性の窓（Ogden et al., 2006）の内部にいることを意味している。

► マインドフル・プロセシングのためのターゲットの選択

　プロセシングの主な対象を選択する必要がある。マインドフル・プロセシングでは，特定のトラウマ記憶，非機能的スキーマ，あるいは心をかき乱す感情や感覚に焦点を当てることができる。また，ポジティブな経験や感情に焦点を当てることもできる。自己ナラティヴ・システム（第7章参照）は，個人的自

己感の変化を促進するために，どのターゲットを処理するのがよいかを示してくれるかもしれない。MCIP の以前の段階で，クライエントとセラピストは，マインドフル・プロセシングの対象となりうる主な非機能的スキーマと自伝的記憶をすでに特定している。

▶ クライエントへのマインドフル・プロセシングの説明

セラピストはクライエントにマインドフル・プロセシングの方法を説明し，マインドフル・プロセシングの使用について合意を得る。

> 「最初に，このつらい問題について考えたときに経験する身体感覚に焦点を当ててみましょう。あなたの役割は，内側で起こっていることを観察することです。何が起こっているのか，優しく気づいてください。思考，イメージ，感情，身体感覚などが生じるかもしれません。何が起こればよいというプランはありません。自分の経験に注意を向けて気づくことが課題です。しばらくしてから，何が起こったのかを私に話してもらいます。あなたが気づいたことをただ私に話してもらいます。その後，私は再び，その瞬間にあなたに起こっていることをあなたが観察し，気づくように求めます。そしてまた，あなたの主観的な経験を共有するように求めます。このように，あなたの内的な経験のプロセスと，その経験を共有することを交互に行います。
>
> 何が起こればよいかというプランはありません。ただ自分の内なる経験とマインドフルに向き合うことが課題です。もしかしたら，何も新しいことが出てこないかもしれませんが，それはそのように言ってください。もし，共有したくない考えや感情が出てきたら，私にただ「共有したくない」と言ってください。それはまったく問題ありません。もし，このエクササイズを中止したい場合は，そう私に言ってくださるか，手を挙げてください。いかがですか？　この方法で進めていってよろしいですか？」

内面に集中している間，クライエントは目を閉じていてもよいし，部屋の中の特定の場所を見ていてもよい。

> 「心をオープンにして，そして受容的な態度で，何が起きているのかを観察し，そして気づきます。私たちは，マインドの内容を観察するあなたのこの側面を，愛に満ちた証人，と呼んでいます。マインドフル・プロセシングの際には，目を閉じていることもで

きますし，部屋の中の何かに集中することもできます。これは瞑想に似ていて，瞑想では目を閉じたり，部屋の中のある一点に集中したりすることがよくあります。何かご要望はありますか？　セッション中，自分にとってよいと感じるものを試してみてください」

　クライエントの中には，コントロールを失うような気がして，目を閉じたくない人もいる。そのようなクライエントは目を開けていることを好む。時には，クライエントの**経験との関係のトライアングル**（第 3 章参照）上の位置に基づいて，注意を向ける主な焦点を提案することもある。身体感覚や感情と接触することが困難なクライエントの中には，目を閉じて外部環境を排除し，自分の内面のプロセスだけに集中するほうがたやすいと感じる人もいる。感情に圧倒され，交感神経の覚醒度が高くなっているクライエントは，部屋の中の一点に集中することで，より落ち着き，安定することがある。クライエントの中には，目を閉じたり，特定のポイントに集中したりしなくても，すぐに自分の内なる世界と接触できる人もいる。そのため，クライエントの経験に合わせることが重要である。

▶ 注意の焦点の付与

　マインドフル・プロセシングの主な目的は，プロセシング段階でクライエントのマインドフルな気づきを促進することである。これは，さまざまな方法で促進することができる。複雑性トラウマに苦しんでいるクライエントの中には，耐性の窓の内部にとどまり，経験に立ち会うことが困難な人もいる。そのため，そのような人に対しては，プロセシング中に呼吸に注意を向けるよう誘うことで，今この瞬間と脱中心された視点を促進するための注意の焦点を付与することができるだろう。呼吸への気づきは，クライエントを今この瞬間に導き，自己調整を促す。その他の注意の焦点は，クライエントと一緒に創造的に選ぶことができる。例えば，プロセシング中にクライエントが音楽に注意を向けるといったことである。**韻律のある**ボーカルを含む特定の音楽は，社会交流システムの活性化を促進する（Porges, 2017）。クライエントによっては，構造化されていない描画のような活動は，絵を描いている間にクライエントが自分の内なる経験に注意を向けるのに役立つ。クライエントによっては，触覚的な刺激が

好きで，例えば，プレイドー（子ども用の合成粘土のこと）で遊ぶのが好きな場合もある。クライエントの中には，セラピストが最大の安全性とグラウンディングの源であると感じる人もいる。そのため，自分の内面を観察しながらセラピストを見ることで，彼らは耐性の窓の内部にとどまることができる。

　マインドフル・プロセシングの段階では，クライエントがプロセシング中にマインドフルでいられるように，他の治療的アプローチの方法を統合することもある。EMDR療法に由来する両側刺激を取り入れることもある（Shapiro, 2018）。セラピストは，クライエントの右手と左手を交互に優しくタップすることがある。今この瞬間と脱中心化された視点に注意を向けることに加えて，タッピングはセラピストの存在をさらに感じさせる。また，電子機器，音声機器，触覚機器など，両側に刺激を与える特別な機器を使用することもできる。

　どんな注意の焦点の付与も，クライエントと一緒に選択する。私たちは，注意の焦点化のためのさまざまなオプションをクライエントに提示して，プロセシング段階で現在にとどまるために最も役立つと思われるものをクライエントに尋ねることがある。

> 「自分の内なる世界を観察していると，心をかき乱すイメージや思考，感情を経験することがあり，愛に満ちた証人としての立ち位置から外れてしまうことがあります。そのような場合には，自分の経験と共に現在にとどまるために，時には注意の焦点を付与することがあります。呼吸に集中したり，音楽を聴いたり，絵を描いたり，粘土で遊んだりするのが好きな人もいます。また，セラピストを見ていると安心できるという人もいます。両側刺激をもたらす器具をタップしたり，手に持ったりすることが役に立つ人もいます。あなたは何が役に立ちそうだと思いますか？」

　クライエントのプロセスに応じて，プロセス中の注意の焦点を創造的に調整することがある。クライエントが重大なトラウマに苦しんでおらず，マインドフルな気づきの能力が高い場合には，注意の焦点を付与する必要はない。しかし，解離を起こしやすいクライエントの場合は，現在と社会交流システムの内部にとどまるのを助けるために，注意の焦点を追加することが必要になることが多い。

あなたの覚醒度を−5 から＋5 で評価してみてください。
−5 はこれまでに感じたことのないほどフリーズした状態か，崩れ落ち
た状態，0 は最適な覚醒状態，＋5 はこれまでに感じたことのないほど
動揺し，心をかき乱された状態です。

低覚醒　−5　−4　−3　−2　−1　**0**　1　2　3　4　5　**過覚醒**

ぼう然とした	落ち着いた気分	高揚した気分
崩れ落ちた	リラックス	乱れた気分
フリーズした	安心感	不安な気持ち
「頭が空っぽ」	集中した	神経質な
ぼーっとした	地に足がついた	鼓動が速くなる

図 12.2　生理的覚醒度スケール（SPA）

▶▶ 段階 2：スキーマ／記憶の活性化

　段階 2 では，私たちは，クライエントが非機能的スキーマや記憶を活性化し
たり，あるいは，処理してマインドフルに探索したいと思っている他の経験と
接触するように誘う。通常，それは準備段階でクライエントとセラピストがター
ゲットとして選んだ問題が対象となる。

▶ 心をかき乱す問題と関連する身体感覚の気づき

　マインドフル・プロセシングの第一の入り口は，問題と関連する身体感覚に
気づくことである。

セラピスト：問題の全体像を考えたとき，今，身体の中で何を感じていますか？　今，
　身体のどこにそれを感じますか？

▶ 生理的覚醒度スケール（SPA）の使用

　心をかき乱す問題と関連する生理的覚醒の状態を査定するために，SPA（Scale
of Physiological Arousal）を使用する。私たちは，生理的低覚醒と過覚醒を測定
するために SPA を開発した（図 12.2 参照）。

　尺度は−5 から＋5 までである。低覚醒は，−1 から−5 のスケールで，感覚が
ない，ぼう然としている，フリーズしている，「頭が空っぽ〈empty-headed〉」，

ぼーっとしている〈spacing out〉などの兆候が含まれる。0は最適な覚醒点で，穏やかでリラックスした状態，安全で集中した状態，地に足が着いた状態を表す。過覚醒は，＋1から＋5までのスケールで表される。動揺，不安，心をかき乱された，緊張などの感情や生理の強度が高いものを指す。

覚醒ゾーンに関する自律神経系の働きの理論（第5章，第11章参照）をクライエントに伝え，SPAの－5〜＋5までの覚醒度をどう評価するかをクライエントに尋ねる。

> セラピスト：今，この問題について考えるときの，あなたの覚醒度を－5から＋5で評価してみてください。－5はこれまでに感じたことのないほどフリーズした状態か，崩れ落ちた状態，0は最適な覚醒状態，＋5はこれまでに感じたことのないほど動揺し，心かき乱された状態です。

► 問題と関連する身体感覚へのフォーカシング

> セラピスト：その身体感覚に集中して，何が起きているかをただ観察します。

セラピストは，クライエントの非言語的なサインを観察し，また，クライエントの経験のプロセスを観察しながら，クライエントおよびクライエントの経験に合わせる。セラピストは，自分自身とクライエントに接触する中で，十分に気づき，存在する。しばらくしてから，セラピストは次のように尋ねる。「今，何が起きていますか？」，あるいは「何に気づいていますか？」と。クライエントは自分の経験をセラピストと共有する。

►► 段階3：マインドフル・プロセシングのサイクル

マインドフル・プロセシングのサイクルでは，主に2つのサブ段階がある。(1) クライエントの内的プロセスへのマインドフルな気づき，(2) セラピストとの共有。クライエントは，自分の内なるプロセスへのマインドフルな気づきと，自分の経験をセラピストと共有することとを交互に繰り返す。マインドフル・プロセシングのサイクルには，元々の問題を調べることも含まれる。

► サブ段階 3.1　内的プロセスのマインドフルな気づき

クライエントのマインドフルな内的な気づきは，自分の経験と共にいるように
にとの誘いから始まる。

> 「そのことを意識して，自分の中で起こっていることに気づいてください」
> 「(感覚，思考，フィーリングに) 意識を向けてください」
> 「愛に満ちた目で (その経験を) 観察してください」

この段階では，クライエントは自分の内的な経験に集中する。マインドフル
な気づきを通して，クライエントは，自分の身体感覚，感情，思考，および他
の意識の内容にますます気づいていく。クライエントは，オープンネス，アク
セプタンス，脱中心化された視点，およびコンパッションをもって経験と関わ
る。この段階では，クライエントは目を開けていたり閉じていたり，部屋の中
の特定の場所に集中していたりする。また，準備段階で説明したように，付与
する注意の焦点を選んでいる場合もある。セラピストは，非言語的な態度で，ク
ライエントが経験することはどんなことでも経験してみるようにと勧める。

セラピストの主な介入は，「ただそのことに気づいてください」，「そのことを観
察してください」，「そのことに集中してください」，「この経験のためのスペースをつ
くってください」など，短い表現で経験の気づきとアクセプタンスへと誘う。ク
ライエントが自分の経験に立ち会うことができれば，セラピストはそれ以上，言
葉で説明する必要はない。セラピストは，クライエントについていき，クライ
エントが今この瞬間に注意を払うように促す。しかし，クライエントが自分の
経験に対する愛に満ちた証人でいることから離れていくとき，セラピストはク
ライエントが再びマインドフルになれるように適宜介入する。このようにして，
セラピストはクライエントの自律神経系の調整を促し，クライエントが耐性の
窓の内部にとどまれるように援助するのである。

第 9 章では，マインドフル・プロセシング法でも柔軟に使用できる関係マイ
ンドフルネスとコンパッションの方法について説明している。内的経験との関
係のトライアングル（第 3 章の図 3.2 参照）は，クライエントが愛に満ちた証
人のスタンスを失い，自分の経験に関して融合したり，離れたりしているとき
をセラピストが判断するのに役立つ。クライエントは自分の感情や身体感覚か

ら遠ざかっていることがある。このような場合，セラピストは，クライエントが自分の経験に注意を払い，それを受容するように優しく誘う。これは，身体感覚や感情に注意を払い，集中したり，あるいはクライエントの経験を承認したりすることで行われることが多い。

> 「その感覚・感情に集中してください」
> 「この悲しみを受け入れるスペースをつくってください」
> 「それは大切な涙です。ただそのままでいましょう」
> 「ただご自身でこれを感じてください」

　クライエントは，自分の思考や感情，生理的な感覚に融合しているため，自分の経験から脱中心化することが難しい場合がある。このような場合には，その経験から適切な距離をとることが課題となる。
　セラピストは，経験を観察するように求めることで，脱中心化を促すことができる。

> 「この思考をただ観察してください」
> 「自分と感情の間に距離を置いて，自分が経験していることを観察してください」
> 「自分の感情を，外の部屋に出してみてください。そして，それらをただ観察してください」

観察する自己との接触も，脱中心化を促す。

> 「自分が気づいていることを想像してください，その気づきの中にこれらの思考は現れます」
> 「誰が，あるいは何が，これらすべての感情に気づいているのかに気づいてください」
> 「自分の中の賢明な部分，つまり，叡智と愛を持つ部分と接触してください。その経験をただ見てみましょう，叡智の目で」

　クライエントが自分の経験に対して批判や判断をしていたら，セラピストはクライエントを，セルフ・コンパッションや愛に満ちた優しさへと誘う。

> 「もしよければ，心臓に手を当てて，その温かさを感じ，悲しみを抱きしめてください」
> 「あなたを大切に思っている人が，あなたと共にここにいることを想像してみてください。その愛に満ちた人の目を通して今をあなたが見ていることを想像してみてください……」

身体感覚は，私たちが定期的に，クライエントに戻るように促す主要なアンカーとなる。つまり，クライエントが自己との接触を失っていると私たちが感じたとき，身体感覚に気づくことで，クライエントは今この瞬間に戻り，自分自身との接触を取り戻すことができる。これは，クライエントが知的に考え始め，経験から離れてしまったときに特に重要である。クライエントは，心をかき乱すイメージや思考と融合してしまうため，調整不全になることがある。身体感覚に注意を向けることで，クライエントが心をかき乱すイメージや思考にもはや集中しなくなるため，感情的覚醒をより下げることができる。

クライエントを経験との関係のトライアングルの中でアセスメントして，クライエントが社会交流システムと耐性の窓の内部にいるかどうかを確認することが重要である（第 11 章参照）。クライエントが調整不能な状態にある場合は，生理的調整を行うことが重要である。関係マインドフルネスとセルフ・コンパッションの方法は，クライエントがマインドフルでいられるように，また，愛に満ちた証人の位置にいられるように役立つだろう。セラピストは，クライエントの経験を認容したり，承認したり，ノーマライズしたりしながら感情調整を行う。クライエントは**ニューロセプション**のプロセスを通じて，セラピストの穏やかな ANS の状態を感じ取り，クライエントの生理的調整をも促進する。関係的調整以外にも，クライエントが社会交流システムの内部に入っていけるように，他の介入を行うこともある。

► サブ段階 3.2　セラピストとの共有

心をかき乱す問題に関連した現在の経験にマインドフルな気づきを向けた数分間の後，セラピストはクライエントに自分の内なる経験を共有するように促す。セラピストは，調律スキルを使って，クライエントにセラピストと接触するように求める適切なタイミングを知る。

> 「今，何が起こっているのか教えてください」
> または
> 「いいですね。何に気づいていますか？」

　このサブ段階では，クライエントが自分の内なる経験を表現する言葉を見つけ，それをセラピストと共有するように求められる。この段階では，感情や身体の経験の象徴化が促進される。セラピストはクライエントに合わせながら，クライエントが今あるものを何であれ受け入れ，気づくように優しく誘う。セラピストのマインドフルなプレゼンスが，クライエントをマインドフルな気づきへと誘うのである。クライエントが耐性の窓の内部にとどまり，自分の経験と共にいることができれば，セラピストはただクライエントをフォローし，積極的には介入を行わない。基本的なアイデアは，クライエントの現象学的な，瞬間瞬間の経験にとどまり，そのプロセスに干渉しないことである。私たちは，クライエントの生来の内なる叡智を信頼している。しかし，クライエントが調整不全になり，証人としての位置を失い始めるなら，セラピストはより積極的に介入する。

▶ サブ段階 3.3　マインドフルな気づきと共有を交互に繰り返す

　セラピストは，マインドフルな気づきと，セラピストとの経験の共有を，クライエントが交互に行うように促す。各サブ段階の時間の長さを決めるためには，クライエントへの韻律的な調律が重要である。通常，マインドフル・プロセシングはこの2つの段階を交互に素早く行う。マインドフル・プロセシングの最初の段階では，クライエントに約10〜20秒間，自分の内なる世界に意識を向けてもらう。しかし，クライエントによってプロセスは異なる。クライエントによっては，自分自身と接触し，自分が経験していることに気づくために，もっと長い時間が必要な場合もある。一方で，すぐに圧倒されてしまうクライエントもいるので，ほんの数秒のマインドフルな気づきで十分な場合もある。

　以下に，マインドフル・プロセシングのサイクルの例を示す。

セラピスト：上司との出来事を思い浮かべたとき，今のあなたの身体には何が感じられ
　　ますか？

クライエント：何かが現れているような気がします……何か暗いフィーリングのような。
　　それが何なのかはよくわかりません。

セラピスト：自分がそれと共にいることを許しましょう。そのためのスペースをつくり
　　ましょう。（セラピストは経験のアクセプタンスを促進している）

クライエント：（マインドフルな気づき）胃の中に弾丸があるような感じです……何か古
　　くて痛いもののようです。

セラピスト：うんうん。観察してください，好奇心を持って……。

クライエント：今，子どもの頃の出来事が出てきました。私が 5 歳のとき，父は私にこ
　　の嫌な野菜スープを全部食べさせようとしました。私はそれに抵抗して，そして叩か
　　れました。

セラピスト：わかりました，ただ観察して，そして呼吸に気づいてください。

クライエント：（マインドフルな気づき）怒りを感じます……銃弾がこの怒りで，それが
　　私の中にとどまっているようです。

セラピスト：何が出てきても，それと共にいるようにしましょう。

クライエント：ちょうど今，私の胃から弾丸が出てきて，それを父に投げつけるという
　　イメージが浮かびました。私は怒りを感じています。ずっと前に伝えたほうがよかっ
　　たことを，父に伝えたいと思います。

セラピスト：自分の直感を信じて，何が来てもそれと共に行きましょう。

クライエント：「あなたにはそんなことをする権利はありません！　まずい野菜が嫌いな
　　子どもは大勢いるんだ！」（怒った口調で）

► サブ段階 3.4　元の問題をチェックする

　プロセシングの過程で，クライエントが新たな洞察や視点の変化，あるいは
感情的／身体的経験に関して，重要なシフトを経験したことを感じたら，クラ
イエントに元の問題をチェックするように求めることがある。このサブ段階は，
EMDR（Shapiro, 2001）から引用している。私たちの経験では，EMDR はクラ
イエントが以前の感情学習とプロセシング中に得られた新しい経験を対比させ
ることで記憶の再固定化を促進するため，このサブ段階を含めた。このように

して，クライエントは古い知識と新しい知識に同時に気づくことができる。私たちは定期的にクライエントに元の経験をチェックするように促すので，クライエントは繰り返し並置を経験することができる。

また，クライエントの連想が元の問題からかけ離れるようならば，元の問題をチェックするようにクライエントに勧めることもある。このようにして，クライエントは元の問題に再び接触することになる。

> セラピスト：（元の問題を）あなたの気づきの中に持ってくると，どんなことが浮かんできますか？

新しい連想が浮かんでも，元の問題にまだつらさが伴っている場合は，サブ段階 3.1「内的プロセスのマインドフルな気づき」から始まる，プロセシングの別のサイクルにクライエントを誘う。

問題が処理されると，クライエントは通常，新たな洞察，視点の変化，ポジティブ感情，平穏さ，身体の中に湧いてきた力などを報告するだろう。クライエントは，激しい感情や生理的覚醒を伴わずに，元の問題を経験するだろう。私たちは，生理的覚醒スケール（SPA）を使って，クライエントに覚醒度をチェックしてもらうこともある。

> セラピスト：今，元の問題について考えるとき，あなたの覚醒状態をどう評価しますか？ －5から＋5のスケールで評価してください。－5はこれまでに感じたことのないほどフリーズした状態，0は最適な覚醒状態，＋5はこれまでに感じたことのないほど動揺し心をかき乱された状態です。

▶▶ 段階4：並置経験のマインドフル・プロセシング

マインドフル・プロセシングの最中に，古い非機能的スキーマに反するような新しい洞察や経験が自然に生まれることが多い。記憶の再固定化には，古い学習と新しい学習の並置を繰り返すことが必要である（Ecker et al., 2012）。この段階では，古い学習と新しい学習の並置への明示的な気づきを意図的に促す。

► サブ段階 4.1　新しい学習を強調する

クライエントに新しい感情学習について尋ねることがある。

> 「元の問題について考えてみると，何が新しくなっていますか？」
> 「元の問題を今どのように経験していますか，何が違いますか？」

また，シンプルに認容することで，新しい学習を強調することもある。

> 「それですべての男性が意地悪なわけではなく，大丈夫な人もいるということがわかったのですね」
> 「それであなたは，たとえ間違いを犯したとしても，自分には価値があることを発見したのですね」
> 「あなたは，たとえ他の人があなたを批判したり，恥をかかせようとしたりしても，自分には価値があることを発見しました」

　新しい学習は，必ずしも言葉で表現されるとは限らない。潜在的な感情記憶を処理するとき，新しい学習はより変容した身体のフェルトセンス，新しい感情経験，または深い平和や愛などの超越的な経験という形で得られることがある。私たちは，クライエントが古い経験と関連するこの新しさに気づくように求める。

► サブ段階 4.2　古い学習と新しい学習の並置のマインドフル・プロセシング

　Ecker ら（2012）は，クライエントが古い感情学習と新しい感情学習との相違に同時に気づくことが，記憶の再固定化にとって極めて重要であると述べている。これと一致するように，私たちは，クライエントが古い学習と新しい学習の両方にマインドフルに気づけるように誘う。脱中心化された視点は，競合する真実を同時に観察することを可能にする。

> セラピスト：自分は悪い人間だと思うことと，たとえ間違いをしても自分は大丈夫だという経験の相違に気づきましょう。その両方に同時に気づいてください。

あるいは

> セラピスト：両方の経験に同時に気づいてください。あなたは自分が何か悪いと感じて
> いましたが，今は自分自身のこの深い受容を経験していますし，自分が普通の人間で
> あると感じています。

記憶の再固定化のためには，並置経験の認知的な気づきだけでは十分でない。並置は身体で十分に感じられなければならないので，クライエントには身体感覚に集中するように求める。

> セラピスト：２つの問題を一緒に考えたとき（セラピストが２つの問題を挙げる），あ
> なたは今，身体の中で何を感じていますか？　それに集中してください。

この後，マインドフル・プロセシングの別のサイクルを開始する（段階 3）。

▶▶ 段階 5：メタセラピューティック・プロセシング

この段階では，Fosha の**メタセラピューティック・プロセシング**〈metatherapeutic processing〉という概念を統合する。これは，治療作業の成功に結びついたクライエントのポジティブ感情の経験を処理するものである（Fosha, 2000a, 2000b; Fosha & Conceição, 2019）。それは，ポジティブで変容的な感情変化のプロセシングと，その変化を促進した治療関係の経験を含む（Fosha, 2000a, 2000b; Fosha & Conceição, 2019; Iwakabe & Conceicao, 2016）。

> セラピスト：このような経験をするのは，あなたにとってどんな感じですか？（セラピー
> の中でクライエントが経験したポジティブで変容的な経験を挙げてみてください）。

または

> セラピスト：このプロセス全体を私と一緒に経験するのは，あなたにとってどんな感じ
> ですか？

　セラピストはまた，クライエントのマインドフル・プロセシングに関するセラピスト自身の経験を開示することもある。セラピストによる自己開示は，関係的接触を深め，クライエントがその関係性の経験を共有することを促すかもしれない。

> セラピスト：今日，あなたが感じた自分自身へのコンパッションに感動しました。私をあなたの経験の証人にしてくれてありがとう。私とこのことを共有するのは，あなたにとってどんな感じですか？

　クライエントが自分の経験をセラピストと共有するとき，私たちはクライエントに，マインドフルな経験とセラピストとの共有のサイクルを含む，新しいプロセシングのサイクル（段階 3）を始めるように促す。このプロセスを通じて，クライエントは，誇り，喜び，自己への悼み，喜びの涙，感動，感謝などの変容的な感情（Fosha, 2000a; Fosha & Conceição, 2019）を経験することができる。

　マインドフル・プロセシングは，調律的でマインドフルなセラピストのプレゼンスのもとで行われる。マインドフル・プロセシングの間に，クライエントはセラピストとの深い接触を経験するかもしれない。それは，対人関係の失敗という古い経験とは対照的な，重要な新しい経験かもしれない。もしクライエントがそのような修正関係体験を経験したなら，クライエントにこの並置経験をセラピストと一緒に処理するように求めるかもしれない。私たちは，クライエントが以前の対人関係の経験とセラピストとの新しい経験の違いに焦点を当てるように促す。

▶▶ 段階 6：統合

　この段階は，マインドフル・プロセシングを終えて，新しい経験を統合することを目的としている。クライエントは，元の問題を確認し，この経験全体を振り返るよう促される。そうすることで，さらに統合が進む。また，クライエントには，プロセシングと記憶の再固定化が続く可能性があることを伝える。記憶の再固定化の研究では，セラピー後 6 時間以内に昼寝をすることが記憶の再固定化に役立つことが示唆されている（Lane et al., 2015）。

また，セッションの間にも，並置経験が繰り返されることがある。クライエントには，その週の間，古い非機能的スキーマとマインドフル・プロセシングによって得られた新しい学習との間の相違に，マインドフルに気づくように勧める。Eckerら（2012）が提案するひとつの方法は，セラピストがクライエントと一緒に，古い感情学習とマインドフル・プロセシングによって得られた新しい学習の両方をカードに書き留めることである。そして，クライエントは自宅にいる間，この2つの側面を意識するように勧められる。私たちは，この指示と，並置経験に焦点を当てたマインドフルネスの実践の提案を組み合わせる。

「呼吸と共にいることといった，短いマインドフルネスのエクササイズを行うことができます。そして，あなたのカードを手にとり，私たちが書き留めたこと，古い学習と新しい学習の両方に集中します。そして，自分の内側で起こっていることに気づきを向けます。自分の身体感覚，感情，思考に気づくのです。そして，その後，再び呼吸に注意を向けます」

▶▶ 段階7：検証

次のセッションでは，クライエントのプロセシングを再評価し，トランスフォーメーショナル・チェンジの指標を観察することで，記憶の再固定化が起こったかどうかを検証する（Ecker et al., 2012）。記憶の再固定化が成功すると，再び活性化することがなく，症状も止まり，パフォーマンスが楽に行えるようになる（Ecker et al., 2012）。プロセシングが成功すると，感情的・生理的な覚醒が抑えられ，元の問題に対する新しい視点や洞察が得られる。私たちはまた，通常のスキーマの引き金に関連して，クライエントがその週にどのように対処したかをチェックする。もし，記憶の再固定化が起こらず，その問題についてのクライエントの覚醒の度合いがまだ高い場合は，マインドフル・プロセシングを続ける。

注

◆1 この章には，以下の文献からの抜粋が含まれている。Žvelc, G. (2012). Mindful processing in psychotherapy: Facilitating natural healing process within attuned therapeutic relationship.

International Journal of Integrative Psychotherapy, 3（1）, 42–58. https://www.integrative-journal.com/index.php/ijip/article/view/54

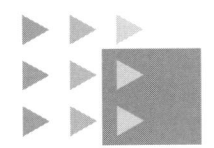

第13章

セルフ・コンパッション：
愛と癒しに満ちた内なる関係性への道

　私たちの子どもたちの祖父は，私たちの息子たちに，「あなたが自分自身を愛するようになったら，それが長く続く愛に満ちた関係性の始まりである」と言っていた。人生のあらゆる瞬間において，どんな状況であっても，たとえ成功していても失敗していても，私たちは，自分自身と友達になることができるし，私たちはいつでも自分のそばにいて，私たちがうまくいくように願ってくれる。これは，いつでも，どこでも，私たちの誰にでもできることである。私たちは自分自身のこの側面に寄りかかることができ，そのことが自分を愛し，支えてくれるのである。私たち一人ひとりの中には，「コンパッションの深い井戸」がある（Desmond, 2016, p. 91）。

　人は誰でも，自分自身と固有の関係を持っている。この関係には，愛に満ちたもの，温かいもの，サポートするもの，友好的なもの，あるいは暴力的なもの，冷たいもの，拒絶するもの，押しつけるもの，などがある。愛とコンパッションを内的に保持する自分自身の側面は**観察する／超越自己**である。MCIPでは，クライエントが自分の中のコンパッションに満ちた側面との絆を再構築し，愛に満ちた内なる関係性をつくり上げることをサポートする。MCIPは，セルフ・コンパッションに満ちた状態を保ちながら，自分自身との関わり方を深く変え，変容と変化を促進する。セルフ・コンパッションは調整に繋がり，耐性の窓を広げる。セルフ・コンパッションは，人間のバランスやウェルビーイング，満足のいく社会的相互作用のための必須条件である安全性を提供する。それは関係性のある状態のことである（Neff, 2011）。セルフ・コンパッションを通じて，人は自分自身と関わり，同時に他の人との繋がりを感じる。また，人生や世界との繋がりを感じることもあるだろう。

　心理療法におけるセルフ・コンパッションの作業は，クライエントのモチベーションを引き出し，セルフ・コンパッションのワークの契約をすること，クラ

イエントがセルフ・コンパッションを見出し高めるのを助けること，障害となる物事に取り組むこと，そして自分の傷つきやすい，つまり防御的な部分にセルフ・コンパッションをもたらすようにクライエントを導くこと（セルフ・コンパッション・プロセシング）からなる。最初の3つの治療課題については，第10章で述べている。本章では，セルフ・コンパッション・プロセシングに焦点を当てる。

▐▐▐▐ セルフ・コンパッションの変容力：セルフ・コンパッション・プロセシング

　セルフ・コンパッション・プロセシングとは，未解決のつらい問題を，セルフ・コンパッションの助けを借りて処理することである。これは，MCIPの第3段階に相当する（第8章参照）。第10章で説明したセルフ・コンパッションを高める戦略が，クライエントの中にうまくセルフ・コンパッションを呼び起こすことができれば，そのセルフ・コンパッションを未解決のつらい問題の処理に用いることができる。比喩的にいえば，順風が吹く穏やかな海で帆走法を学ぶことで，嵐の海や強風の中でもセルフ・コンパッションを促進する戦略を使用することができる。

　セルフ・コンパッション・プロセシングは，クライエントが何か心をかき乱す出来事に動揺しているときや，自分を批判したり，自分を処罰したり，あるいは自分に無理をかけているときに適応となる。私たちはまず，クライエントの中にセルフ・コンパッションを呼び起こす。そして想像力を働かせて，セルフ・コンパッションの場からある特定のストレス場面に入るようにクライエントを誘う。自分が今気づいていることにマインドフルに気づくようにとクライエントに求めるのである。（ストレスフルな場面における）苦しい状態とセルフ・コンパッションに満ちた状態を結びつけることで，その場面のクライエントの見方や，自分自身や問題についてのクライエントの感じ方や考え方を，より機能的なやり方で自発的に変容させる。痛みを感じているときに（自分や他者から）コンパッションを受け取ることは，変容をもたらす（Desmond, 2016）。「コンパッションはマインドを変容させ，統合する」（Gilbert, 2010, p. 175）。苦しみの状態をマインドフルな気づきとセルフ・コンパッションに結びつけるこ

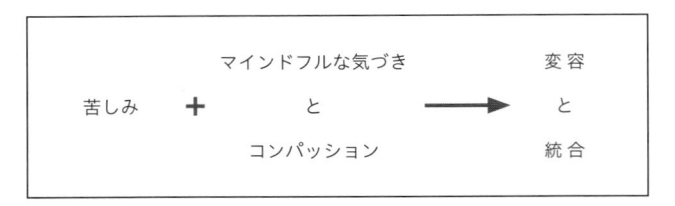

図 13.1　マインドフルな気づきとコンパッションの変容効果

とで，記憶の再固定化（Ecker et al., 2012; Ecker & Vaz, 2019）が可能となり，そ
れに伴い関係スキーマの変化が起こるということを私たちは提唱している（G.
Žvelc, 2009b）。図 13.1 は，私たちの苦しみに向けられたマインドフルな気づき
とセルフ・コンパッションが，どのように個人的自己感の変容と統合に繋がる
のかを示している。

　セルフ・コンパッション・プロセシングには，2 つの基本的なステップがある。

1　自分の苦しみや痛みにマインドフルに気づくこと。
2　自分の苦しみにセルフ・コンパッションをもたらすこと。

▶▶ 自分の苦しみや痛みにマインドフルに気づくこと

　最初のステップでは，クライエントが自分の苦しみを認識し，その苦しみに
マインドフルに気づけるようになることが重要である（Neff, 2011）。苦しみと
は，不安，恥，罪悪感，無力感，無価値感，空虚感など，身体的な痛みや心理
的な痛みを意味する。クライエントが自分の痛みに接触することは極めて重要
である（Desmond, 2016）。痛みを許容することができれば，痛みに触れること
ができる。つまり，痛みに圧倒されることなく，そして痛みを避けることもな
く，痛みへの愛に満ちた証人となるのである。これができるようになるために
は，クライエントはセラピーの初期段階でマインドフルな能力を向上させてい
る必要がある。

　私たちは，クライエントが自分の痛みを脱中心化された視点から捉えて，痛
みに受容的に気づけるように導く。そして，苦しみを呼び起こした出来事と，そ
の出来事の中で何が最も自分にはつらかったのかを具体的に説明してもらう。セ
ラピストは次のように言ってもいいかもしれない。

> 「あなたが自分自身を最も批判したときの状況を思い出してみてください。あなたには何が見えますか？　（セラピストはその答えを待つ）あなたはどこにいますか？　……あなたは何をしていますか？　……あなたはどのように見えますか？　……あなたはどんな姿勢をしていますか？」

　目に見えるものを尋ねることで，クライエントは苦しみの瞬間を認識して，痛みを感じることができる。自分が苦しんでいることに気づき，その姿を見ることで（通常，自分の「身を委ねる〈surrendered〉」姿を見ることがきっかけとなる），自然とセルフ・コンパッションが呼び起こされることが多い。

▶▶ 自分の苦しみにセルフ・コンパッションをもたらすこと

　クライエントが自分の苦しみや痛みにマインドフルに触れるとき，彼らが自分の痛みを呼び起こし，その痛みにセルフ・コンパッションをもたらすように導く。彼らは自分の苦しみを「オープンなアクセプタンスと愛をもって」受け入れる（Desmond, 2016, p. 115）。通常は，2つの方法でこれを行う。その方法とは，（a）苦しみの状況の中で，クライエントが自分自身に対して，コンパッションに満ちたタッチを実際に行うか，または想像の中でそれを行うように促すこと，（b）苦しみの状況の中で，セルフ・コンパッションに満ちた内なる対話を呼び起こすこと，である。この2つの方法は，1つのセラピーセッションの中で組み合わせられることが多い。

▶ クライエントが自分自身に対して，コンパッションに満ちたタッチを実際に，あるいは想像の中で行うように促すこと

　セラピストは，クライエントが苦しみの中にいる自分自身に対して，実際に，または想像の中でコンパッションに満ちたタッチをするように促す。セラピストは次のように言うかもしれない。

> 「もしよければ，……優しい愛に満ちたやり方であなたの胸に手を当ててみてください」

　セラピストは，穏やかで，優しい，ソフトな声でそのように言いながら，自

分の胸に手を当てる。自分とクライエントの呼吸に気づきながら，自分の胸に
手を当てる。

　しばらくしてから，セラピストは優しく次のように言う。

> 「何に気づいていますか？」

　クライエントが自分自身への温かさと優しさを感じ，それが生理的調整にも
繋がる場合，セラピストは次のように進める。

> 「あなたがその痛みを感じた状況に行ってみましょう……」（そして，以前に探索した
> つらい状況の特徴を繰り返す）
> 「今，そこにあなたがいることを想像してください。優しくて愛に満ちた目で自分を見
> て，痛みに気づいてください……（少し止まる）何が起きていますか？　何に気づきま
> すか？」

　クライエントが苦しみの状況の中にいる自分自身にセルフ・コンパッション
を感じている場合，セラピストはさらに，想像上の「危機的な」状況の中で，想
像上のタッチを提案することができる。

> 「自分に近づいていって……あなたがそれで心地よく感じるなら，想像の中で，そっと
> 肩に手を置いてみてください」

　セラピストは（実際に）手を挙げて，自分の想像の中で，想像上の場面の中
にいるクライエントの肩に手を置くことがある。しばらくしてから，セラピス
トは次のように尋ねる。「何に気づきますか？」あるいは「何が起きていますか？」

► セルフ・コンパッションに満ちた内なる対話を呼び起こすこと

　セルフ・コンパッションのプロセスが効果を発揮し始めていることがわかれ
ば，セラピストはクライエントの苦しみの状況の中で，セルフ・コンパッショ
ンの内なる対話を開始する。セラピストは次のように問いかける。

> 「この状況にいるあなた自身を愛に満ちた目で見て，自分が感じている痛みに気づいてください。（あなたの中のコンパッションに満ちた部分から）自分に何と声をかけてあげられますか？　どんな優しい言葉でサポートと愛を伝えることができますか？　痛みを感じることは私たち誰もが共有していることを忘れないでいましょう」

そして，セラピストは次のように尋ねる。

> 「このコンパッションの言葉を聞いて，あなた（またはあなたの部分）はどうですか？どう感じますか？　身体で何を感じていますか？」

　また，私たちは他の方法でもセルフ・コンパッションを促す。クライエントは，未来の**賢明なコンパッションに満ちた自分**が，「現在の」自分を訪れるところを想像することができる。また，クライエントは，愛する人や想像上のコンパッションに満ちた人，あるいは動物の目を通して自分を見ることもできる。また，スピリチュアルなリソースを活用することもできる。クライエントに，自身のスピリチュアルな，あるいは宗教的な伝統に基づく人物（天使，神，聖人など）の立場から自分を見てもらうこともできる。セラピストは，クライエントにセルフ・コンパッションを強要しない。セラピストは，クライエントに対してコンパッションを保ちながら，クライエントが現在，自分自身にコンパッションを持てずにいるのかどうかを確認し，検証する。

▶▶ 記憶の再固定化，変容，悲嘆すること

　苦しんでいる自分や自己状態にコンパッションをもたらすと，深い変容や統合が起こることがある（Desmond, 2016; Gilbert, 2010）。未解決なつらい記憶やトラウマ記憶が活性化するときにセルフ・コンパッションを呼び起こせば，心理システムに新しい情報をもたらすことになる。古い記憶の活性化と，新たに身体や情動で感じられた情報を結びつけることで，記憶の再固定化が可能になる（Ecker, 2018; Ecker et al., 2012; Ecker & Vaz, 2019; Lane et al., 2015）。記憶の再固定化により，関係スキーマの変容が起こり，個人的自己感が統合される。クライエントは，その状況を感じ，深く異なる方法で自分や他者を「見る〈see〉」

のである。

　コンパッションやセルフ・コンパッションを受け取ることは，悲嘆のプロセスの引き金にもなるかもしれない（Gilbert, 2010）。当時必要とされていたものと，新しいコンパッションに満ちた内的関係性との間のコントラストは，並置経験をもたらし，悲嘆のプロセスを開始させるかもしれない。それは，私たちに起きたことや起きなかったことの痛みに立ち会うことに関連する悲嘆である。すなわち，私たちが求めていたことや逃したことである。それは，人生の失われた部分の喪に服すること〈mourning〉であり，もっと違っていたかもしれないし，もっとよくなっていたかもしれないということである。悲嘆のプロセスは，それがセルフ・コンパッションによって包容されるなら，深遠な変容をもたらす。

▶▶ セルフ・コンパッション・プロセシングを開始するための指標

　クライエントの内部のセルフ・コンパッション戦略を始めるタイミングを示すものとして，内なる自己批判や恥，頑張らねばという内なるプレッシャー，病気やその他の苦しみ（不安であること，罪悪感，無価値感，無力感など）が指標として挙げられる。

▶ 内なる批判

　内なる批判は，批判的な自己状態からやって来て，批判される側の傷つきやすい自己状態に向けられる。自己批判のスタイルと内容は，人によって，またその人の中でもさまざまである。内なる批判にはさまざまなレベルと強さがあり，それらは「あなたはうまくできなかった。あなたは失敗した。なぜあなたは……なのか」といった言葉から，「あなたには能力がない，あなたは最低だ，あなたはバカだ，私はあなたが嫌いだ，あなたは生きている価値がない」といった言葉に反映される。内なる批判がもたらす結果には，恥を感じる，不完全さを感じる，無力感，絶望感などがある。身体にも自己批判からのプレッシャーを感じる。まるで何かに引っ張られて，力を奪われているかのようである。身体的には，腕や背骨が曲がったり，頭が下がったり，呼吸が浅くなったり，エネルギー不足を感じたりする。セルフ・コンパッションは，自己批判と恥の重要な解毒剤である（Sedighimornani et al., 2019）。

▶ 頑張らねばという内なるプレッシャー

　クライエントに頑張るようにプレッシャーをかける自己状態は，自己批判と関連しているが，明確な特徴もいくつかある。この自己状態は，頭の中の声と身体の中のプレッシャーによって，頑張るように，そしてたいていは急ぐように強制する。この自己状態に従うことで，私たちは自分のニーズや価値を見失う。頑張らねばならないので，必要なときに休むことができない。今日は時間がないし，明日も時間がない。急がねばならない，頑張らねばならない。きちんと食べたり飲んだりする時間はなく，自分の関心事や魂の活動をする時間もない，友人と過ごす時間もない，セックスさえもできない。自分のニーズを無視することで，次第にニードを感じなくなる。内なるプレッシャーの中で生活し続けることで，人は不安や抑うつ症状，燃え尽き症候群や病気を発症する。

　自己批判や自己抑圧に取り組む際には，批判的で自己抑圧的な自己状態の機能を理解することが重要である。これらの自己状態は，つらく，かつ頻繁に訪れるトラウマ状況に適応する上で発達した防御的な自己状態である。私たちは，関係マインドフルネスとセルフ・コンパッションの段階に沿いながら，このような自己状態に取り組んでいく（第 9 章参照）。自己状態が果たしている重要な機能を承認し，ノーマライズする。このプロセスにおいて，防御的な自己状態は変容し，脆弱な自己状態が統合されるとともに，より内的に支持されるようになる。

　セルフ・コンパッションは，人に創造的な後悔と愛をもたらす。そして，それによって人は自分を大切にし，育みたいと思うかもしれない。クライエントは，自分の価値を認識し，自分にとってどのようなものが価値あるのか，どのような人生が価値ある生き方なのかを理解するようになるかもしれない。このような洞察は，考えたり感じたりすることで，新しい行動へのモチベーションや決断をもたらす。

　以下の節では，セルフ・コンパッション・プロセシングを説明する 2 つのヴィネットを紹介する。セルフ・コンパッション・プロセシングは，セルフ・コンパッションを，クライエントの現在のつらい問題に結びつけたり，クライエントの過去の未解決の問題や解離した自己状態に結びつけたりすることで実施できる。

クライエントの現在のつらい問題にセルフ・コンパッションをもたらすこと

　私たちは，クライエントが人生における内外のストレッサーに対処しているときに，必ずしも遠い過去の記憶に触れることなく，セルフ・コンパッションを促すことができる。しかし，現在のつらい問題は，過去の経験を一般化した非機能的スキーマの活性化と関連していることが多い。

▶▶ セラピーのヴィネット：内的な批判にセルフ・コンパッションをもたらすこと

　あるセラピーセッションで，クライエントのアンナが話している。

クライエント：覚えていらっしゃるかもしれませんが，私は自分の仕事関係のテーマの講演会に招待されました。国の反対側まで車で行くのは気が進みませんでした。私が自分の仕事を好きなことはご存じだと思いますが，プレゼンテーションをするのは不安です……しかも，参加者は要求の厳しい人たちばかりでした。でも，せっかく誘っていただいたし，私の同僚たちと展開しているアイデアを広めたいので，行くことにしました。（クライエントのペースが速くなる）

セラピスト：そうですね，あなたが行くと言っていたのを覚えています。

クライエント：で，先週末に行ってきました。ああ，それにしても災難でしたね。（クライエントは肩を落とし，うつむく）

セラピスト：（興味を持ち，身を乗り出して）教えてください，何があったんですか？

クライエント：（セラピストを見て）私は講義をしていて，自分では満足していて，うまくいっていると思っていた部分もあったのですが。……でも，（動揺した声で）休憩の後，何人か参加者が帰ってしまったんです。そして第2部では，私が参加者を引きつけようとしても，参加者たちはとても消極的で無反応でした。そして（クライエントはますます速く話し，息つく間もないほど，ますます早口になり），最後に，漠然としたフィードバックを受けました。参加者に理解できない部分があったことや，私が実践的ではなかったことなどです。

　セラピストは，自身の身体がそわそわしていることに気づいている。そして，深呼吸をしたい衝動に駆られていることにマインドフルである。セラピストは，クライエントの過覚醒状態（急き立てられ，きちんと呼吸していないこと）と自分の身体の反応を検知し，クライエントの中のマインドフルな気づきのプロセスと調整のプロセスを開始することを決定する。

> セラピスト：アンナ，自分の身体に意識を向けて，身体がどんな反応をしているか見てみてください。

　セラピストは，クライエントが自分の身体にマインドフルな気づきを向けるように促している。

> クライエント：私は動揺しています。震えています。とても恥ずかしかったです。
> セラピスト：「恥ずべきことだった」という考えがありますね。（セラピストはクライエントの中に脱中心化された視点を促している）アンナ，他にどんな考えが浮かんできましたか？
> クライエント：あなたはダメだった。あなたはダメなんだ。あなたはバカじゃないの。役立たず。もう講義をしないほうがいいんだ！　金輪際！
> セラピスト：これは非常に手厳しいですね。

　セラピストは，クライエントの内なる批判の強さを是認する。自己批判を同定することは，セラピーにおいてセルフ・コンパッションに満ちた作業を行うための指標のひとつである。

> クライエント：そうですね。私のある部分から見れば，それほど悪いことではなかったし，自分はこんなに強い批判や罰を受けるのは当然じゃないとわかっています。でも，そんな気持ちにはなりません。私はただ，自分がくその塊のような気分です。私は，生きる価値がないような気がしてきました。

　アンナの歴史を知ることから，セラピストは過去の自己状態が活性化していると考えている。アンナの取り入れられた自己状態が非常に明らかになった。彼

女は，過去に自分が失敗をしたときに，母親が彼女にしてきたのと同じ方法で，「あなたはダメなのよ！バカなのよ！役に立たないのよ！」と自分に関連づけたのである。また，彼女には子どもの頃に彼女を辱めていた仲間から取り入れられた部分もある。また，彼女の「太古的な子ども」の自己状態も活性化している。つまり，彼女は，母親や仲間から攻撃されたり，辱められたりした子どもの頃と同じように感じたり，考えたりしている。「私は怖い。私は恥ずかしい。私は生きている価値がない」。セラピストは，今日は過去の自己状態に直接働きかけるのではなく，アンナの中にあるリソースフルなセルフ・コンパッションに満ちた状態を活性化させ，それを彼女の現在の問題に結びつける手助けをしたいのである。

　セルフ・コンパッションのプロセスを開始するセラピストは，自分の胸に手を当てる。アンナへのコンパッションを感じて，次のように言う。

> セラピスト：アンナ，私と一緒に何かするのは構わないですか？　手を胸の上に置いてください。優しく胸に手を当てて，息をしてください。

　クライエントのアンナは，目に見えて呼吸を再開し，優しく胸に手を当てる。アンナのANSの活性化は，過覚醒から落ち着きを取り戻している。セラピストの目線，声，言葉，胸に置かれた優しい手，呼吸に向けられた注意，これらすべてが，アンナの心を調整するのに役立つ。

> セラピスト：同意していただけたら，講演を行ったホールに心を戻してみてください。
> （間）あなたは今そこにいますか？
> クライエント：（うなずく）はい。

　クライエントは目を開けてホールを想像する。クライエントが今ここで，セラピストとやりとりすることで現在にとどまることを，セラピストは望んでいる。目を閉じると，すぐに過覚醒状態に戻ってしまうかもしれない。この場合，目を開けていることで，アンナは二重に気づくことができ，より安全に，耐性の窓の内部で，そのプロセスの間，マインドフルな姿勢を保つことができる。

セラピスト：講義のどの瞬間があなたにとって最悪ですか？

クライエント：フィードバックの部分です。特に一人の女性が厳しい，醜い顔をしているのが見えます。「私は期待したものが得られなかった」（クライエントはその女性を少しからかうように真似をする）。

セラピスト：その瞬間の自分を見てみましょう……そのホールで，参加者全員の前で，その女性の前で，鳥の視点から見るように……愛に満ちた目で自分を見てみましょう。（セラピストのソフトで優しい声）何が見えますか？

クライエント：すごく晒された自分を見ています。肩が無防備なんです。（クライエントは静かに話して涙を流し始める）

セラピスト：（クライエントの苦しみに触れた声で）うんうん，うんうん。

クライエント：私の肩に触れたい，撫でてあげたい……。

セラピスト：はい，そうしましょう。

　セラピストは手を挙げ，クライエントの想像上の肩を撫でる（手は宙に浮いたまま）。クライエントも同じように，片手を挙げて想像上の肩を撫で，もう片方の手は胸の上に置いている。ペースはゆっくりで，セラピールームは静かで，どこか厳粛で，ほとんど神聖な雰囲気である。アンナが苦しみの最中にあるときでさえ「祝福されている」と，セラピストは感じている。コンパッションが生まれるとき，それはしばしばスピリチュアルな愛や「祝福」のプレゼンスのように感じられることが多い。

クライエント：（まだ泣いている，柔らかい感じで，このプロセスにとても感動して，穏やかに微笑みながら言う）彼女の頭の上にキスをしてあげます。

セラピスト：（クライエントの言葉に反応して，うなずきながら穏やかに微笑む）自分自身に言いたいことはありますか？

　愛に満ちた内なる関係性は，クライエントが自分の胸に手を当てたところから始まり，それから自分の肩を撫でて，自分にキスをした。今，セラピストは，彼女を言葉によるセルフ・コンパッションに満ちた対話へと誘う。

> クライエント：（ゆっくりと話す）あなたは自分が知っていることを伝えるために，よい
> 意図を持って，あそこまで行けたのです。参加者の中には，あなたを理解し，あなた
> の話を気に入り，それを認めてくれる人もいれば，そうでない人もいました。覚えて
> いるでしょうか，こんな話があります。「すべての人を満足させることはできない」。
> それは不可能なことなのです。（沈黙）あなたはうまくやりました。すべて順調です。
> 私はあなたを愛しています……今，私は彼女を抱きしめます。（セラピストを見る）

　記憶の再固定化と非機能的スキーマの変容のためには，非機能的スキーマと
矛盾する新しい情報を同時に認識する必要がある（Ecker, 2018; Ecker et al., 2012）。このヴィネットでは，クライエントの非機能的スキーマ「私は悪い，無能である，存在する価値がない」が活性化していた。アンナは，自分の内なる批判にマインドフルになり，自分自身にセルフ・コンパッションをもたらし始めた。彼女は自分に優しくし，サポートし，愛を注いでいた。これは彼女のフィーリングや言葉，行動に現れていた。この新しい態度は，古い非機能的スキーマによって活性化された自己状態と一緒にもたらされた。自分自身に対して今までとは違う愛に満ちた関係性を築き，活性化させることで，古いスキーマは変容し始めた。
　新しい神経学習を統合させるために，セラピストは，クライエントの古いスキーマを再び活性化させ，そこにセルフ・コンパッションに満ちた状態をもたらすようにクライエントを導いた。

> セラピスト：このプロセスは，私にとっても非常に感動的なものです。（セラピストは自
> 分の経験を開示する）アンナ，もう一歩先に進んでいいですか？
> クライエント：はい。
> セラピスト：自分自身を強く批判していたときの状態を思い出してくれますか。自分は
> くその塊だ，生きる価値がないと言っていたときの状態です。（セラピストは批判的な
> 声の真似をして，アンナにこの状態を活性化するように促す。セラピストは手のひら
> を上にして左腕を伸ばし，あたかも批判的な状態が彼女の左手にあるかのようにする）
> あなたはそれを持っていますか？　いいでしょう。そして今，あなたのコンパッショ
> ンに満ちた状態を活性化してください，あなたがあなた自身を撫でてキスするとき，

自分に「大丈夫，何も問題ない，愛してる」と言ってあげてください。（セラピストは
コンパッションに満ちた声で，手のひらを上にして右腕を伸ばしている）持っていま
すか？　いいですね。それでは今，批判的な状態（左手を少し挙げる）とコンパッショ
ンに満ちた状態（右手を少し挙げる）の両方に気づきましょう。（短い沈黙）……どう
なりますか？　……何が得られますか？

クライエント：（手の動きを繰り返す。しばらく黙っている。たくさんのことが起こって
いるように見える）わあ，それはまるで……ひとつの宇宙から別の宇宙へ行くような
……すごい……。私はそれらの両方を見て，感じている。（沈黙）

セラピスト：（存在して，うなずいている）

クライエント：自分がかわいそうです。（目に涙）（沈黙）……私にはそんなこと言われ
る筋合いはなかった……私にはそんなこと言われる筋合いはなかった……。

　クライエントは，悲嘆のプロセスを始め，いかに自分が自分自身に対して残
酷な行動をとっていたかに気づくのである。

クライエント：私は自分自身に忠実でありたいと思っています……私がとても批判的で
あるとき，私は自分に忠実ではありません。これは本物のケアではありません。たと
え私に改善すべき点があったとしても，この批判的な部分から改善することは不可能
です……（さらに涙が出る）私は自分自身と一緒にいることができるようになりたい
のです。忠実であること，真実であること……。

セラピスト：うん，うん，そうですね，呼吸をしてみましょう。

クライエント：今，私は安らぎを感じています。自分自身を感じています。エネルギー
です。それは心地よく，どこか静かです。（沈黙）今，あなたを見ていると，また涙が
出てきてしまいます。ありがとう……私と一緒にいてくれて……私をサポートしてく
れて，私をこのプロセスに導いてくれて。

セラピスト：（涙目になる）

　セラピストは深く感動している。それはセラピストにとって，魂の出会いの
ように感じられた。セラピストは，クライエントが経験した苦しみを知ってい
る。セラピストは，クライエントのコンパッションに満ちたプロセスに感動し，
クライエントの感謝の気持ちに触れた。

> セラピスト：アンナ，私はこのプロセスを一緒に進められていることがとてもうれしいです。

　次のセッションで，セラピストはアンナに前回のセッションがどうだったか，そのセッションの後にどんなフィーリングや考えを持ったのかを尋ねた。アンナは，とても気分がよく，自分自身と世界に安らぎを感じたという。まるでスピリチュアルな経験のように感じられた。彼女は家に帰って，夫と愛し合った。とてもいい気分だった。また，子どもたちとの時間を大切にし，子どもたちと一緒にいることや自分が行った活動に喜びを感じていることに気づいた。セラピストは彼女に合わせ，セラピストの穏やかな喜びをアンナと共有する。

> セラピスト：前回持ってきた話題に戻ることに同意されますか？　……あの場所での講義のことを考えると，今は何を感じるでしょうか？
> クライエント：もう動揺しません。身体も落ち着いています。やるべきことはやった，次はもっと違うことをするかもしれない……でも，自分は大丈夫，有能な人間だと感じています。そして，あの講義の後，私を褒めてくれた人たちの姿が目に浮かびます。今では彼らは他の人たちよりも目立っています。（彼女は微笑む）

　私たちは，変容と統合がどのように行われたかを見ることができる。その場面が変化し，古いスキーマが変容したのである。クライエントは困難な状況に直面しても，自分に価値があり，有能で，安全であると感じて，地に足をつけていることができる。

> セラピスト：わかりました。あなたのフィーリングやイメージがどのように変化したか，興味深いですね。うれしいですね。……そして今，あなたが次の講義をすることを想像すると，どんなことが起こるでしょうか？

　セラピストは，この新しい記憶をさまざまな方法で固定化したいと考えている。それは，クライエントの将来の出来事の予測に結びつけ，統合することであり，これはまた暗黙の記憶の活性化でもある。

> クライエント：私が次の講演会に行くだろうって，誰が言うんですか？（笑）冗談ですよ……（間）はい，多少の不安はあります。でも，スピーチはしますよ。やってみたいです。将来のスピーチを想像している自分を見ると，それが意味のあることだと感じます。

⫸ クライエントの過去の問題と「太古的な子ども」の自己状態にセルフ・コンパッションをもたらすこと

　過去に起因する未解決の問題はたくさんある。子どもたちは，魔術的で自己中心的な思考（Piaget & Inhelder, 1966/1986）に基づいて，自分が出来事をつくり出したとか，あるいは影響を与えたと結論づけることが多い。その状況がひどいものであったり，悲劇的なものであったりすると，子どもたちはしばしば自分に責任があり，罪があると結論づける。思春期や大人になってから，トラウマになるようなつらい出来事が起こると，「太古的な子ども」の自己状態を再体験し，自分がその状況を引き起こしたとか，影響を与えたという罪悪感を抱き，そのことで自分を責めることがある。また，実際に何か悪いことをした場合（例えば，飲酒運転をして交通事故を起こし，パートナーに怪我をさせてしまった場合など），「大人」の自己モードから何らかの純粋な理由で罪悪感を抱くこともある。どのような出来事であっても，私たちは，自分が経験した，あるいは経験している外傷的な出来事や悲劇的な出来事，その他のストレスフルな出来事に関して，コンパッションを受けることやセルフ・コンパッションに満ちた状態であることに値するのである。ここで注意すべき重要なことは，コンパッションに満ちた状態であることは，自分や誰かの愚行を大目に見ることではないということである。

　圧倒的なストレスや外傷的な出来事に直面するとき，私たちは非機能的スキーマ（「自分は悪い人間だ」，「自分は安全ではない」，「自分は無力だ」など）をつくり出すか，あるいはそのスキーマを強化する。これらのスキーマは，私たちが現在をどのように解釈し，将来をどのように予測するのかについて影響を与える（Siegel, 1999; G. Žvelc, 2009b）。非機能的スキーマの活性化に関連する

過去の自己状態に対してコンパッションに満ちた状態でいることは，スキーマを変容させるのに役立つ。

　闘うための十分な強さを持たず，また逃げる手段も持たない，耐えがたい外傷的な出来事があるとき，私たちは自分自身の中に「逃避した」のである（Kalsched, 1996）。生理学的にいえば，私たちはフリーズするか，崩壊する。心理学的には，自己を分割し，外界から触れられない部分をつくったのである。その後は，傷つきを感じるとそこに避難するようになるが，一方でこの部分は外傷的な出来事を想起させるので，この部分を避けて，排除したいと思うようになる。なぜならそれは，自分は弱く，価値がなく，安全ではないことを想起させるからである。あるクライエントは，そのような分割された自己の部分を次のように表現した。「暗い部屋の隅に女の子が座っていて，ほとんど見えないんです。**彼女はとても遠い存在です**」。また，壁を見て，その壁の向こうに誰かがいると感じる人もいる。そのような部分を取り除くことができなければ，クライエントはその部分を拒絶する。つまり，無視したり批判したりして，冷たくするのである。またあるときは，そのような部分と融合してしまい，被害者のように感じ，絶望感や無力感に苛まれることもある。

　セラピーの目標は，クライエントの分割された部分を再発見して統合し，「家〈home〉」に連れ戻すことである（Erskine et al., 1999）。セラピストのコンパッションと，クライエントのこのような自己状態へのセルフ・コンパッションによって，クライエントは次第に「大人」の自己モードへと変容し，統合されていく。私たちの臨床経験から，過去の問題や解離した自己状態に関連したセルフ・コンパッションのワークでは，クライエントがセルフ・コンパッションを持てることが重要であると考えている。セルフ・コンパッションがなければ，トラウマ・ワークを行うための十分なリソースがクライエントの中にないかもしれない。

▶▶　セラピーのヴィネット：「子ども」の自己状態にセルフ・コンパッションをもたらすことによるトラウマ処理

　このヴィネットでは，「太古的な子ども」の自己状態に繋がり，そしてセルフ・コンパッションをもたらす事例を紹介する。

　セラピーの中で，クライエントのジュリアは，自分を見るのを許すことがい

かに難しいかということを話している。このことは，「私は重要ではない」という彼女の信念にも関係することである。不安，喉のつかえ，身体のこわばりを感じている。

> セラピスト：（穏やかに）ジュリア，不安，喉のつかえ，そして「私の言うことは重要ではない」という考えに注意を向けていただきたいのですが……このフィーリングが最初に現れたのはいつだったのか，子どもの頃に戻ってみてくれますか？
>
> クライエント：（短い沈黙）リビングルームにいる自分が見えます……私は一人です。
>
> セラピスト：あなたはリビングルームに一人でいるのですね。何が見えますか？　この部屋はどんな風に見えますか？
>
> クライエント：部屋の中はかなり暗いです。ソファがあります……私は床に座っています……キッチンへのドアがあります。
>
> セラピスト：（穏やかに，優しく）あなたは何歳ですか？
>
> クライエント：（間）私は小さいです。5歳くらいかな。
>
> セラピスト：（間）小さいですね。外見はどうですか？
>
> クライエント：私は素敵なドレスを着ています。長い髪をしていて……かわいいです……あなたは私を好きになるでしょう。（彼女は微笑んでいる）
>
> セラピスト：はい，きっと私はあなたを好きになるでしょう。子どもの頃は何と呼ばれていたのですか？
>
> クライエント：ジュリー。
>
> セラピスト：ジュリー，あなたにとって一番つらいことは何ですか？
>
> クライエント：周りに誰もいないこと。
>
> セラピスト：そうですね。誰に会いたいですか？
>
> クライエント：ママ……
>
> セラピスト：うん，うん，ママ。ジュリーは一人ぼっちなんだ，ママはいないんだと，どう自分に説明しますか？
>
> クライエント：私が何を感じるかは重要ではないわ……

　セラピーはゆっくりとしたペースで進んでいる。クライエントは短い文で話している。彼女は自分を制限しているように見える。セラピストは，クライエントのフィーリングを聞いてみることにした。同時に，これはクライエントの

「自分が何を感じているかは重要ではない」という信念に対応するものでもある。

> セラピスト：ジュリア，あなたは今何を感じていますか？
> クライエント：孤独感のようなものがあります。

　クライエントは，「……があります（there is……）」という三人称の視点から孤独感を明かしている。孤独感というフィーリングに十分には接触していないように見える。セラピストは，クライエントが情動レベルで自分自身とより深く接触することができるように，身体感覚の現象学的な探究を続けることにした。

> セラピスト：今，身体に何を感じていますか？
> クライエント：自分に重たいものがのしかかっているような気がします。
> セラピスト：そうですね。私は，あなたが涙を流したがっているような気がする。

　セラピストは，クライエントが泣きそうになっているのに気づく。

> クライエント：はい，ずっと悲しみがあります。

　ペースはまだゆっくりである。クライエントはわずかに低覚醒状態にあるように見える。悲しみ，恐れ，痛みから切り離されている。彼女はフィーリングについて三人称で話している。セラピストは，彼女がそれなりの理由を持っていることに気づいている。

> セラピスト：ママはどこにいるの？
> クライエント：（「大人」の声で）彼女はうつでした。
> セラピスト：ジュリーちゃんは，ママがいないことをどうやって自分に説明したの？

　セラピストは，子ども（ジュリー）が置かれている状況の意味を探索している。

> クライエント：（沈黙。彼女は唇を引き締め，落ち着きがなくなる）パパは，私が悪い子
> 〈naughty〉だからだと言ったの（少女の声で）……私はそれは本当だと思ったの……

> 私は悪い子だと思ったの……
> セラピスト：（エネルギーがセラピーの場に戻る。セラピストは悲しみを感じ，喉が締め
> つけられ，泣きそうな感覚になる）うん，うん，自分でこれを感じてみて。傷つく
> よね。
> クライエント：（泣き始める）

　セラピストは存在し，セルフ・コンパッションに満ちた状態でいる。クライエントは，自分の深い痛みに触れる。これは，セルフ・コンパッションを促すのに適切な瞬間である。

> セラピスト：ジュリア，あなたをもっとサポートできる方法を一緒に探りましょう……
> あなたが同意するなら，リビングルームにいるジュリーのところに行きましょう。ま
> ず，あなたに聞きますが，今，何が見えますか？
> クライエント：彼女は床に座っていて，悲しんでいます。
> セラピスト：（穏やかに，でもしっかりと話しかけて）私はあなたと一緒にいます。あな
> たは今，大人としてこの部屋に行き，彼女に近づくことができますか？　（間）彼女に
> 近づくとどうなりますか？　彼女はあなたが近づくのを許してくれますか？

　セラピストは，大人のジュリアがサポートを必要としていると感じている。それで彼女は自分が一緒にいると言っているのである。クライエントは「大人」の自己モードにいると同時に，「子ども」の自己状態を訪れるとき，耐性の窓の内部にいることが重要である。

> クライエント：はい，彼女は私が近づくのを許してくれます。私は彼女の隣に座ります。
> 彼女に優しさを感じます……部屋が明るくなりました……彼女は私を見ます。彼女は
> まだ悲しい表情をしています。
> セラピスト：彼女はママがいないので悲しんでいます。パパは彼女が悪い子〈naughty〉
> だからだと言いました。彼女は自分のせいだと思っています……ママは気分を悪くし
> ていて，自分と一緒にいないと思っているのです。彼女に本当のことを教えてあげま
> しょうか。
> クライエント：何から話せばいいのかわかりません。助けてください。

> セラピスト：ジュリア，あなたの近くに座ってもいいですか？

　セラピストは，身体を近づけてジュリアをサポートしたいと思う。後にジュリアは，セラピストが自分に近づいてきたことがセッションの重要なターニングポイントだったと語った。

> セラピスト：（幼いジュリーに対して）愛しいジュリー，ママはここにいません。なぜならママは病気だから。ママがいないのは，あなたのせいではありません。
>
> クライエント：私の愛しいジュリー，ママは具合が悪くて，病気なんだけど，それはあなたのせいじゃないのよ。人は病気になる，そういうことなのよ。あなたのせいではないの。（間）私はあなたを愛しているわ。
>
> セラピスト：（触れながら）うんうん，うんうん。
>
> クライエント：（沈黙。その後セラピストのほうを向く）彼女には触れ合いが必要だった。ハグが必要だった……。
>
> セラピスト：（コンパッションに満ちた状態で，子どものニードをノーマライズする）そう，彼女には触れ合いが必要でした。彼女にはハグが必要でした……誰もそれに気づかなかったことが残念です。

　クライエントは静かに泣いている。彼女は，子ども時代に逃した両親の愛に満ちたプレゼンスと触れ合いを求めて，悲嘆に暮れている。

> クライエント：今，私は彼女をとても感じています。ハグしたいです……クッションはありますか？

　ジュリアは，膝の上に置いたクッションを温かくハグし，優しく揺らす。彼女は，自分の中の傷ついた部分に深いコンパッションを感じる。彼女の顔には優しい微笑みが浮かんでいる。彼女は目を閉じる。そして目を開けると，目の中がキラキラと輝いている。彼女は想像の中の小さなジュリーをハグしている。セラピストは，小さなジュリーと大人のジュリアに優しさとコンパッションを感じる。貴重な感動の瞬間である。

> クライエント：（クッションを持って揺らしながら）とても気持ちがいいです。
> セラピスト：（触れながら）

セッションの少し後の段階で——

> クライエント：あなたは私のものです……私のものです……そして，あなたがひどいから，会いたくなかったというのは本当ではないですよ。ただ彼女は病気だった……あなたは大切な女の子。あなたを愛している。

少し後で——

> セラピスト：ジュリア，あなたの中にジュリーを感じることができますか？　あなたの一部として？
> クライエント：はい……はい……（深いため息）……このすべて〈all〉を受け入れるのは難しいですね。
> セラピスト：（クライエントを見ると，クライエントは生まれ変わった人のように見える一方で，疲れているようにも見える）「すべて〈all〉」というのは，どういう意味ですか？
> クライエント：その女の子は私にこう言いました。あなたが私に会いに来てくれるのを何年も待っていたのよ。あなたが私を責めるのをやめるのを，何年も待っていたのよ。

　これはとても感動的な言葉である。一方では悲しみと後悔を，そしてもう一方では希望を感じさせる。「女の子」は自分の声を見つけ，言葉を見つけた。つまり強さを得たのである！　大人のジュリアにハグされて，彼女はアクセプタンスと安全を経験した。この安全な避難場所から，強さとアサーティブネスが生まれ始めた。ジュリアは，自分を見ることの難しさや，自分は重要ではないと信じていることについて話すことからセッションを始めた。その後で，話を聞いてもらう権利と，見る強さと勇気が解き放たれたのである。

　「私を責めるのをやめてくれるのをずっと待っていたのよ」という言葉を持つ女の子は，アサーティブであり，おそらくジュリアの批判的な部分にも語りかけ

ている。ここでは，取り入れられた批判的な自己状態と，傷つきやすい部分を批判し押しのけていた可能性のある他の自己状態との，さらなるワークが必要であることがわかる（今回のセッションではこれで十分である。他の自己状態ともワークするのは大変だろう）。セッションで起こった変化が統合され，固定化され，彼女の個人的自己感が調和したものとなるためには，これらの異なる自己状態すべての間の協調が必要である。セラピストは，幼いジュリアと「大人」の自己モードとの繋がりを継続的に促すのである。

> セラピスト：ジュリーはあなたにとても重要な言葉をかけました。あなたは彼女に何を伝えたいですか？
>
> クライエント：（優しく語りかけ，目に涙を浮かべながら）私はあなたの声を聞いているよ……あなたの声を聞いているよ……私はここにいる。ごめんね。あなたを手放さないよ……絶対に。私はここにいる。
>
> セラピスト：ジュリア，あなたは今何を感じていますか？
>
> クライエント：感動しています。より全体的な感じがします。私が小さかった頃，いかに大変だったかを知って悲しくもなりました……そして，かなり疲れました。
>
> セラピスト：そうですね。あなたは深いプロセスを経験しましたね……思いやることにオープンでいるのは，美しくもあり，同時に痛みを伴います。悲しみはその一部です……私はあなたが行った作業に感動し，このプロセスであなたと一緒にいられたことをうれしく思います。

　セラピストとクライエントは，セッションを閉じ始めた。ジュリアは，自分の脳の中で文字通り何かが変化したというフィーリングを感じたと語った。
　ジュリアは治療プロセスで，否定されていた深い痛みに触れ，その痛みを抱えている彼女の内なる「子ども」の自己状態にコンパッションを運んだのである。それまでは，女の子ジュリーは，部屋の中で，一人で生きていた。彼女自身の一部が，平坦で暗い部屋に象徴される「大人の」自己モードから切り離されていたのである。平坦で重要な部分であるリビングルームは暗闇に包まれていた。大切な他者からだけでなく，ジュリア自身からも，女の子は一人ぼっちにされていたのである。セッションの中で，ジュリアは傷ついた女の子の痛みを認識して受け入れ，彼女と愛情に満ちた絆〈affectionate bond〉を築いた。痛み

を受け入れ，自分の重要な部分と再び繋がることで，閉じ込められていたエネルギー，尊厳，重要性のフィーリング，強さ，価値などが解放され，ジュリアにとって身近になった。彼女はより全体的存在になりつつあった。

著者あとがき

　私たちは，本書の終わりを迎え，自らに問う。「次はどうする？」と。この統合の旅はどこへ向かうのだろう。統合は終わりのないプロセスであり，将来，重要になるであろう多くのテーマが未だ探索されていないことを私たちは認識している。

　私たちは，心理療法のプロセスに関わる人々の間で起こっていることについて，**知らないことがいかに多いか**ということに魅了されている。本書では，私たちの間にある目に見えない絆，つまり科学的な研究が進んでいる，生理的な間主観的領域について書いた。しかし，それ以上のものがあると考えている。人は深く相互に繋がっていると信じているが，そのような相互的繋がりの性質は，まだ十分に科学的に探索されていない。将来，人と人との間に起こる微妙なエネルギー的交流についてより深く理解できるようになり，心理療法における相互的繋がりの絆をより深く理解できるようになることを私たちは望んでいる。

　西洋の心理療法で見落とされがちな重要なトピックに，スピリチュアリティの重要性がある。マインドフルネスとコンパッションは，歴史的に叡智の伝統の一部であり，そこでは，個人的自己感の強化ではなく，スピリチュアルな成長が第一目標であった。MCIPの中心的概念のひとつに観察する／超越自己があるが，これはスピリチュアルな次元と関連している。私たちは，観察する／超越自己と関連する2つの意識状態，すなわちマインドフルな意識状態と非二元的な気づきについて書いている。本書は，マインドフルな気づきとコンパッションの重要性について書かれているが，多くの章で，西洋心理学では未だほとんど探索されていない「非二元的な気づき」というテーマにも触れている。超越自己に気づくことは，一体感，内なる平和，相互的繋がりの経験に現れる非二元的な気づきの夜明けを呼び起こす可能性がある。私たちはまた，スピリチュアルな発達に焦点を当てた心理療法の可能性について提案した。今後，マインドフルネスやコンパッションを重視したアプローチは，叡智の伝統に根ざし，人間にとってのスピリチュアルな発達の重要性をさらに探索しなければならないと考えている。

　私たちは，本書をマシャの相互的繋がりの夢から始めたが，最後にもうひとつの夢で締めくくることにする。私たちの本が，あなたのマインドに挑戦し，あ

なたの心に触れ，あなたのクライエントとの作業においてインスピレーションを与えるものであることが，私たちの共通の夢である。

文　献

Ainsworth, M. D. S., Blehar, M. C., Waters, E., & Wall, S. (1978). *Patterns of attachment: A psychological study of the strange situation*. Erlbaum.

Albahari, M. (2006). *Analytical Buddhism: The two-tiered illusion of self*. Palgrave Macmillan.

Albahari, M. (2014). Insight knowledge of no self in Buddhism: An epistemic analysis. *Philosopher's Imprint, 14* (21), 1–30.

Alexander, F., & French, T. M. (1980). *Psychoanalytic therapy: Principles and application*. University of Nebraska Press. (Original work published 1946)

Andrews, J. D. W. (1993). The active self model. In G. Stricker & J. R. Gold (Eds.), *Comprehensive handbook of psychotherapy integration* (pp. 165–183). Springer. https://doi.org/10.1007/978-1-4757-9782-4_13

Angus, L. E., & Greenberg, L. S. (2011). *Working with narrative in emotion-focused therapy*. American Psychological Association.

Aron, L. (1996). *A meeting of minds: Mutuality in psychoanalysis*. Analytic Press. (横井公一（監訳）(2020). 『こころの出会い：精神分析家としての専門的技能を習得する』金剛出版)

Aron, L. (2000). Self-reflexivity and the therapeutic action of psychoanalysis. *Psychoanalytic Psychology, 17* (4), 667–689.

Assagioli, R. (1993). *Psychosynthesis: The definitive guide to the principles and techniques of psychosynthesis* (3rd ed.). Thorsons. (Original work published 1965)

Baldwin, M. W. (1992). Relational schemas and the processing of social information. *Psychological Bulletin, 112*, 461–484.

Baldwin, M. W., Granzberg, A., Pippus, L., & Pritchard, E. T. (2003). Cued activation of relational schemas: Self-evaluation and gender effects. *Canadian Journal of Behavioural Science, 35* (2), 153–163. https://doi.org/10.1037/h0087197

Bar-Kalifa, E., Prinz, J. N., Atzil-Slonim, D., Rubel, J. A., Lutz, W., & Rafaeli, E. (2019). Physiological synchrony and therapeutic alliance in an imagery-based treatment. *Journal of Counseling Psychology, 66* (4), 508–517. https://doi.org/10.1037/cou0000358

Barber, J. P., Muran, J. C., McCarthy, K. S., & Keefe, J. R. (2013). Research on dynamic therapies. In M. J. Lambert (Ed.), *Bergin and Garfield's handbook of psychotherapy and behavioral change* (6th ed., pp. 443–495). John Wiley & Sons.

Beisser, A. (1971). The paradoxical theory of change. In F. J. & I. L. Shepherd (Eds.), *Gestalt therapy now: Theory, techniques, applications* (pp. 77–80). Harper & Row.

Benjamin, J. (1995). *Like subjects, love objects: Essays on recognition and sexual difference*. Yale University Press.

Benoit, D., & Parker, K. C. H. (1994). Stability and transmission of attachment across three generations. *Child Development, 65*, 1444–1456.

Berne, E. (1961). *Transactional analysis in psychotherapy: A systematic individual and social psychiatry*. Grove Press. (繁田千恵（監訳）(2021). 『エリック・バーン 心理療法としての交流分析：その基本理論の誕生と発展』星和書店)

Berne, E. (1966). *Principles of group treatment*. Grove Press.

Berne, E. (1967). *The games people play: The psychology of human relationship*. Grove Press. (南　博（訳）(1976). 『人生ゲーム入門：人間関係の心理学』河出書房新社)

Berne, E. (1972). *What do you say after you say hello?* Grove Press. (丸茂ひろみ・三浦理恵（訳）(2018). 『エリック・バーン 人生脚本のすべて：人の運命の心理学──「こんにちは」の後に，あなたは何と言います

か？』星和書店）

Bishop, S. R., Lau, M., Shapiro, S., Carlson, L., Anderson, N. D., Carmody, J., Segal, Z. V., Abbey, S., Speca, M., Velting, D., & Devins, G. (2004). Mindfulness: A proposed operational definition. *Clinical Psychology: Science and Practice, 11* (3), 230–241. https://doi.org/10.1093/clipsy/bph077

Bluck, S., & Habermas, T. (2000). The life story schema. *Motivation and Emotion, 24* (2), 121–147. https://doi.org/10.1023/A:1005615331901

Bollas, C. (1987). *The shadow of the object: Psychoanalysis of the unthought known.* Free Association Books.（館直彦（監訳）(2009).『対象の影：対象関係論の最前線』岩崎学術出版社）

Bordin, E. S. (1979). The generalizability of the psychoanalytic concept of the working alliance. *Psychotherapy: Theory, Research and Practice, 16,* 252–260.

Bowlby, J. (1969). *Attachment and loss: Vol. 1 Attachment.* Penguin Books.（黒田実郎・大羽　蓁・岡田洋子・黒田聖一（訳）(1991).『母子関係の理論 1［新版］愛着行動』岩崎学術出版社）

Brach, T. (2012). Mindful presence: A foundation for compassion and wisdom. In C. K. Germer & R. D. Siegel (Eds.), *Wisdom and compassion in psychotherapy: Deepening mindfulness in clinical practice* (pp. 35–47). Guilford Press.

Bromberg, P. M. (1996). Standing in the spaces: The multiplicity of self and the psychoanalytic relationship. *Contemporary Psychoanalysis, 32* (4), 509–535. https://doi.org/10.1080/00107530.1996.10746334

Brown, K. W., & Ryan, R. M. (2003). The benefits of being present: Mindfulness and its role in psychological well-being. *Journal of Personality and Social Psychology, 84* (4), 822–848.

Bruce, N. G., Manber, R., Shapiro, S. L., & Constantino, M. J. (2010). Psychotherapist mindfulness and the psychotherapy process. *Psychotherapy, 47* (1), 83–97. https://doi.org/10.1037/a0018842

Buber, M. (1999). *Princip dialoga* [The dialogic principle] (J. Zupet, Trans.). Društvo izdajateljev časnika 2000.

Bucci, W. (1997). *Psychoanalysis and cognitive science: A multiple code theory.* Guilford Press.

Buzzell, L., & Chalquist, C. (2009). *Ecotherapy: Healing with nature in mind.* Sierra Club Books.

Cardaciotto, L., Herbert, J. D., Forman, E. M., Moitra, E., & Farrow, V. (2008). The assessment of present-moment awareness and acceptance: The Philadelphia Mindfulness Scale. *Assessment, 15* (2), 204–223. https://doi.org/10.1177/1073191107311467

Cassibba, R., Coppola, G., Sette, G., Curci, A., & Costantini, A. (2017). The transmission of attachment across three generations: A study in adulthood. *Developmental Psychology, 53* (2), 396–405. https://doi.org/10.1037/dev0000242

Castonguay, L. G., Eubanks, C. F., Goldfried, M. R., Muran, J. C., & Lutz, W. (2015). Research on psychotherapy integration: Building on the past, looking to the future. *Psychotherapy Research, 25* (3), 365–382. https://doi.org/10.1080/10503307.2015.1014010

Castonguay, L. G., & Hill, C. E. (2007). Introduction: Examining insight in psychotherapy. In L. G. Castonguay & C. E. Hill (Eds.), *Insight in psychotherapy* (pp. 3–5). American Psychological Association.

Cavicchioli, M., Movalli, M., & Maffei, C. (2018). The clinical efficacy of mindfulnessbased treatments for alcohol and drugs use disorders: A meta-analytic review of randomized and nonrandomized controlled trials. *European Addiction Research, 24* (3), 137–162. https://doi.org/10.1159/000490762216

Choi-Kain, L. W., & Gunderson, J. G. (2008). Mentalization: Ontogeny, assessment, and application in the treatment of borderline personality disorder. *American Journal of Psychiatry, 165* (9), 1127–1135. https://doi.org/10.1176/appi.ajp.2008.07081360

Chopik, W. J., Edelstein, R. S., & Grimm, K. J. (2019). Longitudinal changes in attachment orientation over a 59-year period. *Journal of Personality and Social Psychology, 116* (4), 598–611. https://doi.org/10.1037/

pspp0000167

Cooper, M. (2019). *Integrating counselling & psychotherapy: Directionality, synergy and social change*. Sage.

Cooper, M., & McLeod, J. (2007). A pluralistic framework for counselling and psychotherapy: Implications for research. *Counselling and Psychotherapy Research, 7* (3), 135–143. https://doi.org/10.1080/14733140701566282

Cozolino, L. (2002). *The neuroscience of psychotherapy: Building and rebuilding the human brain*. W. W. Norton & Company.

Crits-Christoph, P., Gibbons, M. B. C., & Mukherjee, D. (2013). Psychotherapy processoutcome research. In M. J. Lambert (Ed.), *Bergin and Garfield's handbook of psychotherapy and behavioral change* (pp. 298–341). John Wiley & Sons.

Černetič, M. (2005). Biti tukaj in zdaj: Čuječnost, njena uporabnost in mehanizmi elovanja [Being here and now: Mindfulness, its use and mechanisms of work]. *Psihološka Obzorja/Horizons of Psychology, 14* (2), 73–92.

Černetič, M. (2017). Struktura konstrukta čuječnosti: Zavedanje doživljanja in sprejemanje doživljanja [The structure of the mindfulness construct: Awareness and acceptance of experience]. *Psihološka Obzorja/Horizons of Psychology, 26*, 41–51. https://doi.org/10.20419/2017.26.465

Černigoj, M. (2007). *JAZ in MI: Raziskovanje temeljev socialne psihologije* [I and WE: Researching fundamentals of social psychology]. IPSA, Inštitut za integrativno psihoterapijo in svetovanje.

Dana, D. (2018). *The polyvagal theory in therapy: Engaging the rhythm of regulation*. W. W. Norton & Company. (花丘ちぐさ (訳) (2021).『セラピーのためのポリヴェーガル理論：調整のリズムとあそぶ』春秋社)

De Meulemeester, C., Vansteelandt, K., Luyten, P., & Lowyck, B. (2018). Mentalizing as a mechanism of change in the treatment of patients with borderline personality disorder: A parallel process growth modeling approach. *Personality Disorders: Theory, Research, and Treatment, 9* (1), 22–29. https://doi.org/10.1037/per0000256

Deikman, A. J. (1982). *The observing self: Mysticism and psychotherapy*. Beacon Press.

Deikman, A. J. (1996). I = Awareness. *Journal of Consciousness Studies, 3* (4), 250–357. http://deikman.com/awareness.html

Desmond, T. (2016). *Self-compassion in psychotherapy: Mindfulness-based practices for healing and transformation*. W. W. Norton & Company.

Dimaggio, G., Montano, A., Popolo, R., & Salvatore, G. (2015). *Metacognitive interpersonal therapy for personality disorders: A treatment manual*. Routledge.

Dimberg, U., Thunberg, M., & Elmehed, K. (2000). Unconscious facial reactions to emotional facial expressions. *Psychological Science, 11* (1), 86–89. https://doi.org/10.1111/1467-9280.00221

di Pellegrino, G., Fadiga, L., Fogassi, L., Gallese, V., & Rizzolatti, G. (1992). Understanding motor events: A neurophysiological study. *Experimental Brain Research, 91* (1), 176–180. https://doi.org/10.1007/BF00230027

Dunn, R., Callahan, J. L., & Swift, J. K. (2013). Mindfulness as a transtheoretical clinical process. *Psychotherapy: Theory, Research, Practice, Training, 50* (3), 312–315. https://doi.org/10.1037/a0032153

Ecker, B. (2015). Memory reconsolidation understood and misunderstood. *International Journal of Neuropsychotherapy, 3*, 2–46. https://doi.org/10.12744/ijnpt.2015.0002-0046

Ecker, B. (2018). Clinical translation of memory reconsolidation research: Therapeutic methodology for transformational change by erasing implicit emotional learnings driving symptom production. *International Journal of Neuropsychotherapy, 6* (1), 1–92. https://doi.org/10.12744/ijnpt.2018.0001-0092

Ecker, B., Robin, T., & Hulley, L. (2012). *Unlocking the emotional brain: Eliminating symptoms at their roots using memory reconsolidation*. Routledge.

Ecker, B., & Vaz, A. (2019, June 6–8). *Beyond common and specific factors: Memory reconsolidation as a transtheoretical mechanism of change and unifying framework in psychotherapy* [Conference session]. SEPI

XXXV Annual Meeting, Lisbon, Portugal.

Elliott, R., Bohart, A. C., Watson, J. C., & Murphy, D. (2018). Therapist empathy and client outcome: An updated meta-analysis. *Psychotherapy, 55* (4), 399–410. https://doi.org/10.1037/pst0000175

Elliott, R., Bohart, A., Watson, J. C., & Greenberg, L. S. (2011). Empathy. In J. C. Norcross (Ed.), *Psychotherapeutic relationships that works* (*Vol. 1*): *Evidence-based therapist contributions* (pp. 132–152). Oxford University Press.

Elliott, R., Greenberg, L. S., Watson, J., Timulak, L., & Freire, E. (2013). Research on humanistic-experiential psychotherapies. In M. J. Lambert (Ed.), *Bergin and Garfield's handbook of sychotherapy and behavioral change* (6th ed., pp. 495–539). John Wiley & Sons.

Elliott, R., Slatick, E., & Urman, M. (2001). Qualitative change process research on psychotherapy: Alternative strategies. In J. Frommer & D. L. Rennie (Eds.), *Qualitative psychotherapy research: Methods and methodology* (pp. 69–111). Pabst Science.

Engler, J., & Fulton, P. R. (2012). Self and no-self in psychotherapy. In C. K. Germer & R. D. Siegel (Eds.), *Wisdom and compassion in psychotherapy: Deepening mindfulness in clinical practice* (pp. 176–189). Guilford Press.

Erbida Golob, M., & Žvelc, M. (2015). Uporaba zvenečih vilic kot intervencija v psihoterapiji: Preliminarna raziskava [The use of tuning forks as intervention in psychotherapy]. *Kairos, Slovenian Journal of Psychotherapy, 9* (3), 25–42.

Erskine, R. G. (1988). Ego structure, intrapsychic function, and defense mechanisms: A commentary on Eric Berne's original theoretical concepts. *Transactional Analysis Journal, 18* (1), 15–19. https://doi.org/10.1177/036215378801800104

Erskine, R. G. (1991). Transference and transactions: Critique from an intrapsychic and integrative perspective. *Transactional Analysis Journal, 21* (2), 63–76. https://doi.org/10.1177/036215379102100202

Erskine, R. G. (1993). Inquiry, attunement, and involvement in the psychotherapy of dissociation. *Transactional Analysis Journal, 23* (4), 184–190. https://doi.org/10.1177/036215379302300402

Erskine, R. G. (1997). The therapeutic relationship: Integrating motivation and personality theories. In R. G. Erskine (Ed.), *Theories and methods of an integrative transactional analysis* (pp. 7–19). TA Press.

Erskine, R. G. (2001). The psychotherapist's myths, dreams and realities. *International Journal of Psychotherapy, 6* (2), 133–140. https://doi.org/10.1080/13569080120085796

Erskine, R. G. (2009). Life scripts and attachment patterns: Theoretical integration and therapeutic involvement. *Transactional Analysis Journal, 39* (3), 207–218. https://doi.org/10.1177/036215370903900304

Erskine, R. G. (2010). Life scripts: Unconscious relational patterns and psychotherapeutic involvement. In R. G. Erskine (Ed.), *Life scripts: A transactional analysis of unconscious relational patterns* (pp. 1–29). Karnac Books.

Erskine, R. G. (2014). Nonverbal stories: The body in psychotherapy. *International Journal of Integrative Psychotherapy, 5* (1), 21–33.

Erskine, R. G. (2015). *Relational patterns, therapeutic presence: Concepts and practice of integrative psychotherapy.* Karnac Books.

Erskine, R. G. (2016). A transactional analysis of obsession: Integrating diverse concepts and methods. In R. G. Erskine (Ed.), *Transactional analysis in contemporary psychotherapy* (pp. 1–27). Routledge.

Erskine, R. G. (2019a). Developmentally based, relationally focused integrative psychotherapy: Eight essential points. *International Journal of Integrative Psychotherapy, 10*, 1–10.

Erskine, R. G. (2019b). Child development in integrative psychotherapy: Erik Erikson's first three stages. *International Journal of Integrative Psychotherapy, 10*, 11–34.

Erskine, R. G. (2019c, November 15–17). *Compassion, hope, and forgiveness in the therapeutic dialogue*

[Conference presentation]. Manchester Institute for Psychotherapy Conference, Manchester, UK.

Erskine, R. G., & Moursund, J. P. (1988). *Integrative psychotherapy in action.* Sage.

Erskine, R. G., Moursund, J. P., & Trautmann, R. L. (1999). *Beyond empathy: A therapy of contact-in-relationship.* Brunner/Mazel.

Erskine, R. G., & Trautmann, R. L. (1996). Methods of an integrative psychotherapy. *Transactional Analysis Journal, 26* (4), 316–328. https://doi.org/10.1177/036215379602600410

Erskine, R. G., & Trautmann, R. L. (1997). The process of integrative psychotherapy. In *Theories and methods of an integrative transactional analysis: A volume of selected articles* (pp. 79–95). TA Press. (Original work published 1993)

Erskine, R. G., & Trautmann, R. L. (2003). Resolving intrapsychic conflict: Psychotherapy of Parent ego states. In C. Sills & H. Hargdane (Eds.), *Ego states* (*Key concepts in transactional analysis: Contemporary views*) (pp. 109–135). Worth Publishing.

Erskine, R. G., & Zalcman, M. J. (1979). The racket system: A model for racket analysis. *Transactional Analysis Journal, 9,* 51–59.

Ettema, E. J., Derksen, L. D., & van Leuwen, E. (2010). Existential loneliness and end-of-life care : A systematic review. *Theoretical Medicine and Bioethics, 31,* 141–169. https://doi.org/10.1007/s11017-010-9141-1

Eubanks, C. F., & Goldfried, M. R. (2019). A principle-based approach to psychotherapy integration. In J. C. Norcross & M. R. Goldfried (Eds.), *Handbook of psychotherapy integration.* (3rd ed., pp. 88–105). Oxford University Press.

Eubanks, C. F., Muran, J. C., & Safran, J. D. (2018). Alliance rupture repair: A metaanalysis. *Psychotherapy, 55* (4), 508–519. https://doi.org/10.1037/pst0000185

Evans, K. R., & Gilbert, M. C. (2005). *An introduction to integrative psychotherapy.* Palgrave Macmillan.

Fairbairn, W. D. (1986). A revised psychopathology of the psychoses and psychoneuroses. In P. Buckley (Ed.), *Essential papers on object relations* (pp. 71–101). New York University Press. (Original work published 1941)

Fairbairn, W. R. D. (1986). The repression and the return of bad objects (with special reference to the 'war neuroses'). In P. Buckley (Ed.), *Essential papers on object relations* (pp. 102–126). New York University Press. (Original work published 1943)

Falb, M. D., & Pargament, K. I. (2012). Relational mindfulness, spirituality, and the therapeutic bond. *Asian Journal of Psychiatry, 5* (4), 351–354. https://doi.org/10.1016/j.ajp.2012.07.008

Farb, N. A. S., Anderson, A. K., & Segal, Z. V. (2012). The mindful brain and emotion regulation in mood disorders. *Canadian Journal of Psychiatry, 57* (2), 70–77. https://doi.org/10.1177/070674371205700203

Farb, N. A. S., Segal, Z. V., Mayberg, H., Bean, J., Mckeon, D., Fatima, Z., & Anderson, A. K. (2007). Attending to the present: Mindfulness meditation reveals distinct neural modes of self-reference. *Social Cognitive and Affective Neuroscience, 2* (4), 313–322. https://doi.org/10.1093/scan/nsm030

Farb, N., Daubenmier, J., Price, C. J., Gard, T., Kerr, C., Dunn, B. D., Klein, A. C., Paulus, M. P., & Mehling, W. E. (2015). Interoception, contemplative practice, and health. *Frontiers in Psychology, 6,* 1–26. https://doi.org/10.3389/fpsyg.2015.00763

Fernández-Alvarez, H., Consoli, A. J., & Gómez, B. (2016). Integration in psychotherapy: Reasons and challenges. *American Psychologist, 71* (8), 820–830. https://doi.org/10.1037/amp0000100

Ferrari, M., Hunt, C., Harrysunker, A., Abbott, M. J., Beath, A. P., & Einstein, D. A. (2019). Self-compassion interventions and psychosocial outcomes: A meta-analysis of RCTs. *Mindfulness.* https://doi.org/10.1007/s12671-019-01134-6

Ferrari, P. F., & Gallese, V. (2007). Mirror neurons and intersubjectivity. In S. Bråten (Ed.), *On being moved: From* mirror neurons to empathy (Vol. 1, pp. 73–88). John Benjamins. https://doi.org/10.1075/aicr.68.08fer

Finlay, L. (2016). *Relational integrative psychotherapy: Engaging process and theory in practice.* Wiley Blackwell.

Flückiger, C., Del, A. C., Wampold, B. E., & Horvath, A. O. (2018). The alliance in adult psychotherapy: A meta-analytic synthesis. *Psychotherapy, 55* (4), 316–340. https://doi.org/10.1037/pst0000172

Fogel, A. (2013). *Body sense: The science and practice of embodied self-awareness.* W. W. Norton & Company.

Fonagy, P., Gergely, G., Jurist, E. L., & Target, M. (2004). *Affect regulation, mentalization, and the development of the self.* Karnac Books.

Fonagy, P., Steele, H., & Steele, M. (1991). Maternal representations of attachment during pregnancy predict the organisation of infant–mother attachment at one year of age. *Child Development, 62,* 891–905.

Fonagy, P., & Target, M. (2006). The mentalization-focused approach to self pathology. *Journal of Personality Disorders, 20* (6), 544–576. https://doi.org/10.1521/pedi.2006.20.6.544

Ford, B. Q., Lam, P., John, O. P., & Mauss, I. B. (2018). The psychological health benefits of accepting negative emotions and thoughts: Laboratory, diary, and longitudinal evidence. *Journal of Personality and Social Psychology, 115* (6), 1075–1092. https://doi.org/10.1037/pspp0000157

Fosha, D. (2000a). Meta-therapeutic processes and the affects of transformation: Affirmation and the healing affects. *Journal of Psychotherapy Integration, 10* (1), 71–97. https://doi.org/10.1023/A:1009422511959

Fosha, D. (2000b). *The transforming power of affect: A model for accelerated change.* Basic Books. (岩壁　茂・花川ゆう子・福島哲夫・沢宮容子・妙木浩之(監訳)(2017).『人を育む愛着と感情の力：AEDPによる感情変容の理論と実践』福村出版)

Fosha, D., & Conceição, N. (2019, June 6–8). *How to be a transformational therapist and integrate transformational work into your clinical practice: Insights from the clinical practice of and research into AEDP* [Conference session]. SEPI 35th Annual Meeting, Lisbon, Portugal.

Frankl, V. E. (1992). *Kljub vsemu rečem življenju da* [Yes to life: In spite of everything] (J. Bohak, J. Stabej, Trans.). Mohorjeva družba. (Original work published 1946) (山田邦男・松田美佳(訳)(1993).『それでも人生にイエスと言う』春秋社)

Frankl, V. E. (1994). *Volja do smisla. Osnove in raba logoterapije* [The will to meaning: Foundations and applications of logotherapy] (J. Stabej, Trans.). Mohorjeva družba. (Original work published 1969) (広岡義之(訳)(2015).『絶望から希望を導くために：ロゴセラピーの思想と実践』青土社) (大沢　博(訳)(1979).『意味への意志：ロゴセラピイの基礎と適用』ブレーン出版)

Fraser, J. S. (2018). *Unifying effective psychotherapies: Tracing the process of change.* American Psychological Association.

Freud, S. (2013). The psychotherapy of hysteria. In J. Breuer & S. Freud (Eds.), *Studies in Hysteria* (A. A. Brill, Trans.) (pp. 141–168). Digireads.com Publishing. (Original work published 1895)

Fromm, E. (1976). *To have or to be?* Bloomsbury Academic. (佐野哲郎(訳)(1977).『生きるということ』紀伊國屋書店)

Fucci, E., Abdoun, O., Caclin, A., Francis, A., Dunne, J. D., Ricard, M., Davidson, R. J., & Lutz, A. (2018). Differential effects of nondual and focused attention meditations on the formation of automatic perceptual habits in expert practitioners. *Neuropsychologia, 119,* 92–100. https://doi.org/10.1016/j.neuropsychologia.2018.07.025

Ganesan, V. (2017). *Direct teaching of Bhagavan Ramana: Self-attention expounded in his own words of wisdom.* Sri Ramanasramam.

Geller, S. M. (2018). Therapeutic presence and polyvagal theory: Principles and practices for cultivating effective therapeutic relationships. In S. W. Porges & D. Dana (Eds.), *Clinical applications of the Polyvagal theory: The emergence of polyvagal-informed therapies* (pp. 106–126). W. W. Norton & Company. (花丘ちぐさ (訳) (2023). 『ポリヴェーガル理論 臨床応用大全：ポリヴェーガル・インフォームドセラピーのはじまり』春秋社)

Geller, S. M., & Greenberg, L. S. (2012). *Therapeutic presence: A mindful approach to effective therapy*. American Psychological Association.

Geller, S. M., Greenberg, L. S., & Watson, J. C. (2010). Therapist and client perceptions of therapeutic presence: The development of a measure. *Psychotherapy Research, 20* (5), 599–610. https://doi.org/10.1080/10503307.2010.495957

Geller, S. M., & Porges, S. W. (2014). Therapeutic presence: Neurophysiological mechanisms mediating feeling safe in therapeutic relationships. *Journal of Psychotherapy Integration, 24* (3), 178–192. https://doi.org/10.1037/a0037511

Gendlin, E. (1981). *Focusing*. Bantam Books. (村山正治・都留春夫・村瀬孝雄 (訳) (1982). 『フォーカシング』福村出版)

Gerhardt, S. (2004). *Why love matters: How affection shapes a baby's brain*. Routledge.

Germer, C. K. (2005). Mindfulness: What is it? What does it matter? In C. K. Germer, R. D. Siegel, & P. R. Fulton (Eds.), *Mindfulness and psychotherapy* (pp. 3–28). Guilford Press.

Germer, C. K. (2012). Cultivating compassion in psychotherapy. In C. K. Germer & R. D. Siegel (Eds.), *Wisdom and compassion in psychotherapy: Deepening mindfulness in clinical practice* (pp. 93–110). Guilford Press.

Germer, C., & Neff, K. (2013). The mindful self-compassion training program. In T. Singer, & M. Bolz (Eds.), *Compassion: Bridging practice and science* (pp. 364–396). Max-Planck Institute.

Gibbons, M. B. C., Crits-Christoph, P., Barber, J. P., & Schamberger, M. (2007). Insight in psychotherapy: A review of empirical literature. In L. G. Castonguay & C. E. Hill (Eds.), *Insight in psychotherapy* (pp. 143–167). American Psychological Association.

Gilbert, M., & Orlans, M. (2011). *Integrative therapy: 100 key points and techniques*. Routledge.

Gilbert, P. (2009). *The compassionate mind: A new approach to life's challenges*. New Harbinger Publications.

Gilbert, P. (2010). *Compassion focused therapy: Distinctive features*. Routledge. (有光興記 (監訳) (2023). 『コンパッション・フォーカスト・セラピー入門：30 のポイントで知る理論と実践』誠信書房)

Goldberg, S. B., Tucker, R. P., Greene, P. A., Davidson, R. J., Kearney, D. J., & Simpson, T. L. (2019). Mindfulness-based cognitive therapy for the treatment of current depressive symptoms: A meta-analysis. *Cognitive Behaviour Therapy, 6073*. https://doi.org/10.1080/16506073.2018.1556330

Goldberg, S. B., Tucker, R. P., Greene, P. A., Davidson, R. J., Wampold, B. E., Kearney, D. J., & Simpson, T. L. (2018). Mindfulness-based interventions for psychiatric disorders: A systematic review and meta-analysis. *Clinical Psychology Review, 59*, 52–60. https://doi.org/10.1016/j.cpr.2017.10.011

Goldfried, M. R. (1980). Toward the delineation of therapeutic change principles. *American Psychologist, 35* (11), 991–999. https://doi.org/10.1016/j.appsy.2009.10.015

Goldfried, M. R., Pachankis, J. E., & Goodwin, B. J. (2019). A history of psychotherapy integration. In J. C. Norcross & M. R. Goldfried (Eds.), *Handbook of psychotherapy integration*. (3rd ed., pp. 28–63). Oxford University Press.

Goldfried, M. R., & Padawer, W. (1982). Current status and future directions in psychotherapy. In M. R. Goldfried (Ed.), *Converging themes in psychotherapy* (pp. 3–49). Springer.

Goldin, P. R., & Gross, J. J. (2010). Effects of Mindfulness-based stress reduction (MBSR) on emotion regulation in social anxiety disorder. *Emotion, 10* (1), 83–91. https://doi.org/10.1037/a0018441

Gómez, B., Iwakabe, S., & Vaz, A. (2019). International themes in psychotherapy integration. In J. C. Norcross & M. R. Goldfried (Eds.), *Handbook of psychotherapy integration* (3rd ed., pp. 448–485). Oxford University Press.

Greenberg, L.（2008）. Emotion and cognition in psychotherapy: The transforming power of affect. *Canadian Psychology, 49*（1）, 49–59. https://doi.org/10.1037/0708-5591.49.1.49

Greenberg, L. S., Auszra, L., & Herrmann, I. R.（2007）. The relationship among emotional productivity, emotional arousal and outcome in experiential therapy of depression. *Psychotherapy Research, 17*（4）, 482–493. https://doi.org/10.1080/10503300600977800

Greenberg, L. S., & Paivio, S. C.（1997）. *Working with emotions in psychotherapy.* Guilford Press.

Greenberg, L. S., Rice, L. N., & Elliot, R.（1993）. *Facilitating emotional change: The moment-bymoment process.* Guilford Press.（岩壁　茂（訳）（2006）.『感情に働きかける面接技法：心理療法の統合的アプローチ』誠信書房）

Greenberg, L. S., & Watson, J. C.（2006）. *Emotion-focused therapy for depression.* American Psychological Association.

Grof, S.（1988）. *The adventure of self-discovery: Dimensions of consciousness and new perspectives in psychotherapy and inner exploration.* State University of New York Press.

Guistolise, P. G.（1996）. Failures in the therapeutic relationship: Inevitable and necessary? *Transactional Analysis Journal, 26*（4）, 284–288. https://doi.org/10.1177/036215379602600403

Guntrip, H.（1993）. *Schizoid phenomena, object relations and the self.* Karnac Books.（Original work published 1968）

Hanh, T. N.（1998）. *The heart of the Buddha's teaching.* Harmony Books.

Hanley, A. W., Nakamura, Y., & Garland, E. L.（2018）. The Nondual Awareness Dimensional Assessment （NADA）: New tools to assess nondual traits and states of consciousness occurring within and beyond the context of meditation. *Psychological Assessment.* https://doi.org/10.1037/pas0000615

Hargaden, H., & Sills, C.（2002）. *Transactional analysis: A relational perspective.* Brunner/Routledge.（深澤道子（監訳）（2007）.『交流分析：心理療法における関係性の視点』日本評論社）

Harris, R.（2007）. *The happiness trap: How to stop struggling and start living.* Trumpeter Books.（岩下慶一（訳）（2015）.『幸福になりたいなら幸福になろうとしてはいけない：マインドフルネスから生まれた心理療法 ACT 入門』筑摩書房）

Hatfield, E., Bensman, L., Thornton, P. D., & Rapson, R. L.（2014）. New perspectives on emotional contagion: A review of classic and recent research on facial mimicry and contagion. *Interpersona: An International Journal on Personal Relationships, 8*（2）, 159–179. https://doi.org/10.5964/ijpr.v8i2.162

Hautamäki, A., Hautamäki, L., Neuvonen, L., & Maliniemi-Piispanen, S.（2010）. Transmission of attachment across three generations: Continuity and reversal. *Clinical Child Psychology and Psychiatry, 15*（3）, 347–354. https://doi.org/10.1177/1359104510365451

Hayes, A. M., & Feldman, G.（2004）. Clarifying the construct of mindfulness in the context of emotion regulation and the process of change in therapy. *Clinical Psychology: Science and Practice, 11*（3）, 255–262. https://doi.org/10.1093/clipsy/bph080

Hayes, S. C.（1984）. Making sense of spirituality. *Behaviorism, 12*, 99–110. https://contextualscience.org/files/Hayes%201984.pdf

Hayes, S. C.（2019）. *A liberated mind: How to pivot toward what matters.* Penguin/Avery.

Hayes, S. C., & Hofmann, S. G.（2018）. Introduction. In S. C. Hayes & S. G. Hofmann（Eds.）, *Process-based CBT: The science and core clinical competencies of cognitive behavioral therapy* (pp. 1–7). Context Press: An Imprint of New Harbinger Publications.

Hayes, S. C., Law, S., Malady, M., Zhu, Z., & Bai, X.（2019）. The centrality of sense of self in psychological flexibility processes: What the neurobiological and psychological correlates of psychedelics suggest. *Journal of*

Contextual Behavioral Science, 15, 30–38. https://doi.org/10.1016/j.jcbs.2019.11.005

Hayes, S. C., & Spencer, S.（2005）. *Get out of your mind & into your life: The new acceptance and commitment therapy.* New Harbinger Publications.（武藤　崇・原井宏明・吉岡昌子・岡嶋美代（訳）（2010）.『ACT（アクセプタンス＆コミットメント・セラピー）をはじめる：セルフヘルプのためのワークブック』星和書店）

Hayes, S. C., Strosahl, K. D., & Wilson, K. G.（1999）. *Acceptance and commitment therapy: An experiential approach to behavior change.* Guilford Press.

Hayes, S. C., Strosahl, K. D., & Wilson, K. G.（2012）. *Acceptance and commitment therapy: The process and practice of mindful change* (2nd ed.). Guilford Press.（武藤　崇・三田村　仰・大月　友（監訳）（2014）.『アクセプタンス＆コミットメント・セラピー（ACT）［第 2 版］：マインドフルな変化のためのプロセスと実践』星和書店）

Helm, J. L., Sbarra, D. A., & Ferrer, E.（2014）. Coregulation of respiratory sinus arrhythmia in adult romantic partners. *Emotion, 14*（3）, 522–531. https://doi.org/10.1037/a0035960

Hilton, L., Hempel, S., Ewing, B. A., Apaydin, E., Xenakis, L., Newberry, S., Colaiaco, B., Maher, A. R., Shanman, R. M., Sorbero, M. E., & Maglione, M. A.（2017）. Mindfulness meditation for chronic pain: Systematic review and meta-analysis. *Annals of Behavioral Medicine, 51*（2）, 199–213. https://doi.org/10.1007/s12160-016-9844-2

Hofmann, S. G., & Hayes, S. C.（2018）. The history and current status of CBT as an evidence based therapy. In S. C. Hayes & S. G. Hofmann（Eds.）, *The process-based CBT: The science and core clinical competencies of cognitive behavioral therapy* (pp. 7–22). Context Press: An Imprint of New Harbinger Publications.

Hofmann, S. G., & Hayes, S. C.（2019）. The future of intervention science: Process-based therapy. *Clinical Psychological Science, 7*（1）, 37–50. https://doi.org/10.1177/2167702618772296

Hofmann, S. G., Sawyer, A. T., Witt, A. A., & Oh, D.（2010）. The effect of mindfulnessbased therapy on anxiety and depression: A meta-analytic review. *Journal Consulting Clinical Psychology, 78*（2）, 169–183. https://doi.org/10.1037/a0018555

Høglend, P., & Hagtvet, K.（2019）. Change mechanisms in psychotherapy: Both improved insight and improved affective awareness are necessary. *Journal of Consulting and Clinical Psychology, 87*（4）, 332–344. https://doi.org/10.1037/ccp0000381

Hölzel, B. K., Lazar, S. W., Gard, T., Schuman-Olivier, Vago, D. R., & Ott, U.（2011）. How does mindfulness meditation work. *Perspectives on Psychological Science, 6*（6）, 537–559. https://doi.org/10.1177/1745691611419671

Horowitz, M. J.（1998）. *Cognitive psychodynamics: From conflict to character.* John Wiley & Sons.

Horst, K., Newsom, K., & Stith, S.（2013）. Client and therapist initial experience of using mindfulness in therapy. *Psychotherapy Research, 23*（4）, 369–380. https://doi.org/10.1080/10503307.2013.784420

Howell, E. F.（2011）. *Dissociative identity disorder.* Routledge.（柴山雅俊（監訳）（2020）.『心の解離構造：解離性同一性障害の理解と治療』金剛出版）

Iacoboni, M.（2009）. Imitation, empathy, and mirror neurons. *Annual Review of Psychology, 60*（1）, 653–670. https://doi.org/10.1146/annurev.psych.60.110707.163604

International Integrative Psychotherapy Association.（2020）. *Definition.* https://integrativeassociation.com/the-association/

Iwakabe, S., & Conceicao, N.（2016）. Metatherapeutic processing as a change-based therapeutic immediacy task: Building an initial process model using a task-analytic research strategy. *Journal of Psychotherapy Integration, 26*（3）, 230–247. https://doi.org/10.1037/int0000016

Jain, S., Shapiro, S. L., Swanick, S., Roesch, S. C., Mills, P. J., Bell, I., & Schwartz, G. E. R.（2007）. A randomized controlled trial of mindfulness meditation versus relaxation training: Effects on distress, positive states of mind, rumination, and distraction. *Annals of Behavioral Medicine, 33*（1）, 11–21.

James, M., & Jongeward, D.（1996）. *Born to win: Transactional analysis with gestalt experiments.* Addison-Wesley.（Original work published 1971）（本明　寛・織田正美・深沢道子（訳）(1976).『自己実現への道：交流分析（TA）の理論と応用』社会思想社）

James, W.（2007）. *The principles of psychology*（Vol. 1）. Cosimo.（Original work published 1890）（今田　寛（訳）(1992・1993).『心理学』(上下巻) 岩波書店）

Josipovic, Z.（2010）. Duality and nonduality in meditation research. *Consciousness and Cognition, 19*（4）, 1119–1121. https://doi.org/10.1016/j.concog.2010.03.016

Josipovic, Z.（2014）. Neural correlates of nondual awareness in meditation. *Annals of the New York Academy of Sciences, 1307*（1）, 9–18. https://doi.org/10.1111/nyas.12261

Josipovic, Z.（2016）. Love and compassion meditation: A nondual perspective. *Annals of the New York Academy of Sciences, 1373*（1）, 65–71. https://doi.org/10.1111/nyas.13078

Josipovic, Z.（2019）. Nondual awareness: Consciousness-as-such as non-representational reflexivity. In N. Srinivasan（Ed.）, *Progress in brain research: Meditation*（Vol. 244, pp. 273–298）. Netherlands: Elsevier. https://doi.org/10.1016/bs.pbr.2018.10.021

Jung, C. G.（2010）. *AION*（D. Flis, T. Drev, Trans.）. Celjska Mohorjeva družba.（Original work published 1951）（野田　倬（訳）(1990).『アイオーン』〈ユング・コレクション 4〉人文書院）

Kabat-Zinn, J.（1990）. *Full catastrophe living: How to cope with stress, pain and illness using mindfulness meditation.* Piatkos.（春木　豊（訳）(2007).『マインドフルネスストレス低減法』北大路書房）

Kabat-Zinn, J.（1994）. *Wherever you go, there you are: Mindfulness meditation in everyday life.* Hyperion.（田中麻里（監修）(2012).『マインドフルネスを始めたいあなたへ：毎日の生活でできる瞑想』星和書店）

Kalsched, D.（1996）. *The inner world of trauma: Archetypal defenses of the personal spirit.* Routledge.（豊田園子（監訳）(2005).『トラウマの内なる世界：セルフケア防衛のはたらきと臨床』新曜社）

Kappen, G., Karremans, J. C., Burk, W. J., & Buyukcan-Tetik, A.（2018）. On the association between mindfulness and romantic relationship satisfaction: The role of partner acceptance. *Mindfulness, 9*（5）, 1543–1556. https://doi.org/10.1007/s12671-018-0902-7

Karvonen, A., Kykyri, V. L., Kaartinen, J., Penttonen, M., & Seikkula, J.（2016）. Sympathetic nervous system synchrony in couple therapy. *Journal of Marital and Family Therapy, 42*（3）, 383–395. https://doi.org/10.1111/jmft.12152

Kernberg, O. F.（1976）. *Object-relations theory and clinical psychoanalysis.* Jason Aronson.（岡　秀樹・竹野孝一郎（訳）(1983).『対象関係論とその臨床』岩崎学術出版社）

Khoury, B., Lecomte, T., Fortin, G., Masse, M., Therien, P., Bouchard, V., Chapleau, M. A., Paquin, K., & Hofmann, S. G.（2013）. Mindfulness-based therapy: A comprehensive meta-analysis. *Clinical Psychology Review, 33*（6）, 763–771. https://doi.org/10.1016/j.cpr.2013.05.005

Kleinbub, J. R.（2017）. State of the art of interpersonal physiology in psychotherapy: A systematic review. *Frontiers in Psychology, 8,* 2053. https://doi.org/10.3389/fpsyg.2017.02053

Klimecki, O., & Singer, T.（2012）. Empathic distress fatigue rather than compassion fatigue? Integrating findings from empathy research in psychology and social neuroscience. In B. Oakley, A. Knafo, G. Madhavan, & D. S. Wilson（Eds.）, *Pathological altruism*（pp. 368–383）. Oxford University Press. https://doi.org/10.1093/acprof

Knox, S., Hess, S. A., Hill, C. E., Burkard, A. W., & Crook-Lyon, R. E.（2012）. Corrective relational experiences: Client perspectives. In L. G. Castonguay & C. E. Hill（Eds.）, *Transformation in psychotherapy. Corrective experiences across cognitive behavioral, humanistic, and psychodynamic approaches*（pp. 191–213）. American

Psychological Association.

Kohut, H.（1977）. *The restoration of the self*. International Universities Press.（本城秀次・笠原　嘉（監訳）（1995）.『自己の修復』みすず書房）

Kohut, H.（1984）. *How does analysis cure?* University of Chicago Press.（本城秀次・笠原　嘉（監訳）（1995）.『自己の治癒』みすず書房）

Krägeloh, C.（2018）. Phenomenological research fails to capture the experience of nondual awareness. *Mindfulness, 10*, 15–25. https://doi.org/10.1007/s12671-018-0995-z

Kuyken, W., Warren, F. C., Taylor, R. S., Whalley, B., Crane, C., Bondolfi, G., Hayes, R., Huijbers, M., Ma, H., Schweizer, S., Segal, Z., Speckens, A., Teasdale, J. D., Van Heeringen, K., Williams, M., Byford, S., Byng, R., & Dalgleish, T.（2016）. Efficacy of mindfulness-based cognitive therapy in prevention of depressive relapse an individual patient data meta-analysis from randomized trials. *JAMA Psychiatry, 73*（6）, 565–574. https://doi.org/10.1001/jamapsychiatry.2016.0076

Lane, R. D., Lee, R., Nadel, L., & Greenberg, L.（2015）. Memory reconsolidation, emotional arousal, and the process of change in psychotherapy: New insights from brain science. *Behavioral and Brain Sciences, 38*, 1–64. https://doi.org/10.1017/S0140525X14000041

Lanius, R. A.（2015）. Trauma-related dissociation and altered states of consciousness: A call for clinical, treatment, and neuroscience research. *European Journal of Psychotraumatology, 6*, 1–9. https://doi.org/10.3402/ejpt.v6.27905

Levenson, R. W., & Gottman, J. M.（1983）. Marital interaction: Physiological linkage and affective exchange. *Journal of Personality and Social Psychology, 45*（3）, 587–597. https://doi.org/10.1037/0022-3514.45.3.587

Levine, P. A.（1997）. *Waking the tiger: Healing trauma*. North Atlantic Books.（藤原千枝子（訳）（2008）.『心と身体をつなぐトラウマ・セラピー』雲母書房）

Levine, P. A.（2018）. Polyvagal theory and trauma. In S. W. Porges & D. Dana（Eds.）, *Clinical applications of the polivagal theory: The emergence of polyvagal-informed therapies*（pp. 3–26）. W. W. Norton & Company.

Lichtenberg, J. D.（2017）. Narrative and meaning: Our story begins. In J. D. Lichtenberg, F. M. Lachmann, & J. L. Fosshage（Eds.）, *Narrative and meaning: The foundation of mind, creativity and the psychoanalytic dialogue*（pp. 1–51）. Routledge.

Little, R.（2006）. Ego state relational units and resistance to change. *Transactional Analysis Journal, 36*（1）, 7–19. https://doi.org/10.1177/036215370603600103

Lomas, T., Medina, J. C., Ivtzan, I., Rupprecht, S., & Eiroa-Orosa, F. J.（2019）. A systematic review and meta-analysis of the impact of mindfulness-based interventions on the well-being of healthcare professionals. *Mindfulness, 10*（7）, 1193–1216. https://doi.org/10.1007/s12671-018-1062-5

Lowen, A.（1988）. *Bioenergija: Revolucionarno zdravljenje duševnih in telesnih motenj s pomočjo govorice telesa* [Bioenergetics: The revolutionary therapy that uses the language of the body to heal the problems of the mind]. Cankarjeva založba.（Original work published 1975）

Luborsky, L., Singer, B., & Luborsky, L.（1975）. Comparative studies of psychotherapies: Is it true that "Everyone has won and all must have prizes"? *Archives of General Psychiatry, 32*（8）, 995–1008. https://doi.org/10.1001/archpsyc.1975.01760260059004

Luoma, J. B., Hayes, S. C., & Walser, R. D.（2007）. *Learning ACT: An acceptance & commitment therapy skills-training manual for therapists*. New Harbinger Publications.（熊野宏昭・高橋　史・武藤　崇（監訳）（2009）.『ACT（アクセプタンス＆コミットメント・セラピー）をまなぶ：セラピストのための機能的な臨床スキル・トレーニング・マニュアル』星和書店）

Lutz, A., Dunne, J. D., & Davidson, R. J.（2006）. Meditation and the neuroscience of consciousness: An introduction. In P. Zelazo, M. Moscovitch, & E. Thompson (Eds.), *The Cambridge Handbook of Consciousness* (*Cambridge Handbooks in Psychology*). Cambridge University Press. https://doi.org/10.1017/CBO9780511816789.020

MacBeth, A., & Gumley, A. (2012). Exploring compassion: A meta-analysis of the association between self-compassion and psychopathology. *Clinical Psychology Review, 32* (6), 545–552. https://doi.org/10.1016/j.cpr.2012.06.003

Mahler, M. S., Pine, F., & Bergman, A. (1975). *The psychological birth of the human infant*. Hutchinson. (高橋雅士・織田正美・浜畑　紀(訳)(1981).『乳幼児の心理的誕生：母子共生と個体化』黎明書房)

Main, M., & Solomon, J. (1990). Procedures for identifying infants as disorganised/disoriented during the Ainsworth Strange Situation. In M. T. Greenberg, D. Cicchetti, & E. M. Cummings (Eds.), *Attachment in the preschool years: Theory, research, and intervention* (pp. 121–160). University of Chicago Press.

Malachi, T. (2004). *The gnostic gospel of St. Thomas: Meditations on the mystical teachings*. Llewellyn Publications.

Malachi, T. (2005). *Living gnosis: A practical guide to gnostic Christianity*. Llewellyn Publications.

Marci, C. D., Ham, J., Moran, E., & Orr, S. P. (2007). Physiologic correlates of perceived therapist empathy and social-emotional process during psychotherapy. *Journal of Nervous and Mental Disease, 195* (2), 103–111. https://doi.org/10.1097/01.nmd.0000253731.71025.fc

Marci, C. D., & Orr, S. P. (2006). The effect of emotional distance on psychophysiologic concordance and perceived empathy between patient and interviewer. *Applied sychophysiology Biofeedback, 31* (2), 115–128. https://doi.org/10.1007/s10484-006-9008-4

Martin, J. R. (1997). Mindfulness: A proposed common factor. *Journal of Psychotherapy Integration, 7* (4), 291–312.

McAdams, D. P. (2001). The psychology of life stories. *Review of General Psychology, 5* (2), 100–122. https://doi.org/10.1037//I089-2680.5.2.100

McAdams, D. P., & McLean, K. C. (2013). Narrative identity. *Current Directions in Psychological Science, 22* (3), 233–238. https://doi.org/10.1177/0963721413475622

McAleavey, A. A., Xiao, H., Bernecker, S. L., Brunet, H., Morrison, N. R., Stein, M., Youn, S. J., Castonguay, L. G., Constantino, M. J., & Beutler, L. E. (2019). An updated list of principles of change that work. In L. G. Castonguay, M. J. Constantino, & L. E. Beutler (Eds.), *Principles of change: How psychotherapists implement research in practice* (pp. 13–37). Oxford University Press.

McGill, J., Adler-Baeder, F., & Rodriguez, P. (2016). Mindfully in love: A meta-analysis of the association between mindfulness and relationship satisfaction. *Journal of Human Sciences and Extension, 4* (1), 89–101.

McHughs, L., & Stewart, I. (2012). *The self and perspective taking: Contributions and applications from modern behavioral science*. Oaklands, CA: New Harbinger Publications.

McHughs, L., Stewart, I., & Almada, P. (2019). *A contextual behavioral guide to the self: Theory and practice*. New Harbinger Publications.

McNeel, J. R. (1976). The parent interview. *Transactional Analysis Journal, 6* (1), 61–68.

McWilliams, N. (2011). *Psychoanalytic diagnosis: Understanding personality structure in the clinical process* (2nd ed.). Guilford Press.

Messer, S. B. (2013). Three mechanisms of change in psychodynamic therapy: Insight, affect, and alliance. *Psychotherapy, 50* (3), 408–412. https://doi.org/10.1037/a0032414

Messina, I., Palmieri, A., Sambin, M., Kleinbub, J. R., Voci, A., & Calvo, V. (2013). Somatic underpinnings of perceived empathy: The importance of psychotherapy training. *Psychotherapy Research, 23* (2), 169–177. https://doi.org/10.1080/10503307.2012.748940

Mills, P. J., Peterson, C. T., Pung, M. A., Patel, S., Weiss, L., Wilson, K. L., Doraiswamy, P. M., Martin, J. A., Tanzi, R. E., & Chopra, D.（2018）. Change in sense of nondual awareness and spiritual awakening in response to a multidimensional well-being program. *The Journal of Alternative and Complementary Medicine, 24*（4）, 343–351. https://doi.org/10.1089/acm.2017.0160

Mitchell, S. A.（2002）. *Can love last? The fate of romance over time.* W. W. Norton & Company.（池田久代（訳）（2004）.『愛の精神分析』春秋社）

Modic, K. U.（2019）. *Učinkovitost in spremembe v procesu integrativne psihoterapije* [Effectiveness and changes in the process of integrative psychotherapy][Unpublished doctoral dissertation]. University of Ljubljana.

Modic, K. U., & Žvelc, G.（2015）. Helpful aspects of the therapeutic relationship in integrative psychotherapy. *International Journal of Integrative Psychotherapy, 6*, 1–25. http://www.integrative-journal.com/index.php/ijip/article/view/103

Moursund, J. P., & Erskine, R. G.（2004）. *Integrative psychotherapy: The art and science of relationship.* Thomson: Brooks/Cole.

Neff, K. D.（2003a）. The development and validation of a scale to measure self-compassion. *Self and Identity, 2*, 223–250. https://doi.org/10.1080/15298860390209035

Neff, K. D.（2003b）. Self-Compassion: An alternative conceptualization of a healthy attitude toward oneself. *Self and Identity, 2*, 85–101. https://doi.org/10.1080/15298860309032

Neff, K. D.（2011）. *Self compassion: Stop beating yourself up and leave insecurity behind.* Hodder & Stoughton.（石村郁夫・樫村正美（訳）（2014）.『セルフ・コンパッション：あるがままの自分を受け入れる』金剛出版）

Neff, K. D., & Beretvas, S. N.（2013）. The role of self-compassion in romantic relationships. *Self and Identity, 12*（1）, 78–98. https://doi.org/10.1080/15298868.2011.639548

Neff, K. D., & Germer, C. K.（2013）. A pilot study and randomized controlled trial of the mindful self-compassion program. *Journal of Clinical Psychology, 69*（1）, 28–44. https://doi.org/10.1002/jclp.21923

Norcross, J. C.（2010）. The therapeutic relationship. In B. L. Duncan, S. C. Miller, B. E. Wampold, & M. A. Hubble（Eds.）, *The heart and soul of change*（2nd ed., pp. 113–142）. American Psychological Association.

Norcross, J. C., & Alexander, E. F.（2019）. A primer on psychotherapy integration. In J. C. Norcross & M. R. Goldfried（Eds.）, *Handbook of psychotherapy integration*（3rd ed., pp. 3–27）. Oxford University Press.

Norcross, J. C., & Lambert, M. J.（2018）. Psychotherapy relationships that work III. *Psychotherapy, 55*（4）, 303–315. https://doi.org/10.1037/pst0000193

Norcross, J. C., & Wampold, B. E.（2018）. A new therapy for each patient: Evidence-based relationships and responsiveness. *Journal of Clinical Psychology, 74*, 1889–1906. https://doi.org/10.1002/jclp.22678

Norris, C. J., Creem, D., Hendler, R., & Kober, H.（2018）. Brief mindfulness meditation improves attention in novices: Evidence from ERPs and moderation by neuroticism. *Frontiers in Human Neuroscience, 12*, 1–20. https://doi.org/10.3389/fnhum.2018.00315

O'Reilly-Knapp, M., & Erskine, R. G.（2003）. Core concepts of an integrative transactional analysis. *Transactional Analysis Journal, 33*（2）, 168–177. https://doi.org/10.1177/036215370303300208

Ogden, P.（2018）. Polyvagal theory and sensorimotor psychotherapy. In S. W. Porges & D. Dana（Eds.）, *Clinical applications of the polyvagal theory: The emergence of polyvagal-informed therapies*（pp. 34–49）. W. W. Norton & Company.

Ogden, P., Minton, K., & Pain, C.（2006）. *Trauma and the body: A sensorimotor approach to psychotherapy.* W. W. Norton & Company.（太田茂行（監訳）（2012）.『トラウマと身体：センサリーモーター・サイコセラピー（SP）の理論と実践──マインドフルネスにもとづくトラウマセラピー』星和書店）

Päivinen, H., Holma, J., Karvonen, A., Kykyri, V. L., Tsatsishvili, V., Kaartinen, J., Penttonen, M., & Seikkula, J.

(2016). Affective arousal during blaming in couple therapy: Combining analyses of verbal discourse and physiological responses in two case studies. *Contemporary Family Therapy, 38* (4), 373–384. https://doi.org/10.1007/s10591-016-9393-7

Palmieri, A., Kleinbub, J. R., Calvo, V., Benelli, E., Messina, I., Sambin, M., & Voci, A. (2018). Attachment-security prime effect on skin-conductance synchronization in psychotherapists: An empirical study. *Journal of Counseling Psychology, 65* (4), 490–499. https://doi.org/10.1037/cou0000273

Palumbo, R. V., Marraccini, M. E., Weyandt, L. L., Wilder-Smith, O., McGee, H. A., Liu, S., & Goodwin, M. S. (2017). Interpersonal autonomic physiology: A systematic review of the literature. *Personality and Social Psychology Review, 21* (2), 99–141. https://doi.org/10.1177/1088868316628405

Perls, F., Hefferline, R. F., & Goodman, P. (1951). *Gestalt therapy: Excitement and growth in the human personality.* Souvenir Press.

Petzold, H. G. (2002). *Integrative therapie.* [Integrative therapy] Junfermann.

Piaget, J., & Inhelder, B. (1986). *Intelektualni razvoj deteta: Izabrani radovi* [Intellectual development of the child: Collected works]. ZUNS. (Original work published 1966)

Piaget, J., & Inhelder, B. (1990). *Psihologija deteta* [The psychology of the child] (T. Ilić, Trans.). Izdavačka knjižarnica Zorana Stojanovića. (Original work published 1966)

Porges, S. W. (2011). *The polyvagal theory: Neurophysiological foundations of emotions, attachment, communication and self-regulation.* W. W. Norton & Company.

Porges, S. W. (2017). *The pocket guide to the polyvagal theory: The transformative power of feeling safe.* W. W. Norton & Company. (花丘ちぐさ (訳) (2018). 『ポリヴェーガル理論入門：心身に変革をおこす「安全」と「絆」』春秋社)

Porges, S. W. (2018). Polyvagal theory: A primer. In S. W. Porges & D. Dana (Eds.), *Clinical applications of the polyvagal theory: The emergence of polyvagal-informed therapies* (pp. 50–69). W. W. Norton & Company. (花丘ちぐさ (訳) (2023). 『ポリヴェーガル理論 臨床応用大全：ポリヴェーガル・インフォームドセラピーのはじまり』春秋社)

Pourová, M., Řiháček, T., & Žvelc, G. (2020). Validation of the Czech version of the Relational Needs Satisfaction Scale. *Frontiers in Psychology, 11*, 359, 1–11. https://doi.org/10.3389/fpsyg.2020.00359

Price, C. J., & Hooven, C. (2018). Interoceptive awareness skills for emotion regulation: Theory and approach of mindful awareness in body-oriented therapy (MABT). *Frontiers in Psychology, 9*, 1–12. https://doi.org/10.3389/fpsyg.2018.00798

Prochaska, J. O., & Diclemente, C. C. (2019). The transtheoretical approach. In J. C. Norcross & M. R. Goldfried (Eds.), *Handbook of psychotherapy integration* (3rd ed., pp. 161–183). Oxford University Press.

Prochazkova, E., & Kret, M. E. (2017). Connecting minds and sharing emotions through mimicry: A neurocognitive model of emotional contagion. *Neuroscience and Biobehavioral Reviews, 80*, 99–114. https://doi.org/10.1016/j.neubiorev.2017.05.013

Rasmussen, P. D., Storebø, O. J., Løkkeholt, T., Voss, L. G., Shmueli-Goetz, Y., Bojesen, A. B., Simonsen, E., & Bilenberg, N. (2019). Attachment as a core feature of resilience: A systematic review and meta-analysis. *Psychological Reports, 122* (4), 1259–1296. https://doi.org/10.1177/0033294118785577

Reeck, C., Ames, D. R., & Ochsner, K. N. (2016). The social regulation of emotion: An integrative, cross-disciplinary model. *Trends in Cognitive Sciences, 20* (1), 47–63. https://doi.org/10.1016/j.tics.2015.09.003

Reich, W. (1988). *Funkcija orgazma* [The function of the orgasm]. A-Š Delo. (Original work published 1942)

Rizzolatti, G., Fadiga, L., Fogassi, L., & Gallese, V. (1999). Resonance behaviors and mirror neurons. *Archives Italiennes de Biologie, 137* (2–3), 85–100. https://doi.org/10.4449/aib.v137i2.575

Robinson, J. W., Herman, A., & Kaplan, B. J.（1982）. Autonomic responses correlate with counselor–client empathy. *Journal of Counseling Psychology, 29*（2）, 195–198. https://doi.org/10.1037/0022-0167.29.2.195

Rogers, C. R.（1957）. The necessary and sufficient conditions of therapeutic personality change. *Journal of Consulting Psychology, 21*（2）, 95–103. https://doi.org/10.1037/h0045357

Rothschild, B.（2000）. *The body remembers: The psychophysiology of trauma and trauma treatment*. W. W. Norton & Company.（久保隆司（訳）（2009）.『PTSD とトラウマの心理療法：心身統合アプローチの理論と実践』創元社）

Rothschild, B.（2006）. *Help for the helper: The psychophysiology of compassion fatigue and vicarious trauma*. W. W. Norton & Company.

Rothschild, B.（2017）. *Body remembers: Revolutionizing trauma treatment*（Vol. 2）. W. W. Norton & Company.

Rust, M.（2008）. Climate on the couch: Unconscious processes in relation to our environmental crisis. *Psychotherapy and Politics International, 6*（3）, 157–170. https://doi.org/10.1002/ppi

Safran, J. D.（1990）. Towards a refinement of cognitive therapy in light of interpersonal theory: II. Practice. *Clinical Psychology Review, 10*（1）, 107–121. https://doi.org/10.1016/0272-7358（90）90109-N

Safran, J. D., & Kraus, J.（2014）. Alliance ruptures, impasses, and enactments: A relational perspective. *Psychotherapy, 51*（3）, 381–387. https://doi.org/10.1037/a0036815

Safran, J. D., & Muran, J. C.（2000）. *Negotiating the therapeutic alliance: A relational treatment guide*. Guilford Press.

Safran, J. D., & Segal, Z. V.（1990）. *Interpersonal process in cognitive therapy*. Jason Aronson.

Salvador, M. C.（2019）. *Beyond the self: Healing emotional trauma and brainspotting*. Editorial Eleftheria.

Saxbe, D. E., Margolin, G., Spies Shapiro, L., Ramos, M., Rodriguez, A., & Iturralde, E.（2014）. Relative influences: Patterns of HPA axis concordance during triadic family interaction. *Health Psychology, 33*（3）, 273–281. https://doi.org/10.1037/a0033509

Saxbe, D., & Repetti, R. L.（2010）. For better or worse? Coregulation of couples' cortisol levels and mood states. *Journal of Personality and Social Psychology, 98*（1）, 92–103. https://doi.org/10.1037/a0016959

Sayers, W. M., Creswell, J. D., & Taren, A.（2015）. The emerging neurobiology of mindfulness and emotion processing. In B. D. Ostafin, M. D. Robinson, & B. P. Meier（Eds.）, *Handbook of Mindfulness and Self-Regulation*（pp. 9–22）. Springer. https://doi.org/10.1007/978-1-4939-2263-5_2

Schore, A. N.（1994）. *Affect regulation and the origin of the self*. Erlbaum.

Schore, A. N.（2001）. The effects of early relational trauma on right brain development, affect regulation, and infant mental health. *Infant Mental Health Journal, 22*, 201–269.

Schore, A. N.（2003）. *Affect dysregulation & disorders of the self*. W. W. Norton & Company.

Schore, A. N.（2019）. *Right brain psychotherapy*. W. W. Norton & Company.（小林隆児（訳）（2022）.『右脳精神療法：情動関係がもたらすアタッチメントの再確立』岩崎学術出版社）

Schuman, M.（2017）. *Mindfulness-informed relational psychotherapy and psychoanalysis: Inquiring deeply*. Routledge.

Schutte, N. S., & Malouff, J. M.（2018）. Mindfulness and connectedness to nature: A metanalytic investigation. *Personality and Individual Differences, 127*, 10–14. https://doi.org/10.1016/j.paid.2018.01.034

Schwartz, R. C.（1995）. *Internal family systems therapy*. Guilford Press.

Sedighimornani, N., Rimes, K. A., & Verplanken, B.（2019）. Exploring the relationships between mindfulness, self-compassion, and shame. *SAGE Open, 9*（3）. https://doi.org/10.1177/2158244019866294

Segal, Z. V., Williams, J. M. G., & Teasdale, J. D.（2002）. *Mindfulness-based cognitive therapy for depression: A new approach to preventing relapse*. Guilford Press.（越川房子（監訳）（2007）.『マインドフルネス認知療法：うつ

を予防する新しいアプローチ』北大路書房）

Seth, A. K. (2013). Interoceptive inference, emotion, and the embodied self. *Trends in Cognitive Sciences*, *17* (11), 565–573. https://doi.org/10.1016/j.tics.2013.09.007

Seth, A. K., Suzuki, K., Critchley, H. D., Frith, C., & Trust, W. (2012). An interoceptive predictive coding model of conscious presence. *Frontiers in Psychology*, *2*, 1–16. https://doi.org/10.3389/fpsyg.2011.00395

Shallcross, A. J., Troy, A. S., Boland, M., & Mauss, I. B. (2010). Let it be: Accepting negative emotional experiences predicts decreased negative affect and depressive symptoms. *Behavioral Research and Therapy*, *48* (9), 921–929. https://doi.org/doi:10.1016/j.brat.2010.05.025

Shapiro, F. (2001). *Eye movement desensitization and reprocessing: Basic principles, protocols and procedures* (2nd ed.). Guilford Press. (市井雅哉 (監訳) (2004). 『EMDR：外傷記憶を処理する心理療法』二瓶社)

Shapiro, F. (2018). *Eye movement desensitization and reprocessing (EMDR) therapy: Basic principles, protocols, and procedures* (3rd ed.). Guilford Press.

Shapiro, S. L., Carlson, L. E., Astin, J. A., & Freedman, B. (2006). Mechanisms of mindfulness. *Journal of Clinical Psychology*, *62* (3), 373–386. https://doi.org/10.1002/jclp.20237

Siegel, D. J. (1999). *The developing mind: Toward a neurobiology of interpersonal experience*. Guilford Press.

Siegel, D. J. (2007). *The mindful brain: Reflection and attunement in the cultivation of well being*. W. W. Norton & Company.

Siegel, D. J. (2012). *The developing mind: How relationships and the brain interact to shape who we are* (2nd ed.). Guilford Press.

Siegel, D. J. (2018). *Aware: The science and practice of presence. A complete guide to the groundbreaking Wheel of Awareness meditation practice*. Scribe Publications.

Siegel, R. D., & Germer, C. K. (2012). Wisdom and compassion: Two wings of a bird. In C. K. Germer & D. J. Siegel (Eds.), *Wisdom and compassion in psychotherapy: Deepening mindfulness in clinical practice* (pp. 7–34). Guilford Press.

Simpson, R., Simpson, S., Ramparsad, N., Lawrence, M., Booth, J., & Mercer, S. W. (2019). Mindfulness-based interventions for mental well-being among people with multiple sclerosis: A systematic review and meta-analysis of randomised controlled trials. *Journal of Neurology, Neurosurgery and Psychiatry*, 1051–1058. https://doi.org/10.1136/jnnp-2018-320165

Spinelli, C., Wisener, M., & Khoury, B. (2019). Mindfulness training for healthcare professionals and trainees: A meta-analysis of randomized controlled trials. *Journal of Psychosomatic Research*, *120*, 29–38. https://doi.org/10.1016/j.jpsychores.2019.03.003

Stern, D. N. (1995). *The motherhood constellation: A unified view of parent–infant psychotherapy*. Basic Books. (馬場禮子・青木紀久代 (訳) (2000). 『親 - 乳幼児心理療法：母性のコンステレーション』岩崎学術出版社)

Stern, D. N. (2004). *The present moment in psychotherapy and everyday life*. W. W. Norton & Company. (奥寺　崇 (監訳) (2007). 『プレゼントモーメント：精神療法と日常生活における現在の瞬間』岩崎学術出版社)

Stern, D. N. (2018). *The interpersonal world of the infant: A view from psychoanalysis and developmental psychology* (Paperback edition). Routledge. (Original work published 1998) (小此木啓吾・丸田俊彦 (監訳) (1989・1991). 『乳児の対人世界 (理論編・臨床編)』岩崎学術出版社)

Stewart, I., & Joines, V. (2012). *TA today: A new introduction to transactional analysis*. Lifespace Publishing. (深澤道子・篠崎信之 (監訳) (2022). 『TA today：最新・交流分析入門 [第 2 版]』実務教育出版)

Stolorow, R. D. (1994). The intersubjective context of intrapsychic experience. In R. D. Stolorow, G. E. Atwood, & B. Brandschaft (Eds.), *The intersubjective perspective* (pp. 3–15). Jason Aronson.

Strauß, B., Altmann, U., Manes, S., Tholl, A., Koranyi, S., Nolte, T., Beutel, M. E., Wiltink, J., Herpertz, S., Hiller,

W., Hoyer, J., Joraschky, P., Nolting, B., Ritter, V., Stangier, U., Willutzki, U., Salzer, S., Leibing, E., Leichsenring, F., & Kirchmann, H. (2018). Changes of attachment characteristics during psychotherapy of patients with social anxiety disorder: Results from the SOPHO-Net trial. *PLoS ONE, 13* (3), Article e0192802. https://doi.org/10.1371/journal.pone.0192802

Summers, G., & Tudor, K. (2014a). Response to "Co-creative contributions". In K. Tudor & G. Summer (Eds.), *Co-creative transactional analysis: Papers, responses, dialogues, and developments* (pp. 183–200). Karnac Books. (江花昭一(訳)(2023).『コ・クリエイティブ交流分析:関わりと分かち合いに基づく最新の交流分析』星和書店)

Summers, G., & Tudor, K. (2014b). Response to "The neopsyche: The integrating Adult ego state", and rejoinder. In K. Tudor & G. Summers (Eds.), *Co-creative transactional analysis: Papers, responses, dialogues, and developments* (pp. 69–88). Karnac Books. (江花昭一(訳)(2023).『コ・クリエイティブ交流分析:関わりと分かち合いに基づく最新の交流分析』星和書店)

Surrey, J. L. (2005). Relational psychotherapy, relational mindfulness. In C. K. Germer, R. D. Siegel, & P. R. Fulton (Eds.), *Mindfulness and psychotherapy* (pp. 91–113). Guilford Press.

Suveg, C., Shaffer, A., & Davis, M. (2016). Family stress moderates relations between physiological and behavioral synchrony and child self-regulation in mother–preschooler dyads. *Developmental Psychobiology, 58* (1), 83–97. https://doi.org/10.1002/dev.21358

Šumiga, D. (2019). Fromm's understanding of the Buddhist philosophical theory and psychoanalysis: From the phenomenal ego to the authentic being. *International Forum of Psychoanalysis*, 1–12. https://doi.org/10.1080/0803706X.2018.1521006

Taren, A. A., Creswell, J. D., & Gianaros, P. J. (2013). Dispositional mindfulness co-varies with smaller amygdala and caudate volumes in community adults. *PLoS ONE, 8* (5), 1–7. https://doi.org/10.1371/journal.pone.0064574

Taylor, P., Rietzschel, J., Danquah, A., & Berry, K. (2015). Changes in attachment epresentations during psychological therapy. *Psychotherapy Research, 25* (2), 222–238. https://doi.org/10.1080/10503307.2014.886791

Teper, R., & Inzlicht, M. (2013). Meditation, mindfulness and executive control: The importance of emotional acceptance and brain-based performance monitoring. *Social Cognitive and Affective Neuroscience, 8* (1), 85–92. https://doi.org/10.1093/scan/nss045

Teper, R., Segal, Z. V., & Inzlicht, M. (2013). Inside the mindful mind: How mindfulness enhances emotion regulation through improvements in executive control. *Current Directions in Psychological Science, 22* (6), 449–454. https://doi.org/10.1177/0963721413495869

Tirch, D., Schoendorff, B., & Silberstein, L. R. (2014). *The ACT practitioner's guide to the science of compassion.* New Harbinger Publications. (酒井美枝・嶋 大樹・武藤 崇(監訳)伊藤義徳(監修)(2021).『ACT実践家のための「コンパッションの科学」:心理的柔軟性を育むツール』北大路書房)

Totton, N. (2011). *Wild therapy: Undomesticating inner and outer worlds.* Pccs Books.

Trautmann, R. L., & Erskine, R. G. (1981). Ego state analysis: A comparative view. *Transactional Analysis Journal, 11* (2), 178–185. https://doi.org/10.1177/036215378101100218

Tschacher, W., & Meier, D. (2019). Physiological synchrony in psychotherapy sessions. *Psychotherapy Research*, 1–16. https://doi.org/10.1080/10503307.2019.1612114

Tudor, K. (2003). The neopsyche: The integrating Adult ego state. In C. Sills & H. Hargaden (Eds.), *Ego states* (pp. 201–231). Worth Publishing.

Tudor, K., & Worral, M. (2006). *Person-centred therapy: A clinical philosophy.* Routledge.

Vago, D. R., & Silbersweig, D. A. (2012). Self-awareness, self-regulation, and self-transcendence (S-ART): A framework for understanding the neurobiological mechanisms of mindfulness. *Frontiers in Human Neuroscience*, 6, 1–30. https://doi.org/10.3389/fnhum.2012.00296

Van Den Bergh, B. R. H., Van Calster, B., Smits, T., Van Huffel, S., & Lagae, L. (2008). Antenatal maternal anxiety is related to HPA-axis dysregulation and self-reported depressive symptoms in adolescence: A prospective study on the fetal origins of depressed mood. *Neuropsychopharmacology*, *33* (3), 536–545. https://doi.org/10.1038/sj.npp.1301450

van der Brink, E., & Koster, F. (2015). *Mindfulness-based compassionate living*. Routledge.

van der Hart, O., Nijenhuis, E. R. S., & Solomon, R. (2010). Dissociation of the personality in complex trauma-related disorders and EMDR: Theoretical considerations. *Journal of EMDR Practice and Research*, *4* (2), 76–92. https://doi.org/10.1891/1933-3196.4.2.76

van der Hart, O., Nijenhuis, E. R. S., & Steele, K. (2006). *The haunted self: Structural dissociation and the treatment of chronic traumatization*. W. W. Norton & Company. (野間俊一・岡野憲一郎 (監訳) (2011). 『構造的解離:慢性外傷の理解と治療　上巻 (基本概念編)』星和書店)

Vieten, C. I., Wahbeh, H., Rael Cahn, B., MacLean, K., Estrada, M., Mills, P., Murphy, M., Shapiro, S., Radin, D., Josipovic, Z., Presti, D. E., Sapiro, M., Chozen Bays, J., Russell, P., Vago, D., Travis, F., Walsh, R., & Delorme, A. (2018). Future directions in meditation research: Recommendations for expanding the field of contemplative science. *PLoS ONE*, *13* (11). https://doi.org/10.1371/journal.pone.0205740

Villate, M., Villate, J., & Hayes, S. C. (2012). A naturalistic approach to transcendence: Deictic framing, spirituality, and prosociality. In L. McHugh & I. Steward (Eds.), *The self and perspective taking: Contributions and applications from modern behavioral science* (pp. 199–217). New Harbinger Publications.

Wachtel, P. L. (2008). *Relational theory and the practice of psychotherapy*. Guilford Press.

Wachtel, P. L., & Gagnon, G. J. (2019). Cyclical psychodynamics and integrative relational psychotherapy. In J. C. Norcross & M. R. Goldfried (Eds.), *Handbook of psychotherapy integration* (3rd ed., pp. 184–203). Oxford University Press.

Walder, E. H. (1993). Supervision and instruction in postgraduate psychotherapy integration. In G. Stricker & J. D. Gold (Eds.), *Comprehensive handbook of psychotherapy integration* (pp. 499–512). Springer Science & Business Media.

Wallin, D. J. (2007). *Attachment in psychotherapy*. Guilford Press. (津島豊美 (訳) (2011). 『愛着と精神療法』星和書店)

Wampold, B. E., & Imel, Z. E. (2015). *The great psychotherapy debate: The evidence for what makes psychotherapy work* (2nd ed.). Routledge.

Watkins, J. G. (1971). The affect bridge: A hypnoanalytic technique. *International Journal of Clinical and Experimental Hypnosis*, *19* (1), 21–27. https://doi.org/10.1080/00207147108407148

Weinstock, M. (2005). The potential influence of maternal stress hormones on development and mental health of the offspring. *Brain, Behavior, and Immunity*, *19* (4), 296–308. https://doi.org/10.1016/j.bbi.2004.09.006

Whitehead, R., Bates, G., Elphinstone, B., Yang, Y., & Murray, G. (2018). Letting go of self: The creation of the nonattachment to self scale. *Frontiers in Psychology*, *9, 2544*, 1–12. https://doi.org/10.3389/fpsyg.2018.02544

Winnicott, D. W. (1986). The theory of the parent-infant relationship. In P. Buckley (Ed.), *Essential papers on object relations* (pp. 233–254). New York University Press. (Original work published 1960)

Winnicott, D. W. (1986). Transitional objects and transitional phenomena. In P. Buckley (Ed.), *Essential papers on object relations* (pp. 254–272). New York University Press. (Original work published 1953)

Xiao, Q., Yue, C., He, W., & Yu, J. Y. (2017). The mindful self: A mindfulness-enlightened self-view. *Frontiers in Psychology*, *8*, 1752. https://doi.org/10.3389/fpsyg.2017.01752

Yalom, I. D. (2001). *The gift of therapy: Reflections on being a therapist*. Patkus Books.

Zaletel, M., Potočnik, J., & Jalen, A. (2012). Psychotherapy with the Parent ego state. *International Journal of Integrative Psychotherapy, 3* (1), 15–41.

Zessin, U., Dickhäuser, O., & Garbade, S. (2015). The relationship between self-compassion and well-being: A meta-analysis. *Applied Psychology: Health and Well-Being, 7* (3), 340–364. https://doi.org/10.1111/aphw.12051

Žvelc, G. (2009a, April, 16–19). *Present moment in integrative psychotherapy* [Conference presentation]. 4th International Integrative Psychotherapy Conference, Bled, Slovenia.

Žvelc, G. (2009b). Between self and others: Relational schemas as an integrating construct in psychotherapy. *Transactional Analysis Journal, 39* (1), 22–38. https://doi.org/10.1177/036215370903900104

Žvelc, G. (2010a). Object and subject relations in adulthood: Towards an integrative model of interpersonal relationships. *Psychiatria Danubina, 22* (4), 498–508.

Žvelc, G. (2010b). Object relations and attachment styles in adulthood [Objektni odnosi in stili navezanosti v odraslosti]. *Horizons of Psychology, 19* (2), 5–18.

Žvelc, G. (2010c). Relational schemas theory and transactional analysis. *Transactional Analysis Journal, 40* (1), 8–22. https://doi.org/10.1177/036215371004000103

Žvelc, G. (2011). *Razvojne teorije v psihoterapiji: Integrativni model medosebnih odnosov* [Developmental theories in psychotherapy: Integrative model of interpersonal relationships]. IPSA, Inštitut za integrativno psihoterapijo in svetovanje.

Žvelc, G. (2012). Mindful processing in psychotherapy: Facilitating natural healing process within attuned therapeutic relationship. *International Journal of Integrative Psychotherapy, 3* (1), 42–58.

Žvelc, G. (2014). Two aware minds are more powerful than only one: Mindfulness, relational schemas, and integrating Adult. In K. Tudor & G. Summers (Eds.), *Co-creative transactional analysis: Papers, responses, dialogues, and developments* (pp. 165–170). Karnac Books. (江花昭一(訳)(2023).『コ・クリエイティブ交流分析:関わりと分かち合いに基づく最新の交流分析』星和書店)

Žvelc, G., Č ernetič, M., & Košak, M. (2011). Mindfulness-based transactional analysis. *Transactional Analysis Journal, 41* (3), 241–254. https://doi.org/10.1177/036215371104100306

Žvelc, G., Jovanoska, K., & Žvelc, M. (2020). Development and validation of the Relational Needs Satisfaction Scale. *Frontiers in Psychology, 11*, 901, 1–15. https://doi.org/10.3389/fpsyg.2020.00901

Žvelc, G., & Žvelc, M. (2008, July 1–4). *The power of present moment: Mindful processing in psychotherapy and counseling* [Conference session]. Conference on Positive Psychology, Opatija, Croatia.

Žvelc, G., & Žvelc, M. (2009, April 16–19). *Loss and regain of 'now': Transforming trauma through mindful processing* [Conference session]. 4th International Integrative Psychotherapy Conference, Bled, Slovenia.

Žvelc, G., & Žvelc, M. (2011). Integrativna psihoterapija [Integrative psychotherapy]. In M. Žvelc, M. Možina, & J. Bohak (Eds.), *Psihoterapija* (pp. 565–591). IPSA, Inštitut za integrativno psihoterapijo in svetovanje.

Žvelc, M. (2008). Working with mistakes in psychotherapy: A relational model. *European Journal for Qualitative Research in Psychotherapy, 3*, 1–9.

Žvelc, M. (2011). I have feelings, too: The journey from avoidant to secure attachment. *International Journal of Integrative Psychotherapy, 2* (1), 22–44. http://integrative-journal.com/index.php/ijip/article/view/40

Žvelc, M., & Žvelc, G. (2006). Stili navezanosti v odraslosti [Attachment styles in adulthood]. *Psihološka Obzorja/ Horizons of Psychology, 15* (3), 51–64.

訳者あとがき

　本書は，中央ヨーロッパのスロベニア共和国の気鋭の統合的心理療法家，グレゴール・ジュヴェルツ〈Gregor Žvelc〉とマシャ・ジュヴェルツ〈Maša Žvelc〉夫妻によって著された，『*Integrative Psychotherapy: A Mindfulness- and Compassion-Oriented Approach*』（2021）の全訳である。

　原著者2人の略歴は，巻末の著者紹介欄に記載されているが，2人のことはわが国ではまだほとんど知られていない。そこでまず，2人が共同で設立し所長を務める統合的心理療法・カウンセリング研究所〈Institute for Integrative Psychotherapy and Counselling: IPSA〉」（リュブリャナ）のホームページ（https://www.mcip.eu/）の情報をもとに少し重複するが補足しておきたい。

　現在，グレゴールはリュブリャナ大学心理学部正教授・臨床心理学者，マシャはプリモルスカ大学心理学部心理学助教授で，いずれも国際統合的心理療法認定トレーナー兼スーパーヴァイザー（CIIPTS）である。また，グレゴールは交流分析の教育と指導（TSTA）に携わっており，『*International Journal of Integrative Psychotherapy*』，『*European Journal for Qualitative Research*』の共同編集者の要職にある。マシャはIPSAにおいて統合的心理療法の大学院トレーニングや統合的スーパーヴィジョンの国際的トレーニングを主導している。IPSAは欧州統合的心理療法協会（EAIP）の正会員で，国際統合的心理療法協会（IIPA）と提携している。IPSAで提供される統合的心理療法トレーニングは国際的に認められ，欧州認定証や国際認定証を取得することができ，さらに交流分析のトレーニングは欧州交流分析協会（EATA）の基準に準拠しているとのことである。このように2人の活動は，特に欧州においてすでに確固たる地位と信頼を得ていることが窺えるが，今後はわが国においても，統合的心理療法に関心を寄せる研究者／実践家をインスパイアする重要な存在となることが十分に予想される。

　前置きが長くなったが，次に本書の特徴や意義について触れておきたい。著者らが主に依拠する統合的心理療法は，2人が長年にわたり師と仰ぐ，交流分析の大御所として著名な統合的心理療法家，リチャード・G・アースキン〈Richard G. Erskine〉の「関係性を重視する統合的心理療法〈relationally focused integrative psychotherapy〉」である。著者らは，アースキンの統合的心理療法に，特にアクセプタンス＆コミットメント・セラピー（ACT）の知識と実践を統合した，

「マインドフルネス・コンパッション指向統合的心理療法〈Mindfulness- and Compassion-Oriented Integrative Psychotherapy: MCIP〉」と称するユニークな心理療法を開発した。著者らはその取り組みを，「統合的心理療法を統合する試みである」と述べているが，本書はMCIPの理論，概念，方法と介入法を含む全体像を，懇切丁寧に紹介したものである。

　ところでMCIPは，ACTのみならず，代表的なマインドフルネス・コンパッション指向アプローチであるマインドフルネスストレス低減法（MBSR），マインドフルネス認知療法（MBCT），コンパッション・フォーカスト・セラピー（CFT），マインドフル・セルフ・コンパッション（MSC）などの影響も強く受けており，それはMCIPの理論構成や介入法に大いに反映されている。さらにMCIPは，交流分析の自我状態理論，関係スキーマ理論，記憶の再固定化理論，そして近年，トラウマ臨床において注目度の高いポリヴェーガル理論など，関連領域の最新のアイデアと方法も取り込んだ，とても壮大な統合的心理療法なのである。しかし，MCIPの基本にある重要な特徴は，何よりもまずヒューマニスティック心理療法に強く根ざした，関係性を重視する心理療法であり，クライエントとセラピストが相互に影響し合う間主観的なシステムとして捉えることにある。さらにMCIPでは，マインドフルネスとコンパッションはパーソナリティの諸次元における有効な変化のプロセスを促進するメタプロセスとして理解されていることも大きな特徴である。つまり，マインドフルネスとコンパッションは体験的エクササイズを通して習得するのみならず，例えば本書の第9章「関係マインドフルネスとコンパッションの方法」で詳述されているように，調律された心理療法的関係性の中で高められるプロセスなのである。したがって，どのような立場の実践家であっても，MCIPを自らの実践の中に役に立つ形で取り入れることは十分可能である。さらに詳しい概要については，原著者による「日本語版への序文」と，各章の骨子が書かれた「序論」に是非とも目を通していただければと思う。

　最後に，本書の翻訳作業に関して一言述べたい。本書の翻訳企画は，マインドフルネスの個人心理療法への効果的な統合を模索していた私（前田）の発案によって開始された。しかし，上述したように，原著は幅広い研究と実践領域を背景に持つ濃密な実践書であり，とても私一人の手に負えるものではないと判断した。そこで，これまで長きにわたり実践と研究を共にし，また他書の監

訳の仕事も共にした，同志の東斉彰氏（甲子園大学心理学部教授）と小山秀之氏（Peer心理教育サポートネットワーク理事長）に共同訳者として加わっていただき，なんとか翻訳を完成させることができた。2人にはこの場を借りて，心より感謝申し上げたい。また，北大路書房代表取締役社長の若森乾也氏は，私たちの翻訳作業を温かい眼差しで辛抱強く見守ってくださり，訳語や訳文に関しても的確なご助言をいただいたことに深甚なる感謝の意を表したい。最後に，本書がマインドフルでコンパッションに満ちた臨床実践を指向する多くの実践家の目に留まり，役立つことを心より願って，あとがきの言葉としたいと思う。

訳者を代表して　　**前田泰宏**

人名索引

事項索引

【訳者紹介】

前田泰宏（まえだ・やすひろ）
　　――序論，第 1 章，第 2 章，第 6 章，第 8 章，第 9 章，第 12 章，第 13 章

1979 年　関西学院大学大学院文学研究科心理学専攻博士課程前期課程修了（文学修士）
現　　在　奈良大学名誉教授，臨床心理士，公認心理師

《主著・論文》
　これからの心理臨床―基礎心理学と統合・折衷的心理療法のコラボレーション（共編著）
　　ナカニシヤ出版　2007 年
　うつを克服する 10 のステップ セラピスト・マニュアル―うつ病の認知行動療法（共監訳）
　　金剛出版　2010 年
　うつを克服する 10 のステップ ユーザー・マニュアル―うつ病の認知行動療法（共監訳）　金
　　剛出版　2010 年
　可能性のある未来につながるトラウマ解消のクイック・ステップ―新しい 4 つのアプロー
　　チ（監訳）　金剛出版　2013 年
　統合・折衷的心理療法の実践―見立て・治療関係・介入と技法（共編著）　金剛出版　2014年
　クローズアップ メンタルヘルス・安全　現代社会と応用心理学 4（分担執筆）　福村出版
　　2015 年
　マインドフルネス認知療法ワークブック―うつと感情的苦痛から自由になる 8 週間プログ
　　ラム（共監訳）　北大路書房　2018 年
　心理療法統合ハンドブック（分担執筆）　誠信書房　2021 年

小山秀之（こやま・ひでゆき）
　　――第 3 章，第 7 章，第 10 章

2008 年　龍谷大学大学院文学研究科教育学専攻臨床心理学領域修士課程修了（教育学修士）
現　　在　特定非営利活動法人 Peer 心理教育サポートネットワーク理事長，内閣府こども家庭
　　　　　庁「こども・若者支援体制整備及び機能向上事業」アドバイザー，和歌山県臨床心
　　　　　理士会理事，和歌山県公認心理師協会理事，横浜市立大学客員准教授，臨床心理士，
　　　　　公認心理師

《主著・論文》
　マインドフルネス認知療法ワークブック―うつと感情的苦痛から自由になる 8 週間プログ
　　ラム（共監訳）　北大路書房　2018 年
　自己注目状態にある青年期抑うつ者の情報処理について　龍谷大学教育学会紀要，(7)，
　　61–77.　2008 年
　大学生男女の体型認知と否定的感情および食行動異常との関係―テキストマイニングにお
　　けるアプローチ（共著）　総合福祉科学研究，(5)，29–40.　2014 年
　不登校経験を有する発達障害がある児童への福祉心理学的支援―居場所と放課後等デイサー
　　ビスの併用によるひきこもり予防（共著）　奈良大学紀要，(46)，169–182.　2018 年
　ひきこもりと行動嗜癖―地域での経験から（共著）　児童青年精神医学とその近接領域，*60*
　　(2)，180–190.　2019 年

東　斉彰 （あずま・なりあき）

　　──第 4 章，第 5 章，第 11 章

1987 年　関西学院大学大学院文学研究科博士前期課程修了（文学修士）
現　　在　甲子園大学心理学部教授

《主著・論文》
　マルチモード・アプローチ―行動療法の展開（共訳）　二瓶社　1999 年
　統合的観点から見た認知療法の実践―理論，技法，治療関係　岩崎学術出版社　2011 年
　統合・折衷的心理療法の実践―見立て・治療関係・介入と技法（共編著）　金剛出版　2014年
　公認心理師標準テキスト　心理学的支援法（共編著）　北大路書房　2019 年
　心理療法・カウンセリングに生かす認知療法―統合的認知療法の実際　誠信書房　2020 年

【原著者紹介】

グレゴール・ジュヴェルツ博士（Gregor Žvelc, PhD）

リュブリャナ大学心理学部正教授。国際統合的心理療法認定トレーナー兼スーパーヴァイザー（CIIPTS）であり、交流分析の教育と指導（TSTA）を行っている。リュブリャナにある統合的心理療法・カウンセリング研究所の共同設立者兼所長。

マシャ・ジュヴェルツ博士（Maša Žvelc, PhD）

国際統合的心理療法認定トレーナー兼スーパーヴァイザー（CIIPTS）である。リュブリャナにある統合的心理療法・カウンセリング研究所の共同設立者兼共同ディレクターとして、心理療法とスーパーヴィジョンを実践し、統合的心理療法とスーパーヴィジョンのトレーニングを指導している。

マインドフルネス・コンパッション指向
統合的心理療法

2024 年 9 月 20 日　初版第 1 刷発行

著　　者	グレゴール・ジュヴェルツ
	マシャ・ジュヴェルツ
訳　　者	前　田　泰　宏
	小　山　秀　之
	東　　斉　彰
発　行　所	㈱北大路書房

〒603-8303　京都市北区紫野十二坊町 12-8
電話代表　　（075）431-0361
Ｆ Ａ Ｘ　　（075）431-9393
振替口座　　01050-4-2083

ⓒ 2024

Printed in Japan
ISBN978-4-7628-3262-8

装丁／上瀬奈緒子（綴水社）
印刷・製本／（株）太洋社

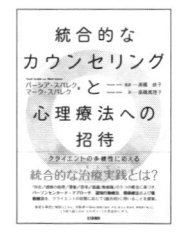